4월 학생민주혁명

배경·과정·영향

4월 학생민주혁명

배경·과정·영향

김성주·강석승 편저

지식과교양

발간사

   4월 학생민주혁명이 일어난 지도 어언 반세기가 지나갔다. 전국적 규모로 들불처럼 타올랐던 4월혁명은 한국 민주주의 역사에 금자탑을 세웠다. 자유, 민주, 정의를 기치로 강단을 박차고 거리로 쏟아져 나와 부정·부패에 온몸으로 항거하며 산화했던 수많은 4·19열사들의 죽음은 오늘의 우리를 있게 한 원동력이다. 3·1운동이 민족의 자주독립국가의 건설을 위한 최대의 민족독립운동이라면 4월 학생민주혁명은 대한민국 역사상 최초로 이승만 독재정권에 항거하여 민주한국을 지키고 발전시키려는 혁명이었음은 누구도 부인할 수 없을 것이다.[1] 그러나 한국현대사에 한 획을 그었던 4월 학생민주혁명에 대한 국민적·국가적 관심은 아직도 매우 미흡한 수준에 머무르고 있다.
   '토인비'의 말처럼 "역사는 도전과 응전의 연속"이라면 4월 학생민주혁명은 민주적인 역사에 역행하는 현실정치에 대한 위대한 도전을 통하여 한국을 민주적 국가로 변화시키려는 시도였다. 이러한 의미에서 한국에서의 진정한 의미의 자유와 민주주의 그리고 사회정의는 4월 학생민주혁명을 시점으로 해서 시작되고 발전되었다고 해도 결코 과언이 아닐 것이다.
   1948년 대한민국이 수립된 이후 이승만 정부는 반공독재정치를 강화하고 야당을 탄압하며 정권의 연장을 위하여 불법적인 헌법 개

---

[1] 이에 대해서는 강만길, 백낙청 등 진보적 학자들뿐만 아니라 보수진영도 동의하고 있다. 강만길, "4월 혁명의 민족사적 맥락", 강만길 외, 『4월 혁명론』(서울: 한길사, 1983), 13~14쪽, 백낙청, "4·19의 역사적 의의와 현재성". 강만길 외, 위의 책, 27~28쪽 참조.

정은 물론 수단과 방법을 가리지 않고 부정선거를 일삼았다. 그 결과, 대부분의 국민은 이승만 정부를 불신하였으며 그의 독재정치와 부정선거 그리고 미국에 종속적인 경제정책에 대해 강한 불만감을 가지고 있었다.

4월 학생민주혁명은 이승만의 영구독재정치, 생활의 궁핍과 현실 불만, 정치인들의 당파 싸움, 기성인들의 무기력, 사회의 부정부패, 사회적 규범의 결핍 등으로 대한민국이 국가적으로 민주주의적 위기에 처하자 젊은이들이 분연히 일어나 이승만의 독재정권을 붕괴시키고 민주주의를 쟁취한 비폭력혁명이었다.

그러나 1960년 4월 말 계엄사령부의 발표에 의하면 이승만 독재정권을 무너뜨리고 민주대한민국을 지키기 위하여 항거하다 이승만 정부의 총에 의해서 희생된 자는 사망자 189명, 중상자 318명 그리고 부상자 약 6,000여 명이나 된다.

이러한 역사적 사실을 공적으로도 인정하여 지난 1987년 당시 민정당 대표였던 노태우와 야 3당대표인 김영삼, 김대중, 김종필 등 여·야 지도자들은 대한민국 헌정사상 처음으로 서로 합의하여 제 6공화국 헌법을 제정하였다. 그리고 새로 합의된 헌법전문에 4월 혁명을 민주혁명으로 규정하고 그 정신을 계승·발전시킬 것을 국민에게 주문하고 있다.[2]

또한 2009년 9월 이명박 정부는 4월 학생민주혁명 주도세력들에게 그들의 공로에 대한 추가포상 신청의 기회를 주었다. 그들은 각 대학별, 고등학교별로 모이고 더 나아가 이들로 구성된 〈제 50주년

---

[2] 헌법전문에는 "유구한 역사와 전통에 빛나는 우리 대한민국은 3·1운동으로 건립된 대한민국 임시정부의 법통과 불의에 항거한 4·19민주이념을 계승하고, 조국의 민주개혁과 평화적 통일의 사명에 입각하여······."라고 명시되어 있다. 대한민국 헌법 전문 참조

4·19 혁명 공로 추가포상 신청자 협의회〉를 만들었다.

  2010년 7월에는 각 대학과 고등학교의 대표자들이 4월 학생민주혁명을 바로 알고 알리며 아직도 포상을 받지 못한 4월 혁명동지들의 명예회복을 위하여 대표자들의 절대적인 찬성으로 〈4·19민주혁명 바로 알기운동연합〉을 창설하였다. 同 연합 산하 연구위원회는 4월 혁명의 진실을 보다 정확하게 규명하고 이를 후세에게 알리며 더 나아가 4월 혁명이념인 자유, 민주 그리고 정의를 계승하고 발전시킨다는 목적으로 4월 학생민주혁명에 대한 연구를 꾸준히 진행해왔다.

  同 연합은 크게 세 가지 목표를 설정하였다. 첫째, 4월 혁명에 관한 역사 바로 알기 둘째, 아직 국가 유공자가 못된 수 천 명의 4월 혁명동지들의 명예를 회복시키는 사업 마지막으로, 4월 혁명이념의 선양사업을 실시하는 것이다. 4월 혁명이후 2010년까지 이미 출판된 4월 혁명관련 저서와 논문들을 탐독한 결과를 토대로 同 연합의 연구위원들은 새로운 책의 집필이 절대적으로 필요하다는 것을 통감하였다. 이들은 집필을 위한 사전작업으로 자료수집, 분석 등을 제공하였다. 이에 편저자는 〈혁명 53주년〉에 즈음하여 『4월 학생민주혁명』의 종합정리를 위해 제공받은 결과물들을 적극 활용하여 당시의 상황에 가깝도록 집필하고자 노력하였다.

  특히 이 책의 특징인 3장 4절과 5절의 대학별 그리고 고등학교별 사례는 당시의 혁명참여자들이 대학별 그리고 고등학교별로 수집한 객관적인 자료를 바탕으로 집필하였다. 대학과 고등학교 사례는 주로 〈육·일회〉에서 1992년에 출간한 『4월 민주혁명사』; 〈4·19 민주혁명 바로 알기운동연합〉에서 4·19 50주년 기념으로 공동 집필한 『4월 민주혁명의 재조명』; 〈4·19 50주년 기념사업 추진위원회〉에 의해서 기획되고 2011년에 발간된 『4·19 혁명사』; 2011년 공동체에서 발간한 『4월 민주혁명의 재조명』(개정증보판) 등에 게재된 내용을 재정리한 것이다. 대학별, 고등학교별 사례는 시간과 재원이 허락한다면 앞으로도 지속적으로 보다 광범위하며 객관적인 자료를 수집하여 수정, 보완할 생각이다. 아울러 이 분야 연구자들의 편의를 위해 4·19도서관에 있는 자료들을 총망라하여 참고문헌으로 본 저서에 수록하였다.

　편저자는 본 저서가 4월 학생민주혁명에 관한 역사적 사실을 올바르게 종합하고 정리하여 후세에게 그 참 뜻을 선양하는데 기여하길 기대한다. 더 나아가 편저자는 본 저서가 대한민국을 넘어 독재국가 체제하에서 신음하고 있는 북한주민이 그들의 자유를 쟁취하기 위해 4월 학생민주혁명과 같은 유사한 혁명의 촉발에 하나의 지침서가 되길 바란다.

　이 책을 집필하는데 재정적 지원을 아끼지 않은 녹산학술장학재단과 대학별, 고등학교별 사례의 자료를 제공해주신 〈4월 민주혁명 바로알기 운동연합〉 관련 분들에게 특별히 감사를 드린다. 이 책의 출판을 기꺼이 맡아 주신 지식과교양출판사 윤석원 사장과 출판을 위해 각고의 노력을 아끼지 않은 담당직원에게도 고마움을 표한다.

　끝으로 출판 내용과 관련하여 잘못된 점에 대해서는 그 책임이 편저자에게 있음을 밝혀둔다. 강호재현의 애정 어린 격려와 매서운 질정을 기대해 본다.

2013년 4월
편저자를 대표하여 김성주 識

목차

발간사_김성주   13

제1장 4월 학생민주혁명에 대한 시각과 연구동향
　　　_김성주
제1절 4월 학생민주혁명의 성격   25
제2절 4월 학생민주혁명에 대한 시각   29
제3절 4월 학생민주혁명에 대한 연구동향   32
　　1. 원인과 발생배경에 대한 연구   33
　　2. 혁명과정에 대한 연구   35
제4절 본 저서의 연구방법과 연구내용   37

제2장 4월 학생민주혁명의 발생요인들
　　　_강석승
제1절 4월 학생민주혁명의 정치적인 발생요인   41
제2절 4월 학생민주혁명의 경제적 발생 요인   56
제3절 4월 학생민주혁명의 사회심리적인 발생요인   65

제3장 4월 학생민주혁명의 전개과정
_강석승

제1절 4월 학생민주혁명의 전야 77
   1. 2·28 대구학생 의거 77
   2. 3·15 부정선거에 항거한 마산의거 93

제2절 4월 학생민주혁명의 의의와 이념 107
   1. 4월 혁명의 의의 107
   2. 4월 학생민주혁명의 이념 110

제3절 4월 학생민주혁명에 관한 각 대학별 사례(31개 대학) 114
   1. 건국대학교 114
   2. 경기대학교 117
   3 경북대학교 120
   4. 경희대학교 127
   5. 고려대학교 138
   6. 국민대학교 146
   7. 단국대학교 148
   8. 동국대학교 150
   9. 동아대학교 157
   10. 서울문리사대(현 명지대학교 전신) 160
   11. 부산대학교 162
   12. 서울대학교 168
   13. 성균관대학교 178
   14. 숙명여자대학교 184
   15. 숭실대학교 186
   16. 연세대학교 188
   17. 원광대학교 196
   18. 이화여자대학교 199
   19. 인하공과대학(현 인하대학교 전신) 200

20. 전남대학교　202

21. 전북대학교　204

22. 제주대학교　209

23. 중앙대학교　211

24. 청구대학(현 영남대학교 전신)　214

25. 청주대학교　216

26. 춘천농과대학(현 강원대학교 전신)　219

27. 충남대학교　220

28. 충북대학교　224

29. 한국외국어대학교　225

30. 한양대학교　234

31. 홍익대학교　238

제4절 4월 혁명에 관한 고등학교별 사례(20개 고교)　240

1. 광주고등학교　240

2. 광주 숭일고등학교　244

3. 대광고등학교　246

4. 동성고등학교　250

5. 동래고교　252

6. 데레사 여자중·고등학교　259

7. 부산고등학교　261

8. 성남고등학교　263

9. 수도 전기공업 고등학교(전 경성전기공고)　265

10. 양정 중·고등학교　269

11. 용문고등학교 (전 강문고등학교)　273

12. 청주기계공고　275

제4장 4월 학생민주혁명이 각 영역에 미친 영향
_김성주

제1절 사회영역에 미친 영향 283
제2절 정치영역에 미친 영향 286
    1. 이승만 정권의 붕괴 286
    2. 허정 정권의 반동 288
    3. 민중운동의 고양과 7·29 총선 290
    4. 장면 정권의 출범 291
제3절 경제영역에 미친 영향 293
제4절 운동영역에 미친 영향 299
    1. 학생운동 299
    2. 노동운동 304
    3. 민족통일운동 313
    4. 외국의 학생운동 320

제5장 4월 학생민주혁명의 계승·발전
: 이념·교육·제도_김성주

제1절 계승·발전의 필요성 333
제2절 4월 학생민주혁명의 이념의 전개 335
    1. 4월 학생혁명의 이념과 선진화의 변증법 335
    2. 선진민주한국창조와 민주통일 338
제3절 4월 학생민주혁명의 이념교육 340
    1. 선진민주시민교육과 방법 340
    2. 교육의 핵심목표와 내용 342
제4절 4월 학생민주혁명에 대한 법·제도의 보완 346
    1. 국가보훈기본법의 보완개정과
        기본법 제 3조 1호 '다'목의 적용 346

  2. 4월 학생민주혁명 국가유공자 보훈관련 개별법의 제정 348
  3. 국경일 승격과 상징적 시설물 설치 350
  4. 〈4월 혁명정신선양 특별연구위원회〉 구성 및
   〈4월 혁명회관〉의 건립 352

제6장 4월 학생민주혁명에 대한 포상제도와 개선방안_김성주

제1절 포상제도의 의미와 필요성 357
제2절 4월 혁명유공자 포상·보상의 근거 360
  1. 정부 포상·보상제도 360
  2. 4·19관련 정부지원 법적 근거 362
제3절 4·19유공자에 대한 포상·보상현황 및 유관단체 364
  1. 포상·보상: 과정과 현황 364
  2. 유관단체: 현황과 존립 근거 367
제4절 포상·보상제도의 문제점과 개선방안 369
  1. 포상·보상제도의 문제점 369
  2. 포상·보상제도의 개선안 371
제5절 정리 및 요약 375

참고문헌 379

〈부록 1〉 대학별, 고등학교별 4·19혁명유공 건국포장자 명단 386
〈부록 2〉 대학교수단 시국선언문 394

제1장

4월 학생민주혁명에 대한 시각과 연구동향

* 본 장은 『4월 민주혁명의 재조명』(서울: 공동체, 2011)에 실린 전득주고수의 글을 필자의 동의를 얻어 전면 수정·보완한 것이다.

4월 학생민주혁명

— 배경·과정·영향 —

제1절 4월 학생민주혁명의 성격

1950년대 후반부터 한국사회에는 정치, 경제, 이데올로기적 제 모순이 복합적으로 나타나기 시작했다. 냉전의 굴레 속에서 분단모순이 가져온 한반도의 현실은 매우 참담하였으며 한국전쟁은 분단고착화의 결정판이었다. 1960년대에 들어서 한국사회는 4월 혁명을 전후로 한 일련의 대규모 민중봉기와 정치변동이라는 변혁의 길을 걷게 된다.

4월 혁명의 발발 배경에는 8·15해방과 분단이후 성립된 1950년대 한국사회의 정치적·경제적 모순에 대한 변혁의 요구가 도사리고 있었다. 전반적으로 1950년대 한국경제는 미군정기 이후 불완전한 농지개혁, 귀속재산 불하, 미국의 막대한 원조 등에 의한 구조적 요인으로 형성되었다. 그러나 한국경제는 1950년대 말 미국의 경제침체와 동북아시아 전략구도에 입각한 대한경제정책의 변화로 그 위기를 맞게 되었다.

이러한 경제 요인과 더불어 내적으로는 원조물자와 그 판매대금에 의존한 독점자본이 형성되고, 생산 활동에 대한 투자보다는 유통산업 부문에서의 폭리와 원조에 의존하여 자본축적에 의한 자생적인 생산력 발전이 크게 저하된 상태였다. 더욱이 미국 잉여농산물의 도입과 생활필수품의 독점가격 형성은 국민 대다수를 차지한 농민의 빈궁과 농촌의 황폐화를 가져왔고, 증가된 이농민은 도시노동자의 과잉공급을 초래하여 실업, 빈곤, 저임금의 구조를 악화시킨 채 도시빈민을 형성했다.

이를 좀 더 구체적으로 살펴보면, 1950년대 후반 한국경제에 예속 독점자본의 구조적 위기가 본격적으로 나타나기 시작했다. 1950년대 경제구조의 특징은 파행적·종속적 축적구조였다.[1] 원료 가공 형 소비재공업이 큰 비중을 차지하여 그 파행성이 심각하였고, 또한 대공업과 중소공업, 공업과 농업의 유기적 관련성이 사상된 불균형구조였다. 해외원조와 한국전쟁은 중소기업을 중심으로 한 토착자본과 농업을 황폐화시키고 경제적 종속을 심화시켰다. 원조와 권력에 기반을 둔 예속독점자본은 제분, 제당, 면방직 등 이른 바 '삼백산업'을 중심으로 초과이윤을 착취하고 있었다.

1958년 미국경제의 불황으로 미국의 대한원조가 대폭 삭감되었다. 원자재 공급이 급감하고 생산시설의 과잉현상이 나타났다. 예속독점자본의 이윤율은 하락하고 그 저하 분은 노동자, 농민, 중소기업에 전가되었다. 국민 1인당 국민소득이 80달러에 불과한 수준에서 이러한 경제위기는 심각한 소득의 불균형과 국민생활의 빈곤을 심화시켰다. 1960년 총 실업률은 34.2%(완전실업률, 8.2%; 잠재실업률, 26%)로 국민들은 절망 직전의 상황에 놓여 있었다.[2]

설상가상으로 이승만정권의 정치적 위기가 대두되었다. 이승만 정권은 한국전쟁 후 국군과 경찰력의 증강 등으로 국회에서 취약한 정치적 지지기반을 물리적으로 보완하려 했다. 이러한 반민주주의 경향은 이승만의 권위주의 성격과 정권의 핵심을 이루는 친일 관료집단의 비민주적 성향과 어울려 강화되었다.

국가형성과정부터 민족적·민중적 기반이 허약했던 이승만 정권은 일인 장기집권을 위해 '사사오입개헌'을 국회에서 불법적으로 통과시켜 정권의 정통성이 심각히 도전받게 되었다. '진보당'(조봉암 등 진보인사)과 '민주당'(보수야당의 결집)이 反이승만 전선을 형성하였고, 이 정권은 폭력적·억압적인 물리력과 통치기제로 이를 차단하

---

[1] 한국정치연구회, 『한국정치사』(서울: 백산서당, 1990), 307쪽.
[2] 한국정치연구회, 위의 책, 1990, 308쪽.

려고 광분하였다. 진보당을 불법화하고 조봉암을 사형시킨 '진보당 사건'과 야당과 언론을 탄압하기 위해 국가보안법 개정안을 강제로 통과시킨 '2.4 정치파동'은 대표적인 사례이다. 이는 이승만정권의 정통성 부재를 더욱 가속화시켰으며 장기집권을 위한 부정선거라는 자멸의 수단을 선택하도록 했다.

이승만 정권이 표방한 자유민주주의는 현실과 괴리를 보이면서 분단체제와 반공이데올로기가 만들어 낸 복합적 현실사회를 수용하지 못했다. 이승만 정권은 국민적 갈등을 해소하고 단합시킬 대안을 제시하지 못하고 시민사회의 능동적 동의를 이끌어 내는데 실패하였다. 진보당이 제시한 '평화통일론'은 이승만의 '북진통일론'의 기반이 되었던 반공이데올로기의 정당성을 위협했다. 이 시기 사회주의권의 평화공존전략과 맞물리면서 냉전적 사고가 크게 흔들리면서 제3세계권에서는 중립노선이 선언되고 쿠바, 베트남 등에서는 민족해방전쟁이 전개되고 있었다. 남한에서도 민족자주화문제가 대두되고 있었다. 분단을 극복하고 남·북한이 통일을 이루는 것은 반공체제와 민족모순을 극복하고 정치, 경제, 사회적 병폐를 치유하는 것이 유일한 대안으로 보였다. 4·19혁명은 이러한 환경 속에서 정치변동을 위한 강력한 기폭제로 작동하였다.

결국 미국의 원조정책 변화에 따른 경제적 위기, 자본주의 발전에 의한 사회적 분화, 국민의 사회적인 박탈감, 이승만 정권의 억압적 지배경향, 민중의 궁핍화현상 등에 의한 근본적 변혁요구가 4·19혁명에로의 진행을 위한 조건들을 형성하였다. 학생과 시민들은 선거라는 제도적 장치를 통해 이러한 변혁요구를 도출하려고 했다. 그러나 이러한 시도가 부정선거라는 정치적 음모로 좌절되자 그들의 분노는 극에 달해 드디어 그들은 이승만 정권을 붕괴시켰다.

이승만의 하야 후 대부분의 참여 학생들이나 지식들은 민중의 힘에 의한 정권붕괴에 고무되어 4월 혁명의 개념을 사용하기 시작했다. 혁명이라는 규정은 사실에 대한 객관적이고 과학적인 규정이라기보다는 오히려 성취의 기쁨, 진정한 혁명의 완수를 희구하는 마음의 표현이었다고 말할 수 있다.

그러나 일부 학자들은 보다 과학적으로 당시의 현상을 설명해야 한다고 주장하면서 혁명이라는 개념의 사용을 꺼려하였다. 허정 과도정부나 민주당 시기의 보수적 인사들은 표면적으로는 혁명이라고 규정을 하면서도 실제로는 '의거'라고 간주하였고, 또 그렇게 되기를 원했다. 보수정치세력의 이러한 입장은 운동이 더욱 진전되어 철저한 정치·사회적 변혁으로 나아가는데 대한 그들의 불안과 두려움에서 비롯되었다고도 말할 수 있다.[3]

5·16 군사 쿠데타 이후 박정희를 비롯한 군부세력도 '5·16'을 '4·19의 계승'이라고 주장하면서 4·19를 '의거'라고 말하고 자기들이 일으킨 5·16을 '군사혁명'이라고 주장하였다. 그 후 제 3, 4, 5공화국의 군부집권세력은 4·19혁명이라는 개념의 사용을 회피해왔다. 제 6공화국이 수립되기 바로 전에 4·19를 민주혁명으로 여·야지도자가 합의하여 제 6공화국 헌법전문에 명시하였음에도 불구하고 학계에서는 4·19가 혁명인지 아닌지에 대한 논쟁을 오늘날까지 계속하고 있다. 4·19세대인 이수정과 김혁동은 4·19를 '혁명'으로 주장한 반면[4] 4·19세대이면서 4·19혁명에 참여하지 않은 진덕규는 이

---

[3] 허정 과도정부수반은 한 인터뷰에서 다음과 같이 말하고 있다. "4·19주동이 된 학생들과 그들을 격려하고 참여한 시민들은 민주주의 확립을 주장했을 뿐 정권에는 전혀 뜻이 없었어요. 그러기 때문에 4·19정신은 바로 우리들의 민주정신인 거예요. … 4·19는 의거라는 점에서 빛나는 것이고, 그 정신은 숭고하다고 하는 까닭이 여기에 있어요. 4·19가 혁명이었다면 그 정신을 계승해야 한다는 말을 나는 결코 하지 않을 거예요."『신동아』, 1983년 4월호 허정 인터뷰.

[4] 이수정, "4·19는 혁명인가", 『4월 혁명의 주체적 평가』, 4월 혁명 10주년 기념 세

승만의 붕괴가 한국 사회의 급진적 변화를 원치 않았던 미국에 의해 영향을 받았음을 지적하고 4·19를 혁명으로 간주하지 않으려는 입장을 보여주고 있다.[5]

그러나 제 6공화국이 태동하기 전에 민주정의당의 노태우 대표, 통일민주당의 김영삼 총재, 새정치국민회의의 김대중 총재와 민주공화당의 김종필 총재는 대한민국 역사상 처음으로 여·야 합의 하에 헌법을 제정하였고, 그 전문에 4·19는 바로 민주혁명이라고 규정하였기 때문에 4·19가 혁명이냐 그렇지 않느냐에 대한 논란은 한국사회에서 더 이상 진행될 필요가 없다고 본다.

결론적으로 '4·19혁명'은 헌법에서 규정하고 있는 '민주혁명'의 개념과 '4월 19일'이라는 특정한 시점에 발생한 일회적인 우연성이 아니라 이승만 정권 말기의 정치, 경제, 사회적 조건들을 포함 역사적인 필연성을 갖는다. 또한 혁명의 주체인 '학생'을 분명히 밝힐 필요가 있다. 따라서 이 책에서는 위에서 언급한 모든 사항을 고려하여 '4월 학생민주혁명'이라는 용어를 사용한다.

제2절 4월 학생민주혁명에 대한 시각

4월 혁명의 이념과 역사적 평가에는 상이한 관점들이 존재한다. 또한 그 용어에 있어서도 '4월 혁명', '4월 의거', '3·4월 민중항쟁', '민중봉기', '학생혁명', '민족혁명' 등 다양한 명칭으로 불리고 그 성격규정에 대해서도 다양한 견해가 존재하고 있다. 이는 4월 혁명이

미나 보고서 편찬위원회, 1970년; 김혁동, "4·19의 정의를 내린다", 위의 논문집.
[5] 진덕규, "4·19혁명의 갈등구조", 『신동아』, 1980년 4월호.

혁명이냐? 의거냐? 운동이냐? 봉기냐? 에 관한 논쟁과도 깊은 관련이 있다. 이러한 논쟁이 학자들 사이에 정리되지 못하고 아직도 진행되고 있는 이유는 4·19혁명에 대한 비과학적인 성격규정, 4·19세대들은 물론 그 이후의 정치·사회세력 간의 현실인식, 정치적 입지 그리고 이해관계 등과 깊이 관련되어 있기 때문이다.

그러나 4월 민주혁명을 바라보는 시각을 크게 네 가지로 분류하고 있는 한국역사연구회 현대사연구반의 견해가 지배적이라고 말할 수 있다. 그 네 가지 시각은 다음과 같다:

첫째는 근대화론에 입각해서 4·19를 반독재민주혁명으로 보는 시각이다. 1965년에 출간된 『4월 혁명』6이 이러한 시각을 갖고 있는 대표적인 저서이다. 이러한 시각은 1980년대 중반까지도 다양한 형태로 제기되었고 아직까지 보수학계에서는 이러한 시각을 갖고 있다.

둘째는 민족주의 내지 제3세계론적인 시각에서 4·19를 '미완의 혁명'으로 규정하는 견해이다. 이러한 인식은 4·19 당시에도 진보적 지식인 사이에서 공유되던 시각으로 김세균의「4·19정신」(『형성』, 1968년 봄호), 유영표의「4월 혁명과 민족국가의 형성」(『형성』, 1970년 봄호) 등과 같은 논문에서 찾아 볼 수 있다. 대체로 이러한 시각에서 분석된 논문들을 모은 것이 강만길을 비롯한 학자들에 의해 쓰여진 1983년 한길사에서 나온 『4월 혁명론』이다.

셋째는 제국주의의 이해를 직·간접으로 반영하는 이론이나 방법론적 인식태도를 청산하고, 소시민의 계급적 이해를 부분적으로 반영하는 소박한 민족주의 시각이나 제3세계론을 비판하면서 나온 '변혁운동론'적 시각이다. 이는 박현채의 연구에서 그 뿌리를 찾을

---

6 최경열,『4월 혁명』(서울: 4월 혁명동지회출판부, 1965).

수 있는데, 1980년 중반 이후 사회과학적 이론에 대한 이해의 심화 과정을 거치면서 사회과학 연구자 사이에 현재 일반화되어 있는 시각이다. 박현채는 4·19를 "민주주의와 진정한 민족해방의 실현을 위한 미완의 민중혁명이었으며 민중 자신이 아닌 학생에 의한 대리혁명"이라고 규정한다.7

넷째는 4·19를 민족해방, 민주주의혁명의 서전으로서 '4월 민주혁명'으로 보는 시각이다. 남한학계에서 이러한 시각은 이재오에 의해 처음 제기되었다. 그는 "4월 민주혁명의 성격은 반독재 민주주의 투쟁을 거쳐 반외세 민족통일 운동의 문제를 제기하였다. 4월 민주혁명은 민족통일의 종국적인 해결을 위한 민족해방 민주주의혁명의 서전으로서 역사적 의의를 갖고 있다."라고 주장한다. 이러한 이재오의 4월 민중항쟁에 대한 성격규정은 4월 민중항쟁 당시 청년학생운동의 핵심인사들에서 제기되었던 문제의식을 계승한 것으로 보인다.

4월 혁명에 대한 이러한 다양한 시각들은 혁명의 성격, 혁명의 주체, 혁명의 완성도 등에 있어 미세한 차이를 보이면서 잠재적으로 대립되어 있다.8 그러나 본 저서에서는 4월 민주혁명은 반독재민주주의 혁명으로서 사회와 경제발전을 위한 운동뿐만 아니라 민족통일운동의 단초를 만들어 준 학생과 시민, 특히 학생에 의한 민주혁명으로 이해한다.

---

7 박현채, "4월민주혁명과 민족사의 방향"; 강만길 외, 『4월 혁명론』(서울: 한길사, 1983), 46쪽 참조.
8 한국역사연구회 현대사연구반, 『한국현대사 2』(서울: 풀빛, 1991), 228~229쪽.

제3절 4월 학생민주혁명에 대한 연구동향

지난 50여 년 동안 4월 학생혁명에 대한 연구는 당시 혁명에 직접 참가한 소위 4·19세대 자신들과 그것을 직접 체험하지 못한 선배나 후배학자들에 의해서 이루어져 왔다. 또한 4월 혁명에 대해서는 국내뿐만 아니라 일본, 미국 등에서도 연구되었다.[9]

그러나 4월 학생혁명에 관한 저서와 논문은 주로 정치, 사회와 경제적인 측면을 별개로 다루거나 이들 별개의 요인들을 다루는 논문들을 하나의 책으로 모은 것들이 대부분이다. 4월 학생혁명을 보다 종합적으로 분석하고 4월 혁명이 한국사회의 여러 부문에 어떠한 영향을 끼치었는지 그리고 앞으로 4월 민주혁명의 이념을 어떻게 선양하여야 하는 지에 대한 논의 등을 다룬 논문이나 저서는 거의 없다.

4월 민주혁명은 그 자체로 끝난 것이 아니라 '미완의 혁명'으로 1960년대 이후 한국변혁운동의 정신적인 기반이 되어 왔고 4월 혁명에 대한 연구는 1964년의 한일협정반대투쟁(6·3데모)과 '1980년의 봄'과 같은 한국사회의 격동기에 집중적으로 이루어졌다. 그 이후 1990년대와 2000년대에도 4월 혁명에 대한 연구가 간헐적으로 이루

---

[9] 일본에서는 通久雄一, 「4·19혁명」, 『조선자료』, 1978,10: 兪哲, 「4·19인민봉기와 남조선학생운동의 발전」, 『조선자료』167, 1975.3: 梶村秀樹, 「역사로서 4·19」와 姜在彦, 「20년 후의 눈으로 본 4·19학생운동」, 『季刊 三千里』, 1980년 봄호와 미국에서는 주로 한국인의 박사학위논문으로 Sung-chul Yang, "Revolution and Change: A Comparative Study of the April Student Revolution of 1960 and the May Military Coup d'Etat of 1961 in Korea", Ph.D. diss. University of Kentucky, 1970; Young-pil Rhee, "The breakdown of Authority Structure in Korea in 1960: A Case Study of the Failure of Concerted Feedback", Ph.D. diss. University of Chicago, 1974; Quee-young Kim, "Social Structure and Student Revolt: A Quantative Analysis of Korean Case", Ph.D. diss. Havard University, 1975.

어져 왔다. 최근까지 수행해 온 4월 혁명에 관한 연구물은 대체적으로 4월 혁명의 원인, 발생배경, 혁명과정 등에 집중되어 있다. 여기서는 1. 4월 혁명의 원인과 발생배경에 대한 연구, 2. 혁명과정에 관한 연구로 대별하여 논해본다.

1. 원인과 발생배경에 대한 연구

4월 혁명의 원인과 발생배경에 대한 연구는 크게 세 가지 흐름으로 설명될 수 있다. 첫째, 사회·심리적 조건 하에서 설명이고 둘째, 사회구조적인 조건의 산물로서의 설명이며 셋째, 사회경제적인 조건으로의 설명이다.

4월 혁명의 원인을 당시 혁명참가자들의 사회·심리적 조건을 통해 설명하는 대표적인 연구로 이화수의 "4월 혁명-정치행태학적인 연구"가 있다.10 이 연구는 한 집단의 구성원들의 기대의 상실로 인하여 생기는 좌절감이나 상대적 박탈감이 폭력적인 집단행동을 초래한다는 사회·심리적 해석이다. 이는 일면 타당성이 있어 보이지만 4월 혁명을 집단적인 폭력과 동일시하는 데는 약간의 문제가 있다. 또한 이는 4월 혁명을 5·16 군사쿠데타, 6·3사태이후의 데모 등과 동일시하여 설명하는 것은 4월 혁명의 역사적·구조적 성격에 대해서 과소평가할 수 있는 위험성을 내포하고 있을 뿐만 아니라 이승만정권의 붕괴의 구조적인 성격을 단순히 '정책적 오류'의 차원으로 해석하는 문제점을 안고 있다.

4월 민주혁명의 원인을 한국사회의 구조적 조건의 산물로 설명하는 대표적인 연구로는 김기영의 박사학위논문이 있다.11 김기영은 4

---

10 이화수, 「4월 혁명-정치행태학적 연구」(서울, 평민서당, 1985).
11 Quee-young Kim, 앞의 논문과 *The Fall of Syngman Rhee*, Institute of East

월 혁명이 사회적 질서와 권력관계에서 기본적인 요소들이 서로 간에 모순을 야기 시킨 '구조적 출발점'으로부터 일어났다고 설명하고 있다. 그는 세 가지 모순 즉 첫째는 교육내용과 정당성의 기준과의 모순, 둘째는 도시화의 정도와 경제발전의 정도와의 간격, 셋째는 이승만과 그의 정적들과의 대립을 들고 있다. 이중에서도 가장 중요한 것은 학생들이 학교에서 배운 교육내용과 이승만 정권의 도덕적 정통성의 불일치이며 이것이 학생데모를 유발하였고 이를 뒷받침한 것이 경제발전을 앞지른 과잉 도시화에 의해서 초래된 지식인, 실업인 등 도시민의 저항이었다는 것이다.

김기영의 접근법은 이화수의 접근법보다 더 큰 설득력을 갖고 있다고 본다. 그러나 그의 접근법은 4월 혁명의 원인을 설명함에 있어 오로지 사회정치적 조건들을 중시하고 사회경제적인 조건들을 언급하지 않음으로써 다면적인 접근을 통하여 문제의 핵심에 더 가까이 가려는 노력이 부족함을 엿 볼 수 있다.

1990년 이전의 연구들은 주로 정치적 측면, 경제적 측면에서 4월 혁명의 원인을 설명하는 논문이나 저서가 대부분이었다. 그리고 그 중 대부분은 4월 혁명이 3·15 부정선거에 대한 항의에서 촉발되었다는 현상적 측면에 초점을 맞춘 정치학적 연구들이었다.[12] 그러나 이들도 이승만정권의 몰락에만 초점을 두고 있기 때문에 4월 혁명의 저변에 깔려있는 사회개혁의 요구, 자립경제의 건설 요구 등은 등한시되고 단순히 '봉기'나 '의거'에 의한 정권교체에만 그 시야를 제한

Asian Studies, University of California Berkeley, 1983이나 고영복, "4월 혁명의 의식구조"; 강만길 외, 『4월혁명론』(서울 한길사, 1984)도 이러한 접근법의 한 예로 볼 수 있다.

[12] 정치학적 연구의 대표적인 예로는 김학준, "4·19혁명 오늘의 의미", 『신동아』, 1982년 4월호; Young-pil Rhee, 위의 책; 차기벽, "4·19, 과도정부 및 장면정권의 의의," 성균관대, 『사회과학』 제13집, 1975 등이 있다.

시키고 있다.

한국사회에서는 1970년 후반부터 4월 혁명의 원인을 경제적 측면에서 설명하려는 연구들이 나타나기 시작했다. 전철환은 4월 혁명의 원인을 한국자본주의의 대외의존성과 매판성, 원조경제의 위기에 의한 경제적 모순의 심화에서 찾고 있다.[13] 이대근은 미국의 경제원조에 의한 한국의 농업희생축적의 위기에서 4월 혁명의 원인을 모색하고 있다.[14] 또한 박현채는 미국종속하의 독점자본주의의 위기와 이승만 정부에 의한 민중의 수탈에 의해 4월 혁명이 촉발되었다고 설명한다. 그러나 이러한 경제학적 설명은 1950년대 한국자본주의의 성격에 관한 논의가 아직 정리되지 않았기 때문에 어디까지나 가설적인 성격을 갖고 있다고 하겠다.[15]

결론적으로, 4월 혁명의 원인과 배경에 대한 연구가 정치행태학적 측면이나 사회구조적인 측면이나 사회경제적인 측면에서 각각 접근하는 방법도 필요하지만 4월 혁명의 원인을 보다 있는 그대로 보기 위해서는 거시적이고 다면적인 접근법을 적용하는 것이 보다 타당할 것으로 본다. 또한 4월 혁명의 외적 원인을 규명하기 위해서는 4월 혁명을 전후한 미국의 대한정책에 대한 분석도 고려하여야 할 것이다.

2. 혁명과정에 대한 연구

4월 혁명과정에 대한 연구물인 이우재의 「자립을 위한 서전」[16]에는 4월 혁명의 내용과 배경이 어느 정도 잘 정리되어 있다. 또한 김

---

13 전철환, "4·19혁명의 사회적 배경", 한완상·이우재·심재택 외, 『4·19혁명론』(서울 일월서각, 1983).
14 이대근, 『한국전쟁과 1950년대의 자본축적』(서울, 까치, 1988).
15 박현채, 『민중과 경제』(서울: 정우사, 1978).
16 이우재, "자립을 위한 서전," 『사상계』, 1970년 4월호.

성식은 학원개혁운동, 신생활운동을 비롯한 당시 학생운동을 비판적으로 평가하고 있다.[17]

학생들의 민족통일운동에 대해서는 노중선의 『4·19와 통일논의』[18]와 이재오의 『해방 후 한국학생 운동사』[19]등이 있다. 그러나 4월 혁명 직후 학생들의 학원개혁운동, 신생활운동, 선거참관 계몽운동, 민족통일운동에 대한 심도 있는 객관적인 연구가 아직은 나오지 않고 있다.

4월 혁명이후 교원노조운동에 대해서는 이철구, 장명국, 변명의의 연구논문이 있고[20] 이 운동에 직접 참가한 이목의 저서가 있다.[21] 이 시기 노동운동에 대한 연구는 박현채의 논문인 "4·19시기 노동운동의 전개양상"이 [22] 있지만 심도 있는 객관적인 연구로는 볼 수 없다.

또한 이 시기 혁신정당의 활동에 대한 연구로는 김경권의 서울대 석사학위 논문인 "제 2공화국 혁신세력 연구-민족자주화 운동을 중심으로,"[23] 김광식의 논문인 "4·19시기 혁신세력의 정치활동과 그 한계,"[24] 김학준의 논문인 "4·19에서 5·16까지의 진보주의운동"[25] 등이 있다.

---

17 김성식, "최근 학생운동의 성격과 방향", 『사상계』, 1961년 1월호.
18 노중선, 『4·19와 통일논의』(서울: 사계절, 1989).
19 이재오, 『해방 후 한국 학생운동사』(서울: 형성사, 1993).
20 이철구, "4·19시기의 교원노동조합운동", 『역사비평』, 1988년 봄호; 장면국, "4·19하의 교원 노동조합운동", 『교육 노동운동』(석탑. 1986년); 변명의, "한국교원노동조합운동의 비판적 연구," 연세대 교육학과 석사학위논문, 1986.
21 이목. 『한국교원노동조합운동사』(서울: 푸른 나무, 1989).
22 박현채, "4·19시기의 노동운동의 전개와 양상", 『역사비평』, 1988년 봄호.
23 김경권, "제 2공화국 혁신세력-민족자주운동을 중심으로", 서울대 정치학과 석사학위 논문, 1986년.
24 김광식, "4·19시기 혁신세력의 정치활동과 그 한계", 『역사비평』, 1987년 봄호.
25 김학준, "4·19에서 5·16까지의 진보주의 운동", 강만길 외 앞의 책.

제4절 본 저서의 연구방법과 연구내용

본 저서의 목표는 일원적 동기구조에 대한 설명방법보다 다원적 동기구조에 대한 설명방법인 다층적이고 다면적인 분석방법을 적용하여 4월 학생혁명이 왜 일어났는지, 4월 학생혁명이 당시 고등학교와 대학교에서 어떻게 전개되었는지, 그리고 그것이 어떠한 영향을 미쳤는지를 분석하는데 있다. 또한 그 역사적인 현장에 있었던 당시의 4월 혁명의 주역들을 소개하고 마지막으로 4월 학생혁명이념의 선양을 위한 발전방향과 포상·보상제도의 문제점과 개선방안 등을 논의하는데 있다.

이러한 목표를 달성하기 위해 본 저서는 제 2장에서 4월 혁명의 발생요인들을 분석한다. 제 1절에서는 혁명의 정치적인 발생요인들에 대해 논의하고 제 2절에서는 혁명의 경제적인 요인을 다루며 제 3절에서는 혁명의 사회심리적인 요인들을 취급하고 있다.

제3장에서는 4월 혁명의 전개과정을 다루고 있는바 제 1절에서는 4월 혁명의 전야로서 대구 고등학생들의 학원자유화 시위(2·28의거)와 3·15 마산의거를 다루고 있다. 제 2절에서는 4월 혁명을 총체적으로 설명하고 있는바 4월 혁명 전의 대학교에 조직된 학도호국단의 조직과 성격에 대해 설명하고 둘째로 4월 혁명의 의의와 정신 그리고 이념을 설명하며 마지막으로 4월 혁명의 개관을 약술하고 있다. 제 3절과 4절에서는 4월 혁명의 과정에 관한 20개 대학교와 5개 고등학교의 사례들을 취급함으로써 4·19민주혁명의 역사적인 현장을 소개하고자 한다.

제4장에서는 4월 민주혁명이 한국사회의 사회, 정치, 경제 그리고 운동 등 각 영역에 얼마만큼 영향을 끼쳤는지를 알아보고자 한다. 이

를 위해 정치영역에서는 이승만 정권의 내재적 한계를 분석하고 경제영역에서는 세계경제의 구조적 변화에 따른 한국의 경제적 당면과제를 내외적 조건을 통해 설명한다. 또한 운동영역에 대한 4월 학생혁명의 영향을 노동, 교육, 통일, 해외 등 다양한 대상영역을 중심으로 분석한다.

제5장에서는 4월 민주혁명을 앞으로 어떻게 선양하고 발전시킬 것인가라는 문제를 이념, 교육, 제도의 차원에서 다루고 있다. 제1절에서는 4월 혁명의 이념의 선양에 대해 개관하고 제2절에서는 학생혁명의 이념과 한국 선진화의 변증법적 관계를 검토한다. 제3절에서는 4월 혁명의 이념과 민주시민교육의 관계를 설명하고 혁명이념을 선양하기 위하여 후배들에게 무엇을 어떻게 교육시킬 것인가를 다룬다. 제4절에서는 법·제도의 보완을 통한 4월 혁명 이념의 구현을 제시하고 있다. 구체적으로 4월 혁명을 국가기념일에서 국경일로 격상시켜야 하는 이유와 그 당위성에 대해 논의하고 기타 4월 혁명의 상징적 시설물들의 건립에 대해 몇 가지 건의를 하고자 한다. 그리고 4월 혁명정신을 선양하기 위하여 무엇보다도 4월 혁명세대와 혁명세대가 공동으로 특별연구위원회의 구성방법과 그 활동사항 그리고 4월 혁명회관의 건립에 대해 논의해야 한다는 점을 지적하고 있다.

마지막으로 제6장에서는 포상·보상제도의 문제점과 개선방안을 다룬다. 보다 구체적으로 4월 민주혁명의 주도세력들의 명예회복의 차원에서 기국가유공자의 처우를 포함한 예우와 관련한 국가보훈기본법의 개정가능성과 개별법의 재정의 당위성 등을 논의한다. 또한 4월 민주혁명관련 3개 공법단체들의 활동현황을 성찰과 반성의 차원에서 설명하고 있다.

제2장

4월 학생민주혁명의 발생요인들

4월 학생민주혁명
― 배경·과정·영향 ―

제1절 4월 학생민주혁명의 정치적인 발생요인

우리 역사에는 움츠렸던 겨울도 있었고, 번성했던 여름도 있었다. 그 출발점에 바로 4·19혁명이 있다.

독립운동가요 민족사학자였던 단재 신채호 선생은 일찍이 한국의 역사를 나(我)와 나 아닌 것(非我)의 투쟁으로 보았다.[1] 나 자신의 정체성은 물론 우리가 지키고 키워나가야 할 모든 것이 바로 '나'요, 우리 공동체의 존립과 발전을 위협하는 일체의 것이 '나 아닌 것'이라는 것이다.[2] 한국의 현대사에서 '나'가 민족, 민주, 민중, 통일 지향적인 것이라면, '나 아닌 것'을 반민족 외세의존, 반민주 독재, 반민중 부패특권, 반통일 분열주의 지향이라고 할 수 있다.

4·19혁명은 바로 반민족, 반민주, 반민중, 반통일의 '나 아닌 것'에 대한 민족, 민주, 민중 통일을 지향하는 '나'의 투쟁이었다. 그 가운데서도 특히 '반민주 독재'에 대한 '민주'의 투쟁이 두드러진 혁명이었지만, 4·19 직후 민족통일운동, 민중운동이 크게 일어났던 것만 보아도 4·19혁명의 복합적 성격을 알 수 있다.

1960년의 4월 혁명은 1948년의 정부수립으로부터 12년 만에 일어난 일대 정치사건이었다. 4월 혁명은 이승만의 제1공화국 정부에 대한 반대투쟁이었고, 동시에 그것에 대한 부정이었다. 4월 혁명은 단순히 이승만 정부에 대한 반대와 부정의 차원을 뛰어넘어 제1공화국

---

[1] 최홍규, "신채호의 전기 민족독립사상-민족과 역사자강의 초기 사상적 지표와 성향-", 『단재 신채호선생 탄신100주년 기념논집』(서울: 형설출판사, 1980), 483쪽.
[2] 밖으로는 국권을 위협하는 침략적인 외세가 '나 아닌 것'이요, 안으로는 침략적인 외세에 영합하고, 우리 공동체의 자기실현과 발전을 가로막고 있는 모든 것이 '나 아닌 것'이다.

의 잘못된 출발에 대한 거부는 물론, 우리 민족 공동체가 지향해 나아가야 할 궁극적인 방향까지를 함축하고 있다.[3]

　4월 혁명을 올바로 이해하기 위해서는 우선 4·19가 반대하고 있는 이승만 정부의 성격과 형태를 먼저 살펴보지 않으면 안된다.

　1948년 8월 15일 대한민국 정부가 수립되었다. 그것은 이 나라 역사에 처음으로 등장한 근대국가요, 이 땅에 최초로 세워진 민주공화정이었다. 그것은 민족사에 일찍이 없었던 벅찬 감동이었고, 또한 마땅히 축복받을 일이었으나, 바람직한 출발은 되지 못했다.

　가장 큰 문제는 남한만의 단독정부로 출발한 것이다. 1945년의 민족해방이 우리 민족의 자력에 의해 쟁취된 것이 아니었던 탓으로, 해방과 동시에 국토는 분단되고 민족은 분열되는 비운을 맞았다. 신탁통치안의 찬반 대립을 거쳐 미소공동위원회가 결렬되고, 이어 국제연합이 "가능한 지역에서의 총선거를 통한 한국정부 수립" 결의안을 통과시키자, 이승만은 기다렸다는 듯이 남한만의 단독정부 수립에 나섰던 것이다. 그것이 비록 현실적으로 불가피했다고 하더라도, 모처럼 해방·독립을 맞이하는 한민족으로서는 마땅히 남북한 통일정부를 마지막까지, 최선을 다하여 모색했어야 했다.

　이승만과 함께 민족지도자로서 쌍벽을 이루고 있던 백범 김구를 구심점으로 한 단정(單政) 반대세력[4]이 불참한 가운데 1948년 5월

---

[3] 이러한 인식은 당시 이승만 정부를 바라보는 역사학자에게서도 동일하게 표출되고 있다. 홍이섭은 당시 한 잡지의 기고문에서 "신생 한국은 미국에 의해 표피에 민주주의라는 도료를 발랐을 뿐 당, 정당이 부패할 수 있는 선천적인 조건을 구비하고 있었다"고 파악하였다. 정부수립 시 해방 전 국내외 혁명세력의 배제와 친일적인 관료층의 형성은 반민주적인 빈곤한 정치이념과 부패한 국가경제로 이어질 수 있는 토양을 제공해주고 있었고 미국의 外援이용의 부패와 농촌피폐, 물가불안, 금융 고리대의 형성 등 부정부패의 측면에 주목하여 이승만 정부의 정치의 실상을 들여다보았다.; 洪以燮, "4月革命의 歷史的性格", 『洪以燮全集6: 近現代史』(서울: 연세대학교 출판부, 1994), 528~529쪽

10일 남한에서만 총선거가 실시되었고, 7월 17일 대통령 중심제를 권력구조로 하는 헌법을 제정한 데 이어, 이승만은 국회에서 대한민국 초대 대통령으로 선출되었다. 이로써 8월 15일 역사적인 대한민국 정부 수립이 내외에 선포되었다 제1공화국의 막이 오른 것이다.

설사 단정으로 출발할 수밖에 없었다고 하더라도 그 정부는 민족의 화해와 통일을 지향하는 것이 마땅한 일이었으나, 이승만 정부는 처음부터 끝까지 반공의 길로 매진해 나갔던 것이다. 이승만의 반공주의는 미국의 대공산권 포위전략과 일치하는 것으로, 미국의 절대적 정치경제적 보호와 지원을 받았다. 미군정의 반공정책은 한국의 정치영역에서 좌파세력 즉 사회주의세력과 공산주의세력의 활동공간을 아예 없애버렸고, 심지어 중도세력 즉 좌·우 합작세력까지도 배제하는데 기여했다. 이는 반대로 이승만을 비롯한 한국민주당 등 우파 정치세력이 남한의 정치공간 속에서 정권을 잡는데 결정적인 역할을 하였다.[5]

미군정은 남한에 미국식 민주주의를 도입하고 일반 국민들에게 언론, 출판, 결사 등 정치활동의 자유를 허용하였지만, 대부분의 국민은 이를 행사할 줄 몰랐고, 일부 학생과 지식엘리트층들만 이를 행사할 줄 알았다. 외형상 민주주의 헌법이 채택되고 민주적 절차에 의해 정부가 수립되었지만,[6] 이 정부의 행태는 반 민주주의적이었고 여전

---

[4] 김구 임시정부 주석은 "남한만의 단독정부 수립은 결국 분단을 영구화하고 민족상잔의 비극을 초래할 것"이라고 주장하면서, 눈물겨운 남북협상운동을 전개했다.

[5] 이명영, "자유당통치의 특성", (성균관대학교 사회과학연구소 간), 『사회과학: 제13집』, 1975, 56쪽.

[6] 제헌국회가 7월에 제정한 제헌헌법은 정치적 민주주의와 경제적 사회적 민주주의를 조화시킨 것이었다. 제헌헌법은 기본권의 광범위한 보장, 3권 분립을 통한 권력간 견제와 균형, 사법권의 독립, 지방자치 등 근대 민주주의 헌법이 갖추어야 할 사항을 고루 담았다. 특히 경제 조항에서 자유경제 체제를 원칙으로 하되 광범한 국가 통제와 균등사회를 지향하는 민주사회주의적 요소까지 내포하고 있었다.;

히 권위주의적이었다.

당시의 한국사회는 농경사회로서 유교적인 전통에서 벗어나지 못했을 뿐만 아니라, 대다수 국민은 민주주의적인 현대교육을 받지 못하고 권위주의적 행태만을 보여주고 있었다.

그 결과 이승만 정부는 국가의 정통성을 확보하고 국민들의 일체감을 조성하여 민주적인 정치질서를 확립하기 위하여 서구의 민주정치제도를 원용해 대통령중심제의 민주공화제를 채택하였지만, 실제에 있어서 정부는 국민을 무시하고 야당을 탄압하였으며 국민은 헌법이 보장하는 나라의 주인이 아니라 주로 사회·정치권력의 조작대상이 되었다.

우리의 경우와는 달리 같은 분단국인 오스트리아에서는 좌·우파 정치인들이 공히 민족주의와 통일을 자기들이 내세웠던 정치이데올로기보다 더욱 중시하였기 때문에, 임시정부를 수립하는 과정에서 좌·우파 정치세력을 총망라한 거국내각을 만들고 초당적인 정책을 실행하여 10년 후인 1955년 마침내 분단을 극복하고 통일을 이룩하였다.[7]

제1공화국이 갖는 또 하나의 성격은 반민족적이었다는 데 있다. 이승만은 비록 오랜 기간 동안 독립투쟁을 전개해 오긴 했지만, 그의 독립노선은 외교론의 연장선 위에 있는 것이었다. 해방이 되었을 때, 오랜 해외생활로 국내에 정치기반이 없던 이승만은 지주를 중심으로 현실적 정치기반을 갖고 있던 한국민주당(추후 한민당)과 결합한다. 해외 독립투사의 이미지와 한민당이라는 현실적인 세력기반이 야합

이영록, 『유진오, 헌법 사상의 전개』(한국학술정보, 2006), 168~169쪽; 박찬표, "대한민국의 수립", 『한국사 52-대한민국의 성립』(국사편찬위원회, 2002), 418~419쪽

[7] Gerald Stourzh, "Geschichte des Staatsvertrages:1945~1955", Wien, 1967, 8~10쪽

한 것이다.

그 결과 5·10 총선거에 의해서 구성된 제헌국회의 헌법기초위원회의 기본적인 관심사는 주로 나라의 권력구조에 있었다. 다시 말해서 그들의 논의의 핵심은 나라의 권력구조를 의원내각제로 할 것이냐 혹은 대통령중심제로 할 것이냐에 있었다.

당시 한민당은 헌법학자 유진오를 앞세워 의원내각제와 양원제를 내용으로 하는 헌법초안을 작성하였지만, 이승만의 반대에 부딪치게 되어 헌법기초위원회는 이승만이 제시한 대통령중심제와 단원제를 약간 수정하여 이를 채택하게 되었다.8 결과적으로 5·10 국회의원 총선거에서는 이승만 노선을 지지했던 대한독립촉성국민회의(55명 당선)와 한민당(29명 당선)의 승리로 이승만의 지지의원들이 국회에서 제1당이 되어 이승만을 초대 대통령으로 선출하였다.9 그러나 이러한 결과는 남로당 등 좌익계, 근로인민당 등 중도계열과 김구를 중심으로 한 한독당계열 그리고 김규식의 민족자주연맹(임정계) 등의 선거불참으로 인해 나타난 것이다.

이승만은 한민당의 도움으로 정권을 획득하였으나 조각구성에서 초대총리를 한민당의 인사가 아닌 조선민족청년단장 이범석을 국무총리로 임명하였다.10 이에 한민당은 이승만의 정부구성에 불만을 품

---

8 그러나 헌법기초위원회는 대통령중심제와 단원제를 채택하고 이에 한민당이 주장했던 의원내각제 요소를 가미함으로서 대통령이 국민에 의한 직접선출이 아니라 국회에서 간접선출(간선제)되며, 국무원제와 국무총리제를 두었다. 국회뿐만 아니라 정부도 법률제안권을 가지며 대통령을 비롯한 정부각료가 국회에 출석하여 발언권을 갖는다는 것 등을 제헌헌법에 포함시키었다. 제헌국회에 의해서 채택된 대통령중심제가 국민의 의사를 반영하고 다원적 민주주의를 한국에 정착시키기 위하여 도입된 것이 아니고 오로지 보수정치세력간의 권력쟁취와 유지를 위한 수단으로 채택되었다는 것을 유념할 필요가 있다.
9 중앙선거 관리위원회, 『대한민국정당사』(1968, 증보판), 181쪽.
10 이승만은 초대국무총리로 조선민주당의 이윤형을 지명하였으나 국회에서 부결되

고 이승만을 반대하는 야당으로 돌변하였다. 그 후 한민당은 1949년 2월 10일 임정요인인 신익희와 대동청년단장인 이청천 등을 규합하여 당세를 확장하고, 민주국민당으로 개칭하여 이승만 대통령의 정책에 반대하는 투쟁을 전개하였다. 민주국민당은 이승만과의 투쟁의 한 방법으로 권력구조의 개편을 위한 헌법 개정을 선택하였다. 그리하여 민주국민당은 "민주정치는 의회정치, 의회정치는 정당정치, 정당정치는 책임정치"라는 슬로건을 앞세워 대통령중심제를 의원내각제로 바꾸려는 개헌안을 1950년 1월 28일 국회에 제출하였으나 출석 179명 중 가결 79석, 부결 33석, 기권 66석, 무효 1표로 부결되었다.11

제헌국회의원의 임기 2년이 경과함에 따라 1950년 5월 30일 제2대 국회의원 총선거가 실시되었다. 선거결과는 제1대 총선(1948년 5월 10일)을 거부하여 불참했던 남·북 협상파의 선거참여로 인하여 여당에 속한다고 할 수 있는 의원 수는 도합 57명, 야당인 민주국민당은 겨우 24명(야당계는 도합 27명)으로 크게 감소한데 반하여 무소속이 무려 126명이나 진출함으로써12 이승만 정권의 정치적 기반은 아주 불안정하게 되었다. 그 예로서 국회의장선거의 결과를 들 수 있다. 당시 이승만 정부가 국회의장으로 밀었던 오하영의원이 46표를 얻은데 반하여, 야당인 민주국민당의 신익희의원이 96표를 얻어 국회의장에 당선됨으로써 야당이 압도적으로 우세함을 보여주었다.

그러나 정부 대 국회간의 갈등정국은 국가형성이라는 중요한 시점에서 국가정책수행에 큰 걸림돌로 작용하였다. 대통령이 제출한 국가정책은 국회의 반대에 부딪치고 국회가 결정한 법안은 대통령의

어 조선민족청년단장인 이범석을 임명하였다. 이에 대해 국가재건최고위원회 한국군사혁명사 편찬위원회(편), 『한국군사혁명사, 제1집(상)』(서울, 1963), 29쪽.
11 이기하, 『한국정당발달사』(의회정치사, 1961), 212면; 한태수, 『한국정당사』(서울: 신태양출판사, 1961), 118쪽.
12 문창주, 『한국정치론』(서울: 일조각, 1965), 277쪽.

거부권에 의해 좌절되어 국가정책의 수행에 큰 어려움을 주었다.

그 결과 국회에 대한 책임을 지지 아니하는 대통령은 행정권을 강화하였고, 헌법에 규정되어 있는 대통령의 권한을 견제할 수 있는 의원내각제적 요소들은 대통령에 의해서 의도적으로 그 운영이 무시 내지 등한시 되었다. 이승만 대통령에 의한 행정권의 강화와 그 견제 제도의 무시는 한국전쟁(1950~1953년)동안에 "절대적인 권위주의정치체제" 또는 "일인 지배체제"로의 과정을 밟게 되었다.

한국전쟁을 겪는 동안 부정부패의 상징적 사건으로 국민방위군 사건13과 반공을 빙자한 김종원에 의해 야기된 거창양민학살사건14은 이승만 정부에 대한 국민의 불신과 민심이반을 초래하였다. 이와는 반대로 야당은 국민으로부터 민심을 얻음으로써 그의 세력을 확대할 수 있었다. 이러한 현상은 정부 대 다수의 야당의석을 갖고 있는 국회간의 갈등을 증폭시키었다.

이 외에도 반민족 친일행위에 대한 단죄를 목적으로 1948년 10월에 발족한 '반민족행위특별조사위원회'(약칭 반민특위)는 활동 초기부터 이승만 정부의 집요한 견제를 받더니, 1949년 8월 31일, 이승만에 의해 사실상 막을 내리게 된다. 이로부터 친일파가 다시 세상을 활보

---

13 국민방위군사건이란 정부가 남한의 청년들이 공산북한군이 되는 것을 예방하기 위하여 17세에서 40세 사이의 청년들을 강제로 남쪽으로 후송시킴으로써 제2 국민병에 속한 약 9만명이 기아, 질병과 혹한으로 죽은 사건이다. 이 사건은 20여만명의 방위 대원에게 배당된 자금을 소수의 군고위장교가 착복한 결과 발생한 것이다.

14 거창양민학살사건은 1950년 겨울, 후퇴 중의 북한군이 잠복시킨 공산게릴라부대를 섬멸하기위하여 그 지역으로 파견된 한국군사단이 주민 200여명을 학살한 사건이다. 국회의 조사반이 1951년 4월 이 지역으로 들어가려고 했을 때 공산게릴라로 가장한 한국군 병사들이 이들에게 총격을 가했다. 이로써 조사는 행해질 수 없었다. 전투를 조작한 김종원 대령은 그 후 이승만에 의해 경찰의 총책임자가 되었다.; 김운태, 『해방 30년사, 제2권』(서울: 서문각, 1976), 66~68쪽 참조.

하게 되었으며, 더 나아가 그들이 제1공화국의 사법, 행정, 경찰의 요직을 장악하게 된다.

4·19혁명이 나던 1960년 현재, 경찰의 인적 구성은 일본경찰 출신이 총경의 70%, 경감의 40%, 경위의 15%를, 그리고 전국 경찰관 약 3만 3천명 가운데 사복경찰의 약 20%와 정복경찰의 10%가 일본경찰에 복무한 경력을 갖고 있었다. 경찰 조직이 이승만 정부를 지탱하는 핵심으로 3·15부정선거를 기획·집행했던 것도, 이러한 이승만 정부의 구성과 결코 무관하지 않다. 이런 상황 하에서 민족정기를 찾는다는 것은 나무 위에서 고기를 구하는 것과 다를 바가 없는 노릇이었다.

이승만 정권이 갖는 또 하나의 중요한 성격은 반민중적이었다는 데 있다. 이승만 정권은 정부수립 후 8·15해방으로 일본인들이 한국에 남기고 간 재산, 즉 적산(敵産)을 터무니없이 싼 값으로 그들에게 추종하는 세력에게만 불하하였다. 이로부터 반민중적인 부패특권의 세력이 형성되기 시작한 것이다. 6·25전쟁 이후는 물론 그 이전부터 미국의 원조는 한국의 국민경제를 좌지우지할 만큼 절대적인 것이었다.

이러한 미국 원조물자와 자금을 분배하는데 정부권력이 항상 개입하고 있었다. 이 때문에 기업은 정치권력과 결탁하지 않을 수 없었다. 그 결과 외국 원조물자의 배분은 특권과 특혜를 나누어 주는 것에 다름 아니었던 것이다. 권력이 절대화함에 따라 부정부패는 더욱 심화되어 갔다. 당시의 산업을 보면 방적·방직·제당·제분 등의 소비재 산업이 거의 전부였는데, 그 원료를 전부 미국 원조에 의존했기 때문에 국내산업, 특히 농업은 전적으로 파괴되어 버렸고, 한국은 미국의 소비재 및 농산물 시장으로 전락하였다. 그러나 원조된 물자나 자금은 자본의 운동논리에 따라 한국의 국민경제에 파괴적 영향을 미칠 수밖에 없었다. 예컨대 미국으로부터의 잉여농산물 도입은 농민들이 생산하는 농산물 가격을 떨어뜨려 농민생활을 악화시키고, 한국농업을 피폐케 했던 것이다. 가령 1959년의 국내 식량 부족량은 52만 석이었으나 이 해에 도입된 잉여농산물 양은 1백 89만 2천 석에 이르렀다. 이런 상황 아래서 농민들은 희망을 잃고 날이 갈수록 이농(離農)이 늘어날 수밖에 없었다. 당연한 결과로 실업자가 해마다 늘어나 1959년도에 23.4%이던 실업자가 60년도에는 23.7%로 증가하였다.

4·19를 전후하여 이 나라에는 약 2백 50만 명의 완전 실업자와 50만 명의 잠재실업자, 20만 명의 전쟁고아, 그리고 3백만 명의 절량농가, 즉 먹을 양식이 끊어진 농가가 농촌을 떠나 도시빈민으로 전락하고 있었다. 1961년 당시, 한국의 1인당 국민소득이 72달러였으니 민중의 생활이 어떠했을지 헤아리기에 어렵지 않다. 이렇게 노동자, 농민, 도시빈민, 실업자 등 국민 대다수를 점하는 민중은 더는 참을 수 없는 막다른 지경에 몰리고 있었다.

이승만 정권이 갖고 있는 성격 가운데 가장 치명적이고, 또 4·19혁명에 직접적인 배경을 이루고 있는 것이 반민주의 독재였다.

김구를 제거한 뒤의 이승만은 자신이 국부(國父), 즉 건국의 아버지라는 망상에 빠져, 가부장(家父長)의 권위로써 국민 위에 군림하려 하였다. 신생 민주국가의 대통령으로서 나라의 민주적 기틀을 확립하기보다는 오직 자신의 권력강화와 집권연장에만 혈안이 되어 있었다. 거기에 노령의 그를 둘러싸고 '인(人)의 장막'이 형성되어 있었던 것이다.

이승만의 독선과 집권욕으로 한국 민주주의는 처음부터 굴절되기 시작했다. 특히 1951년 한국 정치권의 최대관심사는 국회에서 대통령의 선출이었지만, 이 대통령의 국회에서의 재선가능성은 전혀 없었다. 야당에 효과적으로 대응하고 이승만 정권의 연장을 위하여 이승만과 그의 지지자들은 새로운 정당을 필요로 하였다. 이승만은 그의 대통령 임기가 끝날 무렵 국회를 통한 재선이 불가능하다고 판단하자, 국민에 의한 대통령 직선제를 도입하려는 안을 구상하기에 이르렀다. 이승만은 그의 지론인 정당무용론을 포기하고 1951년 5월 친여당계와 무소속계 의원들 94명으로 하여금 "공화민정회"라는 원내교섭단체를 구성케 하고, 이어 8월 25일에 처음으로 새로운 정당을 조직하겠다는 담화를 발표하였다.15 이 발표이후 여권에서의 신당창당운동은 국회 내와 국회 밖에서 활발하게 진행되었다. 이에 힘을 얻은 이승만 정부는 1951년 11월 30일 대통령 직선제와 상·하양원제를 골자로 한 개헌안을 국회에 제출했다. 그러나 원내파의 대부분이 국회의원은 단원제와 대통령간선제를 선호했고, 원외파만이 정부의 개헌안을 지지하였다.

이러한 상황 하에서 이승만은 1951년 12월 23일에 각기 자유당이란 동일한 명칭을 갖고 있는 두 개의 정당의 창당을 승인하였다. 그 하나는 소위 민정회 소속 의원 일부가 중심이 되어 만든 원내자유당이고 다른 하나는 민족청년단(일명 족청계)세력, 국민회, 한국청년연합회, 노동조합총연합회, 농업조합 총연합회 등으로 구성된 원외자유당이다.16

이러한 국회와 정부 간의 대결적인 상황에도 불구하고 이승만 정

---

15 중앙선거 관리위원회 간행, 『대한민국정당사』, 164쪽.
16 원외자유당은 소수원내의원을 포함하여 당수에 이승만대통령을, 부당수에 이범석을 선출하였던바, 이대통령은 당수직을 곧바로 수락하였다. 다른 한편으로 원내자유당은 이승만의 신당조직에는 호응하여 당을 창당하였지만 이승만 정부가 제안한 대통령직선제 개헌안은 반대하였다. 그 결과 국회는 1952년 1월 18일 가결 19, 부결 143이라는 압도적 절대다수표로 정부안을 부결시키었다.; 문창주, 앞의 책, 278쪽.

부는 지방의회선거를 실시할 것을 결정하고 1952년 4월 25일에는 시·읍·면 의회의원선거를, 5월 10일에는 도의원 선거를 실시한 결과, 여당인 자유당의 대승으로 끝났다. 그 이유는 지방에는 관권, 자유당, 어용조직만이 그 존립이 가능하였고 야당의 지지단체의 조직은 불가능하였으며 특히 한국전쟁이라는 전시체제 속에서 공포분위기는 여당에 유리하게 작용하였기 때문이다.17 민족자결단, 백골단, 딱벌떼 등 정체불명의 폭력단체들이 매일 살벌한 시위를 벌이며 국회해산과 국회의원소환을 주장하였다.18

이승만은 5월 25일 경상도와 전라도 일대에 아직 남아있는 공산 빨치산들을 소탕한다는 명목으로 부산을 포함한 경상남도와 전라북도 일대지역에 비상계엄을 선포하고 계엄사령관에는 원용덕 헌병사령관을 임명했다. 그리고 그 다음날에는 헌병대가 50여명의 국회의원들이 등원하기 위해 탄 출근 버스를 크레인으로 끌어 그들의 등원을 저지하는 사태가 발생하였다. 5월 27일에는 12명의 국회의원이 국제공산당과 결탁했다는 혐의로 투옥되었다. 이에 대해 국회는 그 다음날 비상계엄의 해제를 요구하는 결의안을 그리고 30일에는 투옥된 국회의원들에 대한 석방을 요구하는 결의안을 각각 채택하였다.

다른 한편으로 언커크(UNCURK:국제연합한국통일부흥위원단)도 5월 28일 "헌법과 계엄법을 위반한 계엄령의 즉각 해제"를 요구하였으나 이승만은 이를 묵살하였다. 마침내 민국당소속 부통령 김성수는 이러한 정치파동에 항의하고 이승만의 독단적인 인사정책을 비판하면서 5월 29일 자로 사퇴서를 국회에 제출하고 부통령직을 사임했다.

---

17 서중석, "미군정·이승만정권·4·19혁명기의 지방자치제", 『역사비평』 제13호 (1991년 여름), 47쪽.
18 한홍구, 『대한민국사:단군에서 김두한까지』(한겨레신문사, 2003), 47쪽.

그러나 이승만은 김성수 부통령의 간곡한 호소에도 불구하고 6월 2일 장택상 국무총리를 통하여 5월 14일에 제출했던 직선제개헌안을 국회가 24시간 내에 통과시키지 않는다면 국회를 해산시키겠다는 최후통첩을 내릴 것을 명령하였다. 이에 대해 트루먼 미국대통령은 이승만에게 한국의 정치적 위기를 완화시킬 것을 요청하였으나, 이승만은 이에 대해 계엄령은 순수한 군사적 이유에서 선포된 것이라고 주장하였다.

6월 12일 일곱 개 도의 도의회 의원들과 전국의 시·읍·면 의원들은 부산에 집결하여 국회의원 소환과 국회해산을 결의하고, 국회의사당 앞 광장과 대통령 관저 앞에서 연좌시위를 벌였다. 이 시위에는 18개 친여단체와 조선방직의 2,000여명의 노동자도 동원되어 합세하였다.[19]

그러나 다른 한편으로 국무총리 장택상은 정부와 국회의 갈등을 해소한다는 명분아래 정부 측 개헌안과 국회 측 개헌안을 절충한 소위 발췌개헌안을 협상카드로 제시했다. 이 안은 정부가 국회의원에 대해 한편으로 회유하고 다른 한편으로 위협하는 가운데 마침내 국회에서 7월 4일 밤에 가결 163표, 기권 3표로 통과되었다.[20] 이 발췌개헌안의 통과는 겉으로는 야당이 주장한 내각제적인 요소를 도입한 것 같으나 실은 이승만이 주장대로 국회가 대통령을 선출하지 않고 국민이 대통령을 직접선출 할 수 있게 이승만의 재선은 그 가능성이 더욱 확고해졌다.

---

[19] 1952년 6월 20일 이시영과 김성수 전 부통령, 두 달 전 까지 국무총리이었던 장면, 전 내무부 장관 조병옥, 김창숙 등 60여명의 정치인들이 연대·서명하여 부산 국제구락부에서 "반독재 호헌 구국선언대회"를 개최하려고 하였으나 폭도들의 난입으로 일부 인사들이 부상을 입고 해산되고 말았다.; 한국정치연구회 정치사분과, 『한국현대사 이야기 주머니』 (서울: 녹두, 1993), 252쪽.

[20] 이기하, 앞의 책, 228~229쪽.

1952년 8월 5일 개정된 헌법에 의해서 정·부통령선거가 실시된 결과, 관권개입에 의해 이승만은 재선되었으나 자유당의 부통령후보인 이범석은 낙선되었다.21 이는 이승만 중심의 자유당조직으로의 개편을 위해 족청계의 숙청을 의미한다. 이러한 현상은 제헌과 정부수립 과정에서 한국 민주당에 대한 이승만의 정치행태를 연상케 한다.

이승만은 이때부터 국민의 의사를 폭력으로 짓밟는 독재자의 길을 걷기 시작한다. 이승만은 국회를 장악하려면 무엇보다 조직이 필요하다는 판단에 따라 정치파동 기간 중에 추종세력을 중심으로 자유당을 결성했다. 이승만의 첫 집권에 정치적 지지기반이 되었던 옛 한민당 세력은 정치적 이해의 충돌로 반 이승만으로 이미 돌아서 야당의 길을 걷고 있었다.

자유당은 1954년 5.20 민의원22 선거에서 노골적인 관권선거에 힘입어 대거 국회에 진출하게 되었고, 무소속으로 당선된 의원 중 30여명을 포섭하여 재적의원 3분의 2의 개헌선에 해당하는 의석수 1백 36명의 절대 다수당이 되었다. 이제 자유당은 '대통령은 1차에 한하여 중임할 수 있다'는 헌법 규정을 다시 고쳐 이승만의 영구집권을 꾀하기 시작한다. 1956년 8월로 예정된 제2대 대통령의 임기만료 후에도 계속 집권하기 위해 1954년 9월 '초대 대통령에 한하여 중임 제한을 철폐한다'는, 사실상 이승만의 종신집권을 위한 개헌안을 국회에 제출했다. 이 개헌안은 그해 11월 27일 표결결과 개헌 정족수에서 한 표가 모자라 부결 선포되었다. 그러나 자유당은 "재적의원 203

---

21 부통령에는 정당조직이 전혀 없는 함태영이 100만 표의 차로 이범석을 누르고 당선된 이유는 경찰의 선거개입의 결과로 보고 있다. 이에 대해 이범석, 『사실의 전부를 기술한다』(서울, 희망출판사, 1966), 144쪽
22 당시의 헌법상 국회는 참의원과 민의원의 양원제로 한다고 되어 있었으나 참의원은 아직 구성되지 않았다.

명의 3분의 2는 135.333명이므로 사사오입하면 135표가 개헌안 통과선"이라는 억지 논리로 이틀 뒤 다시 가결을 선포하였다. 이것이 그 유명한 사사오입 개헌이다.

이때부터 민심은 돌이킬 수 없으리만큼 이승만과 자유당을 떠나기 시작했다. 반대로 이승만과 자유당은 더욱 반민주·독재의 길로 나가고 있었다. 1956년 정·부통령 선거에서 야당은 '못살겠다 갈아보자!'는 구호를 내걸고 대통령 후보에 신익희, 부통령 후보에 장면을 내세웠다. 그러나 '반이승만 정서'로 국민의 여망을 한 몸에 받고 있던 신익희가 애석하게도 유세도중 급서(急逝)하였다.[23] 이 때문에 대통령에는 자유당의 이승만이 당선되었으나 부통령에는 자유당 후보 이기붕이 낙선하고 민주당의 장면이 당선되었다.

이승만과 자유당의 무리와 횡포는 날이 갈수록 그 도(度)를 더해갔다. 1956년 9월 28일에는 장면 부통령에 대한 저격 미수 사건이 발생하였다. 1958년에는 56년 대통령 선거에 출마하여 이승만을 위협했던 조봉암이 간첩과 연루되었다는 세칭 '진보당 사건'으로 이듬해 7월 31일 처형되었다.

1957년은 제4대 국회의원 총선거에 대비할 여·야의 전략적 포석의 해였다. 민주당은 만약 자유당이 선거법 개정을 하지 않는다면 차기 국회의원 선거에서 자유당이 공명선거를 할 의사가 없다는 것을 국민에게 알려 민주당에게 더 많은 지지를 얻을 수 있는 전략을 세웠다.

그러나 양당은 정치적 대결보다 협상을 택함으로써 1958년 1월 1일 국회에서 협상선거 법안을 통과시키기에 이르렀다.[24] 이 협상선

---

[23] 신익희 후보가 사망하자 민주당은 진보당의 조봉암의 집권을 두려워한 나머지 타당 후보자를 지지하지 않기로 결정 했다. 또한 이범석 후보도 홀로 부통령에 입후보하여 이기붕의 표를 분산시키려 하였다고 한다. 이에 대해 이범석, 앞의 책, 100쪽 참조.

거법에 따라 실시된 1958년 5월 2일에 실시된 제4대 민의원 선거에서는 무더기표, 표바꿔치기, 부정개표 등 온갖 부정행위가 자행되어 선거소송만도 1백 5건이나 제기되었다. 이는 부정선거를 하지 않고는 이승만권이 존립할 수 없다는 것을 보여주었다.

1959년 1월에는 이승만의 비호 아래 반공청년단(단장 신도환)이 결성되었다. 반공청년단에는 정치깡패들을 비롯하여 각종 조직 폭력배들이 가입, 정부와 자유당의 비호를 받으며 반정부 인사들에 대한 공포 분위기 조성과 야당 집회에 대한 폭력 파괴 활동을 벌였다.

같은 해 2월에는 경향신문 필화사건이 일어났다. 반정부적인 논설과 기사를 문제 삼아 정부는 경향신문을 4월 30일자로 폐간 처분하였다.25 경향신문은 1960년 4월 이승만이 하야하고 나서야 비로소 복간될 수 있었다. 독재권력 하에서 크고 작은 언론탄압은 수도 없이 또 시도 때도 없이 이루어졌다.

이 무렵 문화예술계에는 불량배를 중심으로 반공예술단이 조직되고 영화『독립협회와 청년 이승만』이라는 이승만 홍보 영화가 만들어지는가 하면, 1960년의 정부통령 선거를 앞두고는 '이승만 박사, 이기붕 선생 출마환영 예술인대회'가 열리고, 이름 있는 문인들이 번갈아 가며 이승만 정권의 제2인자 이기붕을 찬양하는 '인간 만송(晚松, 이기붕의 호)'이란 글을 써 이른바 '만송족(晚松族)'을 형성하였다.

한편 학원에 대한 통제도 강화되고 있었다. 이승만 정부는 1949년 9월, 대통령령으로 중고교와 대학에 학도호국단을 창설하였다. 이는 문교부장관을 정점으로 하는 철저한 상명하복(上命下服)의 조직이었

---

24 협상선거법에 관해서는 문창주, 앞의 책, 283~284쪽 참조
25 당시 동아일보의 발행부수는 35만부, 한국일보 16만부, 조선일보 10만부 이었다. 이에 대해 동아일보사, "민족과 더불어 80년: 동아일보 1920~2000", (동아일보사, 2000), 335쪽.

다. 전국의 학교를 묶어 일사불란한 통제 아래 두고 걸핏하면 '북진통일 궐기대회', '이승만 박사 재출마 요청 궐기대회' 등 관제시위에 동원하였다. 정부는 이같은 어용학생운동을 조종하는 한편으로 50년대 말에 오면서는 더욱 삼엄한 학원사찰 활동을 펴고 있었다.

이처럼 당시는 사회 일반이 어느 한 군데 예외 없이 무거운 잿빛 상황에 놓여 있었다. 건드리면 금방이라도 터질 듯이 사회는 곪아있었고 국민은 불만 속에 있었다. 1959년에 발표된 미국의 콜론 보고서는 이때의 한국 현실을 이렇게 적고 있다.[26]

"젊은 사람들은 희망을 잃고, 부자는 점점 더 부자가 되고, 가난한 사람들은 점점 더 가난해지고, 또 양심이라는 것을 지키는 사람은 전부 소외되거나 배척되고 목적을 위해 수단과 방법을 가리지 않는 자들만이 출세하는 사회이기 때문에 머지않아 한국사회에는 심각한 상황이 벌어질 것이다."

제2절 4월 학생민주혁명의 경제적 발생 요인

4월 혁명은 반민족, 반민주, 반민중, 반통일에 대한 민족, 민주, 민중통일을 지향하는 투쟁이었다. 이 혁명은 종신집권을 노린 이승만 대통령의 지나친 정권욕과 독재성, 그리고 그를 추종하는 자유당의 부패정치와 국민의 생활고에 대한 국민들의 상대적인 박탈감이 누적되어 일어난 것으로 볼 수 있다.

그러나 이 혁명이 발생한 지 60여년이 흐른 지금 그 발생 원인에

---

[26] http://gall.dcinside.com/parkjunghee/9834

관해서는 당시의 정황에서 제기되었던 여러 가지 요인들이 마치 "실타래가 얽히고설킨 듯" 복합적으로 작용하였다는 것이 통설이다.27 이 절에서는 이 중 4·19혁명의 중추세력이었던 당시 대학생과 국민이 인식하고 있었던 대한민국의 정황과 관련된 사회경제적 발생 원인을 살펴보기로 한다.

과거로 소급하여 본다면, 일본제국주의의 식민지 상태에 있던 조선의 경제는 해방 이전만 하여도 일본경제에 완전히 종속되어 있었다. 식민지 말기 조선에 있던 주요 회사의 자본금은 약 80%가 일본인의 소유였고, 기술자의 약 81%가 일본인이었으며 기계시설이나 원자재의 대부분은 일본으로부터 조달하였다.

조선의 대외무역에 있어서도 식민지 조선은 1939년을 기준으로 할 때, 수출의 약 74%와 수입의 약 89%를 일본에 절대적으로 의존하였다. 설상가상으로 남북분단은 남한의 경제를 일본에 더욱 의존케 하는 요인이 되었다. 즉 일본은 남에는 농업을 중심으로 하여, 북에는 공업을 중심으로 한 조선경제를 개발하였고 또한 공업에 있어서도 북에는 중화학공업을, 남에는 경공업을 위주로 하여 개발하였다.

1945년 8월 15일 당시 한반도의 경제상황은 해방과 함께 일본과의 식민지적 경제관계가 갑자기 단절되고 일본의 자본과 기술이 전면적으로 철수함에 따라 혼란 그 자체였다. 즉 1940년 말을 기준으로 할 때, 공업회사 자본은 일본인 자본 94%, 한국인자본 6%였으나, 화학·금속 등 중화학공업에서 민족자본은 전무하였으며, 기술면에서는 업종별 기술자 총수 중 한국인 기술자는 금속공업 11%(133명), 기계 기구공업 25%(150명), 화학공업 12%(222명), 방직공업27%(100

---

27 4·19유족회, 『4·19 11주년 기념지』(서울 : 4·19유족회, 1971).

명)에 불과하였다. 여기에 남·북한의 분단과 남·북한 간 경제교류의 단절은 남·북한의 경제구조가 서로 의존하는 성격을 갖고 있었기 때문에 곧바로 남과 북의 경제파탄으로 연계되었다.

해방 직후 분단된 남한에서는 극심한 물자의 부족으로 생필품가격은 급등하였고, 조선은행 통화발행고는 1944년 말을 기준으로 할 때 35억 7000만 환이었던 것이 1946년 말에는 172억 환으로 무려 5배 이상으로 급증하여 큰 혼란을 야기 시키었다. 또한 일제로부터의 해방 이후 인구의 대량이동은 남한의 경제사정을 더욱 어렵게 만들었다. 해방 당시 남한의 인구는 약 1,750만여 명이었는데 일본 등으로부터의 해외동포 귀환자가 122만 1,000여 명이었고, 북한으로부터 월남한 인구는 96만 9,000여 명으로 총 219만 여명의 인구가 증가하였다.

한편 89만 1,000 여명의 일본인 등 외국인이 남한을 떠나고, 남한에서 북한으로 넘어간 월북자를 합하면 약 100만 여명에 달하는데, 당시 남한의 순수인구증가 수는 120만여 명으로 추산된다. 당시 미군정은 남한의 어려운 경제사정을 감안하여 소위 「점령지역에 대한 행정 구호원조」(GARIOA : Government and Relief in Occupied Area)와 「점령지역에 대한 경제부흥원조」(EROA)를 통해 남한주민들의 식량부족이나 영양실조, 질병에 따른 긴급구호의 식량·의류·의약품 등과 석유·석탄·철광석·면화·건축자재 등 원자재를 공급하였다.[28]

미군정이 대한민국이 공시적으로 출범하기 이전의 3년 동안 당시 우리 경제에 일본 식민지시대의 국가통제경제제도 대신에 미국식 자유시장 경제제도를 도입하였던 것과 관련하여서는, 이에 대해 대미의존적 경제구조로 바꾸는 기초를 마련하였다는 부정적 견해[29]와 이

---

[28] 이주영·이대근 외, 『한국현대사 이해』(서울 : 경덕출판사, 2007). 148~149쪽 참조.
[29] 전철환, "4월 혁명의 사회경제적 배경", 강만길 외 13인 공저, 『4월 혁명론』(서울

와 정반대의 추후 한국의 경제발전의 기초를 이룩하였다는 긍정적 견해가 대립되어 있다.30 당시 미군정은 지난 식민지시대에 일본인이 조선에서 소유하고 있던 공·사적인 재산을 모두 몰수하여 미군정소유로 이관시키는 조치를 취하였다. 그리고 이 재산의 일부를 불하하고 상당부분은 직접 관리하다가 대한민국 정부가 수립되자 이승만 정부에게 이양하였다.

이런 가운데 미군정은 일본인소유 농지를 소작농에게 분배하는 농지개혁사업을 실시하였지만 지주세력들의 격렬한 반대로 제대로 시행하지 못한 채 신설된 한국정부에 이양하였다.

정권 수립 이후인 1949년 6월에 이승만 정부는 「농지개혁법」을 마련하여 1950년부터 '농지개혁'을 전격적으로 단행하였다. 당시 추진된 농지개혁은 농가경제의 향상과 유효수요의 증대를 초래할 수 있을 뿐만 아니라 토지자본의 산업자본화를 통해 경제발전에 어느 정도 기여할 수 있었다. 그러나 이 농지개혁이 제대로 뿌리 내리기 전에 북한 측에 의해 자행된 민족상잔의 대 비극이었던 6·25전쟁31과 지주세력들의 격렬한 반발로 토지자본의 산업자본화를 통한 민족자본의 형성의 기회를 잃게 하였다.32 당시 이승만 정부는 농지개혁사업을 기본적으로 미군정의 방식대로 '경자유전(耕者有田)'의 원칙에 바탕을 둔 '유상매입·유상분배' 방식으로 소작농을 자작농으로 전환시키는 '자작농 창설과정'으로 이해하였다. 즉 농지개혁사업을

: 한길사, 1983) 참조.
30 이대근 외, 『새로운 한국경제발전사 : 조선후기에서 20세기 고도성장까지』(서울 : 나남, 2005) 참조.
31 이 전쟁으로 인한 인명피해는 약 200만 명에 다다르고 산업시설면의 피해만도 7조 6천억 환과 건물 51만호에 달하는 피해를 입혔다.(국방부 전사편찬위원회 편, 『한국전쟁 요약』(서울 : 국방부, 1986), 358~360쪽.
32 홍성유, 『한국경제와 미국원조』(서울 : 박영사, 1962), 102~103쪽.

실시함으로써 토지의 농민적 소유를 통해 농민의 영농의욕을 높이고, 여기서 한 걸음 더 나아가 그를 통해 농업생산성을 증진시키는데 목적을 두었던 것이다.

이 개혁은 6·25전쟁으로 일시 중단되었으나, 전쟁 중 막대한 군량미 조달이나 공무원 봉급용 미곡조달의 필요성 때문에 계속 추진되었다.

앞에서 잠시 언급한 바와 같이 해방 후 미 군정청에 귀속된 일본인 소유재산은 정부수립과 더불어 한국정부에 대부분 이양되었으나, 당시 이승만 정부는 이 재산이 "정부 총재산의 80%나 되었기 때문에"[33] 귀속재산 처리권을 둘러싸고 고심하였다.

그러다가 1949년 12월 「귀속재산처리법」을 제정하여 6·25전쟁이 끝난 후인 1954년부터 대대적인 불하를 시작하였다. 그러나 이 과정에서 문제가 된 것은 매각에 있어 '연고자(緣故者) 우선'을 내세웠기 때문에 정치권력의 개입가능성을 열어 놓았다는 점이다.

당시 거의 모든 귀속기업체는 정부사정가격보다도 훨씬 낮은 가격으로 불하를 받았고, 낙찰자에 대한 실제매각에 있어서도 자격심사를 빙자하여 정치권력이 직·간접적으로 개입함으로써 실제적으로 이루어진 불하는 관권 및 정치권력과 밀착된 특정인에게 주어졌던 것이다.

특히 귀속 은행주불하의 경우, 1954년 8월 15일부터 일반 은행주를 대상으로 이루어졌으나 6회까지의 공매입찰에서는 "주식의 소수지배를 방지한다."라는 원칙에서 1인당 입찰구수 또는 양도를 제한하였기 때문에 유찰되었다.[34] 이처럼 유찰에 직면하자 이승만 정부는 '소수의 지배방지원칙'을 무시하고 시급히 불하를 끝내겠다는 방

---

33 김영모, "해방후 대자물가의 사회이동에 관한 연구", 진덕규 외, 『1950년대의 인식』(서울 : 한길사, 1985), 269쪽.
34 대한금융단, 『한국금융 20년사』, 서울: 한국금융 29년사 편찬위원회, 1967, 173쪽

침아래 입찰구수 제한을 철폐하여 1957년 7회의 입찰에서 귀속은행 주가 완전히 불하되었다.

관경유착(官經癒着)을 통한 귀속재산 불하과정에서 나타난 부패는 원조물자의 배분과 금융특혜 등을 통해서 이루어졌는데, 원조물자의 경우 이승만 정부는 이른바 '면허제도'를 통하여 자유당에게 정치자금을 상납하거나 자유당의 주식을 갖고 있는 회사에게만 입찰을 허용하였다.[35] 이러한 특혜적 상황 하에서 정치자금을 둘러싼 사건만도 상당한 수에 이르는데, 그 중 특기할 만한 것은 이른바 '중석불사건'[36], '원면사건'[37] 등과 연계된 사건[38]을 꼽을 수 있다. 이와 같이 정치권력과 결탁한 매판 자본가들과 정치인, 관료들은 원조물자에 기생하여 호화로운 생활을 하였던 반면에 일반국민, 특히 농민이나 영세민·고등실업자들은 극심한 생활고에 시달려야 하였다. 이러한 자유당정부의 부패정치가 열혈청년인 학생들과 일반 국민들로 하여금 당시 사회경제적인 모순을 극복하고자 하는 저항의식을 싹트게 하였으며, 특히 "나밖에 없는 오만과 카리스마의식"을 가지고 있던 이승만대통령과 그를 둘러싸고 있는 최측근 세력들의 끝없는 탐욕과 이재(理財)의 야욕을 분쇄코자 하는 '아래로부터의 혁명의식'을 싹트게 하였던 것이다.

한편 해방 이후 이루어졌던 미국의 각종 원조를 둘러싼 대한민국

---

[35] 김정원, 『분단한국사』(서울 : 동녘, 1985), 186쪽.
[36] 자유당정부가 1952년 정·부통령선거를 치르기 위하여 중석(重石)을 수출하여 생긴 이익금인 미화(美貨)로 양곡과 비료를 수입하여, 그것을 특정업자에게만 자유판매권을 주어 폭리를 취하게 하고 그 대신에 막대한 정치자금을 받았던 사건이다.
[37] 1956년 제3대 정·부통령선거 시 군수용 원면(原綿)까지 성취한 사건이다.
[38] 1958년 국회의원선거 시 산업은행으로 하여금 12개 기업체이 40억 환의 특혜융자를 주고, 이 중 8억 환을 상납 받았던 사건이다.

정부와 기업 간 유착으로 인해 파생한 각종 비리와 부패 연루사건 등도 4월 혁명을 촉발시키는 사회경제적 요인으로 작용하였다. 즉 이런 요인은 단기적이고 현재적으로 나타난 것이 아니라 해방 이후 4월 혁명이 일어나기까지 십 수 년 간 대한민국의 국가발전과 국민들의 '생활의 질 향상'을 기대해 온 청년학생들에게 있어서는 '잠재적인 혁명발생 요인'으로 간주되고 있었던 것이다.

해방 후 대한민국 정부 수립까지 미군정에 의한 "치안유지와 국민생활의 안정을 위해 점령지역에 대한 구호원조는 GARIOA를 통해 총 4억 달러가 제일 먼저 시행되었고, 1949년부터는 장기적인 계획 하에 미국정부와 한국정부간 '한·미 경제 원조 협정'을 체결하고 이에 따라 지원된 ECA(Economic Cooperation Administration) 원조가 시작되었다. 그러나 1950년에 6·25전쟁이 발발함으로써 다시 4.5억 달러에 이르는 CRIK(Civil Relief in Korea) 원조가 도입되기 시작하였고,[39] 한국경제를 재건하기 위한 UNKRA(United Nations Korean Reconstruction Agency) 원조가 1950년에 개시되어 1960년까지 계속되었다.

1953년 7월 27일 휴전 이후에는 세계식량계획(FAO), ICA(International Cooperation Administration), PL 480호[40]에 의한 원조 등이 이루어졌다.[41] 이들 원조들은 CRIK과 UNKRA를 제외하면 거의 대부분 미국의 원조이었고 UNKRA와 CRIK의 UN 구호원조도 미국이 거의 담당하였기 때문에 미국에 의해 이루어진 원조라고 말할 수 있다.

또한 한국에 대한 미국의 원조는 그 액수가 매우 커서 이것이 한

---

[39] 재무부 한국산업은행, 『한국외자도입 30년사』(서울 : 한국산업은행, 1993) 참조.
[40] 이는 한-미간 농업교역 발전과 원조를 위한 법률인 미국 공법(Public Law)을 의미하는데. 잉여농산물 원조와 지원원조, 개발증여, 기술협력 등으로 이루어져 있었다.
[41] 한국개발원, 『한국경제반세기정책자료집』(서울 : 한국개발원, 1995) 참조.

국의 GNP 및 재정규모에서 차지하는 비중이 매우 컸으며,42 원조물자의 판매대금인 '대충자금'이 정부의 재정투융자에서 차지하는 비중도 1954년에는 41.4%, 1955년에는 63.6%, 1956과 1957년에는 68.4%를 차지하였을 정도로 매우 컸다.43

이러한 사실들은 한국경제가 자주적인 경제체제를 갖추지 못하고 전적으로 미국의 원조에 의존하였음을 나타내주고 있는 바, 해방 이후부터 1961년 말까지의 미국원조물자의 내용에서 차지하는 비중이 생산재가 19%, 소비재 81%로 구성되어 있는 점에서도 여실히 드러난다.

이처럼 한국경제는 한마디로 미국의 소비재중심의 원조에 종속되어 자립경제를 제대로 구축하지 못함으로써 대부분의 국민이 빈곤의 악순환으로 시달려야 하였다. 말하자면, 이 당시 한국의 공업은 자체적으로 기술을 개발하여 특정 품목을 자체적으로 해결한 것은 거의 없었으며, 미국의 원조물자인 소비재를 가공하는 것이 거의 전부였다 해도 과언이 아닐 정도였다.

이렇듯 한국의 경제구조의 재생산, 자본의 축적은 정치권력과 원조제공국인 미국의 의도에 의하여 결정적으로 좌우되었기 때문에 근대공업의 성장이 저해되었던 반면에 민간자본은 정치인의 여러 형태의 특혜에 의해서 성장하였고, 그 대가로 막대한 정치자금이 음양으로 이와 관련된 정치인들에게 지속적으로 제공되었다.

그리고 이러한 정경유착은 기업과 관료 그리고 정치인의 부정부패와 사회적 자원의 낭비를 초래44하여 4월 혁명과 같은 장엄한 국민혁명을 태동시키는 근인으로 작용하였고, 이를 통해 대한민국 정부는

---

42 경제기획원, 『1962년도 예산개요』 참조.
43 산업은행, 『조사월보』, 제48호(1959년 11월호) 참조.
44 이동욱, "정치자금의 암류", 『사상계』, 1960년 3월호 참조.

민주적인 성숙을 가져올 수 있게 된 것이다. 이런 악순환의 질곡 속에서 농민을 비롯한 절대 다수 국민들의 빈곤이 지속적으로 심화되었는데, 4월 혁명 발발 직전인 1960년 당시의 국민소득이 세계 최후진국 수준인 미화 82 달러에 불과하였고, 그 이전인 1954~1960년의 기간에도 이와 별반 다름이 없이 미화 70~80 달러 선에 머물렀다.[45]

또한 250만 여명에 달하는 '완전실업자'와 200여만 명에 달하는 '잠재적 실업자'를 합하여 총 450만 여명에 이르는 실업자는 당시 약 1000만 여명으로 추정되었던 한국 노동인구의 약 45%를 차지할 정도였으니, 대학을 졸업한 청년실업자들이 정부의 고용정책에 대해 제기하는 불평, 불만은 가히 하늘을 찌를 기세이었다.

결론적으로 4월 혁명이 발생하기 직전까지의 한국경제는 만성적인 인플레이션과 미국원조에 의존하는 기형적인 소비경제구조를 갖고 있었고, 그나마 경제를 지탱해 주던 미국원조의 성격변화와 삭감 추세는 '50년대 말 경제의 위기를 초래시킴에 따라 미국경제에 종속된 한국경제가 미국으로부터 자립할 수 있는 경제체제로 바뀌어야 한다는 '자립경제론'이 대두되기도 하였다.[46]

바로 이런 관점에서 '진보적 성향'으로 분류되는 김진균과 사회학자는 이때의 한국경제 성격을 '종속적 자본주의'라고 보고[47] 이를 박정희정권 시기의 '신식민지독점자본주의'로의 이행기로 간주하고 있다.

이처럼 미국에 의해 종속될 수밖에 없었던 한국경제는 미국의 경제원조의 감소에 따른 경제성장률의 둔화, 실업률의 증가, 절대다수의 국민의 빈곤을 야기시켰다.

---

[45] 당시의 저축율도 겨우 3.7%로 매우 낮았으며, 이에 따라 저투자(12.0%)와 저성장(3.9%) 추세를 보였다.
[46] 유광호 외, 『한국 제1·2공화국의 경제정책』(서울 : 한국정신문화원, 1999), 178쪽.
[47] 김진균·김재훈·백승옥, "한국사회변혁론과 4월 혁명", 사월혁명연구소 편, 『한국사회변혁운동과 4·19혁명』(서울 : 한길사, 1990), 353~393쪽 참조.

그리고 이런 사회경제적 환경은 정부에 대한 국민의 적대감을 불러일으켰고, 여기에 덧붙여 높은 교육수준과 대중매체의 확대에 따른 국민의 기대상승효과는 상대적인 박탈감을 더욱 조장시켰다.[48]

결국 이러한 상대적인 박탈감은 "배고프고 불만에 쌓인 시민과 학생들"로 하여금 이승만정권의 부패와 부정선거 그리고 경제적 불황과 장기독재정치에 항거하는 4월 혁명을 일으키게 한 가장 중요한 요인들 중의 하나가 되었다고 평가할 수 있을 것이다.

제3절 4월 학생민주혁명의 사회심리적인 발생요인

이승만 정부의 독재정치와 경제정책에 대한 국민의 불만은 한국사회의 발달, 즉 교육기회의 증대, 언론기관의 증가로 인한 보다 활발한 의사소통으로 인한 정보의 획득과 도시화의 증대 등으로 인하여 야기된 국민의 사회적 욕구의 증가와 더불어 고조되었다.

해방 이후 교육제도의 변화와 교육기회 확대, 그리고 전통적으로 교육을 받지 못한 대중은 교육받은 소수에 의해 지배와 억압을 받아왔기 때문에 그들의 자녀로 하여금 고등교육을 받게 하여 가문의 사회적 경제적 지위를 향상시켜야 한다는 심리적인 동기가 작용하여 교육열을 높게 하였던 것이다. 해방 당시와 1960년도의 학교교육 상황을 비교해 보면 학교의 수나 고졸, 대졸 수가 현격히 늘어났음을 알 수 있다.[49]

---

48 이화수, 『4월 혁명』(서울 : 평민사, 1985), 151~152쪽.
49 초등학교의 경우 해방 당시에 2,834개교에서 1960년 4,496개교로 약 1.6배 증가

그러나 이러한 높은 교육열에도 불구하고 생산능력의 발전에 기초하지 않은 교육인구의 과잉현상으로만 나타난 당시의 교육은 지위향상의 도구가 되지 못하였으며, 높은 수준의 학교교육을 받은 노동자들조차도 일자리를 얻지 못하여 높은 실업률을 초래하게 되었다. 교육인구는 증가하는데 비하여 이에 상응하는 직업구조를 창출하지 못함으로써 1950년대의 한국사회는 교육받은 사람들의 사회적 이동성에 대한 기대수준만을 실현 불가능할 정도로 상승시켜 치명적인 정치적 반작용을 불러일으킬 소지를 상당히 내포하고 있었다.[50]

정부가 수립되어 헌법에 명시되어 있는 자유민주주의이념을 유지하고 발전시키기 위하여 민주시민교육을 학교에서 실시하였지만 곧 발생한 한국전쟁 등의 이유로 민주시민교육보다도 반공교육이나 안보교육을 집중적으로 실시하였다. 그 결과, 1950년대 한국교육이 국민에게 민주시민성을 교육 시켰다고 말할 수는 없다. 그러나 증가된 교육기관과 언론의 정치사회화의 기능[51]의 덕분으로 도시의 지식인, 언론 그리고 학생들은 민주적 실천이나 행동은 할 수 없었지만 민주적 가치를 최소한 인식하고 대한민국의 주권은 국민으로부

하였으며, 중등교육의 경우 165개교에서 1,711개교로 10배 이상 증가하였으며, 고등교육의 경우 19개교에서 84개교로 4·4배 증가하였다. 또한 1960년의 인구 센서스에 의하면 1944년에 22,064명이던 대학 졸업자 수가 284,417명으로 늘어났고, 중·고등학교 졸업자 수는 199,642명에서 1,876,822명으로, 초등학교 졸업자 수는 1,637,042명에서 5,542,265명으로 늘어났다. 한국연감사 편,『한국연감』, 1964, 540~541쪽

50 김태일, "2·28민주운동 연구서설", 2000, 65쪽
51 정치사회화(political socialization)란 정치문화의 형성, 유지, 변화되는 과정을 의미한다. 모든 정치체계는 정치사회화 기능을 수행하는 구조를 갖고 있는바 정치사회화 기능이란 시민들에게 정치적 태도(political attitude)를 형성하게하고 정치적 가치(political values)를 심어주며 정치기능(political skills)을 알려주는 역할을 한다. Gabriel Almond와 Powell Jr, G. B. *Comparative Politics: System, Process and Policy, 2nd ed.* Boston: Little Brown and Company, 1979, 79쪽.

터 나오고 국민은 선거를 통하여 국민의 주권을 행사하기 위하여 대통령이나 국회의원을 선출하는 권한을 갖고 있다는 것을 어느 정도 알고 있었다.

한국정부가 미국식 민주주의적 교육제도를 채택하였기 때문에 각급 학교가 민주적인 교육과정에 의거 양적으로 팽창된 수많은 학생들을 교육함으로써 피교육자에게 반공의식이나 안보의식뿐만 아니라 민주의식도 고취하는데 어느 정도 기여했다고 본다. 다시 말해서 민주적 교과과정에 의한 교육의 결과는 청소년들이 기성세대들보다 약간 더 "민주적인 정향"(democratic orientation)을 갖추고 있었다고 본다.[52]

김종익(C.I. Eugene Kim)과 김계수가 1961년 4월에 실시한 공동설문조사결과에 대한 보고에서도 민주시민교육이 4·19혁명의 발생에 중요한 요인 중의 하나라는 것을 지적하고 있다.[53]

다음으로 이농인구의 증가는 급속한 도시화를 촉진시키었다. 일반 농민들과 몰락한 소지주들은 농지개혁을 통한 경제적 기반의 상실과 절대적 빈곤 등의 이유로 농촌을 떠나 새로운 삶을 위하여 도시로 이주하였다. 특히 서울의 인구증가를 보면 1944년 82만에서 1960년에는 244.5만으로 증가하였다. 전국인구에서 차지하고 있는 서울인구의 비율은 1944년에는 5%에 불과하였으나 1960년에는 10%가까이

---

[52] 진덕규, "4월 혁명의 정치적 갈등구조," 강만길외 (공저), 앞의 논문, 71쪽; 윤천주, 『한국정치체계』(서울: 고려대출판부, 1961), 129~248쪽; 한승주, 『제2공화국과 한국의 민주주의』, 29쪽.

[53] 김종익과 김계수 양 교수는 4·19혁명의 성공원인으로 당시 학생들이 가능한 최고치를 7로 보았을 때 용기(5.1), 교육의 영향(3.8), 군대의 중립(3.7), 신문의 영향(3.7), 교수들의 의거(3.3)와 야당의 지도력(2.1) 순이었다고 설명하고 있다. 이에 대해 C. I. Eugene Kim and Kim Ke-Soo, "The April 1960 Student Movement", Eugene Kim(ed.), *A Pattern of Political Development: Korea*, Seoul: Korea Research and Publication, 1964, IV, 57쪽

상승하였다.54 급격한 도시화의 결과로 도시인들은 더 많은 교육기회와 더 많은 대중매체와의 접촉을 가졌기 때문에, 지방인들보다 국가정책에 대해 더 많은 정보와 민주의식을 갖게 되는 상승효과를 얻음으로써 부패한 정부에 대해 더 비판적이었다.

그리고 경제구조의 문제로 생긴 실업문제는 1950년대 후반에는 더 이상 경제문제만이 아니었다. 실업은 빈곤문제와 직결되어 있으며, 이로 인한 자살 등의 사회문제로 확대되었다. 군대를 제대하고 다시 재입대라도 해서 실직을 벗어나려 하거나,55 생활이 어려워 자살을 하는56등 사회문제로 심화되었다. 또한, 1945~1960년 사이, 대학생 수는 7,819명에서 9만 7,819명으로 12배 이상 증가했다.57 하지만 이 대학 졸업자 들 중 반 이상이 취직을 하지 못했다.58

일례로 1958년 서울시 남자 39만 9천명 중 가장 많은 비중을 차지하고 있는 직업이 일반 상업으로 6만7천여 명(21%)이었다. 공무원이 3만8천명(12.2%), 실업자는 약 4만명(15%)에 이르렀다.59 반실업상태에 있던 자를 포함하면 무려 32.5%나 되었다.60 이는 이농을 통해 도시에 정착한 주민이 고용의 기회를 포착하지 못하였거나 불안정한 고용상태에 있어 농촌에서보다도 더 나쁜 생활조건에서 살았음을 시사하고 있다.

---

54 경제기획원,『1960년 인구주택국세조사보고』, 1965과 金哲,『韓國의 人口와 經濟』(東京: 岩波書店, 1965) 참조.
55 『제대한 옛 상관 속여 재입대 시켜준다고 감언』, 조선일보 , 1959년 7월 26일.
56 "잊어서 안 될 실업자문제", 조선일보, 1958년 8월 8일; "실직 후 생활이 어려워 음독", 조선일보, 1959년 9월 15일.
57 정성호,『한국전쟁과 인구사회학적 변화, 한국전쟁과 사회구조의 변화』(서울: 백산서당, 1999), 48쪽.
58 강인철,『한국전쟁과 사회의식 및 문화의 변화, 한국전쟁과 사회구조의 변화』(서울: 백산서당, 1999), 265~266쪽.
59 『실업자는 4만, 직업별로 본 시민 생태』, 경향신문 , 1959년 2월 17일.
60 서울특별시 발행,『서울통계연보』, 1965 참조.

이들 도시의 불안정한 노동자 및 실업자들은 1950년대 정치깡패로 충원되기도 하였지만 사회에 대한 불만을 가진 잠재적인 갈등세력으로 존재하였다. 1950년대 당시 신흥자본가를 제외한 농민과 노동자들은 이들이 겪는 소외와 좌절에도 불구하고 사회전반의 갈등집단으로 성장하지 못한 반면에 도시의 실업자, 빈민, 하층 청소년들이 체험한 심각한 소외와 좌절은 이들을 어떠한 계기가 있을 경우 공격적인 시위 군중으로 변화시킬 수 있는 심리적인 상태를 마련해 주었다. 실제로 황성모의 조사결과에 의하면 히다이(재건대), 영아치, 구찌(동냥꾼) 등의 도시의 하층 청소년들이 대부분 4·19의거에 참가하여 82명의 희생자를 내기도 하였다.[61]

사회 전반적인 빈곤과 좌절의 상태에서 국민의 사회적 욕구는 아마 교육을 통하여 표출되었다고 해도 과언이 아니다. 해방이후 지배계급의 기준이 새로운 형태의 지위 차별의 형태에 의해서 대치되지 않았기 때문에 교육 및 그것을 통한 사회적인 가치(정치권력, 경제적인 부나 사회적인 권위 등)의 획득은 수직적인 사회이동의 가장 중요한 기준이 되었다.[62]

1956년 들어서 미국의 한국 경제에 대한 개입은 경제개발계획의 집행 이래 그 양적 대비에서 감소되는 것과 같은 양상을 띠기 시작했다. 1956년에는 미국과 정식으로 잉여농산물 공여협정을 체결하였는데, 미 잉여농산물 도입의 본래 목적은 한국의 부족한 식량을 보충하기 위함이었으나 나중에는 미국의 남아도는 농산물을 처리하는 식으로 바뀌어 갔다. 이리하여 곡가는 형편없이 하락되고 농민 수입은 절반으로 줄어들어 이들의 생활은 더욱더 궁핍해졌다.[63] 원조에 의하

---

[61] 황성모, "대도시 삘딩 가의 독버섯들-양아치에 대한 실태조사보고", (서울: 세대, 1964. 11.).
[62] Kim, Quee Young, 앞의 책, 60~62쪽.

여 들어온 원자재는 거의 전부가 방적 방직 제당 제분 등의 소비재 산업을 위한 원료들이었기 때문에 한국 국내의 산업과는 아무런 관련이 없었으며 오로지 외국경제를 위해서 시장을 육성시키는 데에만 그쳤다. 그리하여 한국기업은 외국자본을 위해서 봉사하는 매판기업으로 전락하였고, 농업 등 국내산업을 제약하는 데 기여하고 말았다. 외국 원조물자와 자금을 배분하는데 있어서는 정부권력이 크게 개입되기 때문에 미국 원조물자를 생산하는 기업은 상업이윤의 축적에 의해 날로 비대해지는데 반하여 민족 자본의 성격을 가지고 있는 대부분의 국내 중소기업은 거의 도산, 위축되어 점점 몰락하게 되었다.[64]

제1공화국에서 거듭되는 이승만의 정권유지를 위한 개헌과 자의적인 권력행사, 경찰, 정치깡패를 동원한 폭력행사, 정부에 대한 신뢰감의 결핍, 사회의 부정부패와 경제적 재원의 불균등한 배분, 사회적인 무규범상태, 규범적인 동질성의 결핍 등 민주적인 정통성과 정당성의 결핍을 목격한 국민들은 그들이 느끼는 현실과 기대사이의 상대적인 박탈감을 갖게 되었고 언론은 이러한 박탈감을 조장시키는 데 기여하였다.

이승만정부도 언론의 비판의 자유를 억제하기 위하여 언론에 대한 통제를 시도하였지만 언론자유의 기본적인 원칙을 부정하지는 않았다. 이러한 이유로 언론이 나름대로의 여론형성의 기능을 할 수 있었고 국민의 불만을 집약하여 정치권력과 대립관계를 유지할 수 있었다.

유력일간지인 동아일보와 경향신문이 정치권력에 대해 비판적인 입장을 가졌다면 서울신문과 연합신문이 여당의 입장을 지지하였다. 동아일보는 호남재벌의 '구한민당계열'과 밀착되어 있었기 때문에

---

63 송건호, 『4·19혁명과 학생의 현실의식』(서울: 일월서각, 1983), 226쪽.
64 전철환, '4·19혁명의 사회 경제적 배경', 한완상 외, 『4·19 혁명론 1』(서울: 일월서각, 1983), 91쪽.

'민주당구파'의 입장을 지지하였고 경향신문은 가톨릭 계 신문으로 가톨릭 신자인 장면이 소속된 '민주당신파'의 입장을 옹호하였다.

1950년대 말 언론의 점증된 정부비판에 대해 불안을 느낀 자유당 정부는 동아일보에 대하여 '발행무기정지처분'을 내렸으며 경향신문을 폐간하였다. 그러나 언론과 정치권력의 대립은 오히려 언론에 대한 국민의 관심을 고조시키는 역할을 하여 신문의 발행부수도 그만큼 지속적으로 증가하였다. 또한 잡지 중에는 정부의 정책을 신랄하게 비판하였던 월간 잡지 사상계가 지식인과 학생들의 관심을 끌었던 결과, 1959년에는 5만부를 돌파하였다.[65]

언론은 학생과 지식인의 정치사회화에 기여한 반면에 그들의 불만과 비판은 언론을 통해 표출되었다. 이처럼 현저히 증대된 언론의 역할은 도시에서의 야당성을 강화시키는데 결정적 역할을 하였으며 사람들 간의 유대의식을 증가시키고 4·19혁명기간에는 혁명의 주도세력들을 서로 연계시키고 의사소통을 원활하게 하는 역할을 하는데 기여하였다. 일부 유명한 신문이나 잡지는 비효율적이고 부패한 정부를 비판하고 특히 이승만의 독재정치와 부정선거에 대해서는 신랄한 비판을 가하였다.

한국사회에는 한마디로 사회 부조리와 불안이 만연하였다. 가난의 악순환, 있는 자와 없는 자 간의 양극화현상, 도시와 농촌 간의 격차, 국민들의 정치적인 소외 등의 현상은 부패하고 무능한 이승만 정부에 대한 국민의 적대감의 원천이었다.

기타 범죄인 위협, 공갈, 강간, 사기, 횡령, 유용, 착복 등도 비일비재한 범죄의 유형들이었다. 또한 대부분의 자살은 가난에 의한 것이었고 몇 사례만이 치정관계, 실연 및 가정불화에 의한 것이었다.[66]

---

[65] 정진석, "사상계와 장준하", 『정경문화』, 1983년 8월호.
[66] 4·19전에 일어난 각종 범죄형태에 대해서는 이화수, 『4월 혁명-정치행태적학

복잡한 사회·정치적인 환경 속에서 사회의 부조리와 부정부패, 사회불안과 사회기강의 문란은 심화 되었을 뿐만 아니라 자유당정부 자체가 사회적 범죄의 온상이었기 때문에 그들은 사회적 병폐를 고치거나 면역력을 강화시킬 수 있는 의지나 능력을 갖고 있지를 못하였다. 그 대신 그들은 정치깡패와 사회적인 범행 등을 비롯하여 수단 방법을 가리지 않고 그들의 권력유지에만 관심을 가졌다.

도시에 거주하는 사람들이 이승만과 자유당에 부정적인 태도를 보이는 반면에 농촌에 사는 사람들은 오히려 긍정적인 태도를 보였다. 여당인 자유당은 농촌으로 갈수록, 야당인 민주당은 도시로 갈수록 그 당선 율이 높아지는 '여촌야도(與村野都)'현상이 뚜렷하였다.

1958년 국회의원선거에서 민주당은 79석을, 자유당은 126석을 획득하였으나 인구 5만이상의 도시에서 자유당의원은 오로지 13명만 당선된 것에 비해 민주당은 43명이나 선출되었다. 또한 1956년 대통령선거에서 이승만은 전국적으로 56%의 지지를 획득하였으나 서울에서는 불과 38%밖에 얻지 못하였다.[67]

이승만과 자유당에 대한 도시인들의 누적된 적대감은 2·28대구와 3·15마산 등의 지방도시에서 파급되어 서울에서 폭발하였던 4월 혁명에서 잘 나타나고 있다.

4월 혁명은 1950년대의 정치적, 경제적 그리고 사회적인 요인들에 의해서 야기된 결과로서 당시의 국민들이 가지고 있었던 기대와 현실상황 간의 괴리감에서 오는 상대적인 박탈감과 분노로 발생된 정치현상으로 보아야 할 것이다.

당시 한국의 지식인을 대표하여 한태연은 월간지인 사상계에 다음과 같이 쓰고 있다:

적 연구』(서울: 평민서당, 1985), 93~96쪽 참조.
[67] 『대한민국 선거사』, 680쪽과 802쪽 참조.

"제4대 정·부통령선거기일이 3월 15일로 결정되었다는 것은 이미 보도된 바와 같다. 민주국가에 있어서의 모든 총선거에 있어서와 같이 대통령제의 국가에 있어서의 그 선거는 정권교체에 대한 유일한 기회를 의미하고 있다...."[68]

1952년의 부산정치파동, 1954년의 사사오입에 의한 개헌, 1959년의 안보법의 파동 그리고 1960년 3월 15일의 부정선거 등으로 인하여 자유당 정권은 그의 정체성과 정당성을 잃게 되었고 이에 대해 국민들의 상대적 박탈감과 분노가 심화되어 한국사회는 마치 고무풍선처럼 언제 터질지 모르는 상태에 있었다.

요약하건데 사회의 변화와 함께 국민의 생활향상의 촉구와 민주주의에 대한 지식인의 기대는 증가되었으나 이승만과 자유당정부는 4월 혁명 전에 국민의 증대된 기대를 무시하고 국내의 사회적·경제적·정치적인 상황을 더욱 악화시켜 지식인을 비롯한 국민들로 하여금 상대적 박탈감, 분노를 자아내게 하였고 정부에 대한 그들의 저항의식은 더욱 강화되어 당시의 상황은 폭발일보 전까지 와 있었다.

---

68 한태연, "정권교체에의 기대", 『사상계』, 1960년 3월호 93~94쪽.

제3장

4월 학생민주혁명의 전개과정

# 4월 학생민주혁명
— 배경·과정·영향 —

제1절 4월 학생민주혁명의 전야

1. 2·28 대구학생 의거

1) 개관

　자유당은 선거 날짜를 3월 15일로 결정한 후 전 국민들을 상대로 하는 선거전을 펼치기 시작하였는데, 그 대상에는 투표권도 없는 고등학생들도 포함시키었다. 자유당은 문교부 등과 협조하여 고등학생에 대한 선거전을 펼치기 시작했는데 그 방법은 다양했다.
　부산의 동래고등학교의 경우 경상남도의 장학관과 자유당 도당 간부가 학교를 방문하여 학생들을 강당에 모아놓고, '북한 공산당의 침략을 막고 나라를 부강하게 하기 위해서는 미국의 도움이 필요하고 이를 위해서 친미파인 이승만 박사가 대통령이 되어야 하며, 대통령이 국사에 전념할 수 있도록 같은 당의 이기붕이 부통령이 되어야한다.'고 역설하는 것으로 사실상 학생들을 상대로 선거 운동을 하였다. 유사한 사례는 다른 도시의 고등학교에서도 있었그, 결과적으로 이는 정치에 무관심한 고등학생들을 시국을 생각하게 하는 계기로 작용하게 하였다.
　자유당 정권이 고등학생을 상대로 선거 운동을 하게 된 것은 그럴 만한 사정이 있다. 즉, 당시 우리 국민의 교육수준이 낮고 따라서 성인층에는 문맹(文盲)이 많았는데 고등학생들의 부모들은 주로 그런 계층이고, 당시 고등학교 학생이면 지식층으로 여겼고 따라서 이들의 말은 부모들에게 설득력이 있었다. 즉, 고등학생은 대부분 투표권은 없지만 투표권을 가진 그들 부모에 대한 영향력이 있음을 자유당은 알고 있었던 것이다. 4월혁명의 점화가 고등학생들에 의해서 시작된 것은 이와 같은 사실에서 이해될 수 있다.

사실, 자유당은 이미 선거직전의 해인 1959년 말부터 학생과 교육공무원에 대한 공작을 진행하였는데 이러한 사실은 국회의원들의 대정부 질의에서 지적되었다. 1959년 12월 15일 상오 국회 예산결산위원회에서 야당 의원들은 문교부 소관 예산안 질의를 하면서 '학생들과 교육공무원들의 정치적 이용을 금지하라'고 촉구하고, 특히 '교육공무원들의 선거 간섭을 처단하라'고 주장하였다.[1]

2) 의거의 촉발

이승만의 독재 정권에 가장 먼저 저항하고 나선 것은 바로 대구시내 고등학교 학생들이었다. 대구지역에서 고등학생들의 저항이 제일 먼저 일어난 것은 나름대로 그 이유가 있었다. 일제하에서 항일 민족의식이 높았던 대구는 단독정부수립 후에도 줄곧 야당세가 우세하였다.[2]

1956년 정·부통령 선거에서 이기붕을 부통령으로 당선케 하기 위해 자유당은 대구의 부통령 선거 개표과정에서 개표부정시비로 개표업무를 중단시켜버렸는데, 이것은 한국 선거사상 초유의 개표중단사

---

[1] 동아일보 1959.12.15.
[2] 1952년에서 실시된 제2대 정.부통령 선거에서 이승만과 함태영이 각각 정.부통령으로 당선되었지만 대구에서는 유권자의 약 73%가 투표에 참여하여 대통령에서는 이승만이 최다득표를 하였지만, 부통령에서는 조병옥이 함태영을 누르고 최다득표를 하였다. 1954년 실시된 제3대 국회의원선거의 결과 전국적으로 자유당이 114석을 획득함으로써 압승하였지만, 대구에서는 민주국민당의 2명과 무소속 1명이 당선되어 야당의 일방적인 승리로 끝났다. 대구시사편찬위원회, 『대구시사 제2권(정치, 행정)』, 1995, 50~51쪽

건이었다. 그러나 자유당의 선거음모는 대구시민에 의해 저지되어 실패하고 말았고, 대구는 장면을 부통령으로 당선시키는데 결정적인 역할을 했었다. 이 선거를 통해서 대구시민은 불의와 탈법에 대한 저항정신을 보여주었다. 1958년 제4대 국회의원선거의 경우 대구에서는 개표과정에 말썽이 생겼지만 선거의 결과 민주당에서 3명이 자유당에서 1명이 그리고 무소속 2명이 당선되어 여전히 야당성향을 보여주었다.[3]

그래서 자유당은 3·15선거에서는 대구의 야당세력을 누르기 위해 온갖 수단을 동원하고 있었다. 특히 자유당 경북도당은 2월 10일 대구 시내 각 기관장과 각급 학교장을 소집하여 민주당 유세날인 28일(일요일)에는 고교생들이 정치에 민감한 경향이 있으므로 일제히 등교시켜 유세장에 나갈 수 없도록 지시했다.

해방 후 민주교육을 받은 한글세대에게 있어서는 올바른 의미와 내용의 자유민주주의의 실현과 사회정의, 법치주의의 구현이 지상과제로 여겨졌었다. 따라서 어떠한 형태의 독재와 외압도 배격되어야 할 대상으로 여길 수밖에 없는 것이었다.

그들이 학교에서 배운 민주주의와 동떨어진 현실정치에 대해 분개하고 있을 때에 이승만 정권의 권력 재창출과정에서 저지른 부정선거운동은 궐기의 직접적 원인이 되었다. 결국 야당의 선거유세를 방해하기 위해 실시된 일요일 등교에 분노한 학생들은 정의감과 민주주의의 기본권을 수호하기 위하여 일어나고 말았다.

2월 27일, 일요일 등교지시가 정식으로 내려지자 격분된 학생들은 지시의 부당성에 대하여 교사에게 항의했으나 기대하는 답변을 얻지 못했다. 그제야 학생 운영부위원장 이대우(당시 경북중고)가 몇몇 학

---

3 위의 책, 1995, 69~71쪽.

우에게 의거 경행에 관한 계획을 얘기했더니 모두들 고개를 끄덕이며 기뻐하였다. 그리고 경북고생 십여 명을 만나 의거 단행의 결심을 전달하고, 지속적으로 연락에 착수했다.4

28일 오후 12시 50분 학생 운영부위원장 이대우가 단상에 올라가 미리 준비해온 결의문을 낭독하였다. 결의문 낭독이 끝나자 경북 고등학교 학생 8백여 명은 "횃불을 밝혀라, 동방의 빛들아!", "학원의 정치도구화 반대!" 등의 구호를 외치면서 가두시위에 제일 먼저 들어갔다. 이윽고 대구고교 학생 8백여 명, 경북여고, 경북 사대부고 학생들도 뒤따라 의거를 감행했다.5

2·28 대구학생위거가 발생하자 여당 측은 그 책임을 회피하기 위하여 곧바로 이 사건에 배후조종이 있었음을 주장하였다. 자유당의 조순 선전위원장은 29일 오후 대구학생의거에 대하여 "학생들의 배후에는 정치적인 선동이 있었다."고 말하였다.6

3월 1일 삼일절 기념식장인 서울운동장에서 "대구학생을 돕자!"는 뜻의 삐라살포사건이 발생하자 다음날인 3월 2일 이강학 치안국장은 "대구학생 의거사건이나 3월 1일의 삐라살포사건은 모당의 배후조종에 의하여 이루어진 것이며, 특히 평양 괴뢰 측에서는 동 의거를

---

4 이날 밤 이대우 집에 남은 일곱 명의 학생들은 이불 속에서 손을 마주 잡고 마지막 단안을 내렸다. 1, 내일 2월 28일 하오 한시를 기해 일제히 궐기하여 자유를 전취하기 위한 피의 투쟁을 전개하기로 한다. 2, 의거한 학생들 구속하거나 선생님들에 대한 인사조치가 있을 때는 우리는 의거를 계속할 것이며, 사태가 악화될 경우에는 한국의 전 백만 학도에게 호소한다. 이대우, "나의 2·28 횃불을 밝히라 동방의 빛들아", 『2·28민주운동사 3』, 기념사업회 관련문헌, (2·28민주의거 40주년 특별기념사업회, 2000), 42~48쪽.
5 2·28대구학생의거 과정에 대하여 심재택 앞의 글, 1983, 26~29쪽; 김용보의 "횃불을 밝혀라! 동방의 빛들아", 『2·28민주운동사 3』, 2000, 154~155쪽; 정국로 앞의 책, 1995, 381~382쪽 등을 참고했음.
6 동아일보, 1960년 3월 1일자, "배후에 정치성".

마치 공산주의자의 의거와 같이 보고하고 있어 괴뢰집단에 이용되고 있다"고 발표하였다.7 배후조종 설은 2·28 대구학생의거뿐 아니라 그 뒤 제 1,2차 마산의거가 일어날 때마다 당국자들이 고집해 왔는데, 이것은 사실상 일종의 책임회피에 불과하였다.

그런데 2·28의거의 배후조종 설은 실질적인 조사가 전개되지 않아 그다지 큰 파문을 일으키지 않고 유야무야되었다.8 이렇게 될 수밖에 없었던 이유는 바로 며칠 후면 제4대 정·부통령 선거가 있었기 때문으로, 당국자로서는 가능하면 민심을 자극하지 않는 방향으로 사태를 조용히 무마하고 싶었고 야당 측은 선거유세로 인하여 신경을 쓸 여유조차 없었기 때문이었다.

이 2·28 대구학생의거는 이승만 독재정권에 대한 최초의 반발이었다.

3) 대구지역 각 학교의 의거

(1) 대구고등학교(大邱高等學校)

대구고등학교의 경우는 2월 26일까지도 일요등교 지시가 없었고, 이를 알게 된 것은 대구고 학생위원장이었던 손진홍이 경북고 학생부위원장인 이대우를 통해서였다. 일요 등교사실을 알게 된 손진홍은 "그런 법이 어디 있는가?"라며 "무슨 일이 있어도 기어코 싸워야한다"고 분개했다.

---

7 동아일보, 1960년 3월 3일자, "모당서 배후조종".
8 29일 오임근 경북도지사는 학생들에 대하여 "일체 불문에 부치겠다"고 약속하고 최인규 내무부장관도 대구학생들과 경북도 당국관계관들 쌍방을 모두 불문에 붙인다는 방침을 내렸다. 동아일보, 1960년 3월 1일자, "'학생집회자유보장' 최 내무, 각 도지사에 지시".

그러나 2월 27일, 대구고등학교에서도 이튿날(일요일) 교내 운동시합(뒤에 토끼사냥으로 바뀌었음)을 빌미로 일요등교를 발표했다. 학생들은 그 날 야당 부통령 후보자인 장면의 정견발표회가 수성천 변에서 열린다는 것을 이미 알고 있던 터라 일요 등교의 저의를 의심하면서 담임선생을 향해 이유를 물었으나 마땅한 대답을 구하지 못하였다.

2월 28일 아침 대구고등학교 학생대표들은 경북고, 사대부고 대표들과 합의한 대로 시위를 결행하기로 하고, 자신들이 쓴 결의문을 가지고 붓글씨 재능이 있는 박대근에게 정서를 부탁했다.

그러나 교사인 박대근의 부친이 이 결의문 원고를 발견하고 불태워 버려 결의문 작성을 하지 못했다. 학생대표들은 당황했으나, 곧 평정을 찾아 결의문 없이 행동에 나서기로 했다. 28일, 정오가 되었으나 학교에서는 토끼사냥도 가지 않고 학생들을 귀가시키지도 않은 채 붙들어 놓고만 있었다. 상황이 다급해진 학생위원장 손진홍은 경북고등학교로 갔다. 그러나 손진홍을 만난 경북고 학생대표들은 대대장 학생의 반대로 경북고의 참여는 어려울 것 같다고 하였다. 손진홍은 흥분된 어조로 "우리는 벌써 교문을 나섰다."고 외치면서 서두를 것을 종용하고는 급히 학교로 돌아가고자 나왔는데, 버스를 기다리던 중 경북고생들이 학교 밖으로 진출했다는 소식을 들었다. 그는 친구의 자전거를 빌려 타고 정신없이 학교를 향해 달려가 "가자! 우리도 민주대열에 합류하자"하고 외치며 교문을 뛰어들었다.

교장선생님으로부터 토끼사냥에 대한 훈시를 듣고 있던 학생들은 기다렸다는 듯이 일제히 뛰쳐나갔으나, 교사들의 제지로 백 여 명 만 교문 밖 진출에 성공하였다. 길거리로 나선 1차 선발대 학생들은 중앙통 쪽으로 나갔고, 경북여고 앞에 이르자 구호를 외치면서 반월당을 거쳐 중앙파출소 방향으로 나가면서 구호를 외쳤다.

'우리에게 인류애를 달라!', '학생을 정치도구화하지 말라!'

그러나 경북고 의거대가 중앙파출소 앞을 지나간 후 비상령이 내려 경찰이 바리게이트를 치고 있던 중이라, 이를 뚫지 못하고 진압경찰에 쫓겨 학교로 되돌아갔다. 1차 선발대가 나간 뒤 학교 안에 남은 부위원장 장주효는 조회단(朝會壇)에 뛰어올라 경북고가 채택한 결의문을 읽다가 교사들에 의해 교무실로 끌려갔다.

그러던 중 1차 선발대가 교문을 들어서자 이들과 남은 학생들은 합류해 대열을 갖추고 다시 교문을 나섰다. 교사들도 더는 막지를 못하고 방관하고 있었다. 큰길로 나온 학생들은 질서 있게 행진했는데 열 좌·우에는 체격이 큰 학생들이 서서 대열을 보호하였다. 남문시장 네거리에 이르러 경찰과 마주쳐 공방이 벌어졌다. 학생들은 경찰의 곤봉에 맞고 구둣발에 채이면서도 "횃불을 밝혀라! 동방의 빛들아" 등 구호를 외치며 도청방향으로 향하였다. 연도의 시민들은 박수를 치며 격려하였고 경찰에 쫓기는 학생들을 숨겨주었다.

결국 경찰의 진압으로 데모대는 해산되었으나 40~50명의 학생은 대구역전에 다시 모여 "우리에게 자유를 달라."고 외치다 이들도 경찰에 의해 강제 해산 당했다.

이때 수성 천변에서는 박순천여사가 강연 중이었는데, "지금 대한의 아들들이 경찰과 싸우고 있는데, 성원의 박수를 보내자."고 제의하자 운집한 13만 여 군중들은 격려의 박수를 보내었다.[9]

(2) 경북여고와 대구여고

대구의 여학교에도 일요등교 지시가 내려졌다. 경북여고 학생들은 별 이유 없이 일요일 낮 12시까지 등교하게 되었으며, 대구여고는 졸업생 송별회와 무용발표회 참석을 이유로 들었다.

---

[9] 손진홍, 이대우, 박대근, 윤풍홍, 윤중명, 장주효, 박순천. "부정에 항거하는 젊음들", 『대고 30년사』, 1987, 100쪽.

28일 경북여고에서는 도(道) 장학사의 특별연수 강의가 있었다. 일요일인데도 불구하고 학교에 나온 전교생이 강의를 들으려고 강당에 모였는데, 분위기가 산만하여 제대로 진행이 되지 않은 채 끝났다.

강의가 끝난 후 학생회장(신구자)이 강단에 서서 일요등교의 부당성을 일일이 지적하며 모두 거리로 나설 것을 호소했다. 학생들은 기다렸다는 듯이 "가자 수성천 변으로! 경북고생들도 나섰단다."등의 함성을 지르며 일어섰다. 당시 타 학교의 시위소식에 놀란 학교당국은 전체교사들을 동원해 정문을 지키며 만일 발생할지도 모르는 학생들의 단체행동에 대비하고 있었다. 그러나 약 700명의 전교생이 갑자기 정문을 향해 뛰어나오자 교사들도 어쩔 도리가 없었다. 거의 분산 상태로 교문을 빠져 온 학생들은 각자 집으로 돌아가고, 약 100여명은 대열을 지어 행진했다.

이들이 덕산동 쪽으로 향할 때 일부 대구여고생들과 합류하게 되었다. 두 학교의 여학생들은 "일요수업을 폐지하라"고 외치며 덕산동을 거쳐 수성교로 행진하던 중 경찰의 제지를 받아 30여명은 연행되고 나머지는 해산되었다.[10]

(3) 대구농고(大邱農高)

대구농고에서도 도(道) 지시에 따라 여러 차례 교직원회의를 열고 28일 일요등교 시 졸업식 예행연습과 음악지도를 하기로 결정했다. 학생들의 반발을 우려하면서 이러한 등교지시를 했으나 28일 학교에 나온 학생은 얼마 되지 않았다.

---

10 권정복, "2·28의 불씨가 3·15마산의거로 이어지고",『2·28민주의거기념문집』, 1997, 25~26쪽과 대구농림고등학교,『대구농고80년사』, 1989; 김상숙, "2월 마지막 날이면 생각나는 추억",『2·28민주의거 37주년기념문집』, 1997년, 21~22쪽 그리고 대구일보, 1960년 2월 29일.

물론 대구농고학생들도 시위를 계획했다. 그러나 교장선생의 간곡한 만류로 실행에 옮기지는 못했다. 학생들의 신변안전을 걱정하는 교장선생의 심정을 학생대표들이 받아들인 결과였다. 그런데 전체 학생들이 참여하는 시위는 무산되었으나 불의를 규탄하는 정의감은 살아있어 많은 학생들이 타 학교의 행진에 동참하거나 수성천 변에서 열린 민주당강연회에 참석하였다.

(4) 대구상고(大邱商高)

2월 27일 대구상고에도 일요등교 지시가 있었다. 일요일이지만 졸업식 예행연습을 해야 한다는 것이 이유였다.

다음날 등교한 학생들은 강당에서 예행연습을 하다가 밖으로부터 경북고등학교 시위대의 함성을 듣게 되었다. 모두들 일요등교로 마음속에 불만이 가득했으므로 강당에서 소란이 일어났다. 일부 학생들은 일어나서 창문 쪽으로 가거나 밖으로 나가려고 했다. 대부분의 교사들은 모른 채 방관했지만 몇몇은 야단을 치면서 문을 닫아 걸어버렸다. 결국 졸업식예행연습은 어수선하게 끝나고 뿔뿔이 헤어져 야당후보 연설을 듣기 위해 수성천 변으로 가거나 시위대에 합세했다.

연설회장으로 간 학생들은 학교에서 강하게 받은 협박 때문에 모자를 벗고 주위를 살피면서 연설을 들었다.

2월 28일 대구 시내를 한바탕 휩쓸었던 학생시위의 흥분은 좀처럼 가라앉지 않고 이튿날에도 이어졌다.

이번에는 침묵했던 대구상고에서 학생들의 집단시위가 시작되었다. 대구상고 학생들은 "28일 시위에 참가한 경북고와 대구고생들이 경찰에 잡혀있으니 석방을 호소하러가자."는 명분을 내걸었다. 오전 9시쯤 학생대표들은 시위를 하기로 합의한 후 첫 시간 수업이 끝나자 모두 운동장으로 뛰어나와 동쪽과 남쪽 담을 넘어 삼덕 로터리부근에서 집합하기로 했다.

　그러나 막상 행동으로 옮겼을 때는 20여명이 담을 넘었을 뿐 나머지 학생들은 교사와 경관들에 의해 제지당하는 바람에 뜻을 이루지 못했다. 이 과정에서 남쪽 담장 약 십 미터가 무너지는 피해가 발생하기도 했다.

　한편 남대구 경찰서에서는 시위신고를 접하자 즉시 전 직원을 비상소집하여 출동시켰다. 학교 밖 진출에 실패한 후 교실에 수용된 학생들은 "경찰은 물러가라"고 고함치며 이들을 비난했다. 뜻을 이루지 못한 학생위원들은 회의를 소집하여 7명의 대표를 뽑고 "경찰에서 경북고와 대구고의 학생들을 석방시키지 않는 한 시위를 하겠다."고 선언했다.

　결국 7명의 학생대표들은 경찰과 동행해 구속된 학생이 없다는 것을 확인하고 학교로 돌아갔다. 이틀에 걸쳐 학원의 자유와 민주주의를 부르짖었던 대구상고 시위는 일단 이렇게 끝났다.[11]

(5) 대구공고(大邱工高)

　2월 27일 오전 대구공업고등학교의 담임교사들은 자세한 설명 없이 일요등교를 지시했다. 학생들은 영문도 모른 채 어리둥절해하며 불평을 늘어놓았다. 그저 "3월 2일로 예정된 졸업식 예행연습 때문일거야", "본관 건물에 있는 미군부대가 이전하기 때문에 교내청소를 하려는 것이겠지.", "민주당 연설회 때문인가?" 등등 여러 가지 추측이 난무하는 가운데 학생들은 귀가했다.

　2월 28일, 점심시간이 지나면서 아무런 이유 없이 등교한 학생들은 동요하기 시작했으며, 교무실 옆 도서실에서는 학생회위원장 주

---

[11] 대구일보, 1960. 2. 29.

재로 운영위원회가 열렸다. 긴급히 개최된 운영위원회에서는 '학생 자율을 탄압하는 교장은 물러나라'는 성명을 냈다.

또한 일요 등교지시로 국·공립 중·고등학생들이 정치도구로 이용되었다는 소문이 퍼지면서, 격분한 200여명의 학생들이 운동장에 모였다. 교내 곳곳에서 학생들이 집회를 지켜보고 있는 가운데 위원장을 선두로 한 대열이 신암 초등학교 정문 쪽으로 나서며 "집으로 돌아가자" "학생탄압을 중지하라" "교장은 퇴진하라"는 구호를 외쳤다. 교사들이 이를 말리자 일부학생들은 경북대학교 정문 쪽으로, 일부는 신도극장 쪽으로 행진을 계속했으나 신암 초등학교를 건너는 순간 경찰에 의해 강력한 제지를 받게 되었다. 출동한 경찰이 사정없이 방망이를 휘두르는 것을 본 학생들은 뿔뿔이 흩어져 도망쳤다.[12]

(6) 경북사범대학부속고등학교-사대부고

사대부고(師大附高)는 2월 28일의 거사가 있기 전에 이미 노가바(노래가사 바꿔 부르기)사건으로 교내외를 떠들썩하게 한 적이 있었다. 2월 16일, 1학년학생이었던 오석수, 유효길, 이영길 등은 당시 유행하던 '유정 천리' 노래의 가사를 다음과 같이 개사(改詞)하여 칠판에 적었다.

> "가련다 따나련다 해공(海公)선생 뒤를 따라/장면박사 홀로 두고 조(趙)박사는 떠나가네./가도 가도 가망 없는 당선 길은 몇 구비냐/자유당에 꽃이 피네 민주당에 비가 오네.". "세상을 원망하랴 자유당을 원망하랴/춘삼월 십오일조기선거 웬 말이냐/천지타국 땅에서 객사죽음 웬 말이냐/시름없는 신문 들고 백성들은 울그 있네."

---

[12] 이재창, "2·28 그날을 회고하며", 『2·28 민주의거 37주년 기념문집』, 1997, 24쪽.

이 노래는 삽시간에 학교 안에 퍼지고, 다시 대구시내로 번져나갔다. 가사가 동아일보에 기사와 함께 소개되자, 전국적으로 알려져 모든 국민의 애창가요가 되었다. 1956년 제3대 대통령선거 때 해공 신익희선생이 갑자기 서거하자 『비 내리는 호남선』이라는 유행가가 불렸던 것만큼 확산되었다. '노가바' 사건으로 경찰은 학교에 찾아와 추궁하였고 학교당국은 세 명의 학생을 표면상 무기 근신시켜놓고 계속 등교하도록 했다. 이 사건은 결국 사대부고 학생들이 2·28의거에 참여하게 하는 동기가 되었다.

2월 27일, 제9회 졸업식이 끝난 후 종회시간에 일요등교지시가 내려졌다. 2월 28일 12시 30분까지 등교하여 청소 후에 재미있는 게임을 한다는 것이 이유였다. 그러나 이는 당일 수성천 변에 있을 야당 유세장에 학생들이 가는 것을 막고자 함인 것을 학생들은 알고 있었다. 27일 오후 대구고 학생위원장 손진홍이 부고(附高) 학생대표 최용호를 찾아와, 당국의 일요등교지시에 대한 대응책을 논의하였고, 이들은 함께 수성천 변에 열리고 있던 민주당 유세장에 들렀다가, 저녁 무렵 경북고등학교 학생부위원장 이대우의 집에 합류하여 일요등교 반대시위를 위한 3개교 연합전선을 하기로 했다.[13]

28일 새벽 최용호는 문태길, 김영대 등 학생회간부들을 소집하여 긴급회의를 열어 행동계획을 논의키로 하였다. 이를 행동으로 옮기기 전에 계획을 사전에 AP, AFP, UPI 등 해외의 유명 통신사에 알려, 국제적 관심을 불러일으키자는 논의도 했다. 11시경 과학실에 이들 외에 박재철, 김관희, 홍관, 배순, 손원익 등 대의원이 모여 긴급 학도호국단 간부회의가 열어 일요일에 등교시킨데 항의하는 시위를 하고, 이 과정에서 도지사를 항의 방문키로 하였다.

---

[13] 박재철, "역사의 전환점 · 2·28을 중심으로", 『군성』, 제8호, 1961, 105쪽. 최용호, "2·28 학생의거의 배경과 의의", 『경북사대부고 40년사』, 1991. 605~606쪽.

이때 교무주임선생은 "젓가락 하나로 태평양물을 휘져으면 무슨 소용이 있겠느냐. 너희들이 커서 실력을 길러 깨끗하고 바른 사회를 만들도록 해라. 지금은 공부해야 할 때이지, 데모를 해서는 안된다."고 달랬으나, 간부들은 의거를 강행키로 결의했다.

그러나 이를 눈치 챈 선생님들이 학부형들과 함께 교문을 잠그고 지키는 통에 밖으로 갈 수 없게 되자, 오후 3시경부터 본관2층에서 단식농성 투쟁에 돌입했다. 2학년 3반 교실에서는 2학년 전원 240명과 1학년 일부학생들이 시멘트바닥에 주저앉아 행정당국과 학교의 조치를 비판하는 한편, 행동방향을 논의하고 다음과 같은 내용의 결의문을 채택하였다.

① 정치와 교육을 분리하라, ② 학생을 정치도구화 하지 말라, ③ 앞으로 이와 같은 학생의 권리를 박탈하는 일은 결코 하지 않을 것을 약속하라, ④ 지금까지 검거된 학생들을 즉시 돌려보내라

어두워지면서 걱정이 된 학부형들이 오기 시작했고, 쇄도한 기자들의 플래시가 농성장안팎에서 터지기 시작하였다. 시위를 강행하려는 학생들과 이를 막으려는 학부형들 사이에 실랑이가 벌어지면서 실내는 소란해지기 시작했고, 농성 4시간이 지난 밤 7시에 200여명의 학생들은 부모와 선생들의 만류를 뿌리치고 농성장을 빠져나와 마침내 의거에 돌입했다. 이들은 삼덕로터리와 대학병원을 지나 경상북도지사관사와 자유당도당청사에서 시위 중 출동한 경찰백차와 마주치면서 수명의 학생이 부상을 입거나 연행되었다. 남은 학생들은 다시 규합해서 중앙통에 있던 대구매일신문사를 찾아가 결의문을 전달했다. 경찰에 끌려갔던 학생들은 조사를 받은 뒤 밤 11시경에 귀가했으며, 주동학생 몇 명은 담임선생 집에서 보호를 받았다.[14]

---

14 한강수, "부고 '노가바' 사건과 2·28", 『경북중고 제42회 졸업 30주년 기념집』, 1991, 97~98쪽.

(7) 대구 경북고등학교(慶北高等學校)

2월 28일 12시 50분경 경북고 800여명의 학생은 조회단(朝會壇) 앞으로 모여들기 시작했다. 학생들의 움직임을 알아차린 교사들이 교무실에서 나와 '곧 극장으로 출발할 터이니 1, 2학년은 간격 30m로 떨어져서라'며 학생들을 분산시키려고 애써 봤지만, 이미 마음의 준비가 된 학생들은 오히려 간격을 좁히면서 결전의 시간을 기다렸다.

이윽고 대구고 학생부위원장의 방문으로 대구고 학생들이 이미 교문을 나섰다는 소식을 접한 경북고 학생들은 서두르기 시작했다. 12시 55분이 되자 학생부위원장 이대우와 학생위원 안효영이 갑자기 두루마리 결의문을 움켜쥐고 단상에 뛰어올랐고 이때 교사들이 제지하려 하자 조회단을 둘러싼 학생들에 의해 접근하지 못하였고, 단상에 선 이대우는 준비한 선언문을 낭독하기 시작하였다.

"인류역사에 이런 강압적이고 횡포한 처사가 있었던가. 근세 우리나라 역사상 이런 야만적이고 폭압적인 일이 그 어느 역사책 속에 끼어있었던가? 오늘은 바야흐로 주위에 공장연기를 날리지 않고 6일 동안 갖가지 삶에 허덕이다 쌓이고 쌓인 피로를 풀 날이요, 내일의 삶을 위해, 투쟁을 위해……우리는 배움에 불타는 신성한 각오와 장차 동아(東亞)를 짊어지고 나갈 꿋꿋한 역군이요, 사회악에 물들지 않은 백합같이 순결한 청춘이요, 학도이다. 우리 백만 학도는 지금 이 시각에도 타골의 시를 잊지 않고 있다. '그 촛불 다시 켜지는 날 너는 동방의 밝은 빛이 되리라.' 꿈을 안고 자라나는 우리가 현 성인사회의 정치놀음에 일체 관계할리도 만무하고 학문습득에 시달려 그런 시간적 여유도 없다. 그러나 이번 일은 정치에 관계없이 주위에 자극 받지 않는 책 냄새, 땀 냄새, 촛불 꺼멓게 앉은 순결한 이성으로써 우리는 지금까지 배운 지식을 밑바탕으로 하여 일장

의 궐기를 하려한다. 백만 학도여, 피가 있거든 우리의 신성한 권리
를 위하여 서슴지 말고 일어서라. 학도들의 붉은 피는 지금 이 순간
에도 뛰놀고 있으며, 정의에 배반되는 불의를 쳐부수기 위해 이 목
숨 다할 때까지 투쟁하는 것이 우리의 기백이며, 정의감에 입각한
이성의 호소인 것이다."

　선언문을 읽는 동안 흥분이 고조된 800여 학생들은 함성을 지르고
박수를 쳤다. 그러나 학생들의 고함소리와 교사들의 제지로 결의문
낭독은 3분의1 가량을 건너 뛴 채 진행되었다. 그때 누군가가 "우리
의 뜻을 사회에 알리자", "반월당(半月堂)으로 가자"라고 외쳤다. 오
후 1시 5분 경 학생들은 함성을 지르면서 학교 밖으로 나갔다.
　학생들이 거리에 나왔을 때 마침 수성천 변 강연회 장으로 향하던
장면부통령 일행과 만나자 학생들은 행진을 잠시 멈추고 장면 박사
를 마주한 채 소리 높여 만세를 불렀고, 장면박사도 손을 흔들어 답
례하였다. 시위대는 다시 행진을 시작하면서, "일요등교의 저의가 무
엇이냐?" "학원을 정치도구화하지 말라" "학원에 자유를 달라"며 구
호를 외치며 나아갔다. 대구상고 앞에 잠시 멈춰 합세를 요구했으나
이때 대구상고생들은 강당에 모여 있었다. 일부학생들이 교내로 들
어가려했으나 교사들의 저지로 밀려났다.
　다시 사대부고(師大附高)에 이르러 "부고(附高)학생들은 정의의 대
열에 뛰어들라"고 외쳤으나 몇몇 학생이 담벼락에 서서 박수를 보내
고 있을 뿐 별다른 대응이 없었다. 시위학생들은 반독재투쟁의 선두
에 섰던 대구매일신문사 앞에서 3분 정도 머무르며 "횃불을 밝혀라
동방의 빛들아" "학원을 정치도구화하지 말라" "학원 내에 미치는 정
치세력 배제하자"는 구호를 외쳤고, 이를 본 시민들은 박수로 성원하
였다. 사기가 오른 시위대는 구호를 외치면서 경북도청으로 나아가

갔다. 도청광장에 모인 교복차림의 1·2학년생들은 "우리는 정당하다" "정의는 살아있다" "일요등교의 폐습(弊習)을 시정하라"는 등의 구호를 외쳤다. 곧 백 여 명의 경찰관이 도청 정문을 닫고 학생들을 포위하면서 공방이 벌어졌고 학생들의 저돌적인 공격에 당황한 경찰이 약간의 틈을 보이자, 시위대는 정문을 밀치고 빠져나왔으나 이 과정에 약 30여명이 경찰에 체포되었다.

도청을 벗어난 나머지 학생들은 곧장 자유당 도 당사로 달려갔고 이곳을 경비하던 수 백 명의 경찰병력은 경찰봉 등으로 무자비한 탄압을 개시하면서 부상자들이 속출했다. 이 충돌에서 학생 50여 명이 체포되면서 학생들은 흩어졌는데 청구대학 옆길까지 나온 학생이 90명, 시청 쪽으로 쫓겨 간 학생이 150명가량 되었다. 그러나 법원 쪽으로 몰려온 학생들이 다시 집결하여 시위를 하려 했으나 경찰의 진압작전으로 학생시위대는 골목으로 도망갔고, 법원 쪽에 있던 시위대도 모두 흩어졌다.

한편 반대쪽으로 갔던 150여 명은 다시 시청광장에 집결하여 "학생시위의 자유를 달라" "학원 내 민주화를 기도하라"는 구호를 외쳤으나 다시 강력한 경찰병력에 의해 고서점가(古書店街)와 동인파출소 및 대구일보사 쪽의 세 갈래로 갈라졌다. 고서점가로 쫓겨난 30여명은 30미터도 전진하지 못하고 경찰대에 강제제지를 당하였다. 여기서 다시 10여명의 학생들이 체포되었고 나머지 학생들은 경찰포위를 피해 달아남으로 이 방면의 시위대와 동인동 파출소 쪽으로 밀려 간 30여명 등은 결국 사방으로 분산되어 완전히 해산되었다.

그러나 대구일보사 방향에 집결한 90명의 학생들은 당당하고 질서 있게 도지사관사로 나아가 "오지사(吳知事) 나오시오, 우리들의 요구를 들으시오"라고 외치면서 씩씩한 모습으로 도지사관사를 에워쌌다. "불합리를 시정하라" "정도를 약속하라"면서 도지사와의 면담을 요구하는 학생시위대 앞에 마침내 도지사와 경찰국장이 나타났고, 흥분을 못이긴 한 학생이 지사의 옷소매에 매달려 따지자 놀란 도지사와 경찰국장은 대기해 둔 자동차를 타고 도망을 가버렸다. 경북고 시위대는 다시 대구지구 16헌병대쪽으로 이동하였고 이곳에 이르렀을 때 경찰이 달려와 선두에서 진두지휘하던 학생이 경찰에 체포되면서 시위대는 무너지기 시작 했고 나머지 학생들도 더 이상 시위는 감행하지 못했다. 이렇게 하여 학원의 정치도구화를 반대하는 경북고학생들의 시위는 1시간 50분 만에 해산하게 되었다.15

2. 3·15 부정선거와 마산의거

1) 마산의거의 역사적 배경

2·28 대구의거를 기점으로 이승만 정권에 대한 고교생들의 항의시위가 전국적으로 확산되었다. 경찰의 강제진압에도 불구하고 주요 도시마다 불의에 항거하는 분노의 함성이 3·15 선거 전날까지 그치질 않았다.16

마산은 그 지리적 위치로 인해 해방 이후 일본으로 부터의 귀환동포가 다수 이주하였고, 한국전쟁을 치루면서 피난민들이 정착하였다. 그 결과 귀환동포와 피난민의 인구 구성비가 1953년 말에는 약 40 퍼센트에 이르렀다. 마산에 정착하면서 주택난과 식량난 등 온갖 어려움을 겪었으며, 이를 타개하기위해 후세들의 교육에 온힘을 기울였다. 인근 대도시에 비해 중학교 지원율과 합격률이 높았으며, 한글 해

---

15 경북중고등학교동창회 60년사 편찬회, 1976 이대우, "나의 2·28: 횃불을 밝혀라 동방의 빛들아", 『경북중고 제42회 졸업 30주년 기념 문집』, 1986, 220~221쪽
16 3·15 의거 기념사업회 편, 『3·15의거사』, 2004, 271~275쪽 참조.

독능력도 돋보이는 도시였다. 이러한 상황에서도 일부 마산의 유지들은 일본인들이 남겨놓은 귀속재산을 기반으로 경제력은 물론 정치적인 힘도 발휘했다. 이들 중 대부분이 자유당에서 활동하였고, 시민들은 자유당에 반대하고 있었다. 1950년대에 있었던 시의회 선거와 도의회 선거, 그리고 국회의원 선거에서 자유당은 외면당했다.17

3·15 이전 마산 정국에 가장 큰 혼란을 초래한 인물은 허윤수였다. 1958년 총선에서 민주당후보로 당선한 허윤수 의원은 시민들에게 비교적 신망을 얻어온 보수적인 정치인이었다. 그는 자유당 이용범에게 차기 국회의원 선거에서의 자유당 공천 보장과 동양주정 경영권을 주겠다는 약속을 받고 1960년 1월 5일 민주당 탈당을 선언한 후, 1월 11일 자유당에 정식 입당하였으며, 3월 4일에는 동양주정을 인수하였다가 경쟁업체인 무학주정으로 매각한다. 동양주정을 둘러싼 일련의 사건들은, 당시 대표적인 부패 정치인이자 기업인이었던 이용범의 배후조종으로 부산지검 마산지청장 서득룡과 마산세무서장 서복태까지 개입된 정관경 유착의 표본이었다. 마산 시민들은 자신들이 찍어준 표를 팔아 동양주정을 삼켰다고 격분하였으며, 정치 신의를 저버린 허윤수 개인에 대한 증오와 공작정치를 일삼는 자유당에 대한 반감이 더욱 확산되어 갔다.18

2) 3·15 부정선거와 제1차 마산의거

1960년 3월 3일 오전, 민주당은 이번 정·부통령 선거에서 자유당 후보가 85%의 득표를 하기 위하여 정부가 일선 경찰·관청 및

---

17 차철욱, "마산 시민의식의 성장과 3·15의거", 『3·15의거 정신의 역사적 변천과 계승방안』(3·15의거 제45주년 기념 학술심포지엄 논문집), 2005년 참조.
18 사단법인 3·15의거기념사업회 홈페이지(http://www.masan315.net) 참조.

각급 선거위원회에 지시한 부정선거방법의 비밀지령에 대하여 사전에 알아내어 그 내용을 '정부의 부정선거감행방법'으로 정리하여 이를 중앙선거위원회에 제시하고 이러한 부정선거를 사전 방지하기 위하여 26개 조항의 부정선거 방지조치를 취해줄 것을 공한으로 요청하였다.19

그럼에도 불구하고 선거가 막바지에 접어들면서 자유당은 야당 선거유세에 대한 탄압을 계속하였는데, 경찰들이 폭력을 서슴없이 자행하는가 하면 폭력과 부정을 규탄하는 의거대를 향한 정치 깡패의 간접적인 테러 행위, 심지어 살인 사건까지 일어났다.20 이런 테러로 인하여 민주당의 선거운동이 거의 마비상태에 놓였고 민주당 당원들도 이번 선거에서 승리하기는 힘들 것이라고 자인했다.

그러나 이러한 살벌한 분위기에 대항하여 도시에서는 연달아 일어나는 학생들의 의거사건에서 용기를 얻은 민주당 측은 "이번 선거는 선거가 아니라 민주구국운동"이라는 신념을 내걸고 선거를 중도에서 포기하지 않고 끝까지 하겠다는 태도를 견지하였다.21

한편 미국 정부는 링컨 화이트 국무성공보관을 통하여 14일 선거를 앞두고 대한민국에서 발생하고 있는 폭력행위에 대하여 우려를

---

19 동아일보, 1960년 3월 4일자, "민주당, '정부의 선거방법지령' 전모 폭로", "부정방법감행방법".
20 3월 7일 오전 울산 안양면 근처에서 유세반원 1명이 괴한 8명으로부터 폭행을 당했고, 9일 민주당 여수시 당부 앞길에서 동당 선전부장 김봉세와 동당 여수시 지구당 재정부장 김용호는 철봉과 곤봉을 가진 괴한 2며에게 구타당하여 김용호는 뇌진탕으로 숨지고 김봉세는 중상을 입었다. 10일 전남 광산군 송정읍 서도산리에서 민주당 비밀당원 이상철과 김판수는 반공청년당 서도산리 단장으로 알려진 오세일의 칼에 찔려 이상철은 즉사하고 김판수는 중상을 입었다. 14일 경기도 금보군 양서면 과해리 김성근이 괴한 3명으로부터 칼부림을 당하여 전신 15개의 상처를 입었다.; 동아일보, 1960년 3월 9일자~15일자.
21 동아일보, 1960년 3월 11일자, "야, '민주구국' 위해 끝까지 투쟁방침 천명"

표명하였다.22 제4대 정·부통령 선거를 하루 앞둔 14일에는 소위 '3인조' 조직이 공공연하게 유권자의 의사에 반하여 감행되었다. 그 동안 온갖 불법수단을 동원한 자유당정권은 15일에 사전 계획한대로 야당 참관인들을 거의 퇴장시킨 가운데 공개적인 부정투표를 자행하였다. 이에 격분한 민중들은 결국 마산에서 폭발하였다.

제1차 마산의거는 이날 오후 3시 40분부터 시작되었다.23 경남 도의회 민주당 원내 총무인 정남규를 비롯한 민주당 간부 30여 명으로부터 시작된 "부정선거배격" 의거는 시내 남성동에서 불림동을 거쳐 해안동 일대에서 계속되었는데, 의거대의 뒤를 따르던 수천군중도 이에 합류하여 약 1시간 반 동안 마산시는 혼란상태를 보였다. 시위대는 급거 출동한 경찰들에 의해 해산되었고 정남규 등 민주당 간부 6명이 경찰에 연행되었다.

오후 7시 3분 경, 약 만 명의 시민과 학생들이 개표장인 시청 부근에 모여 "부정선거를 즉시 정지하라!"고 외치면서 의거를 감행했다. 이때 경찰은 마산지검 서득룡 지청장과 손석래 마산경찰서장의 지휘로 전원 실탄을 장전한 소총으로 무장하고, 시청 입구와 파출소마다 삼엄한 경계를 폈다. 현장 지휘는 경비주임 박종균 경위가 맡았다. 오후 8시 경 시청에서 400미터 떨어진 자산동 무학초등학교 앞에서부터 "부정선거 다시 하라!"는 구호를 외치며 데모대가 시청 쪽으로 다가오자, 시청 정문 앞에 대기 중이던 소방차 1대가 소방 호스로 물

---

22 화이트공보관은 성명서에서 "...본인은 미국정부가 공명선거를 통한 인민의 자유로운 의사표명을 믿으며 이에 위반되는 어떠한 행위도 배격한다. ... 미국 정부는 3월 15일의 선거운동과 관련해 야기된 여러 폭력행위에 관해서 관심을 가져왔다. ..."고 하였다.; 동아일보, 1960년 3월 15일자, "미 국무성 한국선거에 성명"

23 이날 의거의 전개과정은 동아일보, 1960년 3월 6일자 "마산서 의거군중이 지서를 습격" ; 17일자 "아직도 찬바람 감도는 마산".

을 뿜으며 의거대를 향해 달려들었다. 시위대에서 돌팔머가 날아오자 소방차 운전사는 뛰어내려 달아나고, 소방차만 달려오다가 무학초등학교 정문 앞 전주를 들이받았다. 전주가 충격에 쓰러지면서 시내는 일시에 암흑으로 바뀌었으며, 그 순간 요란한 총성이 터지기 시작했다. 경찰은 총격과 함께 시위대를 향해 강력한 성능의 최루탄을 발사하였다.24

이 무렵 남성동 파출소 앞길에서도 도로를 가득 메운 군중이 의거를 벌이고 있었는데, 시청 앞과 거의 동시에 남성동 파출소에서도 발포가 시작되었다. 총격에 쫓긴 시위대는 달아나면서 북마산 파출소 쪽으로 의거의 방향을 돌렸으나 여기서도 똑같이 총탄 세례를 받았다.

경찰의 총구에 맨 처음 쓰러진 마산 중앙중학교 3학년 학생 김영호를 비롯해 희생자와 중경상자가 잇따라 발생했지만 공포와 분노에 휩싸인 의거대열은 오히려 물러서려 하지 않았다. 쓰러진 사람을 업고 병원으로 달려갔고, 여학생들은 부지런히 교복 스커트에 돌을 주워 담아 남학생들에게 건네주면서 돌과 총알이 맞서는 기이한 싸움이 곳곳에서 벌어졌다. 그날 의거는 8명의 사망자와 80여명의 중상자를 내고 밤 11시 30분 경 완전히 진압되었다. 경찰에 연행된 사람은 250여 명이었는데, 그들은 경찰서에서 잔인한 보복을 당하였다.

제1차 마산의거는 2·28 대구학생의거와 본질상 차이가 있다. 2·28은 몇몇 학생간부들의 일정한 계획에 의해 일어난 것이었다. 그러나 제1차 마산의거는 경남 도의회 민주당 원내 총무인 정남규를 비롯한 민주당 간부 30여 명으로부터 시작된 것이었는데, 그동안 정부시책과 부정선거에 대한 불신과 불안을 느껴오던 학생과 국민들이

---

24 경남검찰국은 22일 부산지검에 대하여 마산사건 당시 발포수를 칼빈은 456발, 4.5구경 권총은 93발, 최루탄은 12발, 총 580발(?)의 총탄을 쏘았다고 보고하였다.; 동아일보, 1960년 3월 24일자, "경남도경서 지검에 보고: 580발 쐈다."

자연적으로 의거에 가담하면서 발생한 것이었다. 의거에 참가한 중·고 학생들이 점차 늘어나면서 이들의 의거는 밤늦게까지 진행되었다.

그러나 경찰은 의거 진압 후 사건의 중대성과 상부의 문책을 고려하여 이날의 의거를 공산당 지하조직에 의한 좌익 폭동으로 몰아세우려 하였다. 우선 발포 등 경찰이 취한 조치는 부득이한 것이었으나 군중이 투석하였기 때문에 발포하였다고 고집하며 발포의 책임을 군중에게 돌리려고 하였다. 이를 위하여 검찰은 검거된 피의자(대다수의 청소년 학생)에 대하여 수사의 초점을 계획적 소요라는 전제 하에 두고 ① 폭도들 간의 공모여부 ② 적색분자의 준동여부 등을 방향으로 수사를 이끌어 무리하게 그 증거를 조작하기 위하여 자백강요, 구타, 족축 등의 가혹한 고문을 감행하였다.[25]

경찰의 고문사실은 민주당 및 대한변호사협회의 조사활동에 의하여 폭로되기 시작했다. 28일 대한변호사협회, 30일 대검찰정 소진섭 차장검사는 마산사건에 대하여 "배후조종자가 공산당원이라는 확증은 하나도 없다"고 언명하였다. 대한변호사협회와 대검의 이러한 표명에도 불구하고 국회조사위원회 자유당 측은 마산사건의 동기에 대하여 "합법적인 의거가 일단락된 뒤 일어난 저녁의 소요는 공산오열이 섞여 선동함으로써 따로 이루어진 것이라는 심증을 가지고 있다"

---

[25] 마산사건의 소요주동자로 구속되었다가 20일 밤중에 석방된 학생들의 진술에 의하면 경찰은 이들이 "안했다"고 말하면 "했다"고 써놓고 무조건 날인을 강요하는가 하면 경찰의 비위에 맞는 말을 하면 안 때리고 사실대로 말하면 때리기만 했다. 뿐만 아니라 석방시키면서도 경찰에서 때렸다는 말을 발설하지 말라고 다짐까지 했던 것이다. 석방되어 나온 이들 학생들은 이구동성으로 "우리의 의거는 순수한 애국심의 발로였으며 누구의 선동에 의한 것도 아니고 자연발생적인 깨끗한 학생운동에 지나지 않았다"고 말하였다.; 동아일보, 1960년 3월 23일자, "경찰 조서, 마음대로 작성".

고 공산당의 배후조종설을 계속 주장하고 있었다.26

자유당의 이러한 주장은 그동안 견지해왔던 상습 수단일 뿐만 아니라, 이로써 부정선거에 대한 민중의 반박을 최소화시키려는 것이었다. 그러나 자유당이 3·15선거에서 치룬 "불가피한 승리"27는 자유주의 정책을 완전히 위반한 상태에서 거둔 것이었고, 또한 자유당의 이런 부정 수단의 횟수와 강도는 이미 정도를 넘쳤기 때문에 민주당과 민사당, 통일당을 비롯한 야당과 민중들로부터 "불가피한 반발"을 받았을 뿐 아니라 미국을 비롯한 외국 언론들로부터 강력한 질책을 받고 말았다.28

민주당은 이미 15일 오후 4시 30분 "3·15선거는 불법, 무효"라는 성명을 발표한 바가 있었고, 16일 민사당과 통일당도 각각 선거무효선언을 발표하였다. 16일 아이젠하워 미 대통령은 한국의 대통령선

---

26 마산사건 국회조사위원회는 여야 간 견해차이 때문에 끝내 단일조사보고서를 포기하고 여야가 각자 작성하여 4월 12일 국회 본회의에 보고하기로 하였다. 여야의 견해 차이는 1.사건의 동기 2. 사건의 양상 3.경찰의 발포행위 4. 사건의 수습에서 볼 수 있는데, 1.사건의 동기: 자유당=의거의 배후에 공산오열이 개재해 있어서 소요화되었다. 민주당=현 정부의 실정 및 부정선거에 대한 시민의 울분이 터진 것이며 순 우발적인 것이다. 이하 생략.; 동아일보, 1960년 4월 9일자. "마산사건 국회조위: 단일보고 안 될 듯" ; 1960년 4월 11일자, "마산사건국회조위 결렬, 단일보고서 단념".
27 워싱턴 15일 AFP동화사는 "미국정치가들은 그들이 관측하는바 오늘이 선거에서 '불가피한 승리'를 거두게 될 이대통령이 부득이 정권을 넘겨주게 될 날에 대비하여 자유주의정책을 전개하기를 바라고 있다"고 보도했다.; 동아일보, 1960년 3월 16일자, "워싱턴 15일 AFP 동화-미 정계, 대한 불안감 졸고: 미 신문들 선거위반 가능성도 시사"
28 외국 언론은 이번 선거에 대하여 비난의 입장을 보여줬다. 미국의 "워싱턴포스트"지는 17일 한국에서의 이승만 대통령의 재선을 "썩은 승리"라고 평하였으며, 영국의 "만체스타 가디안"지는 한국 대통령선거에 관하여 "사이비 선거가 좋았을 것"이라고 비난하였다. 동아일보, 1960년 3월 18일자, "워싱턴 17일 AP합동-'조작된' 선거승리" ; "런던 17일 AP 긴급합동-'사이비 선거가 좋았을 것"

거로 야기된 폭력사태에 대해 개탄한다는 의사를 표명하였고, 허터 미 국무장관은 양유찬 주미한국대사를 국무성으로 초청하여 "이승만 대통령과 자유당의 압도적인 승리는 유감스러운 여러 사건으로 말미암아 형편없이 되었다.… 이번 선거 소요는 가장 불행한 사건"이라고 말하였다.29 3·15선거에 대한 미 대통령과 미 국무장관의 태도, 특히 허터 장관이 한일관계가 개선되지 않고 있는 전적인 책임을 한국 정부에 돌렸다는 "워싱턴" 보도는 국내정계에 큰 충격과 파문을 일으켰다.30

국내외 언론의 압력을 느낀 최인규 내무부장관은 18일, 이성우 내무차관과 이강학 치안국장은 19일 각각 사표를 제출하였다.31 결국 정부는 23일 내무부장관 최인규의 사표를 수리하고 25일 법무부장관 홍진기를 후임 내무부장관으로 임명했다. 정부는 25일 의거 관련 구속자 중 정남규 등 6명을 제외한 나머지를 석방하고, 박종표 경위 등 경찰관 5명을 발포 혐의로 구속하였다.

한편 마산시내의 중고등학교는 학생들의 집단행동을 방지하기 위하여 16일 갑자기 전 학생들에 대하여 17일부터 22일까지의 등교 중지명령을 발표하였다. 그러나 제1차 마산의거를 계기로 전국 곳곳에서 학생들이 주체가 된 의거는 연이어 일어났다. 이 시기 학생들이 내세운 주장 중에서 '공명선거'와 '학원의 자유 보장'이 여전히 주를

---

29 동아일보, 1960년 3월 17일자, "워싱턴 16일 AP특전 동화-한국서의 폭력사태 감탄" ; "워신턴 16일 AP급전 동화- 허터 장관, 양대사 초청코 논담".
30 허터 장관은 16일 저녁 한국에 대하여 한일 양국간이 견해 차이를 증가하는 중요책임은 한국이 져야 한다고 말하였다.; 동아일보, 1960년 3월 18일자, "워싱턴 17일 로이타 세계-한국에 전적 책임".
31 동아일보, 1960년 3월 20일자, "이 내무차관, 이 치안국장: 사표를 제출" 그러나 내무차관과 치안국장들의 사표에 대한 수리는 홍진기 신임 내무부장관이 취임한 후에 이루어졌단 것이다. 3월 28일에는 치안국장 이강학이 해임되고 조인구가 후임으로 임명되었다.

이루고 있지만 "정부는 마산학생사건을 책임져라!", "이승만 정부는 물러가라!", "평화적인 시위는 우리의 권리다!" 등 구호는 이승만 정권의 독재정치에 대한 항의, 자유민주주의를 요구하자는 학생들의 신념이 더욱 절박하고 구체화되어 갔음을 시사하였다.

3) 제2차 마산의거와 그 영향

4월 11일 밤 6시 반부터 마산에서는 또 한 번의 중대사태가 발생하였다.32 이날 오전 11시 20분 마산시 중앙동 해안에서 제1차 마산의거 당시 행방불명이 된 소년(김주열)의 시체가 발견되었는데 눈에서부터 목까지 탄환33이 박혀있었다.34 당국은 그동안 마산에 와있던 김주열 어머니의 요청에 의하여 두 개의 연못물을 퍼내어 보았지만 시체를 발견할 수 없었으므로 김주열은 죽은 것이 아니라고 주장하였고, 그래서 이날 김주열의 어머니는 마산시장의 권유로 고향인

---

32 이날 의거의 전개과정은 동아일보, 1960년 4월 11일자 호외, "마산서 오늘밤 중대사태", 12일자 "인양된 시체, 신원 확인되자 홍분", "경찰발포로 2명 즉사", "경비과장 3개 항목 응낙", 13일자 "어린이도 의거 감행 등을 참고했음.
33 이 탄환은 직경 5cm 길이 20cm에 탄피가 알루미늄으로 된 미제 고성능 최루탄으로 꼬리부분에 프로펠러가 달려있었으며 건물 벽을 뚫고 들어가 폭발하는 대무장 폭도용 최루탄이 박혀있었다는 것이다. 최루탄 겉면에 "Don't use on the crowd."-직접 군중을 향해서 쏘지 말라는 주의표지까지 적혀 있는 특수 최루탄인데, 경찰은 비무장 군중에게 직접 발사했던 것이다.
34 1960년 4월 16일 국회조사단이 경찰국의 장부를 조사한 데 이어 이종남(민)의원이 전하는 바에 의하면 이번 3·15 마산사건에 사용된 최루탄은 전 내무부장관 최인규 및 전 치안국장 이강학에 의하여 I.C.A자금으로 도입되었다고 말하고 있다. 17일 마산사건 국회조사위원회는 한옥신 부장검사, 박영두 마산시장, 39예비사단장 김희덕준장 및 김주열의 시체 집도의사들에 대한 증인심문을 했는데, 김 준장의 증언에 의하면 3·15마산사건 당시 발사한 경찰당국이 소지했던 것이 분명하다.; 동아일보, 1960년 4월 17일자, "최인규, 이강학 양씨가 최루탄 ICA자금으로 도입, 부정선거로 폭동발생을 우려" ; 18일자, "39사단 김 준장의 증언".

남원으로 돌아갔다. 김주열의 시체는 오후 2시에 비로소 현장에 나타난 경찰과 검찰에 의해 인양되어 도립병원으로 옮겨졌다. 김주열의 시체가 발견되었다는 소문이 전 시내에 퍼지자 병원 앞으로 시민들이 몰려들었다. 시민들은 격분과 분노를 금치 못했고 시체 인도를 요구하였지만 거절당하고 말았다.

오후 6시 15분경 도립병원에서는 중고등학생 약 3백여 명이 "협잡선거 다시 하라!", "살인선거 다시 하라!"는 등의 플래카드를 내세우고 도립병원에 침입하여 안치된 김주열의 시체를 들고 의거를 감행하려 했지만 경찰의 제지로 실패하게 되자 "애국가"와 "통일행진곡"을 부르며 북마산 쪽으로 행진하기 시작하였다. "시체를 내노라!", "살인선거 물리치자!", "살인범을 잡아내라!", "선거 다시 하라!" 는 등의 구호를 외치는 군중의 수는 삽시간에 3천명을 훨씬 넘었다. 다른 곳에서도 수천의 군중들이 연달아 시가를 휩쓸었고 이들은 마침내 마산경찰서를 파괴하였고, 경찰서장 지프차를 소각하였으며, 자유당 마산시지구당 본부와 "서울신문" 마산지사, 남성동 파출소 등을 대파하였다.

처음 이 의거를 방관 중이던 경찰은 밤 9시 30분 경 경찰서가 습격당하고 서장의 지프차가 파괴되자 마침내 약 100여발에 달하는 총을 발사하였다. 경찰의 발포로 이하여 2명이 사망하고 다수의 중·경상자가 발생했다. 11시 반 대다수의 의거대원은 해산 귀가했으나 그중 약 천명이 마산 입구인 산호동 입구에 남아 약 2백 명의 응원경찰관이 통과하지 못하도록 통나무를 들고 나와 도로를 가로막고 있었다. 12일 새벽 1시경 마지막 농성을 하고 있던 약 천명의 군중들이 모두 해산, 귀가했다. 이날 의거로 인해 트럭 2대, 오동 파출소, 시청유리창 일부, 동양주정회사사무실, 국민회 마산지부 등이 파괴되었다.

그런데 12일 아침부터 학생들을 선두로 시작된 의거는 하루 종일 계속되었고 이에 합세하는 군중들의 수도 시시각각으로 격증하여 낮 한때는 수만 명의 군중이 가두에 나와 시위에 참가하였다. 아침 10시부터 조직적인 마산공업고등학교 시위대가 "민주정치 바로 잡자!"라는 플래카드를 선두로 들고 전 마산 시내를 휩쓸기 시작했다. 오후 1시 5분경에 마산여고 여고생 4백여 명이 질서정연하게 시가를 행진하다가 창신고교 데모대 200여 명과 합류하여 전 시가지를 행진하였고 1시 20분경 마산고교 4,50여 명 가량의 시위대가 반대 편으로부터 행진해오자 이들과도 합류하여 계속 시가지를 행진하였다. 오후 2시부터 마산상고 학생 1,000여 명도 "협잡선거 다시 하자!', "마산사건은 경찰이 책임지라!" 는 등 구호를 부르면서 의거에 나섰다. 이날 마산시내 고교생들의 의거와 때를 같이해 별도로 10세 전후 어린이들로 편성된 어린이 데모대는 스크럼을 짜고 "신문기자 권종림(행정시보)를 석방하라!" 는 플래카드를 들고 시가를 행진하였다.

이렇듯 제 2차 마산의거 또한 어떠한 사전계획 아래 발단된 것이 아니라 부정선거에 대한 불만, 고문경관에 대한 불신 및 김주열의 시체유기사건 등에 격분한 군중들이 하나가 되어 의거를 감행하는 중에 또 한 번의 불상사가 생겨난 것이었다. 그러나 경찰 수사당국과 자유당 정부는 이 사건은 마치 공산당이 또다시 조작한 것 같은 선입관을 가지고 사건을 수사, 처리하려는 자세를 취하였다.

조인구 치안국장은 이번 사건의 군중을 어디까지나 '폭도'로 규정할 것이며 앞으로 '소요죄'를 적용할 것이라고 밝혔다.[35] 홍진기 내

---

[35] 동아일보, 1960년 4월 12일자, "치안국서 심야회의 끝에 전 경찰에 대기령", "치안국장언급 소요죄를 적용". 그러나 조인구 치안국장의 입장에 대하여 12일 오후 대검찰청 소진섭 차장검사는 "그것은 조국장의 개인의견에 불과한 것으로 해석한다."고 논평하였다. 1960년 4월 13일자, "대검 소 차장검사, 소요죄 적용, 엄단 운위는 치안국장 개인의견".

무부장관과 신언한 법무차관은 12일 오후 늦게 공동담화를 발표하고 제2차 마산사건에는 적색마수가 배후에 개재된 혐의도 있다고 지적하고 제2차 마산사건의 주동자와 배후관계를 철저히 규명하고 관련자를 엄중 처단한다는 기본 방침을 내세웠다.36

정부의 소위 공산당 배후 조종설에 대하여 대검 소진섭 차장검사, 이정학 경남 경찰국장과 김대정 부산지점 차장검사는 "공산당의 사주혐의가 없다"고 확언했다.37 하지만 정부는 마산의거사건의 발생을 공산당의 준동과 결부시켜 강경한 수사와 처벌 및 진압방법을 사용하기로 결정하였다. 정부 방침에 따라 현지 경찰은 사건 발생이후 최초로 강경조치를 취하여 12일 밤 7시부터 마산시와 창원 일대에 걸쳐 야간통행금지를 실시하였고, 얼씬대는 그림자만 보아도 이를 검거하는 선풍이 불었다. 13일 밤 야간통행금지시간 중 경찰은 약 500여명의 시민을 검거하였다.38

이승만 대통령은 13일 오후 특별담화를 열어 이번 사태를 난동으로 간주하고 배후에는 공산당이 개입하였을 것이며 더 이상의 혼란을 일으키는 자는 모든 것을 법에 의해 처리하겠다고 발언하였다.39 15일 오전 이 대통령은 또 한 번의 담화문을 발표하였는데, 역시 마산사건에는 공산당의 배후 조종혐의가 개재해있다고 전제하고, 가중

---

36 동아일보, 1960년 4월 13일자, "내무부,법무부 마산사태 엄단 경고-적색마수 개재 혐의".
37 동아일보, 1960년 4월 14일자. "대검 소 검사, 제2사건에 언급, 배후조종 증거 미포착", '공산당 사주 혐의 없다.' 그러나 김대형은 14일 자신은 "이번 마산의거사건이 빨갱이 조종에 의한 것이 아니라" 는 말을 한 적이 전혀 없다고 부인하였다.
38 동아일보, 1960년 4월 14일자, "강경하게 대하는 경찰", 경찰은 야간통행금지위반자를 심문하는 데 있어 또다시 비신사적인 태도로 나와 "개새끼" 등 폭언까지 한 일이 있었다고 석방되어 나온 사람들이 말하였다.; 동아일보, 1960년 4월 15일자 "13일 밤 검거자, 3명만 남기고 석방".
39 동아일보, 1960년 4월 14일자, "이승만 대통령 특별담화"

가탄(可憚可歎)할 난동행위를 그냥 둘 수 없으며 어린 학생들을 방임한 책임은 그들의 부모에게 있다고 경고하면서 난동행위는 결국 공산당에게 좋은 기회를 제공하는 결과를 가져다준다고 언급하였을 뿐, 고문경찰관의 처벌 등 마산사태를 수습할 정부방침에 관해서는 전혀 언급하지 않았다.40

이처럼 이승만의 담화 내용은 현 실정과는 너무도 거리가 먼 것이며, 또한 납득할 수 없는 것이었다. 이대통령의 담화, 치안국장 그리고 내무부장관 및 법무차관의 발언은 마산의거의 배후에 공산당이 개재한 혐의가 있다고 했지만 대검찰청 차장 등은 "증거가 없다." 고 말하고 있으므로 공산당 개재 혐의운운은 모순이고 그 진의는 정부의 부정·불법을 은폐하고 책임을 의거군중들에게 전가하려는 상습수법에 불과한 것이었다. 이승만 대통령뿐만 아니라 그 이하 고위 당국자들도 국민 앞에 불법선거에 대하여 한마디의 사과도 없었을 뿐만 아니라 연소 소년 및 시민의 사상에 대하여 한마디의 조위(弔慰) 표시도 없었다.

경찰은 14일 밤에도 400여 명의 통금위반자를 검거하여 경찰서 뒤편 초등학교 강당에 수용하였는데 그중 20명을 소요혐의자로 구속하였고, 15일에는 10명, 16일에는 2명을 추가 구속하였다. 그동안 취조결과 검찰정보부와 사찰경찰에서 주장하여 오던 간첩배후조종 또는 오열의 편승혐의사실은 현재 구속된 자로부터는 나타나지 않았지만 경찰은 통금시간에 잡힌 자들에게 의거가담 또는 파괴행위 등의 사실을 자백하라고 강요하였다.41

16일 오후 3시 마산경찰서 서장서리 송상기 경감은 마산상고, 마

---

40 동아일보, 1960년 4월 16일자, "이대통령, 마산사태에 거듭 담화".
41 동아일보, 1960년 4월 16일, 17일, 18일자, "또다시 10명 구속" ; "마산통금 위반자 대량 검거에 비난의 소리", '마산사건에 또 2명 구속, 오열 조종의 심증을 견지'.

산고교, 창신고교, 마산여고, 제2여고, 마상공교, 성배여고 등 7개 고교의 학교 측 책임자 및 학생회 간부들과 회담을 가졌다. 송 서장서리는 우선 학생들의 의거중지를 간곡히 요청하고 학생들 측의 모든 불편을 일단 받아들이기로 약속했다고 하였다.[42] 17일 오전 10시 반 마산시내 7개의 고교학생대표단 15명의 남녀고교생은 송상기 마산경찰서 서장서리 및 이정학 경찰국장 등을 방문하고 마산시민의 금족지령과 같은 야간통금시간을 종전대로 환원시켜달라고 요청하고 18일부터 정상수업에 들어가는데 있어 조금이라도 방해되는 일이 없도록 해달라고 요청하였다.[43]

  이것은 아마 당국에서 처음으로 학생들과 가진 회담이었을 것이다. 그러나 실질적인 효과는 별로 보이지 않은 것 같았다. 학교 주변에는 천여 명 가량의 무장경관들이 50미터 간격을 두고 배치되어 학생들을 감시하고 있었다. 학생들의 마음은 들뜰 대로 들떴고 흥분할 대로 흥분한 상태였다. 사태처리에서 비추어진 자유당이나 치안당국의 강경태도와 조치에 격분한 학생과 시민들은 이제 "협잡선거 다시 하자!", "마산사건은 경찰이 책임지라!", "보장된 기본인권을 그 누가 뺏을 거냐?", "피로 찾은 민주주의를 정의로써 사수하자!" 등 구호를 외치면서 공공연히 이승만의 독재정권을 규탄하고, 자유민주주의의 가치와 권리를 집단적으로 요구하자는 선두에 나서게 되었다. 이러한 제2차 마산의거의 발발은 곧 피의 화요일인 4·19로 이어지고 말았다.

---

42 동아일보, 1960년 4월 17일자, "마산서장, 7개 고교 측과 회동".
43 학생대표단 일행은 그동안의 우리의 의거는 기본 권리를 주장하는 정당한 것이었다고 말하고 일부 정치에 이용당했다면 유감스러운 일이 아닐 수 없다는 뜻을 표명하였다. 그들은 우선결문제가 오랫동안 학업이 중단되어 지식탐구에 손해를 입었다는 것임을 자각한다고 말했다.; 동아일보, 1960년 4월 18일자, "학생대표들, 경찰에 요청".

제2절 4월 학생민주혁명의 의의와 이념

1. 4월 혁명의 의의

정부가 1995년 1월 1일 시행된 관계법령 개정 등을 통해 '4·19의거'를 '4·19혁명'[44]으로 개칭함으로써 한민족의 역사에서 1960년 4월 19일을 전후해서 일어났던 일련의 사태와 운동 및 결과를 '혁명'으로 공식화하고 있음은 주지하는 바이지만 4월 혁명의 주도세력의 견해로는 이를 '4·19혁명'이라고 칭하기 보다는 '4월 혁명'이라고 일컫는 것이 사건의 내용에 보다 적절하다고 본다. 이는 그날 하루만의 일이 아니었기 때문이다. 물론 그 연원을 살펴보면 그해 2월 28일 대구에서의 고등학생 시위와 3·15부정선거에 항거한 마산 등지에서의 시위들과도 바로 연관되는 것이어서 혹자는 한때 '3·4월 민족항쟁' 등의 어휘를 사용하기도 하였지만 이러한 용어는 별로 공감을 받지 못하였다.

4월 혁명은 우리의 민족사는 물론이고 전세계사를 통해 보아도 학생들이 중심이 되어 감행되었던 최초의 혁명이라고 할 수 있다. 학생들이 중심이 되고 선두에 섰을 뿐만 아니라 국민적 집단행동으로 확산됨으로써 12년간이나 군림해 오던 기존 정권을 붕괴시킨 최초의 사례가 되었으며 단결된 국민적 항쟁은 새로운 역사를 창조할 수 있

---

[44] 1962년 12월 26일 개정 공포된 헌법과 1972년 12월 27일 개정 공포된 헌법의 前文에는 「4·19義擧」로 표기되어 있으며, 1980년 10월 27일 개정 공포된 헌법에는 4·19에 관한 일체의 언급이 없고, 1987년 10월 29일 개정 공포된 헌법 前文에는 '不義에 抗拒한 4·19民主理念을 계승'한다는 언급이 있음. 1995년 1월 1일 개정 시행된「國家有功者등禮遇및지원에관한法律」및 同施行令과「國家有功者등團體設立에관한法律」및 同施行令에서「4·19義擧」를「4·19革命」으로 개칭하였음.

다는 엄청난 감격을 주체적으로 경험케 해주었다. 4월 혁명은 이에 주체적으로 참여하거나 동참한 세대는 물론이고 자유와 민주주의를 진정으로 신봉하는 모두에게 있어 생애의 영원한 하나의 지표가 되고 정의를 위한 투쟁의 원동력이 된다고 할 수 있다.

'4·19 혁명'으로 현재 공칭되고 있는 4월 혁명 대열에 당시 학생으로 참여했던 100여명의 청년들은 1970년 4월 11일 하오 2시부터 그 이튿날인 12일 하오 8시까지 서울 중구 묵정동 18번지의 학생회관에 모여 '4월 혁명 10주년 기념 세미나'를 개최하였다. 당시 동 세미나는 '4월 혁명의 의의', '4월 혁명과 민주발전의 현황', 그리고 '우리세대의 진로'라는 세 분야의 주제로 나누어 진지한 발표와 토론의 장을 제공하였고, 논의된 내용을 집약하여 '4월 혁명 10주년 기념세미나 종합보고서'를 마련하였다. 여기서는 그 내용 중 4월 혁명의 의의에 대한 부분만 인용하고자 한다.

"4월 혁명은 자유당 정권의 가부장적 독재정치가 빚어 낸 장기간의 부정부패와 발전철학의 결여, 사회구조의 불균형으로 인해 지성인을 주축으로 한 전 국민의 욕구불만과 기대감의 좌절 등이 누적된 가운데 의회기능이 마비되고 마침내 국민의 기본권인 선거권마저 유린된 부정선거에 항거하기 위해 발발된 것이다. 4월 혁명은 학생들에 의해 주도되어 한 도시에서만도 약 20만의 민중이 세계사상 유례없는 대규모로 동시에 봉기한 전 국민적인 혁명이었으며 민족사상 민중 스스로의 힘에 의해 기존정권을 붕괴시킨 초유의 혁명이었다.

오늘날 통용되고 있는 혁명의 개념은 '기존 헌정 상의 조치를 위배하고 폭력적으로 정부체제에 급격한 변혁을 일으키는 것'이다. 따라서 이승만 정부의 장기집권체제를 민중의 힘으로 급격히 붕괴시킨 현상을 곧 혁명이라 할 수 밖에 없다. 4월 혁명으로 인해 구질서가 무너지고 새로운 질서가 수립되지 않았으므로 혁명이 아니라는 주장은 역사적 선례를 간과한 것이다. 프랑스 대혁명의 대상인 앙샹 레짐(ancien régime : 舊體制)도 1세기 이상에 걸쳐 혁명과 반혁명이 반복된 뒤에야 완전히 붕괴되었던 것이다.

 4월 혁명의 주도세력이 정권을 담당하지 못했으므로 혁명이 아니란 주장 역시 근거가 희박하다. 다른 나라의 대중혁명에 있어서도 혁명주도세력과 그 이후의 정권담당세력이 반드시 일치하는 것은 아니었으며 집권체제의 전복 이후 정치권력의 문제는 혁명의 영역이 아니라 정치의 영역이다. 이박사가 자진 하야한 것은 혁명적 사태로 인해 이를 수습할 능력이 없었기 때문이며 다른 나라의 경우에도 혁명적 사태 속에서 집권자는 스스로 자리를 물러나 망명의 길을 택했다. 4월 혁명은 농민폭동 인종폭동이나 종교혁명처럼 특정한 목적을 가진 「부분적 혁명」이 아니라 전반적인 가치관을 포괄한 「전체적 혁명」 즉 본격적인 혁명이었다. … 4월 혁명 이후 과도정부는 「4월 혁명」을 공칭어로 사용했으나 현행 헌법은 「의거(義擧)」로 표현하고 있다. 더구나 일부 매스 미디어까지도 명확한 규정을 회피한 채 「4·19」라고만 통용하고 있다"

 기존 사회풍토에 대해 주로 해방 이후 처음으로 한글에 의해 선진국의 자유민주주의적 가치관을 토대로 한 문화적 영향과 진보적 교육을 받기 시작했던 젊은 세대는 도저히 적응할 수 없었을 뿐 아니라 울분과 사명감에서 자기를 비판적으로 자각하고 행동을 결단하게 되었다. 4월 혁명의 주도세력이 학생들을 중심으로 한 양심적 지식층이었다는 점에서 과거 역사에서 볼 수 있었던 민중에 의한 「밑으로부터의 혁명」(Revolution von Unten)이나 기존 지배세력에 의한 「위로부터의 혁명」(Re-volution von Oben)과 구별하여 「옆으로부터의 혁명」(Revolution von Seiten)이라고 규정되기도 한다.

2. 4월 학생민주혁명의 이념

4월 학생민주혁명의 이념인 자유, 민주, 정의를 규정하기 위해서는 4월 혁명과정에서 제기된 선언과 구호가 무엇이었던가를 살펴보아야 할 것이다.

4월 혁명이 학생들에 의해 주도되었기 때문에 당시 학생들의 조직적 집단적 활동 상황을 살펴 볼 필요가 있다. 각 학교별로 비록 공개적이고 공식적인 것은 아니더라도 일부 학생들은 연구모임의 형식으로 이념적 또는 정치·경제·사회적 문제에 대한 진지한 학습과 토론을 통해 현실에 대한 올바른 인식과 개혁의 필요성을 절감하고 있기도 했지만, 전체적으로는 학도호국단이라는 체제 속에서 학생활동이 이루어져 왔다. 원래 학도호국단은 학생층의 유기적인 조직으로서 사상통일과 단체적 훈련을 강화하여 신체를 단련하고 애국심을 함양시키며 국가를 위한 헌신봉사의 목적을 가진 학생자치훈련단체로서 중앙 및 지방별로 조직을 가졌을 뿐 아니라 중등학교 이상의 각 급 학교 학생과 교직원을 단원으로 한 전국적 규모의 조직으로 출발하였다. 이러한 조직적 활동을 통해 반공사상교육을 실시하며 투철한 민족의식과 국가관을 정립하고자 하는 것이었는데 그 지도사상의 주요 내용은 다음과 같은 것들이었다.

첫째 연구 수양에 관한 것으로 시국에 관한 강화강연회, 국내외 정세에 관한 연구발표, 행동비판·자기반성에 관한 모임, 학술·예능·특기에 관한 연구발표 등, 둘째 단련에 관한 것으로서 체조·교련·경기 등 체력단련에 관한 모든 행사, 행군·혹한·혹서훈련·해양·

산악훈련, 방화훈련·모의훈련, 학원·향토방위훈련 등, 셋째 단체작업에 관한 것으로 근로 작업, 봉사 작업, 사육·청소·수리작업, 기관지의 발행 등이었다.

이와 같은 학도호국단체제 하에서의 학생활동은 학원의 안정과 반공체제 확립 또는 정국 안정에는 상당한 기여를 한 것으로 볼 수 있다. 군대와 같은 편제로써 단체적 행동을 위한 평소의 훈련도 이루어졌기 때문에 반공체제의 강화와 공공행사를 위한 집단적 동원에도 많이 활용되었다.

그러나 장기간에 걸친 가부장적 독재체제와 관제적인 조직의 학도호국단체제하에서 집권층에 대한 집단적 항의적인 행동은 거의 불가능한 상태였으며 일반 지식층이나 학생들은 나약하거나 무기력한 존재에 불과한 것처럼 보였다. 다만 그러한 일반적 풍토와 분위기 속에서도 '지식인의 사회참여'나 '행동하는 지식인', '자유의 비결은 용기일 뿐'이라는 의식이 싹터 온 것도 사실이었다.

당시 각 대학의 선언문과 결의문 또는 격문 중 대표적인 것으로서 서울대학교 문리대에서 작성한 선언문과 격문을 소개하면 다음과 같다:

"상아의 진리 탑을 박차고 거리에 나선 우리는 질풍과 같은 역사의 조류에 자신을 참여시킴으로써 이성과 진리 그리고 자유의 대학정신을 현실의 참담한 박토에 뿌리고자 하는 바이다. 오늘의 우리는 자신들의 지성과 양심을 엄숙한 명령으로 하여 사악과 잔악의 현상을 규탄, 광정하려는 주체적 판단과 사명감의 발로임을 떳떳이 宣明하는 바이다. 우리의 지성은 암담한 이 거리의 현상이 민주와 자유를 위장한 전체주의의 표독한 전횡에 기인한 것임을 단정한다. 무릇 모든 민주주의의 정치사는 自由의 鬪爭史다. …한국의 일천한 대학사가 적색전제에의 과감한 투쟁의 구획을 장하고 있는데 크나

큰 자부를 느끼는 것과 똑 같은 논리의 연역에서 민주주의를 위장한 백색 전제에의 항의를 가장 높은 영광으로 우리는 자부한다.

근대적 민주주의의 기간은 자유다. … 이제 막 자유의 전장엔 불이 붙기 시작했다. 정당히 가져야 할 권리를 탈환하기 위한 자유의 투쟁은 요원의 불길처럼 번져가고 있다. 자유의 戰域은 바야흐로 풍성해가고 있는 것이다.

민주주의와 민중의 공복이며 중립적 권력체인 관료와 경찰은 민주를 위장한 가부장적 전제권력의 하수인으로 발 벗었다. 민주주의 이념의 최저의 公理인 선거권마저 권력의 마수 앞에 농단되었다. 언론·출판·집회·결사 및 사상의 자유의 불빛은 무식한 전제권력의 악랄한 발악으로 하여 깜박이던 빛조차 사라졌다. 긴 칠흑 같은 밤의 연속이다. 나이 어린 학생 김주열의 慘屍를 보라. 그것은 가식 없는 전제주의 전횡의 발가벗은 나상밖에 아무 것도 아니다. … 보라. 우리는 기쁨에 넘쳐 자유의 횃불을 올린다. 보라! 우리는 캄캄한 밤의 침묵에 자유의 종을 난타하는 타수의 일익임을 자랑한다. 일제의 철퇴 하에 미칠 듯 자유를 환호한 나의 아버지 형제들과 같이-. 양심은 부끄럽지 않다. 외롭지도 않다. 영원한 민주주의의 사수파는 영광스럽기만 하다. 나가자! 자유의 비결은 용기일 뿐이다.

우리의 대열은 이성과 양심과 평화, 그리고 자유에의 열렬한 사랑의 대열이다. 모든 법은 우리를 보장한다."[45]

"여기 대학의 양심은 증언한다. 우리는 보다 안타까이 조국을 사랑하기에 보다 많이 조국의 운명을 염려한다. 우리는 공산당과의 투쟁에서 피를 흘려 온 것처럼 우리는 또한 사이비 민주주의 독재를 배격한다. 조국에의 사랑과 염원이 맹목적 분격에 흐를까, 우리

---

[45] 서울 문리대선언문 전문에 대해 육일회(편), 『4월 민주혁명사』, 서울대학교 사례 참조.

는 얼마나 참아 왔는가? 보라! 각 가지의 부정과 사회악이 민족적 정기의 심판을 받을 때는 왔다. 이제 우리는 대학의 엄연한 양심으로 일어나노니 총 칼로 저지 말라. 우리는 살아 있다. 동포의 무참한 살상 앞에 안일만을 탐할 소냐! 한숨만 쉴 소냐! 학도여! 우리 모두 정의를 위하여 총궐기하자!"[46]

당시 서울대학교 문리과대학생들이 심사숙고한 끝에 가련한 구호는 '데모가 이적이냐 폭정이 이적이다.', '이놈 저놈 다 글렀다. 우리는 통곡한다.', '민주주의 바로 잡아 공산주의 타도하자.', '대한민국 생명선이 대법원에 달려 있다.', '대통령은 현실을 정시하라.' 등으로 함축성을 띤 것들이었다. 그런데 이러한 구호는 각기 당시의 상황에서 우리가 처해 있던 입장과 심정을 함축적으로 나타낸 것들이었다.

첫째는 당초 이승만대통령의 퇴진을 바로 주장할 수 없었기 때문에 대통령이 온갖 아집과 잘못된 판단에서 제발 벗어나 현실을 똑바로 인식하여 과감한 용단을 내려 달라는 국민들의 안타까운 심정을 나타낸 것이었다.

둘째는 당시 3·15부정선거가 불법으로 제소되어 대법원에 계류되어 있었던 상황이었기에 사법부만은 삼권분립의 민주주의체제를 고수해 달라는 우리의 철저한 법치주의의 원칙과 희당을 집약한 것이었다.

세 번째는 당시 정부에 대한 비판적 행위에 대해 듣핏하면 용공이니 배후에 공산세력이 사주하고 있다느니 하면서 탄압하던 집권세력의 허구를 꼬집은 것이다.

네 번째는 승공의 진정한 길이 올바른 민주주의의 확립에 있다는

---

[46] 위의 책 참조.

우리의 신념을 나타내면서 우리들의 의지가 결코 공산주의에 동조하는 것이 아님을 천명하려는 것이었다.

다섯 번째는 봉기의 주도세력인 학생들이 기성의 특정 정치세력을 선호하거나 신뢰하는 편이 결코 아니고 여·야를 막론한 당시의 기성정치인들을 전반적으로 불신하고 있다는 젊은 세대의 심정을 토로한 것이었다.

이러한 당초의 구호는 혁명적 사태의 진전에 따라 정권의 붕괴를 촉진시킨 주장으로 확대 진전되었다.

이를 요약정리하면 4·19학생민주혁명의 이념은 바로 자유, 민주 그리고 정의라고 말할 수 있다. 또한 정권붕괴 이후에 전개된 여러 양상의 집단적 움직임을 통해 학생들과 국민 일반에게 내재되어 있었던 보다 적극적인 열망들인 '자립경제의 건설', '신생활운동'전개라든지 '노동자의 집회의 자유' 그리고 '남·북 학생 판문점회담 개최' 등이 분출되어 전개되었다.

제3절 4월 학생민주혁명에 관한 각 대학별 사례(31개 대학)

1. 건국대학교

1960년 3월 15일 대통령선거에서 자유당이 정권을 더 연장하기 위해 온갖 부정과 부패로 얼룩진 선거를 전국적으로 자행했다. 이에 건국대학교 주야간 1,000여 명의 학생들은 정원찬(법4), 김종철(정외4), 신동림(법4), 배자옥(법4), 이문일(정외4), 백운호(법4), 복진풍(정의3), 이영철(정외4), 김무상(정외3)과 김희봉(정외4)의 주도하에 4월 19일 오전 10시에 낙원동 교정에 모여 3·15부정선거를 규탄하고 프래카드를 들고 교문을 나와 "부정선거 웬 말이냐 다시하자 공명선거·경찰은 정의의 불을 끄지 말라"고 외치며 의거를 벌이기에 이르렀다.

경찰들의 제지를 뚫고 국회의사당 앞까지 이르러 "3·15선거를 다시 실시하라" "학원의 자유를 달라"고 외치며, 타 대학 학생들과 합세하여 5,000여 명이 연좌의거를 하였다.

내무부 앞에 진출하여서는 경찰들의 폭압을 규탄하였고 대법원 앞에 가서는 3·15선거의 무효를 선언하였으며, 드디어 중앙청 앞까지 나아가 제1, 제2의 저지선을 돌파하고 경무대 입구에 이르렀다. 여기에서 총탄으로 반격하는 경찰들과 정면충돌하고 장렬한 유혈항거로써 정부의 부정을 규탄하였다.

경찰들의 무자비한 발포에 교우들의 희생이 속출하기에 이르므로, 이에 김무상(정외3)과 김영진(정외3) 등이 학교당국에 긴급히 총장 짚차 지원을 요청하여 삼일당 앞까지 진출하여 종횡무진 구출에 나섰다.

그러나 경찰들의 철통같은 대치로 더 이상의 전진이 막힌 상태라 어쩔 수 없이 차를 되돌려 중앙청 앞과 국회의사당을 지나 서울역전 세브란스병원에 이르기까지 사투를 벌이며 구출에 힘썼다. 그럼에도 불구하고 사망 1명(김광석 법대 졸), 중상 7명(김희봉, 김양현, 박인명, 이태우, 김진윤, 홍대복 등), 부상자 다수를 낸 고귀한 희생을 치르고서야 마침내 이 땅에 민권을 되찾게 하였다.

이러한 학생의거에 동조하고 격려하는 뜻에서 교수단이 궐기하였는데 건국대에서는 20여 명의 교수가 참여하였다.

그리고 26일에는 의거 시민대표로 참여한 건국대 한규철이 김효영(경희대), 구경석(시민대표)과 같이 오전 10시 10분 송요찬 계엄사령관의 안내를 받아 이승만 대통령을 방문하고 의거대들의 요구를 전달하였다. 이에 대해 이승만 대통령은 특별성명을 발표하겠다고 하였다.

대표 일행은 ① 3·15선거는 부정선거다. ② 이대통령은 하야할 것. ③ 부정선거 연루자와 폭력 경찰관은 지체 없이 처단할 것. ④ 치안을 빨리 확보할 것. ⑤ 학생들에게 빨리 교문을 열어줄 것을 요구하였다.

그리하여 이승만 대통령이 하야하게 되자, 26일에는 건국대학교가 성북경찰서를 접수하여 1박2일 동안 관내 치안질서를 안정적으로 지키는데 큰 기여를 하였다. 28일 의거에 참가하였던 27개 대학이 모두 4·19 대책위원회를 구성하고, 건국 대학교 낙원동 회의실에 27개 대학이 모여 시국의 뒷수습에 대한 일과 학생들이 취할 태도 등을 논의한 끝에 '정치적 도구가 되지 말자'는 등 4개 항목의 호소문을 발표하였다. 학생들의 이 같은 운동은 단순한 학생 운동만이 아니라 사회적 불합리를 비판하고 용감히 시정하려고 한 사회운동의 구실을 다하였다.

그러나 이 학생운동이 성공한 데에는 민중들의 절대적인 지지와 호응이 있었다.

건국대생들은 4·19의거의 고귀한 피를 흘린 학생들을 돕기 위하여 솔선하여 위문금 가두 모금반을 조직하고 활약하였다. 즉, 장인영(법2)·송덕현(경3)·이상학(행2)·이영호(상1)로 구성된 제1반은 4월 25일에 불과 2시간도 못되어 34,640환을 모금, 즉시 한국일보사에 기탁하였다. 이때 용산초등학교 2학년 김경국 군이 학용품을 구매코자 소지하였던 700환을 모두 희사함에 모금원들이 눈물을 흘린 일도 있었다.

한편 제2반은 정덕산(경2)·이환구(경3)로 구성하여 62,150환을 모금하여 동아일보사에 기탁하였다. 다시1, 2반 합동 반으로 모금을 계속하여 36,760환을 모금 29일 조선일보사에 기탁하였다.

4·19의거학생대책위원회 위원으로 신동림, 홍성하, 정원찬, 이문일, 배자옥, 이복상, 박영호, 조의식, 이병인, 김영진 등이 활약하였다.

4월혁명에 참여한 공로로 국가로부터 포장을 받은 자는 박영호, 배자옥, 백운호, 신동림, 오석보, 이태우, 정국영, 정원찬, 한규철, 황윤경, 김종철, 유양, 이문일, 이영철, 조동환 등이다.

2012년도 4·19혁명 유공자 포상자는 1명으로, 부상자 이동을이다.

2. 경기대학교

4월 18일 경기대학 총학생회장 김교근을 중심으로 법학과 학생회장 박종혁과 손안식 등 각 학과 학생회장 및 간부들이 학교강당에 모여 "전국 대학생, 고등학생들이 투쟁을 하고 있으니, 경기대학에서도 지금 당장 거리에 나가 이승만 정권과 싸우기로 결의"하였다.

4월 19일 아침 긴급간부회를 열고 있을 무렵, 서울대학과 동국대학에서 김교근 총학생회장 앞으로 긴급통보가 왔다. "오늘 전국 각 대학이 총궐기를 하고 의거를 하기로 했으니 경기대학도 나와 달라"는 것이었다. 이 소식을 접하자 즉시 각 학과 학생회장단에 통보하였다.

300여명이 학교 앞에 주차한 트럭 앞에 모여 결의문을 낭독하고, "이승만 정부 물러가라. 부정선거 철회하라. 살인경찰 의법 처단하라. 구속학생 석방하라"는 구호를 외치며, 서대문에서 서울역 앞을 지나 남대문으로 진행하였다. 세브란스의대 학생들이 가운을 입고 뒤를 따라왔고, 군중과 타 학생들과 같이 시청 앞으로 향했다.

시청 앞에 당도했을 때는 모든 교통이 마비되었고, 시위학생들로 인산인해를 이루었다. 하지만 구호를 외치며 반도호텔 앞에 이르러

보니 바리게이트를 치고 경찰이 저지했으며, 몽둥이를 든 괴청년들과 격렬한 몸싸움을 했다. 학생들은 다소 부상도 입었지만 경찰과 격렬한 몸싸움을 계속 했고, 밀고 밀치고 내무부 앞까지 갔다.

시청 앞쪽에서 총성이 들렸다. 잔유학생 70여명이 시청 앞에 이르러 보니. 학생들과 시민, 노동자, 고등학생 등이 경찰과 대치하고 있었다. 그들은 청와대 쪽으로 진입하기 위해 몸싸움을 하고 있었다. 시청옥상에서 시청 앞 광장 땅바닥에 총을 쏘아댔고, 땅바닥에 총탄이 다시 유탄이 되어 공중으로 날아갔다. 유탄에 맞은 학생들이 죽기도 하고, 많은 학생들이 총탄에 맞아 유혈이 낭자했다.

카톨릭 의대생들이 엠브란스에 실어 나르고 있었다. 최류탄의 매운 연기가 눈을 못 뜨게 하였고, 연기 속에 아비규환의 처절한 비명과 부상자들이 꿈틀거리고 있었다. 그 사이에서 생사를 초월한 돌팔매를 치고, 물자동차와 과감히 대항, 전진 또 전진하여 태평로파출소 앞까지 진격했다. 발사경찰들은 덕수궁 담 뒤로 도망갔다.

국회의사당 앞을 지나 광화문파출소 앞에 이르렀을 때, 교복은 피와 땀으로 범벅이 되어 쓰러지기 직전이었다. 학생들이 이기붕 집으로 진입을 시도했으나, 대문을 잠그고 최류탄과 총을 마구 쏘아 댔다. 괴청년들이 마구 휘두른 몽둥이에도 불구하고, 담장을 넘어 들어갔다. 부상을 당하고 쓰러진 많은 학생들이 적십자병원에 가서 치료를 받았다. 대학에 돌아오니 학생들이 손 과장님께 큰 사상자는 없으나 부상자가 많다는 보고를 하였다.

1960년 4월 20일 부터 같은 해 4월 23일 사이에는 서대문과 광화문에서 격렬한 의거를 계속했다. 1960년 4월 24일 이승만이 자유당 총재직를 사퇴하고 이기붕이 일체의 공직을 사퇴하겠다고 선언하였다. 계엄사 통금해지가 발표되고 비상계엄령이 해제되던 그날, 서울시내 치안유지를 하기로 결의하였다. 박병춘이 찝차를 구해왔고, 차량에 마이크를 달고 학생들이 차에 매달려 타고 서대문, 광화문, 종로를 누비며 "부패한 이승만 정부는 이제 물러갔다. 우리 모두 질서를 지킵시다. 각자의 집으로 직장으로 돌아가 각자의 생업에 종사를 합시다!"라고 외쳤다.

1960년 4월 26일 아침 일찍 당시 총학생회장 주재 하에 대학 강당에서 각과별 주야간 회장단회의를 하였다. "이젠 이승만 정권은 무너졌으니 그 동안 학생들 시민들의 항거로 인해 경찰과 공무원들의 기강이 흐트러지고 치안이 부재라 우리가 앞장서서 질서유지를 하기로 결의"하고, 청량리경찰서에서 1박 2일 동안 가두질서와 골목길 절도, 강도 등 잡범 방지 방범활동 등을 하였다.

4·19혁명 직후 이승만 정권이 무너지고 난 후, 4·19혁명운동으로 희생한 학생들을 위하여 동대문 운동장에서 위령제를 지내기로 각 대학에서 결의되었다. 1961년 4월경 서울동대문운동장에서 각 대학 대표자 및 각 대학 학생들 수천 명이 모여 4·19혁명 제1회 기념식행사가 거행되었다, 경기대학은 기념행사의 질서유지활동을 하였다. 이날 기념행사후 각 대학 대표자들이 별도모임을 갖고, 4·19위령탑 및 위령제행사를 하기로 결의했다. 위령탑건립위원으로 김교근, 박종혁, 손안식이 선출되었다.

박종혁은 1961년 4월경 경기대학 야간대학 총학생회장으로 선출되어 학생회를 이끌고 있던 중, 국민운동의 일환으로 경기대학을 대표하여 4·19혁명 당시 같이 의거를 주도한 망 고경수 건국대 회장, 카톨릭 대학 김영진 회장, 문리사대 학생회장, 단국대 박병효 회장 등과 같이 전라남도 농촌지도계몽을 1개월간 하였다. 5·16군사혁명이 일어났던 때, 당시 장도영 포고령에 항의하고 서울대, 건국대 망 고경수 회장, 연세대, 단국대 박병효 회장, 고려대, 동국대 망 엄태근 등, 각 대학 학생회장들이 서울시청 앞 개풍빌딩 지하다방에 모여 4·

19혁명정신에 위배된 군사 쿠데타 타도를 결의하고, 육군본부 벙커(삼각지)에 가서 당시 장도영 계엄사령관 휘하 계엄지휘관들에게 항의하다 돌아온 적도 있다("학생들은 기다리고 지켜 보아라."라고 말하고 훈방).

경기대학은 4·19 민주혁명당시 대학학생회장인 김교근과 선도부장인 임기동이 4·19 민주혁명 유공자표창을 받았으며, 4·19 민주혁명 50주년을 기하여 박종혁, 박병춘, 박종운, 박홍용, 서정일, 손안식, 송석환, 심재록, 이종호, 정기철, 정수익이 4·19 민주혁명 유공자포상을 추가 신청을 하였지만 아직 받지 못하고 있는 실정이다.

경기대학 4·19 민주혁명유공자 및 4·19 민주혁명을 앞장서 주도한 50주년 유공자신청자 등은 4·19 민주혁명 민주화 계승발전을 시키고 나아가 국가 발전을 위하여, "사단법인 4월 민주혁명 경기대"를 설립하기로 하였다.

4월 민주 혁명 유공자는 3명으로 김교근, 임기동과 정기철 등이다.

3. 경북대학교

경북대 학생들은 마산의거가 있은 후 각 단과대학 대표들이 의거의 사전모의를 극비밀리에 진행하고 있었다. 마침 고려대학의 의거 소식에 접하자 4월 19일 의거를 단행할 것을 결의하였다. 그래서 당일 오전 학생회관에서 회합을 갖고, 2시 30분을 기해 대운동장에 모여서 결의문과 구호를 채택하였다. 애국가와 교가를 합창한 후 '학도는 살아 있다 국민이여 안심하라'는 플래카드를 앞세우고 대운동장을 출발하여 의거에 돌입하였다. 이때 참가한 학생의 수는 2,000여 명을 넘었다.

시내를 향하여 행진을 한 의거대가 신암동 경북대 입구에 이르자,

이미 전화로 연락받은 경찰대가 나타났으나 적극적인 제지를 하지 않고 오히려 신암파출소 앞까지 퇴각하였다. 그러나 사터의 위급함을 직감한 의거대는 여학생을 대열에서 이탈시키며, 선드와 후미에는 건장한 학생들로 스크럼을 짜고 전진하였다. "협잡선거 물리치고 공명선거 다시 하자"는 구호를 외치며 전진할 때, 도로변에 운집한 시민들은 열광적인 박수갈채를 보내고 있었다. 신암교 입구에 자리 잡은 신암파출소 앞에 이르렀을 때, 경북대 의거대는 처음으로 경찰의 저지선에 당도하였으나, 이를 돌파하고 신암교를 건너 일로 도심으로 향하였다.

동인로타리에서 우회하여 대구역전으로 방향을 잡은 의거대는, 다시 경찰트럭 1대와 50여 명의 경관들로 구성된 제2차의 저지선에 도착하였다. 이 또한 무난히 돌파하고, 오후 3시 30분경 대구역전에 도착하였다. 이 동안 경찰의 수는 약 200여 명으로 증가했고 거기에 기마경찰까지 출동하여 강력한 저지선을 형성하는 한편, 시민들의 합세를 저지하기에 전력을 기울이고 있었다. 그 때 의거대는 역전에서 잠시 행진을 멈추었다가 중앙통을 향하여 재전진하기 시작하였다.

이때부터 시민의 환호는 절정에 달했고, 의거대에 합류하려는 시민도 증가하였다. 그러나 의거대는 어디까지나 학생 자신들의 의거임을 강조하고 일반시민들의 합류를 극력 만류하였다.

원래 경북대 의거대는 도청에 이르러 '부정선거의 해명, 마산사건에 관련된 구속학생의 석방 및 합법적 의거에 대한 정부의 불간섭' 등을, 당시의 경북지사 오임근과 담판하려 하였다. 오지사와의 담판을 위하여 의거대가 도청으로 향하려고 하였을 때, 경찰의 필사적 제지로 인하여 부득이 도청이 아닌 중앙통으로 바꾸지 않으면 안 되었다. 의거대 주변에는 무장경찰이 호위하여 시민의 합류를 막았고, 의거대의 전후엔 경상북도의 도청소속 무장경찰을 가득히 채운 차가 따르고 있었다.

　이 무렵 시내에 흩어졌던 경북대생들이 속속 의거대열에 뛰어들어 그 수는 무려 3천여 명을 능가하였다. 잇달아 구호를 외치면서 중앙파출소를 지나 남문시장 앞에 이르렀을 때, 사고를 우려한 총장 고병간, 문리대 학장 이효상 그리고 각 대학 교수들이 의거대를 뒤따랐다. 서쪽으로 향하여 동산파출소에 이르렀던 의거대는, 제3차의 경찰 저지선에 도착하였으나 곧 돌파했고, 제4차 저지선도 깨뜨리고 드디어 도청정문에 도달, 최후의 발악적인 경찰의 저지를 뚫고 오후 4시 20분경 도청 광장에 돌입하는데 성공하였다. 이는 교정을 출발한 지 2시간 만이었다.

　이 무렵 서울에서 수많은 학생이 죽고 다쳤다는 보도에 접한 의거대는, 극도로 흥분하여 오지사의 면담을 요청한 후 4시 45분 결의문을 낭독하고 구호와 교가를 부르며 지사 출두 시까지 농성할 것을 결의하였다. 사태의 심각성을 간파한 총장은 '학생 제군들은 이성을 잃지 말고 지성인답게 평화로운 의거를 할 것'을 당부하였다. 그러나 의거대는 총장의 만류에도 불구하고 농성을 계속하였다.

　학생들이 농성을 한 지 20분 만에 오지사가 의거대 앞에 나와서 학생의 요구에 응답했으나 "대부분 자기권한 밖의 일"이라고 답변하며 부정선거에 대해서는 언급을 회피하였다.

　이때 대학생들은 계엄령이 지사에 의하여 선포되었음을 알았으나, 의거대는 이를 개의치 않고 5시 25분경 도청을 나와 행진을 계속하며 시내를 일주하였다. 의거대는 오후 6시 30분경 재차 역전 광장에 도착하여 결의문을 낭독, 전원이 복창하고 '대한민국의 민주주의 확립'을 약속하는 만세삼창과 '경북대학교 만세'를 삼창하고 해산하였다.

　경북대 4·19학생의거는 시종일관 평화적인 학생의거로서 학생들이 이성을 잃지 않았음은 물론, 기성 정당인의 참가도 허용하지 않은

순수한 '학생의거'였다. 당일 채택되었던 결의문과 구호를 보면 다음과 같다:

결의문
一. 마산사건으로 구속된 학생을 석방하라!
一. 3·15선거 다시 하라!
一. 합법적 의거에 간섭 말라!

구호
一. 3·15선거 다시 하라!
一. 마산학생사건 규명하라!
一. 폭행 경찰관 물러가라!
一. 3인조, 9인조를 반대한다!
一. 학생은 살아 있다 시민은 안심하라!

계엄령이 선포된 거리는 극도로 불안하고 초조 속에 놓였으며, 각급 학교에는 휴교령이 내려졌다. 그러나 의거는 여기에서 끝난 것이 아니었다. 익일 20일에 계엄령하임에도 불구하고 다시 동산 로터리에 집결한 학생들은, 의대생의 합세를 얻어 사령부 앞에서 계엄령 해제를 요구하는 농성의거를 벌였다. 농성 중 몇몇 학생이 연행되자 그들의 석방을 요구하는 의거도 지속되었다.

한편 4·19로 말미암은 경향 각지의 사상자를 위한 위문금 가두모금을 하면서 제2차 의거를 감행코자 회합을 갖기도 하였다. 경북대 법정대 학생들은 이 무렵 대구의 부정선거 책임자인 이종왕 시장을 방문하고 인책 사임할 것을 강력히 주장하기도 하였다.

정국은 바야흐로 대전환점에 이르러 26일 오후 1시 경북대 교수단의 의거가 일어나자, 그 뒤를 따른 의거가 또 다시 감행되었다. 이날 드디어 이승만의 하야성명을 접하고, 온 시민은 기쁨의 가두행진을 하였다. 이리하여 학생의거는 마침내 성공을 보게 되었다.

1960년 4월 19일 학생의거가 일어나자 20일에 즉각 각 단대별 긴급교수회의가 개최되었다. 여기에서 학생의거의 사후 수습조치와 계엄령으로 인한 휴교문제를 논의하였다. 이때 문리대 교수회의에서 김성혁 교수가 "강도적인 부정선거에 항거하기 위하여 우리 교수들도 의거를 하자"고 제의한 것은 당시로서는 특기할만한 일이었다. 이밖에도 김교수가 강도적 수법의 부정선거에 대하여 신랄하게 비판한 "부정선거로 된 정권을 인정할 수 있는가"란 제하의 글을 투고하였다.[47]

4월 19일의 학생의거에 직접 가담하여 신암동까지 행진했다는 사실은 부정에 타협치 않고 의분을 참지 못하여 생명을 걸고 감행한 용감한 행위라고 아니할 수 없다. 그러나 김성혁 교수의 선도에 아직은 다른 교수들이 따르지를 못하였다.

20일에도 상오에 학생들은 학교에 집결하여 의거를 감행할 기세를 보이고 있었으나, 군경들의 제지로 좌절되었다. 이러한 가운데 경북대 의과대학생 200여 명은 군경의 제지를 박차고 의거를 감행하였다.

전국적인 학생의거와 민중의 봉기로 말미암아 시국은 전환기에 도달하였다. 그러나 정부는 학생의 피에 보답하기는커녕 새로운 음모와 정권의 연명만을 획책하고 있었다.

이 때 25일 서울에서 교수단 의거가 일어났다. 마침내 경북대 교수단도 26일 이승만 독재아성에 일격을 가하는 의거에 돌입하였다. 즉 26일 오전 11시 대강당에서 긴급 전체교수회의를 개최하고, 사범

---

[47] 1960년 3월 18일자 경북대 학보사에 투고했으나 게재되지 않다가 4월 27일자 학보 164호에 실렸음.

대학 오용진 교수 사회로 "4·19학생의거로 흘린 피를 헛되이 하지 않기 위해 우리 교수단도 좌시만 하지 말고 대정부 규탄 의거를 결행할 것"을 제안하자 우뢰와 같은 박수로 만장일치 가결했던 것이다. 곧 구호문 채택과 의거 행진코스를 결정하고 김익호, 차기벽, 김학수, 박원길 교수 등 4명으로 구성된 대표가 작성한 선언문 초안을 교수 전원이 기립박수로 통과시킨 다음, 급히 만든 '경북대학교 교수단'과 '국민은 원한다. 이대통령 즉시하야!'란 플래카드를 들고 김달호, 최영호 교수 지휘 하에 이효상 문리대학장을 선두로 각 대학장(농대·사대 제외) 및 대학원장, 그리고 대열 후미에 고병간 총장이 뒤따르는 3열종대의 질서정연한 대열을 갖추었다. 경찰들이 의거행진에 무차별 총격을 가하여 탄압하고자 한 행위에 대하여 분노를 억제하지 못한 교수단의 의거행진에 시민들은 박수로써 환영하였다.

신암동 경북대 입구에 이르렀을 때 사전에 출동 대기하고 있던 16 헌병대원들은 교수단 의거대를 좌우로 경호하였고, 의거행렬의 뒤를 따르는 지프차에 마련한 스피커에서는 교수단이 채택한 선언문이 울려 퍼졌다. 그때마다 시민들은 박수와 환호성을 울렸다. 교수단 의거행진에 만일의 불상사를 염려하여 뒤따르는 수많은 학생들과 더불어 대구역전 광장에 도착한 교수단은 행진을 잠시 멈추고 대열을 정돈한 다음 마이크를 통해 시민을 향하여 선언문을 낭독하고 '대한민국 만세'와 '경북대학교 만세'를 삼창하였다.

그 후 교수단은 다시 중앙통을 향하여 행진을 계속하였고, 의거행진이 계속됨에 따라 점차 증가된 재학생과 시민들은 장사진을 이루며 교수단 대열을 뒤따랐다. 이때 대열선두에 있던 스피커에서는 3·15협잡선거와 이승만 정부의 반민주행위를 신랄하게 규탄하였다. 반월당 앞 십자로에 이른 교수단 의거행진은 다시 대열을 정리하고 오용진 교수의 선창으로 전교수가 선언문을 제창한 다음, 고병간 총장의 만세삼창으로 이날 교수단의 뜻 깊은 의거는 끝났다. 이날 교수단이 채택한 선언문 내용을 보면 다음과 같다:

"이승만 정부는 집권 12년간 온갖 민주반역행위를 자행하여 왔다. 부산 정치파동, 사사오입 개헌, 2·4파동 등 누적된 실정은 날이 갈수록 그 도를 가하더니 마침내 3·15정부통령선거에 이르러서는 천인공노할 부정협잡 폭력선거로 민주국가의 초석인 국민의 선거권을 완전히 박탈하여 이 나라의 민주주의를 도살하고 말았다. 이에 분격한 우리 민중들, 특히 정의감에 불타는 젊은 학도들은 전국에서 궐기하여 마산사건, 4·19의거 등으로 민주반역행위에 항거하고 있다. 그러나 정권욕에 연연한 대통령 이승만은 아직도 자신의 책임을 회피하고 고식적인 정치연맹책에만 급급하고 있다. 거룩한 3·1정신을 이어받은 우리 젊은 학도들의 의혈을 어찌 우리는 좌시만 할 수 있겠는가. 이에 경북대학교 교수 일동은 엄숙히 다음 9개 사항을 선언한다."

1. 이승만은 대통령직을 즉시 사임하라!
2. 내각책임제개헌은 개선되는 국회에서 하라!
3. 행정, 입법, 사법 각부의 요인들은 그 책임을 지고 모든 공직에서 물러가라!
4. 부정선거를 조작, 지휘한 주동자들을 엄단하며 새로 실시될 모든 선거는 공정을 기하라!
5. 학생 살상을 명령한 자와 그 하수인들을 즉시 체포, 엄단하며 의거에 관련된 학생들은 전원 즉시 석방하라!
6. 학원의 정치도구화를 배격한다!
7. 경찰은 엄정 중립할 것이며 선거의 자유를 절대 보장하라!

8. 학생들은 이북 괴뢰집단들의 이번 의거를 역이용하고 있음을
항시 경계하라!
9. 학생들은 시국의 중대성을 인식하고 지성인으로서의 이성을
찾아 학생 본연의 자태로 돌아오라.

단기 4293년 4월 26일

26일 심야까지 파괴소동으로 무법천지를 이루었던 디구시는, 27일 학생들의 손으로 잃었던 질서를 차츰 회복하였다.

아침 일찍부터 경북대 총장 및 각 대학 학장과 대학, 중·고등학교 학생대표 50여 명이 화합을 갖고, 이제부터 사회질서 회복에 앞장서자는 굳은 결의를 하고 해산하였다.

이에 뒤이어 경북 대학생들은 다른 3개 대학과 같이 경찰국과 시내 각 경찰서에 다수 학생을 파견하여 경찰과 긴밀한 연락을 취해가며 치안협조의 태세를 취하는 한편, 각 대학 선무반은 지프차로 시내를 순회하면서 시민들이 질서를 유지해 줄 것을 호소하였다.

경북대학교의 4·19혁명 국가공로자의 수는 11명이며, 이들은 김성태, 곽병숙, 김태현, 김길식, 김일현, 튜종하, 박헌열, 이준영, 장명식, 전재창, 허동진 등이다.

2012년도 4·19혁명 유공자 포상자는 1명으로, 공로자 우후덕이다.

4. 경희대학교

부정부패, 타락, 독재전횡, 3·15부정선거 등 독재를 일삼는 자유당 정권을 타도하기위해, 경희대학교 학생회 운영위원들(권순, 김인동, 한봉수, 신현철, 정동성)은 서울시내 각 대학대표들과 증로의 종각다방 등에서 수시로 만났다. 그리하여 3·15부정선거, 김주열군의 무참한

희생 등에 울분을 토하며 때가 되면 궐기하자고 모의를 하였다.

4월 18일 저녁 9시경 임간교실에서 유공조, 권순, 김인동, 정동성, 이기태, 신현철, 한봉수, 김순종, 김준일 등이 4·19거사 계획에 적극 참가하기로 결정하였다. 그후 학생과에 근무하는 이학우 학생주임의 협조를 받아 의거대가 사용할 머리띠, 전단지, 플래카드를 밤을 세워가며 만들고, 다음날을 위한 만반의 준비를 다하였다.

1960년 4월 경희대학교는 25일 미국 마이애미대학교 피어슨 총장의 방문에 맞춰 일부 학생간부들은 영접 준비로 바쁘게 돌아가고 있었다. 그렇지만 경희대도 외부의 정치적인 급변사태에 의해 급박하게 돌아가고 있었다. 4월 19일 학교에 등교한 학생들은 3·15부정선거, 고려대생에 대한 정치테러와 마산 김주열 사건 등에 항거하여 각 학년의 강의실을 돌며 휴강을 독려하여 교시탑 앞으로 500여명의 학생들이 모여들었다. 오전 10시경 법과대학 학생들이 주축이 되어 "3·15부정선거 다시 하라" "자유당정권 물러가라"는 등의 구호를 외치며 시위의 당위성을 호소하고 선동하였다. 이때 학교 정문에서는 시위를 저지하는 경찰과 일부 학생처 간부들에게 항의하며 몸싸움을 하다가 이들을 제치고 시내로 진출하였다.

학생들은 오후 2시 동대문에 집결하기로 하고, 일단의 학생들(유공조, 김효영, 김인동, 권순, 한봉수, 신현철, 이기태, 김순종, 황정삼, 정낙용, 김준일, 김정현 등)은 동대문경찰서가 있는 종로 5가부터 의거를 시작하였다. 그러나 무장경찰의 저지가 치열하여, 을지로 1가에 있는 내무부를 거쳐 경무대에서 만나기로 약속하고 구호를 외치며 시내 중심가로 진출하였다. 오후 4시경 을지로 4가, 3가에서 무장경찰이 의거대에게 칼빈 총 개머리판과 경찰방망이를 휘두르며 무자비하게 진압하여 많은 학생들이 부상을 당하였다. 이 와중에 경찰은 경찰방어선을 뚫고 전진하는 의거대에 총을 겨누고 난사를 시작하였다.

이때 경희대학교 법대생인 이기태(법3)군이 유혈이 낭자한 채 쓰러져 숨을 거두었다. 쓰러진 많은 학생들을 경찰트럭이 와서 짐짝처럼 싣고 어디론가 가버렸다. 울분에 차있던 학생들은 산발적으로 의거를 하며 경무대로 진출하려고 했으나, 무장 경찰의 총격에 의해 더 이상 진출할 수가 없었다. 총격으로 쓰러진 뒤 경찰차에 실려 간 이기태(법3)의 행방을 걱정하며, 20일 아침 일찍 학교 교시탑에서 모이기로 한 뒤 해산하였다.

한편 원남동 로타리에서는 김효영(체대3), 정낙용(체대3), 김인동(법3), 한봉수(법3), 신현철(법3), 김순종(생물1) 등 일단의 경희대생들이 다른 시위대와 함께 "정치 깡패 임화수 집으로 가자" "낙원동으로 가자"는 구호와 함께 낙원동으로 달려갔으나, 이미 임화수의 집은 불에 타고 있어 시위대는 구호를 외치며 울분을 토할 수밖에 없었다.

4월 20일 아침 9시, 이미 계엄령이 선포되어 학교가 휴교에 들어갔지만 19일 경찰의 총격으로 복부 관통상을 입고 사망한 이기태와, 이걸용(정외4), 이성찬(법4), 서영덕(체4), 구자만(영문1), 이근현(체1) 등의 부상소식을 듣고 격분한 법대생은 물론, 이 소식을 듣고 달려온 학생들은 하나 둘씩 평상시와 다름없이 교문에 들어서서 교시탑 주위에 모여 유공조, 권순, 이연복, 김순규, 오새득, 김인동, 한봉수, 신현철, 김순종, 홍현갑, 정태류, 배태수, 황정삼, 권오륜, 김대인, 김봉순, 김준일, 김정연 등등이 주도하에 성토대회를 가졌다.

이에 학교 측은 당황했다. 바로 어제까지도 내무부 앞, 을지로 6가 등 곳곳에서 의거를 벌인 학생들이 다쳐 걱정스러운 가운데, 전교생이 계엄령 하에서 다시 의거를 하려하니 당황할 수밖에 없었다. 계엄령 하에서의 의거는 전국적으로 경희대학교가 처음이었다.

플래카드를 선두로 교문을 나선 학생들은 계엄군의 탱크부대를 눈앞에 두고 구호를 외치며 용감하게 가두로 진출하였다. 그러나 수백

m도 전진하지 못하고 대기하고 있던 계엄군의 탱크부대와 마주쳤다. 한참동안이나 학생들은 탱크부대와 대치하여 승강이를 벌이고 있었다. 바로 이때 조영식 총장이 학생들과 계엄군 탱크부대와의 충돌사실을 연락받고 급히 학교에 도착하였다.

비상계엄 하에서 처음으로 의거를 한 것이 경희대생들이었기에 경희대학교 학생들이 계엄군에게 제일 호되게 당한 것도 사실이었다. 조영식 총장은 탱크부대가 있는 곳에 도착하여 부대장을 찾았다. 그리고 "학교일은 내가 맡을 것이니 돌아가 달라"고 요청하였다. 그러나 부대장은 "우리는 상부의 명령 없이는 한 치도 후퇴할 수 없다"고 하면서 "우리가 명령받은 것은, 만약 학생들이 비상계엄 하에서 의거를 하면 학교를 점령하리라는 것뿐이다"라고 잘라 말하였다. 이때 총장은 부대장에게 "학생도 대한민국 국민이요, 당신네들도 대한민국 국민일진대 우리 서로가 희생 없이 조용히 해결하자는 것인데, 당신네가 정 그러면 나도 모르겠소."하면서 돌아서서 학교로 들어가려 하였다.

그제야 부대장은 조영식 총장에게 달려와, "총장님께서 책임지고 학생들을 교문 안으로 들어가게 한다면 우리들도 돌아가겠습니다."라고 하였다. 총장은 "그러면 우선 학생들이 보이지 않는 선까지 군대를 먼저 후퇴시켜 달라"고 하였다. 결국 부대장은 총장의 말대로 일단 후퇴하기에 이르렀다.

그러고 나서 총장은 학생들 있는 곳으로 와서 "학생들이 비상계엄령이 내린 지금 왜 이렇게 나와서 의거를 해야 하는지 나는 잘 알고 있다. 제군들이 이 나라의 민주주의를 수호하고 사회정의를 바로잡겠다는 애국충정에서인 줄도 잘 안다. 민주주의를 지키기 위해서 비민주적인 방법은 옳지 않다"는 구구절절한 훈화를 하시면서 "지금은 비상계엄 하이니까 돌아가자"고 설득하였다. 학생들이 움직이지 않자 총장님께서 탱크부대와 충돌을 하면 많은 학생들의 희생이 생길 것이라고 말했다.

조영식 총장의 훈화가 길어지자 탱크부대는 총장과의 약속을 어기고 일제히 총을 난사하며 탱크를 학생들이 모인 한가운데로 밀고 들어왔다. 학생들은 긴급히 탱크를 피하여 위험에서 벗어날 수 있었다. 탱크는 계속 학교 안으로 들어와 점령을 하고 학생들은 체포할 기세였다. 총장은 다시 군인들과 접촉하여 "학생들을 귀가시킬 테니 손대지 말라"고 부탁을 한 후 학생들을 임간교실로 모이게 하였다. 그간 상당수의 학생은 산을 넘어 집으로 돌아갔기에 나머지는 약 300여명만이 모였는데, 총장의 간곡한 설득으로 학생들은 울먹이면서 해산하였다.

그리고 4월 19일 의거대에 참가해 경찰트럭에 실려 갔던 이기태(법3)를 을지로 6가 국립의료원에서 찾았으나, 이미 싸늘한 시신으로 변해 있었다. 학생들은 학교로 돌아와 사태를 보고하고 장례위원회(위원장; 한봉수)를 결성하고 4월 21일 국립의료원으로부터 이기태의 시신을 인수, 홍제동 화장장에서 화장한 후 유골을 봉안해 4월 23일 전라북도 무주읍 설천면에 있는 이기태의 선영에 안장하였다.

4월 22일에는 경희대 학생대표 유공조(사학4)는 대학 학생대표(유영철, 남호명, 이완수, 하승용 등)과 함께 당시 계엄사령관인 송요찬 장군과의 면담에 참가하였다. 이때 학생대표들은 송요찬 장군이 학생들의 의견을 수렴하는 태도를 가지고 있고 의거를 진압할 생각이 없음을 느낄 수 있었다. 면담 당시 학생의거의 이유를 묻는 송요찬의 질문에 대해 학생들은 "부정선거와 독재 및 자유당이 정권 유지를 위해 경찰과 깡패 집단을 동원해 국민을 탄압한 것에 대한 분노"라고 하면서, 의거 중 행방불명된 사람을 파악해 줄 것과 경찰에 쫓겨 고려대학교 뒷산으로 피신한 의거대가 경찰에 포위되어 있는데 이를 풀어달라고 요청하였다.

  이에 반해 정부와의 대담에서는 학생대표들(고교생 대표; 설송웅, 대학생 대표; 김효영, 일반인 대표; 한규철)이 정부대표자에게 험악한 상황을 연출하자, 정부 측에서는 대화를 포기한 후 송요찬에게 일임하기에 이르렀다.

  4월 25일 계엄령 하에 서울 시내 대학교 원로교수를 포함한 27개 대학 258명의 교수들은 서울대학교 문리대에서 비상모임을 갖고, 14개 조항의 성명서를 발표한 후 "학생들의 의혈을 헛되이 하지 말라" "학생의 피에 보답하라" 등의 현수막을 앞세우고 동숭동—종로—을지로—미대사관—국회의사당까지 행진하고, 이에 학생과 시민들이 가세, 밤을 지새웠다. 이 교수단 시위에 경희대에서는 朱耀燮, 朴魯植, 金明福 세 학장과 全治均, 金光善 처장이 참여하였다.

  4월 26일 이른 새벽부터 많은 시민들과 학생들의 격렬한 시위가 시내 곳곳에서 벌어졌다. 광화문에서 구름 같은 군중이 몰려와서 효자동 쪽으로 이동할 때 계엄군 쪽에서 대화를 위해 시민대표와 각 대학 학생대표를 추천하도록 하였다. 경희대학교에서는 김효영(체4)을 한봉수 김인동 신현철, 정나용, 김순종의 추천으로 16명의 대표중 학생대표의 한사람으로 선발, 26일 아침 10시 경무대로 들어가 李承晩 대통령의 하야 등 3개 조건을 제시하는데 참여하여 20분 후 하야 성명이 나오는 극적인 일을 만들어내는데 참여하였다.

  그리고 을지로 6가에 있는 경희대 장학사(청운장) 학생(신숙희, 오왕수, 정태류, 배태수, 이연복, 곽지남)등이 중심이 되어 4·19 부상자를 위한 모금운동을 활발히 전개하였다. 시민 학생들이 이에 열성적으로 호응하여 짧은 시일 안에 679,670환이란 돈을 모아 한국일보사에 전달하였다. 이때 이연복(사학4)은 모금함을 메고 명동에서 남대문 경찰서까지 시민을 상대로 모금을 하였다고 증언하고 있다.

이승만 독재정권을 맨주먹으로 쓰러뜨린 대학생들은 4월 26일 이승만 대통령의 하야성명 이후 사회질서가 극도로 문란해지자 4·26 계엄사령부의 발표에 따라 재빨리 사태 수습에 발 벗고 나섰고, 많은 경희대 학생들이 열성적으로 이에 참가하였다.

경희대생들은 시내에서 가장 깡패와 폭력배가 많은 마포지역 사회치안 질서회복을 위해 마포경찰서에 선무반 등 9개 반을 편성하였다. 운영위원장 劉共祚(사학4)와 金孝榮(체육4) 등 150여명 (총책임자: 유공조. 부책임자: 김효영. 총무반: 곽지남, 오왕수, 이연복, 배문진. 기획반: 유공조, 김효영. 선무반: 방조영, 한상진, 신현철, 한봉수, 홍창표. 섭외반: 이홍배, 김인동, 김순종, 조병두. 조직반: 이철, 조관영. 연락반: 김기형, 장승연. 동원반 : 이형권, 이호구. 구호반: 정동성, 박현식. 조사반 : 장연순, 김형권, 최민혁, 강벽학, 엄건영, 김준일)은 거리 질서 확립 등, 현장에서 밤낮을 가리지 않고 활동했으며, 학교 당국에서도 수시로 현장을 돌아보다가 27일 하오에 마포구에 대한 수습업무를 계엄사령부에 인계하고 전원 철수하였다.

이 당시 선무반은 "우리의 요구와 희구하고 추구하던 모든 것은 관철되었습니다. 이제 남은 것은 혼란된 질서회복과 공산당 놈들을 색출하는 것뿐입니다. 친애하는 시민, 백만 학도 여러분! 우리는 냉정한 이성으로 돌아가 학도는 학원으로 시민은 직장으로 돌아갑시다."라는 내용과 질서회복에 시민의 적극적인 협력을 부탁하는 호소 등의 활동을 전개하였다. 깡패와 좀도둑으로 유명한 마포 지역의 질서를 바로잡고 청소를 통해 거리를 깨끗하게 하고 엉망이던 교통도 정상으로 회복시켰다. 그리고 권순(법4) 비롯한 일부 학생들은 삼각지 파출소에서 안양깡패소탕, 거리 질서 확립 등 활동을 했다. 5월7일 10시경 임간교실에서 전교생 참석 하에 故이기태(법3)의 유가족을 모시고 위령제를 올렸다.

그밖에 경희대 학생으로 조직된 경희대학교 민정 수습 반은 주로 법과대학과 정경대학 학생 8명(권순, 金鍾林, 方兆榮, 安吉遠, 張榮淳, 權一煥, 尹禎宇, 金炯一)으로 구성되어, 5월 22일부터 6월 5일까지 강원도와 충청도 밀 경북지방의 주요 도시를 순회하면서 강연회를 개최하여 큰 성과를 거두었다. 강원도 횡성에서 시작 충주, 청주 등 15개의 대소도시를 순회하면서 학교나 극장을 빌려 개최한 강연회에는 700명에서부터 2,000명에 이르는 시민들이 모여들곤 했는데, 가는 곳마다 크게 성과를 올렸다. 강연제목은 "내가 겪은 4·19와 우리의 사명", "내각책임제와 국민의 의무", "내각책임제와 과도정부", "국민의 권리와 의무" 등으로 보고와 계몽을 겸한 것이었는데, 청중들의 태도는 엄숙하고도 진지하여 민족의 진로에 관해 학생들에게 무엇인가를 기대하는 기색이 역력히 엿보였다.

여름방학에 접어들자 마침 7·29선거가 다가오게 되어 경희대생들은 정동성, 이홍배 등 8명으로 구성된 A팀과 韓鳳洙, 鄭泰柳, 김인동, 신현철, 강병관, 고극, 황정삼, 등 8명으로 구성된 B팀의 공명선거추진 전국 유세반은 7월 12일부터 21일까지 각 지방을 순회하였다. 즉 A팀은 양평·원주·제천·단양·영주·안동·의성·영천·안강·경주·울산·부산, B팀은 예산·홍성·대천·장항·군산·이리·전주·임실·남원·광주·여수·삼천포·진주·마산·부산, 김천 등 코스로 강행군을 하면서 "4·19의거 보고와 3·15부정선거를 거울삼아 공명선거로 민주국가를 재건하자"고 獅子吼를 토하여 공명선거에 기여하였다.

이에 대한 지방민들의 호응도는 지극히 높아 가는 곳마다 그 고장으로서는 일찍이 유례가 없었다 할 만큼 많은 청중들이 모여 열렬한 박수갈채를 잊지 않았다. 가령 경주에서는 3,000여 명이 모여들었는데, 이는 며칠 앞서 있었던 국회의원 입후보자 합동연설회 때의 청중

보다 훨씬 많은 수였고, 김천의 7,000청중은 창시 이래 처음 보는 엄청난 수였다.

경희대 유세반이 내건 취지문은 아래와 같다:

"우리는 저 4월의 피를 잊을 수 없습니다.

우리들 젊음의 피와 목숨을 바쳐 독재의 아성은 허물어졌으나 치안의 미비를 틈타 일부 몰지각한 분자들은 이기적 망동을 일삼고 있으며, 세계사의 행정에 거역한 스스로의 민족적 죄악을 아직도 깨닫지 못한 반혁명분자들은 재기를 위해 발악하고 있습니다.

특히 7월 29일의 국회의원 선거는 제2공화국의 운명을 결정하는 역사적 대과업입니다. 그러나 선거에는 아직도 금력, 폭력, 혈연관계 등이 활개를 치고 있습니다. 이런 모든 사태는 우리들의 저 4월의 피의 대가일 수는 없습니다.

이에 우리 경희대학교 학생들은 동지들의 순열에 보답하기 위하여 또한 조국을 위한 충성에서 일체의 반민주적, 반혁명적 세력과 투쟁하며, 동시에 일대 국민적 자각을 촉구하기 위해서 전국적인 계몽운동을 전개하오니 국민 여러분의 적극적인 협조를 바라는 바입니다."

이는 당시 사정을 간결하게나마 잘 설명해 주고 있으며, 유세 반을 내보낸 학교 당국과 학생들의 취지를 간명하게 밝힌 것이다.

4·19의 여파로 학교에서는 일부교수들이 학생들에게 배척당하는 사태가 일어났다. 김광섭 교수가 한때 대통령의 비서였고, 4·19당시 서울시 당 간부였기에 학생들로부터 배척을 당한 것이다.

또한 4·19후에 각 급 학교 학생들의 공통적으로 비난의대상이 된 것은 학도호국단이었다. 이에 과도정부는 5월 10일자로 학도호국단을 해체할 것을 각 급 학교에 정식으로 통고하였다. 학도호국단시절에는 경희대 4개 단과대학 학생회장은 학생직선이었으나, 총회장은 총장이 임명토록 되어 있었다. 그러던 것을 완전직선제로 고치게 되었다.

6월 18일 총학생회결정에 따라 문리과대학은 박기서, 법과대학은 한봉수, 정경대학은 강병관, 체육대학은 정동성으로 각각 단과대학에서 직접선출 하였고, 총 학생위원장은 전체학생들이 선거하여 정동성체대위원장이 당선되었다. 7월 29일의 선거를 전후해서 열띤 광풍이 휘몰아쳤다. 제주도에서는 무전여행 온 학생들, 지방곳곳에 대학생, 가짜대학생들이 귀하신 몸 행세를 하며 횡포가 극심하였다. 이를 바로잡기 위하여 대한민국대학생 총연합회를 결성하였다.

그 과정은 9월 12일 三一堂에서, 13일에는 건국대학교에서 각 대학대표 100여명이 모여 학생들의 자치활동을 순수하고 질서 있는 활동으로 바로 잡으며 각 대학 간의 친목을 도모하기 위함이었다. 14일에는 숙명여대 대강당에서 중앙위원회가 소집되었는데 이 자리에서 정동성이 부의장에 피선되었다.

10월 29, 30일 동아대학교에서 개최된 동 연합회에서는 각 대학총장을 고문으로, 학생처장을 지도위원으로 추대할 것을 결의하여 학생들만의 독주로 이루어지지 않기를 다짐한 셈이다, 11월23일 경희대학교 여학생회관에서 제2차 전국대의원대회가 열렸고 24일에는 이화여대에서 중앙위원회가 열려 경희대 정동성이 의장으로 뽑혔다.

1961년 2월 2일 성균관대학교에 모인 각 대학대표들은 새생활 계몽운동을 전개하되 학생들이 자율적으로 먼저 실천토록 했는데 경희대학교는 학생간부들이 신생활복을 착용하기로 했고, 또 국토개발을 위해 治山治水 작업에 나서기로 했다. 거리청소작업, 양담배 근절운동 등 신생활계몽대를 조직할 계획을 추진, 시행하던 중 5·16쿠데타로 중단되고 말았다.

한편 4·19를 통해 선양된 한국 학생들의 반공민주정신을 해외에 널리 알리고 국제학생간의 친선과 문화교류를 도모하기 위해 조영식 총장을 단장으로, 서울 日日新聞 李寬九 社長을 고문으로 추대하고, 경희대 학생 이홍배와 정동성을 포함한 각 대학 학생대표 12명인 이수홍(고려대), 이수전(동국대), 유영철(연세대), 이한수(성균관대), 윤정진(서울대), 윤명자(숙명여대), 김선규(건국대), 박학보(한양대), 김원경(외국어대)으로 구성된 東南亞學生使節團이, 12월 28일 김포를 출발 일본, 홍콩, 필리핀, 월남 등 4개국을 순방하면서 그곳 학생들과 교류하여 많은 성과를 거두고 1961년 1월 10일 귀국했다.

경희대학교는 4·19 당일 李基泰(법 3)를 잃었다. 이를 계기로 故 이기태 열사를 추모하고 4·19혁명을 기리기 위해 "4월 학생혁명 기념탑 건립위원회"를 결성, 홍보, 비문의뢰, 건립 모금을 전개하여 국내에서는 최초로 4월 학생 혁명기념 탑을 건립하고 6월 25일 제막하였다. 이 기념탑 건립비는 교내모금 102,270환, 교수 모금 152,500환과 학교 보조금 94,730환 등 총 40만환이었다.

그 비문은 다음과 같다:

碑文 (조병화 지음. 一中 김충현 선생 題字)
우리는 우리들의 끝없는 사랑! 조국의 구원의 자유와 행복을 위하여 일체의 지성과 정의의 이름으로 싸워 우리의 학원 그 기를 높이 세웠다. 그리고 한 벗을 잃었으니 그 이름은 李基泰! 광명이여, 영원히 그의 죽엄에 있으라.
건립위원: 한봉수, 홍현갑, 신현철, 정태류, 배태수, 권오륜, 김인동, 김대인, 김봉순 등.

4월혁명에 참여한 공로로 국가로부터 보훈을 받은 자는 10명으로 김종림, 김효영, 류기수, 안길원, 윤정우, 이홍배, 장영순, 정동성, 이연복, 이재환 등이다.

5. 고려대학교

1) 4·18의거와 학생회

이승만 정권은 학생, 군인, 노조를 정부산하 단체와 같은 어용조직화 하였으며 정보정치의 대상으로 삼았다. 이중에서도 비교적 자유스러웠던 각 대학의 학도호국단은 당시의 엘리트 집단으로서 1952년의 정치파동, 1954년의 사사오입 개헌, 1956년 장면저격 사건, 진보당 창립방해 사건, 조봉암 씨의 사형집행 사건 등은 감수성이 예민한 청년들에게 자유민주주의와 저항의식을 고양시키기에 부족함이 없었다.

당시의 고려 대학생 위원회는 학도호국단 산하조직으로서의 편재 여부가 문제가 되었다. 자유당 정부는 구국학생총연맹이라는 어용단체를 조직하고 각 대학의 학도호국단 대표를 여기에 참여시켰다. 구국학생총연맹은 3·15 선거를 앞두고 자유당의 외곽단체화 했다.

이러한 시기에 1959년 11월 17일에 실시된 고대학생위원회 선거는 학교당국과 학생들의 자치, 자율 정신에 의해서 실시되었다고 할 수 있다. 당시 1인 후보에 대한 무투표 당선의 전례를 깨고 복수 후보에 80% 투표율을 보아도 관제 학도호국단에 대한 자치, 자조, 협동의 고대 민주주의에 대한 열망이 얼마나 컸는지 알 수 있다.

1960년 고대학생위원회는 5개 단과대학이 합의제 집단지도체재로서 2개월마다 5개 단과대학이 순환제로 대표를 맡게 되었다. 4·18

당시에는 이세기 정경대 위원장이 대외적인 대표를 맡게 되었다.

4·18 의거는 일인의 독주에 의한 학생위원회가 아니라 5개 단과대학의 민주협의체인 집단 지도체제의 산물이기도 하다. 이것이 고대학생위원회가 구국 총 학생연맹에 참여하지 않은 이유 중의 하나가 될 수 있는 것이다. 고대 4·18은 교육구국의 건학이념과 항일독립, 반독재 민주주의 운동의 중심지로서 전통과 역사의 발로라고 할 수 있다.

당시의 학생위원회 위원장은 다음과 같다:

법대 위원장 강우정, 상대 위원장 이기택, 문리대 위원장 윤용섭, 농대 위원장 김락중, 정경대 위원장 이세기 등이다.

2) 4·18의거와 깡패의 습격사건

4·18은 학도호국단이 어용학생단체로부터 학생 스스로 결정할 수 있는 자치협동단체로 전환됨으로서 가능했던 것이다. 당시의 경찰의 학원사찰은 특히 고대를 주시하고 있었으며 학교당국도 긴장하고 있었다. 당초 거사 일을 4월 16일(토) 오후 3시 신입생 환영회로 결정하였다가, 4월 18일(월)로 연기한 것도 이러한 이유에서 이다.

3·15 부정선거를 규탄하는 대구의 고등학교 시위로 시작하여, 수천 명의 마산시민의 의거는 마침내 김주열 열사의 눈에 최루탄이 박힌 채 그 시신이 바다에 떠오르면서 시작되었다. 이른바 전국적 시민 항쟁의 기운이 움트고 있었다.

4월 18일 12시 50분 신입생 환영회가 본관에서 열렸고, 이세기 위원장의 4·18선언문이 낭독되고 이기택 상대위원장의 구호제창이 있은 후 3,000여명 고대생이 교문을 박차고 부정선거에 항거하는 의거에 나섰다. 이 시위는 비폭력 평화시위이었다. 그러나 경찰의 폭력적 시위 저지는 고대생 시위를 과격하게 만드는 원인되었다. 당시 시위를 주도했던 학생위원장들이 학교당국의 만류에 의해 시위를 주동치 못하고, 4학년 주도로 갖가지 장애물을 넘어서 국회의사당 앞에 진출하였다.

4·18 의거의 과정은 대략 다음과 같이 진행되었다.

① 교문을 나선 선발시위대가 안암동 로터리에서 경찰저지선에 막혀 경찰과 충돌하였으나 이를 뚫고 대광고등학교 근방에 진출, 최초의 경찰 최루탄이 발사 되었다. 제2차 저지선이 신설동 로터리에서 증원된 경찰에 의해 이루어 졌으나 시위선발대는 이를 돌파하였다. 종로4가 3차 저지선에서 선발대 500명이 경찰과 대치하여 일보일퇴 할 때 후발시위대 700명이 함께하여 경찰저지선을 뚫고 3시경에 국회의사당 앞에 약 3000여명이 운집 연좌의거에 돌입하였다. 오후 3시 40분경에 고대 선배 이철승 의원의 의거 만류연설과 4시경에 유진오 총장의 간곡한 만류연설에 6시 30분경에 질서정연하게 귀교 길에 올랐다. 오후 7시 20분에 청계천4가 천일백화점 앞에 이르렀을 때 수많은 괴한들의 습격으로 한석관과 같은 행렬에 있던 안재필, 김면중 등 57학번의 동료들이 쓰러졌다. 이에 57학번의 주석환, 박문현, 한석관, 김영표 등이 이들과 대항 반격하였으나 6,7 분 짧은 시간에 깡패들이 사라졌다.

당시를 회고하여 보면 이 의거를 주도한 재학생은 다음과 같다:

② 4·18 의거를 주도한 57학번 4학년생으로 김락준(농대학생위원장), 윤용섭(문리대학생위원장), 강우정(법대학생위원장)이

었으나 경찰의 연행 제지로 중도에 탈락하고 유일한 문리대학생위원장 윤용섭을 위시하여 김중위, 조남조, 박문현, 강기태, 한석관, 주석환, 박상원, 김복수, 김한중, 독고중훈, 김면중, 안재필, 김영표, 나효성, 윤석인, 김형업 등이 앞줄 중간 뒷줄에 포진하여 의거이탈을 방지하였다. 이외에도 58학번의 김금석, 박규채, 이찬오, 조성본, 황이연, 정석호, 위재호, 노성대, 이성춘, 백용천 강문웅, 김기수, 김명하, 김영수, 김유주, 박소연, 안문택, 오정필, 유길촌, 윤용호, 이기성, 이기창, 이딘식, 이성호, 이윤재, 정경모, 한동웅 등이 주도적으로 의거를 이끌었고 의거의 전위주력이라 할 수 있는 59학번에는 조정현, 조인형, 김유진, 곽광택, 김재형, 김한식, 강경식, 김희진, 김태환, 김백준, 김관치, 남비호, 남창현, 이민홍, 이정인, 장명환, 최진호, 한춘기, 최용희, 김철환, 노규준, 박영국, 배일순, 이계우, 손영배, 이창록, 정동구, 홍종한, 원충희, 조형용 등이고 신입생으로 주도적으로 이끈 60학번에는 박판제, 김영세, 노재동, 허정남, 김영치, 김영대, 김문환, 김수철, 문주학, 김정배, 류재호, 정길진, 조희영, 황선홍, 한덕기, 한경철 여학생으로 오경자, 양경자 씨 등의 활약이 돋보였다.

부정선거에 항의하는 학생의거는 불의와 반민주, 반 법치의 장기집권을 획책하는 자유당 정권에게 경종을 주기에 족했으며 많은 학생과 시민들의 호응을 얻었다.

그럼에도 불구하고 자유당 정권은 순수한 학생시위를 물리적 행사를 통해서 저지하려 혈안이 되었다. 당시의 이승만 통치구조는 자유민주주의와 거리가 먼 반공을 국시로 한 경찰국가적 기능과 미국의 종속적 경제체제였으며, 빈부격차를 심화시키는 정부를 국민이 외면하는 지경에 이르고 있었다.

　이러한 이승만 통치체제를 유지하기 위한 어용단체의 필요성은 반공청년단이 자연스럽게 조직되며 초법적인 지위에 서있게 된다. 이것은 히틀러의 나치스 정권, 중국의 모택동 정권이 문화혁명에서 볼 수 있듯이 이 모두가 인류의 역사를 후퇴시키는 모순을 안고 있었다.

　4·18 고대학생 습격사건은 반공청년단이라는 정부의 외곽단체가 깡패로 위장하여 선량한 학생들을 무차별 공격했던 사건이었다. 이 사건을 계기로 폭풍전야와 같이 조용했던 각 학교 학생과 시민들이 일제히 궐기하여 정부의 부정선거를 규탄하여 봉기한 기폭제가 되었다.

　고대 4·18 깡패습격사건은 마치 예수가 로마의 압제에 의하여 십자가에 죽음과 부활사건으로, 서구기독교 문명이 이루어진 것처럼 4·19 혁명이 일어나서 이승만 정권이 무너지는 계기를 만든 것이다.

　4·19 이후 집권한 역대 군사정부는 4·19를 비하하여 이를 축소하기에 급급하였다. 군사독재정권이 제일 두려워하는 대상은 4·19와 같은 국민저항운동이기 때문이다.

3) 4·19와 고대 및 각 대학

　4·18 의거에서 귀교 길에 깡패의 습격에 분노한 3,000여명의 고대생은, 4·19에서는 학교의 만류에 의한 학생위원장들의 소극적 대응과는 달리 이세기 위원장과 4학년생이 중심되어 의거를 강행했다. 이때에 의거주도세력은 4·18 때와 거의 동일하다고 할 수 있다.

　교문 앞 500m 지점에 경찰버스 2대로 바리게이트를 쌓았으나, 이를 뚫었다. 안암동 로타리에서 경찰이 최류탄과 소방차 2대가 붉은 물을 뿌렸으나, 이들 장애물을 모두 물리치고 오후 1시 30분에 국회의사당 앞에 도착하였다. 고대생 의거에 자극된 대광고교생들이 스크럼을 짜고 교문을 나서 동대문에 진출 하였으나, 경찰의 제지로 좌절되었다. 분산된 의거대는 화신백화점 앞까지 산발적 의거를 강행하였다.

한편 국회의사당 앞에서 이승만 정권의 퇴진을 요구하던 고대생들과 이에 합류한 중대, 동대, 서울대, 연대, 한국 외국어대생, 중고등학생 등 각 학교의 의거대들은 광화문까지 진출하고, 고대생 일부는 해무청 앞에 모여 동대생과 같이 경무대 앞까지 진출하기에 이르러 경찰의 총격에 젊은 학생들이 희생되는 씻지 못할 상처를 남겼다. 당시 경무대 앞에서 주도적으로 의거를 주도한 57학번의 한석관, 윤석인 58학번의 김금석, 정석호, 59학번의 박영국, 최용희, 노규준, 홍종한, 원충희, 김철환, 배익순, 조형용, 손영배, 60학번의 조희영, 한덕기, 김영대 등 수많은 고대생이 경찰과 대치하였으나, 경찰의 발포로 후퇴하고 말았다.

4·19 혁명에 참여한 대학교는 고대, 동대, 서울대, 중대, 연대, 성대, 건대, 국민대, 외대 및 각 중고교 등 전국적 규모였으며, 이를 저지하기 위하여 계엄령을 선포하였다. 그러나 군의 중립적 태도가 4·19 혁명이 승리할 수 있는 요인들 중의 하나가 되었다고 생각한다.

4·19 혁명에 참여한 공로가 인정되어 보훈을 받은 고대 수훈자는 총 44명으로, 1963년 수훈자는 11명으로 박찬세, 이세기, 이재환, 이기택, 강우정, 윤용섭, 김락준, 박문현, 김면중, 안재필, 김근석이고, 2004년 수훈자는 2명으로서 김양현, 박상원이며, 2007년 수훈자는 6명으로 이찬오, 김금석, 이정일, 정국노, 조석재, 하은철이고, 2010년 수훈자는 25명으로 강경식, 강기태, 김대수, 김성조, 김한식, 김영표, 김유진, 김성한, 남인수, 나효성, 독고중훈, 백용천, 장화수, 조인형, 황이연, 김완식, 주석환, 조남도, 박용남, 손가명, 김성택, 김원경, 윤덕진, 박영남 ,문정수이다.

2012년도 4·19혁명 유공자 포상자는 3명으로, 부상자 김재우, 공로자 이균익, 김순태이다.

4) 4월혁명고대의 4·19혁명정신 선양사업

매년 4월이 오면 4·18의거 고대 기념비 앞에 머리 숙여 유명을 달리한 4·18 동지들과 4·19 묘지에 묻힌 영령들을 추모한지 50년 세월이 흘렀다. 20대의 청년들이 70대의 노인들로 변모한 세월 속에 우리사회도 많은 변화를 가져왔다. 4·19혁명당시 GNP 78불에 불과했던 최빈국에서 국민소득 2만 불의 OECD에 가입된 선진개발국가로 발돋음 하고, G20의장국이 되고 원조를 받던 나라에서 주는 나라로 변화 된지 오래이다.

그러나 아직도 빈부의 격차는 증가되고 사회 각 분야에서 양극화의 현상은 심화되고 있다. 개인 간의, 기업 간의 양극화 현상은 중산층이 없는 부자와 가난한 사람, 세계적 대기업과 영세중소기업으로 나누어지는 양극화 현상은, 우리사회의 병리현상으로 반드시 치료되어야 할 과제를 안고 있다.

이와 같은 사회 환경 속에서 4·18 과 4·19의 주체로서 애국, 애족, 애교의 정신으로 "4월 혁명고대"를 창립하였다. 4월 혁명고대는 50주년을 맞이하여 4·19 당시에 집착하는 기념비적 단체가 아니라 세계로 나아가서 남북한과 해외교포를 포함한 8000만 민족에게 비전을 제시하고 민족고대로부터 세계고대로 비약하는 계기를 만들어야 한다.

4월 혁명고대 창립의 과정은 다음과 같다:

4월 혁명고대 발기인 대회는 2007년 11월 28일(수) 6시 30분에 프레스센터에서 개최되었다. 발기인 박찬세, 홍일식 등 55학번부터

87학번에 이르기까지 166명으로 전고대인을 대표한 조직이었다.

4월 혁명고대 창립 준비위원회 고문이던 이기택 씨는 "4월 혁명고대 발기인 대회는 시대적 부름이 무엇인가를 인식하고 있는 의식이 있고 활동력 있는 고대 교우들이 우리나라의 과거와 현재를 사려 깊게 살피고 새로운 미래를 열고자 함께 고민하고 모색한 결과"라고 창립취지를 함축하여 말하였다.

발기인 중에서 당시 4·18과 4·19를 이끌었던 주역들을 살펴보고자 한다. 57학번으로 이기택, 이세기, 강우정, 독고중훈, 김면중, 안재필, 한석관, 이재환, 김중위, 김락준, 조남조 등이고 58학번에는 황이연, 김금석, 이성춘, 노성대, 59학번에 김유진, 박세환, 한춘기, 강경식, 배병휴, 노규준, 박영국, 최용희, 홍종한, 원충희, 배익순, 김철환 씨 등이고, 60학번에 김정배, 노재동, 허정남, 양경자 씨 등이 보인다.

4월 혁명고대 창립대회는 2009년 3월 18일 오후 5시에 은행회관에서 500여명이 참석한 가운데 성대하게 개최되었다. 회장에 이기택(57학번, 민주평통자문회의수석부의장), 고문에 이명박(대통령), 김정배(고대재단이사장), 사무총장 김유진, 사무부총장 최용희 씨 등 범 고대 교우가 학번별 임원으로 선임되었다.

4월 혁명 제50주년을 맞이하여 4·18 기념행사를 성대하게 마쳤다.

4월 혁명고대는 4·18 50주년을 기념하여 학술세미나, 마라톤대회, 사진전 등 다양한 프로그램을 마련하였다. 특기 할 것은 4월 혁명 50주년 기념 민주 상을 처음으로 제정하여 국외 1인, 국내 2인 등 3인에게 민주 상을 시상하였다.

- 국외수상자 넬슨만델라(남아공 전 대통령 노벨평화상 수상)
- 국내수상자 김주열 열사(마산상고, 마산 3·15 의거에서 순국)

　　　　강우정(한국성서대학교 총장, 4·18당시 컵대 위원장)

5) 4·19 주역발굴과 정신선양

고려대학교와 4·19 민주혁명에 관해서 논함에 있어서, 4·19를 촉발시킨 3·15 부정선거와 4·18 고대생 의거를 빼놓을 수 없었다.

첫째, 4·18 의거는 우연히 일어난 것이 아니라 고대 건학이념인 교육구국의 정신과 고대 교가에서 항상 제창하는 자유, 정의, 진리의 전당이라 자부하는 반제, 반식민지, 반독재, 민주주의 수호정신에서 나온 역사적 산물이라고 할 수 있다.

둘째, 4·19는 백만 학도와 시민이 참여한 전국적, 범시민적 민주혁명이었다. 서구의 왕정의 몰락을 가져온 영국의 청교도 혁명, 불란서 혁명과 비교가 되는 4·19 민주혁명은 우리나라 근대화를 가져왔고 강력한 군사정부를 견제하는 민주화를 이루는데 동기와 결정적 역할을 다해왔다.

셋째, 4월 혁명고대의 출범이다. 4월 혁명고대는 4·18과 4·19를 단순히 기념하는 기념비적 단체가 아니라 세계를 향하여 나아가는 단체로서 우리민족모두에게 평화통일의 복음을 제시하고 민족고대로부터 세계의 고대로 비약하는 가교적인 역할을 하여야 한다는 것이다.

4·19 민주혁명은 이 나라 민주화와 산업화의 정신적 지주로서 자유민주주의와 시장경제를 확고히 하였다. 4·19 혁명 50주년을 계기로 정부는 이제 숨어있는 4·19 주역들을 발굴하고 4·19 정신을 선양하여 국가발전의 원동력으로 삼아야 할 것이다.

6. 국민대학교

1960년 4월 18일 고려대학교 학생들이 의거를 벌이고 귀교 길에 괴한들의 습격을 받아 부상당하던 날, 국민대 학생들은 부정선거와 독재정권에 항거하여 과감히 궐기하였다. 이날 약 200명의 학생들은 교정에 모여 스크럼을 짜고 구호를 외치면서 교문을 박차고 거리로 나가고자 하였다. 그러나 경무대가 가까이 있다는 지리즉 조건 때문에 거리로 뛰쳐나갔을 때 학생들이 입게 될 크나큰 희생이 명약관화였으므로 교수와 직원들이 이를 극력 저지, 만류함에 따라 학생들은 농성 끝에 자진 해산하였다.

4월 19일에도 같은 사태가 되풀이되었으나 시내의 거의 전 대학 학생이 해무청 앞 경찰 지지선을 돌파하고 국민대학(경복궁 서쪽 총무처 별관 건물) 앞을 통과하여 경무대 앞으로 쇄도하자, 교직원들도 더 저지할 수 없게 되었으며 국민대 학생 다수가 이 의거에 합세하였다. 어떤 학생이 펼쳐든 '국민대학'이라 쓴 플래카드가 경무대 앞 경찰 바리케이드에 걸쳐져 나부끼기도 하였다. 바로 이때 선두에서 달리던 이청수(법1)가 경찰의 총탄에 맞아 쓰러지고 김두원(벝1) 외 12명의 학생이 부상을 입었다.

자유당 정권이 무너지고 대학생들이 질서유지를 위해 앞장섰을 때에도 국민대 학생들은 이에 참가하였다. 여기서 특기할 것은 과도정부의 혼란기와 약체인 민주당정권의 자유 과잉 시대에 있어서 전국의 일부대학 학생들이 현실참여를 구실로 걸핏하면 거리로 쏟아져 나오거나 국회의사당을 점거하는 등의 난동에 가담했는가 하면, 초점을 학내문제로 돌려 총·학장 배척운동 등이 일어나곤 하는데 비하여 국민대학은 혁명정신을 살리는 길은 오로지 면학에 충실 하는 길임을 자각하고 교직원과 학생이 단합하여 조용히 난국을 극복했다는 사실이다. 이 시기에 발행된 사설은 다음과 같이 기록하고 있다:[48]

---

[48] '혁명정신을 살리는 길', "국민대학월보", 1960. 6. 24.

"…… 본 대학에서도 4·19 당일 경무대 앞에 밀려든 노도와 같은 혁명대열의 선두에 서서 이 나라 민주주의의 참다운 갈 길을 외치다가 아까운 젊음을 바친 한 명의 희생자와 수명의 부상자를 내어 가면서 학생혁명에 크게 역할을 한 바 있었지만 이제 냉정한 자각과 지성으로 다시 허심탄회하게 학원으로 돌아와 면학에 전심전력을 기울이고 있는 학생들의 지성과 긍지를 높이 평가하지 않으면 안 될 줄 안다. 특히 은인자중해야 할 혁명 후의 공백기를 틈타서 사소한 이유나 때로는 이성을 잃는 듯한 감정에 사로잡혀 학원내의 갖가지 불상사가 접종하는 속에서도 본 대학만은 냉정과 지성으로 안정된 분위기 속에 계속 앞날의 민주주의적 역군이 되고자 꾸준히 공부하고 있음은 자타가 칭송해야 할 일인 줄 믿는다……."

그리고 제2공화국 수립전의 과도정부는 국무위원을 비롯한 고위관리의 다수를 교수출신 인사 중에서 기용했었는데, 1959년 11월 26일 자로 국민대학 학장에 취임한 최문경 학장도 학장직을 가진 채 경기도 지사로 관계에 진출하였으며, 제2공화국 수립 후에는 홍콩 총영사로 부임하게 되어 1961년 3월 학장직을 사임하였다.

당시 4·19의거 학생대책위원회 위원으로는 김종원, 차환규 등이 활약하였다. 국민대학에서는 아직까지 국가유공자로 포상을 받은 자가 발견되지 않고 있다.

7. 단국대학교

1958년 제3대 민의원 선거 이후 국회의석의 과반수를 차지한 자유당의 횡포는 날로 심각해져 갔다. 1959년에는 학원 동맹휴업이 빈발함에 따라, 동년 6월 2일 문교부는 강제로 귀가조치를 훈령하였다.

한편 교원에 대해서도 문교부는 누차 주의를 환기시켜 오더니 1960년 1월 11일에는 각 학교 책임자 앞으로 문교부장관 명의의 '교원의 언동 자숙에 대한 일'이란 제목의 공문을 발송하여 "간혹 그 언동이 신중(문교 제100호)을 결함으로써 교육관계 법령에 저촉되는 점이 있다 …… (중략) …… 사회에 물의를 일으키는 사례가 있다"고 지적, 교원들의 언동에 자숙자계하도록 '교원지도 감독'에 유감이 없기를 당부하였다. 이와 같이 문교부 당국의 공문은 영구집권을 노려, 당시 점차로 높아지고 있던 혁명기운을 꺾으려는 집권당의 의도를 나타내는 것이었다.

학생과 국민 대다수의 희망과 기대를 저버린 채, 1960년 3월 15일 정·부통령 선거는 철두철미한 부정으로 이루어졌다. 이에 격분한 학생들은 '부정선거무효'를 부르짖고 이승만 정부의 퇴진을 요구하고 나섰다.

4·19혁명은 학생들의 고귀한 피의 대가로 성공하였다. 이승만은 하야성명을 내고 권좌에서 물러났다. 단국대 학생들도 4·19혁명에 적극 참여하여 부정부패와 용감히 싸웠다. 그 중에는 총탄을 맞고 사망하거나 부상한 자도 있다.

영문과 1학년에 재학 중이던 김성수는 중앙청 앞에서 맨주먹으로 앞장서서 싸우다가 머리에 총탄을 맞고 입원, 가료 중 1960년 5월 31일 정오 20세를 일기로 사망하였다. 김성수의 장례는 6월 2일 개교 후 처음으로 단국대학 학생장으로 엄수되었다.[49] 영문과 3학년 정창종, 상과 3학년 이대종, 정치외교학과 1학년 김용인 등은 중상을 입은 학생들이다.[50] 그러나 그 뒤 학원이 다시 안정을 찾기까지는 한동안 혼미한 상태가 거듭되기도 하였다. 4·19 이후 학생과 국민의

49『단대학보』109호, 1960년 6월 11일.
50『단대학보』106호, 1960년 5월 1일.

무절제한 시위만능의 기풍은 국가와 사회의 건전한 분위기를 해치고, 이른바 '하극상'의 비리가 정당화되는 계기를 만들기도 했다.

1960년 5월 31일 단국대생 600여 명은 "이승만 망명을 방조한 허정수반 물러가라", "자격 없는 썩은 국회 즉시 해산하라", "구세대여 각성하라", "북한청년학도여 총궐기하라" 등 4개 조항의 구호를 외치며 국회에까지 진출하여 연좌의거를 하고 있을 때, 동국대생들이 난입하여 유혈사태를 빚고 사회의 빈축을 받았다.

학내에서는 무능교수 배척운동이 대학마다 심심치 않게 일어났다.

단국대학에서는 1960년 5월 26일 국문학회 총회에서 '전공과목 연구자가 아닌 무능교수 배척안'이 나와 2시간의 토의 끝에 장모 교수의 강의(문학개론, 현대문학특강, 문예사조사)를 국문학과 전 학년 학생들이 받지 않기로 결의하고 실력 있고 권위 있는 교수를 초빙하여 줄 것을 결의하였다.

당시 4·19의거 학생대책위원회 위원으로는 진정용, 김재수, 김혁동이 활약하였다.

4·19혁명에 적극적으로 참여한 공로로 국가로부터 포상을 받은 자는 8명이며, 그 이름은 김재수, 손말수, 안의남, 이말남, 지인교, 지정달, 최순권, 김용언 등이다.

8. 동국대학교

1) 혁명의 모의

4월 3일 정의와 신뢰를 가장 중시하는 열혈남아 동국대생 20여 명(김대건, 신승길, 양승조, 이광호, 김동원, 장근도, 유창일, 이융성, 안병창, 박부엽, 김봉선, 지재성, 윤정하, 김남수 등)이 중심이 되어 3·15부정선거 규탄과 자유당독재정권에 대한 규탄 토론을 하고 빠른 시일 내에 (4월 18일 모임예정) 총궐기할 것을 결의하였다.

4월 18일 오후 2시경 본교 지하식당에서 김대건, 신승길, 김동원, 이광호, 유창일, 장근도, 양승조, 박부엽, 유대진, 윤성열, 김남수, 이융성, 김창배, 심재익, 이철우, 이병균, 안병창, 윤정하, 김봉선, 지재성 등 30여 명이 모여 다시 한 번 3·15부정선거와 자유당독재정권 타도의 데모를 할 것을 모의하였다.

한편 1960년 4월 18일 고대생들의 구속학생석방과 학원의 자유와 3·15부정선거를 규탄하는 데모를 국회의사당 앞에서 강력한 데모를 한 후 귀교길에 천일극장 앞에서 정치깡패들에게 무차별 테러 소식이 전해지자 이날 오후 8시 광화문 자이언트 다방에서 김칠봉, 탁연봉 등이 긴급히 대책을 숙의하고 4월 19일에 우리 동국대생들이 총궐기하도록 선도적인 역할을 하기로 결의하였다.

또 한편으로는 4월 18일 오후에 모임을 갖고 있던 중 진형주 군의 조모별세로 모의 참가 동지들은 저녁 8시경 고대생들의 무차별 피습 소식을 듣고 도저히 시간을 늦출 수 없다고 판단하여 내일 4월 19일 아침 8시경 학교로 집합하여 총궐기 할 것을 결의하였다.

2) 혁명의 과정

1960년 4월 19일 8시경부터 동국대학교 운등장 각 강의실에서는 마산의 김주열 군의 처참한 분사소식과 고대생들의 피습사건, 3·15부정선거, 자유당독재정권의 만행을 규탄하는 학우들의 분노의 열기가 점차 높아지고 있었으며 이 과정에서 각 주도적인 모임의 학생들이 강의실을 돌며 중강당으로 모여 줄 것을 호소하여 구름같이 중강당으로 모였다.

도서관에서는 오진모, 허천택, 황규선, 황명호, 박시형, 권영수 등이 주동이 되어 중강당에 모여 줄 것을 호소하였다. 농장실습을 하던 심재익을 중심으로 김창배, 윤천영, 박우익 50여 명이 선도 역할을 하였다. 이 과정에서 각계의 모임에서 주도적인 사전모임도 있었으나 이심전심으로 모든 동국대생들은 한 마음으로 불의와 민주에 대한 열망이 한뜻으로 뭉쳐 총궐기한 것이다.

　총궐기 과정에서 데모시작 전 김칠봉이 김대건에게 붉은 바탕의 "동국대학교"란 플랜카드를 학도호국단에서 가져오도록 하여 김병식, 오계태 등의 협조를 받아 데모대의 선두를 서게 하였다. 이때는 학교 전체가 펄펄 끓어 오르는 용광로처럼 흥분하기 시작하면서 누군가가 "나가자" 함성을 지르자 이구동성으로 동국대학교 플랜카드를 앞세우고 교문을 향하여 노도와 같이 달리기 시작하였다. 교문에는 중부서 경찰들이 20여 명 저지선을 구축하였으나 2,000여 동국건아들의 함성소리에 무너졌다. "부정선거 다시 하라", "자유당일당 독재정권 물러가라"를 목이 터져라 외치며 선두에는 이광호, 김동원, 장근도, 양승조, 백웅기, 김남수, 유창일, 유대진, 박승정, 이융성, 박부엽, 오승태, 이정길, 안병창, 윤정하, 지재성, 기봉선, 김인규 등이 2,000여 명의 데모대를 이끌며 퇴계로를 돌아 동화백화점(현 신세계) 앞에서 잠시 숨을 고르며 다시 국회의사당 앞으로 전진하였다.

　뒤늦게 출발한 또 한편의 학생들은 을지로 4가를 와 을지로 입구 내무부 앞을 거쳐 서울시청을 돌아 서울신문사 옆 골목에서 맞부딪친 10여 명의 경찰들과 경찰차의 저지선을 뚫고 선두그룹과 합세하였다. 오전 11시 40분경 국회의사당 앞에서 잠시 지체하던 중 김칠봉 등이 동국대는 "경무대로 가자"하고 외치자 중앙청 쪽으로 달리기 시작했다.

　광화문에 도착하니 먼저 와 있던 서울 문리대생들이 철통같이 2중으로 쳐진 바리게이트 앞에서 속수무책 저지를 당하고 있었다. 마침 용감한 동국대 학생들이 왔으니 뚫어 달란다. 즉시 쏟아지는 최루탄을 무릅쓰고 맨몸으로 가시철망을 밀고 잡아당기고 하는 과정에서 선두그룹은 찢어진 손에서 흐르는 피도 아랑곳하지 않고 뚫고 또 뚫었다. 밀고 끌어당기기 30여 분 드디어 틈이 생기며 바리게이트가 밀리기 시작하자 저지하던 경찰들이 도망가기 시작했다.

중앙청을 향하여 돌진하면서 한편은 중앙청으로 들어가고 한편은 중앙청을 돌아 해무청 앞에서 2중, 3중의 바리게이트에 또 한 번 저지되면서, 무차별 터지는 최루탄에 앞으로 나가지도 못하고 쏟아지는 눈물, 콧물로 숨조차 쉴 수 없으니 속수무책 엎드려 기면서 물러섰다가 잠시 뜸하면 또 전진하고, 맨 손으로 가시철망을 잡아당기고 밀고 또 최루탄이 무차별 터지면 엎드리고, 이렇게 하기를 수십 차례 반복하면서 우리도 점차 지쳐가고 있었다.

이때 문득 옆을 바라보니 대형 수도관이 보였다. "아! 저것이다" 번개처럼 스치는 생각에 우르르 몰려가 대형수도관을 바리게이트 쪽으로 밀고 돌진하니 점차 철조망이 밀리기 시작했다. 신승길, 김동원, 이융성, 송용석, 김정화, 김재진, 정진영, 조국형, 이순권, 윤성열, 최경범, 이종세, 김덕일, 권동조, 안병창, 박승정 등이 선두에서 고군분투하는 모습이 처절하였다.

드디어 한쪽 방어선이 무너지고 경찰들이 무기력하게 도망치기 시작하였다. 해무청 앞의 저지선을 뚫는데 거의 1시간도 넘게 걸렸다. 해무청 앞에 방어선이 무너지자 우렁찬 함성소리와 함께 삼일당 앞을 지나 효자동 종점 바로 경무대 앞이다. "3·15부정선거 다시 하라", "자유당 독재정권 물러가라"에서 드디어 "독재자 이승만은 하야 하라"로 바뀌면서 서서히 혁명의 불씨가 당겨진다.

효자동 종점에 이르니 최후의 보루답게 더욱 크고 튼튼한 바리게이트가 기다리고 있었다. 또 다시 망신창이가 된 몸을 이끌고 철조망에 다가섰다. 이때 기다리고 있던 5~6대의 소방차에서 붉은 물이 쏟아지는데 도저히 서있을 수가 없었다. 발에 맞으면 벌러덩 자빠지고 가슴으로 쏘아대면 숨을 쉴 수가 없을 지경으로 후퇴를 하지 않을 수가 없다. 그러나 대 동국대학교의 위대한 용사들이 아닌가. 지칠 대로 지친 몸을 이끌고 물대포와 싸우기 한 시간여 도저히 방어선을 돌파하기 불가능한 것 같다.

밀고 당기고 흐르는 피도, 거칠 것 없이 터지는 최루탄도, 이제는 무서울 것 없지만 워낙 거대한 바리게이트는 무너트리기가 불가능하다. 수십 번의 이렇게 끈질긴 공격으로 조금씩 틈이 벌어지고 있으나 돌파는 어림도 없었다. 맨 앞에서 무차별 물대포에도 끄떡없이 동성고와 대광고 어린 학생들의 용감한 투쟁은 정말로 처절하고 안타까웠다.

경찰의 저지도 점점 더 강해져가고 이제 어쩔 수 없이 땅바닥에 주저앉아 있는데 하늘도 무심치 않는지 옆에 서있는 전차가 눈에 들어왔다. 바로 전차를 밀기 시작했으나 꼼짝도 않는다. 수백 명이 밀어도 밀리지를 않는다. 몇몇이 뛰어올라 마침 도르래를 전깃줄에 갖다 대니 우르르 쾅쾅하며 앞으로 무섭게 전진하며 바리게이트를 밀어냈다. 이때쯤 소방차의 물이 떨어졌는지 물줄기가 약해지며 끊어져버렸다.

그 틈을 이용해 철조망을 밀고 끌어당기니 저지선이 돌파되면서 경찰들이 도망가기 시작하였다. 드디어 해냈다. 마침 시동도 미처 끄지 못하고 달아난 소방차에 양승조, 백운기가 올라타고 경무대로 향하니, 한쪽에서는 동국대생들이 어린 동성고와 대광고 학생들을 보호하면서 우렁찬 구호와 함께 노도와 같이 몰려가면서 "이승만 즉시 하야하라" 외치면서 앞으로 달려갔다.

이때였다. 탕 탕 타탕하는 굉음소리와 함께 발포하기 시작하였다. '설마 진짜로 총을 쏘겠는가' 하고 계속 달려가는데, 소방차 위에 탔던 학생들과 맨 앞에서 달려가던 학생들이 퍽 퍽 하고 쓰러지기 시작하자 그때야 '실탄 사격이구나' 하고 뒤돌아 후퇴하기 시작하였다. 잠시 나무 뒤에 숨어서 기는데 퍽 하고 쓰러지는 학생이 콕에서 시뻘건 피를 쏟으며 두 눈을 부릅뜬 채 죽는 모습은 정말로 처절하였다. 이때에 법학과 3학년 노희두 군이 장렬한 최후를 맞았다.

동국대학교의 4·19혁명 당시 사상자는 다음과 같다:

사망자 노희두(법 3)
부상자 박종구(정 2), 전대기(경 2), 강상학(정 2), 이영구(경 3),
 박창여(경 3), 이봉구(국 3), 권태호(국 4), 김반우(농 1),
 이종학(농 2), 박영환, 신혁신, 김용철, 김용덕(농 2),
 문정춘(농 3), 박홍규(농 2), 이태근(농 3), 전대길(농 3),
 박종해(농 4), 이도인(법 2), 이정인(법 2), 정원영(법 4),
 김만영(상 2), 김철정(연 1), 이기원(영 3), 나명희(정 2),
 김동섭(정 3), 정두훈(정 3) 등 수십 명에 이른다.

한편 본교생 200여 명은 오후 12시 5분경 서울지방법원으로 몰려가 "법원은 행정부에 아첨하지 말라"는 등의 구호를 외쳤다. 통의동 앞에서 소방차를 이정길이 직접 운전하며 종로를 거쳐 을지로 4가를 돌아 데모를 계속 하면서, 가까운 이발소를 찾아가 위생복을 얻어 입고, 이융성과 함께 부상자를 구출하러 갔다가 "불량배들이 무기로 습격한다."는 소식을 듣고 내자동 무기고로 달려가 탈취되지 않도록 설득하고 무기고를 지켜내 위험한 사태를 미연에 방지하는 숨은 공로를 세웠다.

동국대 4·19혁명 대열은 피를 흘리며 쓰러진 수 십 명의 부상자들을 안고 삼일당 뒷골목으로 피신하였다. 표주동 뒷길에서 심재익이 동국대학교의 붉은 플랜카드를 다시 내걸고, 이종세, 최경범, 김성길 등이 동참하여 데모대열을 재정비하여 시위를 계속 주도하였다.
　김남수, 김동원, 양승조 등은 삼일당 앞에서 부상당한 학생들을 후송하였고 마침 지나가는 시발택시에 올라 종로-동대문-을지로-태평로-서울역을 돌면서, 경무대 앞에서 경찰의 무차별 총격으로 수백 명의 사상자가 발생하였음을 피를 토하는 심정으로 알리면서, 애국시민의 동참을 호소하였다. 이로 인한 시민들이 자진해서 데모에 동참하면서 전체 국민의 데모로 확산하였다.
　서대문을 돌아 이기붕의 집 앞에 다다르니 많은 시민들이 분노하여 이기붕의 집 대문을 부수며 쳐들어갔다. 이때 이기붕 일가는 이미 군부대로 피신한 후로 많은 시민들은 가재도구를 들어 내 집어던지며 분노하였다.
　이후 1960년 4월 25일 대학교수단의 시국선언문이 발표되고 동국대 김영당 교수의 긴급동의로 4·19학생혁명을 전폭 지지하는 시위를 전개하여 드디어 4월 26일 독재자 이승만 대통령의 하야성명이 발표되며 자유당 일당독재의 최후를 고하였다.

3) 혁명 이후

　이후 동국대학교는 허정 임시정부 수반의 요청에 따라 서울 시내 치안을 책임져 시경과 종로 경찰서에 배치된 이율성, 김동원, 신승길, 양승조, 장근도, 안병창 등 수백 명의 동국대생들은 무법천지가 된 서울치안의 임무를 27일 10시까지 무사히 완수하였다.
　동국대학교 출신 중 4·19혁명 국가유공자로 건국포장을 수여받은 이는 초창기에 장충준(경제 4), 엄태근(불교 4), 김대건(법학 3), 김훈기(정치 4) 등 4명과 부상자로 박종구(경영 2), 최무열(정치 3), 정형태(법학 3), 남기식(경제 2), 김만영 등 5명이다.

2004년 박영식 동문이 받은 것에 이어 지난 2007년 김칠봉, 이우대, 유인제, 이용익, 탁연복, 이영수, 황해성, 노철언, 박영식 동문이 수여받고 5회째로 현재까지 건국포장을 받은 동문은 모두 45명이다.

특히 2010년 4·19 포장수장자의 수는 31명이며 그 명단은 다음과 같다:

> 김기권(불교 2), 김남수(법학 4), 김덕일(법학 2), 김문환(법학 3),
> 김성재(정치 3), 김재진(경제 2), 김정걸(법학 3), 김종서(법학 2),
> 박낙원(정치 4), 박완일(불교 3), 박홍규(농학 2), 박희부(법학 3),
> 배시영(경제 3), 심재익(농학 2), 심춘섭(정치 4), 안길수(생물 3),
> 양승조(경제 3), 염휴찬(정치 4), 오진모(법학 4), 윤석제(법학 4),
> 이상언(법학 2), 이순권(정치 3), 이승헌(법학 2), 이철규(정치 4),
> 장근도(경제 2), 전대길(경영 2), 정진영(경제 3), 조국형(정치 3),
> 최경범(법학 2), 허천택(영문 4), 황규선(법학 4)

9. 동아대학교

동아대학교 대학생들은 4·19민주혁명에 가담하지 못하고 이승만 대통령이 하야하는 날인 1960년 4월 26일 오후 1시 30분경 300여 명의 대학생과 100여 명의 교수들이 자유당 정권을 규탄하는 궐기대회를 개최하였다.

동아대 학생들은 이 궐기대회에서 다음과 같은 선언문을 낭독하였다:

"조국의 민주주의를 수호하기 위하여 우리학생은 과감히 부정과 불법을 규탄하는 평화적 시위를 감행한다. 우리들의 선배는 일제의 사슬에서 조국의 광복을 위하여 피를 바쳤고 이제 우리는 이 땅의 민주주의를 수호하기 위하여 피를 바칠 때가 온 것이다. 우리 학생들이 조국의 백년대계를 위한다는 거룩한 자부 속에서 값있게 피를 바칠 때에 위정자들이여! 그대들의 혈연인 청년들의 목 메인 외침이 들리지 않는가? 시간이 있다. 사죄하라. 여기 온 국민의 노도와 같은 절규가 있다. 행정부는 책임져라. 우리는 이와 같은 선언문으로써 시위를 감행한다."

그리고 그들은 다음과 같은 결의문을 채택하였다:

"이제 천지를 뒤흔드는 민주주의 수호의 외침은 절정에 다 달았다. 국민을 우롱하는 행정부의 온갖 부정, 불법을 더 이상 묵과할 수 없다는 전국학도의 외침이 눈물어린 애국심의 발로가 아니겠는가? 여기 피로써 권리를 찾자는 절규가 있으니 행정부는 민심의 수습책으로 집권 10년간의 추악상을 폭로하고 물러가라! 평화적인 시위대에 무참한 총탄이 박힐 때 우리는 여기 정의가 보장하는 거국적 국민운동을 감행한다. 이 땅에 삶을 지닌 국민들이여, 민주제단에 피를 바치자는 우렁찬 외침에 발맞추어 내일을 위하여 총궐기하라!"

그 다음으로 그들은 다음과 같은 구호를 외치며 시내를 향해 의거를 시작하였다.

"3·15선거는 부정선거다",
"자유당 이하 기관단체는 해산하라",

"조속히 제2공화국을 건설하라",
"선거사범 한희석, 최인규를 처벌하라",
"부정 불법으로 구성된 국회를 해산하라"

　이와 같은 선언문, 결의문 및 구호를 외치면서 학생들과 교수들은 도청 앞을 거쳐 광복동→시청 앞→초량→서면으로 향하였다. 부산진경찰서에 이르렀을 때, 시민들도 동아대학생들의 의거에 동조하여 환호성을 질렀다. 학생들은 운집한 군중들을 향하여 결의문과 선언문을 낭독하고 민주수호 회복을 위하여 목숨 바친 고인들의 명복을 비는 묵념을 올렸다. 다시 의거대는 발걸음을 멈추고 경남지사의 사퇴를 요구하면서, 도청청사로 돌입하자는 강경론이 대두하였다. 그러나 정재환 총장과 당시 계엄사령관인 박정희 소장의 "우리는 이제 올바른 이성으로 돌아가 나라를 바로잡는 정비의 단계에 있다"는 요지의 간곡한 만류가 있어, 7시 30분경 해산하였다.
　4월 26일의 학생 시위는 민주수호를 위한 범시민적 시위운동을 불러일으켰다. 그러나 이에 편승한 일부 불량배들의 난동으로 행정과 질서가 마비되었다. 민주주의 수호운동으로 학생들의 요구가 관철되어감에 따라, 이제 학생들은 사회정화와 질서유지에 앞장서게 되었다.
　그리하여 4월 27일 10시를 기하여 학도호국단(총운영위원장 서석재)이 주관하는 사회질서 정화운동에 앞장서게 되었다. 동아대 학생들이 담당한 지역은 중부산 경찰서와 서부산 경찰서를 중심으로 각 파출소 기타 공동단체의 파괴된 건물에 대한 정비와 마비된 교통의 정리 및 일반인에 대한 계몽 등으로 임시경찰관의 임무를 대행하는 것이었다. 이러한 정화운동에 시민들은 적극 협력하였으며, 또한 학생들도 그 마음속에 이 나라 젊은 일꾼으로서의 자부심을 느끼기도

하였다.

　질서가 점차 회복되자, 그 동안 휴교상태에 있던 동아대는 5월 2일 개학이 되었다. 그러나 당초 학생들이 국회의 해산을 요구한 바 있었지만, 국회의 해산은 용두사미로 되어 다시 전체 학생들의 분노를 야기 시켰다. 당시 4·19 학생 주도의 학생단체였던 학도호국단의 기능은 마비되고 전국적으로 해체 직전에 있었다.

　5월 2일 개학이 되자 학도호국단 대신 학생자치회의 주도로 강력하고도 질서정연한 시위행진을 전개하였다. 이에 참가한 학생은 약 4,000여 명에 달하였다. 동아대 4,000여 명의 의거대는 "개헌은 새 국회에 맡겨라", "현 국회 해산하고 총선거를 빨리 하라", "독재정부의 근거지를 말살하라", "학도호국단을 즉시 해체하라", "자유·민주 다 글렀다. 기성 정치인은 다 물러가라", "학원의 민주화를 강력히 주장한다" 등의 플래카드를 들고, 동신대동→초량→부산진을 경유하여 서면까지 행진하였다. 이날 의거대가 가두행진을 계속하는 동안 국회해산을 요구하며 봉기한 분노에 찬 시민들과 동아대생들의 수는 20,000여명에 달하였다. 그리고 가두마다 시민들이 운집하여 열렬히 환호하며 박수갈채와 응원을 아끼지 아니하였다.

　동아대에서는 4·19혁명에 적극적으로 참여한 공로로 국가로부터 포장을 받은 자는 2명으로, 이도 이명박 정부 때인 4월혁명 50주년을 기해 박관용과 서석재가 포장을 받았다.

　2012년도 4·19혁명 유공자 포상자는 1명으로, 공로자 정현팔이다.

10. 서울문리사대(현 명지대학교 전신)

　문리사대생들은 다른 대학 학생들과 함께 4·19 혁명대열에 용감히 참가하였다. 일부 학생들은 혁명 후의 혼란된 사회의 질서유지와 환경정돈에 직접 활약하였다.

  4월 26일 혁명이 성취되자, 솔선수범하여 질서회복에 나섰다. 문리사대 학생들은 물론, 전 대학생들의 민주적 학생운동에 있어서 세계적인 모범이라 하겠다. 26일 이승만 대통령의 하야의사가 표명되자, 이제는 오직 질서회복만이 급선무라고 외치는 학생들이 가두로 나오기 시작했다. 문리사대 학생들은 지프차에 마이크를 달고 "시민들이여, 흥분을 가라앉히고 사후 수습에 협조하라"고 외치며 시가를 달렸다.

  27일에는 계엄사령부에서 정식으로 교통정리와 질서회복의 임무를 학생들로 대치하는 결정을 내리자, 15명은 치안국과 협의하여 직접 가두선전을 담당하였다. 문리사대 민심수습 가두선전반은 A·B 2반으로 조직되어 A반은 용산·영등포·마포·신촌·영천 방면을 맡고, B반은 정릉·청량리 방면을 맡아 손이 미처 닿지 않는 변두리에 중점을 두어, 선전활동을 전개하였다.

  28일에는 어지러워진 시가를 정돈하기에 분주하였다. 문리사대 학생들은 남대문 주변일대를 맡았으며, 손수레를 끌고, 비를 들며 휴지를 줍는 등, 가두의 청소작업을 완전히 끝내 남대문 주변은 그전보다 더욱 깨끗해졌다. 4·19 혁명이 일어난 지 만 1개월이 지난 5월 19일에는 4·19 순국학도 합동위령제가 서울운동장에서 거행되었는데, 문리사대생 약 100여 명이 이에 참가하여 주도적 역할을 하였다.

  한편 학도호국단 부위원장 진춘식 군은 타 대학 동료들과 같이 전국학생모금반에 참가하였다. 이 모금운동은 참다운 민주주의의 새 터전을 닦게 한 4·19 '학생의거'로 희생된 영령과 부상을 입어 입원가료 중인 학생들을 위문하기 위한 것이었다. 진군 등은 수원 지구에서 모금하여 상당액을 한국일보에 기탁하였다.

  당시 4·19의거 학생대책위원회 위원으로는 진춘식, 정종원, 호영

욱이 활약하였다. 전 서울문리사대이고 현 명지대학교에서는 국가 유공자가 아직은 발견되지 못하고 있는 실정이다.

11. 부산대학교

1959년 11월에 부산대학교 교수회의가 윤인구 총장의 연임을 거부함으로써, 그는 문교부장관으로부터 임시직으로 총장서리로 발령되었다. 이를 계기로 교수집단은 친윤파 대 반윤파로 양극화되어 내분과 대립이 한층 격심했다. 이 속에서 학도호국단 학생간부 내에서도 내분이 표면화됐다. 그 조직이 전체적으로는 대학당국의 장악 하에 있었다. 이러한 이유로 4·19혁명에 임하여 부산대학교 학생들이 전교적으로 봉기할 여건은 조성되어 있지 않았다. 때문에 1960년 4월 19일 오전 10시를 기해 전국 학생들이 동시에 연대적으로 봉기하는 문제가 부산대학교에서는 쉽게 받아들여지지 않았다.

그러나 이러한 환경 속에서도 4월 18일 오후 2시에 법과대학생들은 본관 210강의실에서, 상과대학생들은 310강의실에서 각각 회합하여 정·부통령 부정선거에 항의하는 농성시위를 결의하였다. 본관 하층 원형강당으로 합류한 약 200여 명이 입구에 의자를 쌓아올려 바리케이드를 구축하여 철야농성으로 들어갔다. 그 목적은 19일의 전국적 거사에 임하여 아침에 등교하는 학생들을 자극함으로써, 전교적 봉기로 유도하는 기폭제로 삼으려는 데 있었다. 즉 19일의 전국적 거사를 위한 일종의 예비행위였다고 볼 수 있다.

그러나 대학당국의 장악 하에 있던 학도호국단 학생간부들의 비협조로 인해 결국 일반학생들의 호응을 얻지 못하였다. 4·19혁명당일 부산대학교에서는 평온한 수업이 진행되었고, 일부 대학생의 농성은 강제적으로 해산당하고 말았다. 이와 같이 4·19혁명에 동참하지 못한 부산대학교 학생들의 열등의식(특히 친윤 총장계열 교수들의 아성인 문리과대학의 학생들 중심)이 학내문제를 거른키 시작하여 친윤 계열의 교수들을 배척하는 방향으로 발전해 나가는 요인이 되고 말았다.

4월 19일에 부산시내 대학가가 조용한 가운데 부산 학생봉기의 주도권은 중고등학교 학생들에게 넘어갔다. 당일 오후 5시에 부산지구에까지 확산된 계엄령 하에서도 시가지는 여전히 소연했다. 이 속에서 전국의 각 급 학교는 휴교상태에 들어갔다. 그러나 서울의 학생 의거가 재연되는 가운데, 25일에 있었던 서울 교수단의 시위에 호응하여 부산의 교수단 100여 명도 26일을 기해 시위에 들어갔다. 즉 부산대학교, 동아대학교 등에 재직하고 있던 그들은, 부산대학교 의과대학 정문 앞에 집결하여 우선 서울 교수단이 채택한 시국선언문을 지지한다는 사실을 결의하였다.

부산대학교 김종출 교수와 동아대학교 박희영 교수가 각각 '부산대학교수단'이라고 쓰인 플래카드의 양쪽 자루를 치켜들고 앞장서서 시가행진에 들어갔다. "자유·민주 양당 등 기성정당을 모두 해체하라", "학원에 자유를 달라", "4·19학생희생자들에 대해 책임을 지라" 등의 구호를 외치며 가도를 행진하여 토성동, 광복동, 중앙동, 대청동 등을 거쳐 용두산 공원으로 올라가서 미리 준비했던 성명서를 낭독하고 해산하였다. 성명서는 다음과 같다:

> 민주주의는 인민의 진리이며 이 진리를 더욱 육성하기 위해 피와 목숨으로 희생된 전위의 4·19의거는 우리 민족의 참된 투쟁이다. 전 세계에서 이를 시위함과 동시에 민권과 자유의 기본체제를 사수하기 위한 하나의 표현이다. 우리는 그 고귀한 희생에 보답하기 위해 최후의 일순까지 투쟁할 것을 이에 성명한다.

당초 이 성명서를 기초하는 과정에서 맑스주의적 용어가 상당히 등장했으나, 일부 온건파 교수들의 주장에 의해 문구수정이 가해진 것은 사실이다.

한편, 같은 26일 오후 1시 30분에 부산대학교 의과대학 교수학생 및 부속병원의 간호원 등 150여 명은 모두 흰 가운을 입은 채 부속병원 앞을 출발하여 '이승만 대통령 물러가라', '부정선거 물리치자' 등의 플래카드를 치켜들고 시위행진에 들어갔다. 확성기를 통해 "민주역적 몰아내자", "부정선거 조작자를 중형에 처하라", "한희석·최인규를 처단하라"고 외치면서, 사성동·광복동·중앙동·부산역전을 들러 다시 부산시청·충무동·국제시장·광복동 등을 누비면서 시민들의 많은 박수를 받았다. 이날 부산시내 중·고등학생들의 시위가 시가지로 진출하기 위해, 시청 앞에서 재집결함으로써 '국회는 즉시 해산하라'는 플래카드를 높이 들고 광복동·사성동·법원 앞·대청동을 거쳐 부산역전으로 행진했다가 마침 그곳을 통과 중이던 의과대학 시위대와 합류했다.

이 26일의 시위에 참가한 인원수는 서울이 30여만 명, 부산이 20여만 명이었고 전국적으로는 약 70여만 명이었다. 오후에는 대통령의 하야성명이 있었다.

27일에는 시국수습을 위해 소집된 '부산대학교 교수 비상대책회의의장'으로 윤인구 총장서리의 사의가 전달되는 가운데, 그를 평교수로서 철학과에 맞이하겠다는 이종달 교수의 발언이 과격파에 의해서 봉쇄되었다. 그들 과격파 교수들은 사전에 준비된 명단을 발표하여 윤총장 지지파 간부교수 10명의 사임을 요구하였다. 이후 당분간 교내 문제가 엉뚱한 방향으로 진전되어 나갔다.

한편 이승만 대통령의 하야성명 후 사태가 악화되자, 27일에 부산대학교 학도호국단 간부들이 중심이 되어 시내 일간신문의 후원을 얻어서 국제신보 사옥을 본부로 삼고 '부산학생연합회'를 결성하고, 경찰을 대신하여 치안유지에 앞장섬은 물론 시민들에게 질서회복을 호소하였고, 또한 4·19부상학생들을 돕기 위해 구호반 명의로 가두모금에 나서기도 하였다. 5월 19일에는 부산공설운동장에서 학생자치행사로 경남 의거학생 합동위령제를 거행하였고, 20일에는 모금에서 얻어진 위문금으로 경남의거학생 합동위령제의 거행 및 제5육군병원에 입원 중이던 부상학생들을 위문했는데, 그 부상자들은 주로 혁명초기에 부상한 중고등학생들이었다.

한편 부산대학교 내에서는 과격파 교수들과의 연계 하에, 4·19 당일의 학생봉기에 동참하지 못해 열등의식에 사로잡혀 있던 일부 비간부파 학생들이 주동이 되어, 앞으로 있을 모교의 새 총장옹립에 관여했다. 교내 이권을 넘어다보는 신동창회 간부들의 자금지원을 받으며 각 학과별로 전총장지지파 교수들을 배척하는 운동을 점차 확산시켜 나갔다. 4·19혁명의 주체가 되지 못한 부산대학교 학생들의 콤플렉스가 결국 이렇게 교내문제를 첨예화 시키었다. 그들에게는 '전총장지지파가 바로 구악이요, 또 자유당정권의 앞잡이 노릇을 한 어용교수 자체'라고 인식되었던 것이다. 이 속에서 의과대학 약학과 학생들은 1956년 이래 폐쇄되어 왔던 약학대학을 부활시키기 위해 진정의거를 연일 전개하였고, 6월 1일에 다수학생들은 부산일보가 동교 총장배척파 교수들을 옹호하는 기사를 게재했다는 이유로 동교 조모 교수의 진두지휘 하에 동사를 습격하여 그 인쇄시설을 파괴하는 불상사를 일으키기도 하였다.

7월 22일에는 '새로운 국민생활의 질적 향상과 도의생활실천부활'의 기치를 든 신생활연구회가 '4월혁명의 역사적 과업을 수행'한다는 슬로건 아래 의대 강당에서 창립총회를 개최하였다. 이날의 창립총회는 김호수의 사회로, 신생활운동의 시대적 필연성을 주장하는 황규신의 개회사에 이어 강종신으로부터 전문 24조의 회칙에 대한 초안낭독과 회칙심의 통과를 거쳐 성안을 보게 되었다. 한편 창립총회에 참석한 학생과장은 격려사를 통하여, '좋은 동기와 취지만으로 좋은 열매를 기다리지 말고 행동에 앞서 연구하고 조사해야 한다.'고 역설하였다. 이날 임원선출과 연구부서 편성을 끝내고 결의문 낭독을 마지막으로 창립총회는 산회하였는데 안영길로부터 선창된 결의는 다음과 같다:

　　一. 우리는 4월혁명의 정신을 살림으로써 이 과업을 수행한다.
　　一. 신생활운동은 먼저 우리들 자신부터 실천하기를 서약한다.
　　一. 우리는 신생활문제에 대하여 책임 있는 연구 활동을 행한다.
　　一. 신생활연구로부터 조사·연구된 제반사항은 사회에 보급시킴
　　　　을 목적으로 한다.

그리고 신생활연구회는 고문에 총장 및 학장단, 지도교수에 김일곤(경제개발연구반), 김순혁(공업진흥연구반), 최재준(인권조의연구반) 교수를 추대하였으며, 임원으로는 회장 황규신(상대3), 부회장 안영길(문리대3), 총무부 박명식(공대3), 이고준(상대3), 회계부 구자경(상대3), 최용웅(공대3), 조사연구부 김병석(법2), 안영길(문리대3)을 선출하였다. 이 신생활운동에 대하여 "부산대학교 학보"는 사설에서 아래와 같이 언급하였다:

　　"3·4월 정변은 오로지 반독재 애국학생들의 의거에서 불붙기 시
　　작했고 그들의 영웅적인 투쟁이 주동세력이 되어서 드디어 제2공화
　　국의 문호가 열리게 되었거니와, 이들이 학원으로 돌아감으로 해서
　　정치 사회와 완전히 결연된 것은 아니었다. 학원 내의 반민주세력

배제에 힘을 돌렸던 이들은 여름방학을 맞이하자, 다시 국민의 생활계몽에 나서게 되었던 것이다. 경향을 막론하고 각 대학 학생들은 재빨리 계몽선전대를 조직하고 직접 일선에 나가서 문맹퇴치를 비롯한 각종 계몽 사업에 헌신하였다. 때가 마침 7·29총선거와 그 뒤의 재선거에 걸쳐 있었던 만큼, 이러한 학생들의 계몽활동은 더욱 힘들었을 것이고, 반면 보람도 의외로 컸을 것으로 믿어진다. 이제 학원으로 다시 돌아온 학생들에게 그 사이의 노고를 치하하는 동시에 수확에 대한 반성을 아울러 해봄이 금후의 거울이 될까 한다. 아직 그들의 손으로 된 종합적인 보고는 보지 못했으나, 신문지상 및 기타의 매개체를 통한 개별적인 소식들을 토대로 보면 첫째, 안타깝게 생각되는 것이 대중의 민주감각과 지식수준의 빈약이다. 예를 든다면 농촌 같은 데의 문맹자의 범람과 한발에 대한 대책, 치산치수 등 국민의 복리를 위한 시책의 방치에는 아랑곳없이 그저 하늘만 원망하기 마련이고, 기껏해야 기우제나 지내지 않으면 남의 묘나 파헤치고들 있었다는 것이다. 여기서도 우리는 단순히 그들의 무지만을 나무랄 것이 아니라, 십여 년간의 이정권의 독재와 그것을 위한 우민정책의 죄악을 당연히 들어서 인식시키고 비판해야만 될 것이다. 옳은 정치와 인간의 노력으로 충분히 구할 수 있는 사소한 천재지변까지도 하늘의 무심으로만 돌리고 있는 그들이 아닌가? 그러기에 그들에게 계몽이 필요하고 학생들의 동포애적 지도와 선전이 고마웠고, 또 더욱 요청되는 것이다. 계몽사업은 결코 이번으로써 끝난 것도 또 끝내어야 될 것도 아니다. 차라리 이번의 경험을 토대로 더욱 차분히 이런 운동이 계획되고 실천되어야 할 것을 알아야 한다.

둘째, 우리가 각오하고 또 알아두어야 할 것은 도시 또는 그 주변에서의 체험이라 하겠다. 신생활운동이라 하여 국산애용을 부르짖는 것은 좋은 일이나, 함부로 길가는 사람들의 의복이라든가 심지어 소지품을 논란한다거나, 심지어 다방 같은 데 들어와서 손님들이 가진 양담배 따위를 마구 몰수하는 일 등은 계몽운동으로서는 지나친 일이 아닐까 한다. 모두 애국심에 불탄 나머지라 하겠지만, 이렇게 되고 보면 계몽의 효과보다 부질없이 상대방의 감정만을 상하게 하고 마는 결과를 가져오기 쉽다. 가령 양담배 문제 같은 것은 그 출처를 조사해 본다든가, 전매정책의 빈곤을 따지는 방향으로 운동의 방향을 돌려야 할 것이 아니었던가 생각된다. 이와 비슷하면서도 효과로는 그렇지 않은 것은 소위 관용차들의 사유물화 취체였다고 본다. 더구나 국가재산 횡령과 배임 혐의로 사직당국에 고발까지 한 학생들의 기백은 바로 4월혁명 정신의 여파라고 여겨져 환영하고 싶다. 한 달 동안의 학생들의 계몽활동은 결과로 보아서 불행한 동포들을 위해 공헌 한바 컸고, 다시 머리를 쳐들려고 하는 특권의식의 봉쇄에도 커다란 경종을 울렸다고 생각한다. 우리는 이 경험을 살려서 더욱 지역사회의 계몽에 이바지할 각오를 굳게 해야 될 줄 안다."

부산대학교의 4·19혁명에 적극적으로 참여한 공로로 국가로부터 포장을 받은 자는 3명으로 김정수, 윤석순과 김종욱이다.

12. 서울대학교

1) 서울 문리대 의거의 촉발

서울대학교의 경우 4월 19일의 시위를 위한 본격적인 준비는 4월 15일부터 이루어졌다. 당시 정치학과 3학년생들을 중심으로 20여명의 학생들은 학회장이 주로 사용하던 정치학과합동연구실에 모여, 당시의 학원분위기에서는 좀처럼 갖기 힘든 긴장되면서도 진지한 시국토론과 행동사항을 논의하였다. 참석자들은 신중론과 행동결단의 당위성 등 활발하고 솔직한 토론을 행한 뒤 4월 21일을 시위감행일로 일단 정하고, 그 때까지 철저한 비밀을 유지하면서, 시위행동에 동참할 학우들을 모으는 한편 시위 때 필요한 선언문과 격문, 구호 등을 20여명의 첫모임 참여자들의 의견을 취합하여 충분한 논의를 통해 집약 채택하였다.

1960년 4월 15일 시위감행을 위한 첫 모임과 뒤이어 준비 작업에 참여했던 학생들의 명단을 생각나는 대로 열거해 보면 다음과 같다:

김광, 박실, 양성철, 오동휘, 윤식, 유세희, 이영일, 이장춘, 황선필 등 당시 정치학과 3학년생들과 정치학과 2학년생이었던 이청수, 조호영, 최인환 등이었으며, 그 후 준비 작업에 합류한 박한수(정치학과 2학년), 정기환(사회학과 3학년) 등도 적극적인 역할을 담당하였다.

4월 18일 대구에서 급히 상경한 이수정(정치학과 3학년생)은 그 때까지 준비했던 선언문 초안(윤식 작성)을 참고하여 선언문을 새롭게 초안을 작성하였으며, 서정복(철학과 3학년생)이 작성한 격문과 함께 지금까지 역사적인 명문으로 남아 있다. 또한 4월 15일부터의 준비 작업에 참여하지는 않았지만 4월 19일 시위당일 시위대에 앞장서서 적극적인 행동을 감행한 당시 4학년생이었던 안병규(사회학과), 최광철(정치학과), 조철제(정치학과)와 3학년생이었던 조홍래(정치학과), 박경서(사회학과, 과회장)의 역할도 적지 않았다. 문리과 대학외의 여타 대학의 경우 인근 소재 의과대학의 운영위원장이었던 신오철(4학년)과 수의과대학의 운영위원장이었던 이우재(4학년)가 적극적으로 참여하였다.

긴장된 속에서 시위준비를 위한 작업을 열심히, 그리고 분주하게 하고 있었다. 4월 18일 오전 11시경 그 이틀 전에 은밀히 만나 행동 보조를 같이 하도록 노력하자고 했던 고려대학교 학생 두 사람이 헐레벌떡 달려 왔다. 고려대 학생들은 신입생환영회가 있는 당일 오후 1시를 기해 시위를 감행한다는 것이었다. 예정했던 시위 날짜를 그 이튿날로 앞당겨야 한다고 판단하고 준비를 시급하게 서둘렀다.

밤늦게까지 정치학과 합동연구실에서 동료들과 함께 선언문 격문 구호 등의 인쇄와 플래카드 등의 작성을 끝내고, 다른 학우들을 다 귀가시킨 후 동료 한사람과 함께 밤을 지새우면서 지키려하다가 순시하던 대학 경비원에게 들키고 말았다. 거사를 위해 묵인해 줄 것을 간곡히 요청했지만, 경비원들은 우리를 대학본부 수위실로 데려가 밤을 지새우도록 강요하면서 대학당국의 상사에게 상황을 보고하였다. 다행히 4월 19일 새벽에 일단 귀가하도록 허용되었다.

학교는 이미 정치학과 합동연구실을 봉쇄하고 출입을 통제하고 있었다. 각 대학의 게시판에는 격문을 부치도록 하고 유인물들을 배포시키면서 학생들을 교정에 집결토록 하였다. 9시경 갑작스럽게 학교 밖의 길거리에서 함성이 터졌다. 대광고등학교 학생들이 일찍 서둘러 시위를 감행하여, 우회로를 거쳐 혜화동 로타리를 거쳐 문리대 앞으로 당도하였던 것이다. 이들의 시위와 함성으로 자극을 받아 더욱 서두르지 않을 수 없었다.

시위대열은 학장의 간곡한 말씀을 들을 겨를이 없이 교문을 박차고 거리로 뛰쳐나갔다. 거리에 진출하는 즉시 대기하고 있던 진압경찰관들과의 충돌이 시작되었다. 이에 대한 투석전을 감행하면서, 종로 4가 부근의 동대문 경찰서 앞에서 선두는 이마와 팔에 곤봉세례를 받으면서 체포되었다. 수십 명의 학우들이 붙잡혀 경찰서보호실에 연금되어 있던 동안, 시위대들은 다른 학교의 학생들과 합류하여 당시 국회의사당 앞에서 선언문 구호 등을 외치면서 연좌의거를 계속하였다.

　열기가 고조되고 시위대의 세가 확장됨에 따라, 시위대열은 권부의 중심인 당시 경무대로 방향을 잡아 노도와 같은 시위를 계속 감행하였던 것이다. 구금되었던 사람들은 다행히 세 시간 뒤에 석방되어 앞서간 시위대를 따라 경무대 입구로 달려갔다. 그 곳에는 최루탄과 실탄사격이 기다리고 있었지만, 그러나 반갑게 합류한 동료들과 함께 기세를 드높이며 목이 터져라 절규하였다. 당초 평화적으로 국회의사당까지 행진하면서 주장을 만천하에 밝히자는 것이 일차적 목적이었지만, 사태는 계획과 예상을 크게 넘은 엄청난 규모로 확대되었다. 모든 국민의 마음 한 곳으로 결집된 위대한 국민대중의 힘이 거대한 폭발로 나타났던 것이다. 거리는 온통 흥분과 절규의 격랑 속에 휩싸여 그 누구도 이를 제어할 수 없는 상황이 전개되었다. 총탄에 쓰러져 피에 젖은 학우의 시신과 부상자들을 들것에 실어 나르거나 피 묻은 옷자락을 휘두르면서 차를 타고 질주하는 시위군중도 있었고, 하얀 가운을 입은 채 사상자들을 도우면서 행진하는 의과대학생들의 모습도 눈에 띄었다. 분노한 시위대는 서울신문사와 통의동 파출소 등을 불태우고, 이기붕의 집을 부수는 등 방화와 폭력사태도 빚어졌다.

　이러한 소용돌이 가운데서도 당시 광화문 네거리 근처에 세워져 있던 맥아더장군의 동상에는 누구인가에 의해 큼직한 화환이 걸어졌고, 이에 대해 시위군중은 박수를 보내기도 했다. 북한의 남침을 막고 이를 격퇴시켜준 그의 공로에 대한 국민의 고마움과 한미우호관계를 확인시켜 준 행위였다고 볼 수 있다.

　급기야 선포된 계엄령으로 軍隊의 위압적 진압으로 전국은 비상계엄사태로 정적 속의 긴장에 싸이게 되었다. 당시 성균관대학교 총장실에 모인 각 대학교 대표들은 계엄사령부로 찾아가 사령관이었던 송요찬 장군을 만나 사태의 원만한 조기수습을 위해 각자의 의견을 나누었다.

서울대학생들의 시위참여자 대표로 당시 정치학과 2학년생이었던 조호영과 윤식이 함께 참여하여, 첫째 당초 우리의 의도는 평화적이고 비폭력적으로 우리의 의사를 시위를 통해 당당히 밝히려 하였던 것인 만큼 시위의 주모·주동자들을 검거하거나 처벌하지 말 것, 둘째 계엄사령관이 말한 대로 군은 정치적으로 엄정한 중립을 지켜야 함이 마땅하나 사태의 근본적인 해결을 위해서는 정치적인 결단이 필요하므로 애국적 차원에서 이를 위해 계엄사령관이 노력해 줄 것, 셋째 4월 19일을 전후해서 희생당한 학생과 일반국민을 위한 합동위령제를 학생들의 주최로 가급적 조속히 가질 수 있도록 최대한의 편의와 협조를 제공해 줄 것 등을 간곡히 요청하였다.

2) 서울대 각 단과대학의 시위

지금까지 서울대학교의 종합적인 4·19약사는 없었다. 4·19 당시 공식적인 전국 대학생의 수는 약 15만 명이었다. 이중 서울대 학생 12,000명은 8%이며, 청강생 명목의 부정입학생을 합치면 약 20만 명으로 추정이 된다. 서울의 대학생을 그 절반으로 보면 4·19 당시 서울 대학생 시위대의 약 15%이상을 차지한다. 서울대 학생들이 문리대의 일부학생을 제외하고 대부분 서울대학교 단과대학 교정에 4·19 희생자 기념비는 세운 채 4·19 공헌 포상을 신청하지도 않았다.

당시의 주모자들이 앞에 나서기를 머뭇거리는 것이 사실이었다. 그 이유는 4·19 민주혁명의 평가를 폐쇄적이고 1차원적으로 하느냐(예: 민주주의만 완성하면 조국의 모든 문제는 다 해결된다), 또는 조국의 선진화라는 다차원적 차원에서 평가하느냐의 견해 차이에서도 왔다.

그러나 이제 서울대의 4·19 관련사를 더 늦기 전에 밝혀야할 때가 되었다고 생각한다.

4·19 민주혁명이후 일부 대학생들은 1년 내내 국회의사당 난입 등 데모의 왕국을 주도하여 장면정부의 손발을 꽁꽁 묶어놓고 성급히 "가자 북으로, 오라 남으로"라고 외치며 당시 경제성장과 국제사회의 위상과 군사력이 우리를 압도하는 상항에서 혼란의 극치를 만들고 있었다. 그러나 이러한 성급한 이상주의를 많은 서울대 4·19 세대는 찬성하지 않았다. 4·19 직후 허정 내각과 장면정부는 무능 부패한 경찰관과 공무원을 대체하여 "학사경관," "국토재건대원,' "신규 공무원"을 채용하였으며 여기에 압도적으로 많은 서울대 4·19 세대가 편입되었다.

박정희 장군의 군사쿠데타와 민주주의의 일시유보 론에는 찬성하지 않았지만 그의 "민족국가의 초석은 '부국강병'이다" "조국근대화가 시급하다." 라는 명제에 적극 찬성하고 정부 내에서 뿐만 아니라 정부 밖에서 정치, 경제, 산업, 문화, 교육계에서 적극 협조한 이들이 절대 다수의 서울대 4·19 세대들이다.

3·15 자유당 부정선거와 김주열군의 비참한 시체의 발견, 4·18 고대생들의 평화로운 시위대를 습격한 종로4가 정치깡패의 만행에 분개한 학도호국단 공대 부위원장이며 대학신문 기자였던 화공과 3학년 이태섭은 기계과 3학년 김정중, 지규억 등과 협의하여 4월 19일 오전 10시경 공대생 500여명을 인솔하고 홍능 캠퍼스에서 도보로 "부정선거 다시하자," "경찰은 평화로운 시위에 총부리를 겨누지 마라," 등 구호를 외치며 1시경 청량리에 진출하였다. 그러나 곤봉과 물대표로 제어하는 경찰대에 밀려 해산하고, 각자 시내에 진출하여 시내도처에서 서울대 시위대에 합류하여 시위를 하였다. 1주일 내내 맹렬한 시위를 하였다. 주도자 이태섭은 대학본부 대학신문사에 들

려 서울대 시위대가 경무대까지 진출한 것을 알고 그리로 가서 합세 시위를 하면서 취재도 하여 대학신문에 상세히 보도하였다.

또한 4월 25일 교수데모를 밀착 취재하여 대학신문에 보도하였다. 이태섭은 4·19 직후 방한 한 미국 아이젠하워 대통령과 학생혁명 대표로 조찬회동을 하여 4월학생민주혁명을 설명하고 그 역사적 의의를 역설하였다. 그 후 1960년도 공대 학생회장, 1961년 서울대 총학생회장으로 피선되어 장면정부에 4·19. 포상계획구상을 적극 진언 하였으며, 4·19이후 사회혼란을 수습하기위한 학생운동을 활발히 전개하였다. 그 후 미국 MIT 공학박사를 수여 받은 후 과기처장관으로 한국최초의 4메가 D램개발 및 남극과학기지 건설 등을 적극 주도하여, 한국 역사상 최초로 선진국형 기술을 획득하는데 결정적인 역할을 하였다. 4선 의원으로 과학기술과 정치를 접목시켜 국가의 과학기술 발전정책 수립에 기여하였다. 공대 교수로 보훈을 받은 이는 김재국 교수이다. 이태섭은 2012년 12월 이래 4·19 바로 알리기 운동연합 상임대표이다.

미술대학 응용미술학과 3학년 대표 김덕겸과 4학년 대표 부수언, 이동찬, 김효, 유재국등이 회화가 고순자(사망)와 함께 미대생 3~4학년 남녀 약 40여명과 1, 2학년 약 150명과 함께 부정선거, 장기독재, 경찰과 정치깡패의 폭행을 규탄하며, 교정을 나와 종로 광화문을 거쳐 경무대 앞까지 진출하였다. 타대학생과 고등학생과 함께 시위를 하였으나 경무대 경찰관의 사격으로 고순자양이 사망하고 미대생들도 분산되었다. 미대생들은 1주일 내내 타 서울대생들 및 타대학생들과 시위를 하였으나 이승만 대통령의 하야로 중단하였다. 부수언은 서울대학교 미술대학의 학장을 역임하였다. 교수데모로 보훈을 받은 교수는 구경서, 송병돈, 김종영 교수 3명이다.

서울대 법대 4·19 주역 중 절대 다수가 공무원, 금융계 및 재계의 중

진으로 활약하였으나 4·19 주역으로 거명되는 것을 거부하고 있다.

　4·19 당일 첫 수업 시 인근 문리대생들이 창밖에서 시위 동참을 호소해와, 쾌히 응하였다. 법학과 2학년대표 홍응식(현재 사망)과 거명을 거부하는 수명의 동과 2학년 대표들이 약 300명의 1~2년 학생과 함께 종로 광화문을 거처 경무대까지 진출하였으며 1주일 내내 시위를 하였다. 4·19 당일 1학년 학생 박동훈군이 시위과정에서 사망하였다.

　2학년 학생대표이며 대학신문 기자였던 홍응식은 4·19 이후의 사회혼란을 막고 선진국형 학생운동을 구축하고. 학생운동의 국제화를 위하여 국제학생협회(ISA-Korea)를 창립하였다. 동급생 송영식(아웅산 테러당시 버마 총영사 전 호주대사)와 후배 정태익(전 대통령실 외교안보수석 전 러시아 대사), 유명환(전 외무부 장관)과 함께 한국최조의 아세아 학생대회를 개최하고 학생대표를 해외로 파견하는 등 학생운동의 선진화와 국제화 운동을 전개하였다. 당시 문리디 재학중이였던 반기문 현 유엔사무총장도 동 협회 회원이다. 법대교수로 보훈을 받은 이는 배재식, 인영환, 김증한, 정희철 교수 등 4명이다.

　서울대 농대, 의대, 사대, 수의과대등의 데모사례는 보고되었으나 주모자가 나서지 않고 있으며 많은 분이 이민을 갔고 또 사망한 것으로 추측이 되고 있다. 단 4월 25일 교수데모가 대학본부에서 출발하였으며 가장 많은 보훈자를 배출한 사대는 윤인호, 더웅직, 정범모, 정연태, 김계숙, 김상호, 김준민, 최기철, 최재희 교수등 9명이 있다.

3) 4·25교수단 시위와 이대통령의 하야와 질서회복

　4월 25일에 벌어졌던 교수단의거는 '학생의 피에 보답하자'는 플래카드를 선두로 감행되었다. 다시 거리에 몰려 이에 합세한 학생과 시민들의 시위는 이튿날 새벽이 될 때까지 온 거리를 누비었고 일부 분노한 거리의 젊은이들은 탈취한 버스와 트럭 등을 타고 질주하면서 동대문경찰서와 정치깡패의 소굴을 불태우기도 했다. 25일 오후를 기해 다시 연장 실시된 통금시간에 묶여 그날 밤 집에도 못가고 친구 집에서 하루 밤을 지새웠다. 26일 마침내 이승만 대통령의 하야로 독재정권 타도의 목표가 달성되었다.

4월 26일부터 無力化된 경찰을 대신하여 거리의 질서를 회복하는 데 앞장섰다. 자유와 정의를 바탕으로 하는 법과 질서의 회복과 새로운 건설을 위함이었다.

4·19혁명 또는 4월혁명을 통해 전국적으로 186명(3·15 마산의거 이후의 희생자 포함)이 사망하였고, 6,026명이 부상당한 것으로 혁명 직후 집계되었다. 그 후 중상자의 작고 등으로 현재 서울특별시 강북구 수유4동 산9-1 등 소재 '4·19국립묘지'에는 285기[51]의 묘가 있고 遺影奉安所에는 그들의 影幀이 안치되어 있다.

당시 희생된 서울대학교 학생들은 다음과 같다:

고순자(미대), 김치호(문리대), 박동훈(법대), 손중근(사대), 유재식(사대), 안승준(상대)이었으며, 각 대학에 기념탑이 세워져 있다.

4) 학생운동과 국가유공자

당시 각 대학교의 시위학생 대표들은 혁명의 성공적 마무리를 위해 "4·19의거 학생대책위원회"를 구성하여 희생자들의 합동위령제를 준비하는 등 작업을 위한 협의를 진행하였다. 이 모임에는 신오

---

[51] 유공자 포함, 2010년 2월 27일 기준.

철, 윤 식, 김광, 김동한, 구제민, 김규복, 옥순용, 계봉구, 임종식, 김관홍 등이 참여한 것으로 알려져 있다.

한편 4월 26일 이후 학원으로 복귀한 학생들은 학도호국단을 폐지하고 진정한 의미의 학생자치 조직으로서 학생회를 조직하였다. 8월말까지 약 4개월 임기의 학생회장과 9월부터 시작되는 1년 임기의 학생회장을 구태를 청산한 쇄신된 분위기에서 공명하고 합리적인 방식으로 선출하였다. 올바른 민주주의의 추진세력으로서 학원에서부터 민주국민으로서의 자질을 스스로 키워 나가며 몸소 실천해야 한다는 새로운 자각과 다짐이 있었다. 그러나 한편 상당수의 학생들은 일상적인 학원생활에만 안주할 수 없다는 생각에서 국산품 애용과 외래 사치품 배격 등을 내세우면서 '신생활 운동'을 전개하기도 하였고, 총선기간을 통해 전국으로 흩어져서 공명선거와 정치풍토개선을 위한 국민봉사활동을 전개하기도 하였다.

또한 일부 학생들은 자립경제달성을 촉진하기 위한 학생조직을 만들기도 하였고, 한미관계를 보다 대등하고 평등한 관계로 고쳐나가야 한다는 생각에서 '한미행정협정'과 '한미경제협정'의 내용을 개선하도록 촉구하기 위한 집회와 시위를 전개하는 한편, '남북한 서신교환' 건의 등 보다 적극적인 남북교류의 촉구와 대북정책의 적극화, '남북한 학생회담'의 제의 등 활동을 전개하기도 했다.

이와 같은 일련의 학생운동은 참다운 자유와 민주주의의 신장과 함께 민족의 주체성과 민족정기의 확립, 대외의존적 정치·경제체제로부터의 탈피와 자립경제의 달성 및 경제발전의 촉진 등을 위한 간절한 열망, 그리고 민족통일에의 염원 등이 젊은 학생들의 마음속에 응어리져 있었음을 나타낸 것이었다.

4월혁명에 참여한 공로로 포장을 받은 자는 32명으로, 금유식, 김광, 김덕창, 박실, 안병규, 양성철, 오동휘, 유세희, 이장춘, 주낙서,

강경선, 고영수, 김명, 김수자, 김현규, 노흥권, 배부성, 백영헌, 부현일, 서정복, 심재택, 유진, 이정수, 이종상, 이청수, 정병조, 정철기, 조영헌, 최광철, 최인환, 황건, 황할원 등이다.
　2012년도 4·19혁명 유공자 포상자는 6명으로, 공로자 김신웅, 심상석, 김화영, 한경수, 최영상, 박한수이다.

13. 성균관대학교

　1960년 4월 19일 오전 11시가 가까워지자 등교한 학생들은 누구의 발언이나 권유도 없이 일제히 석조전 앞에 모여들기 시작했다. 이때 석조전 앞 언덕 위를 정치과 4학년 학생이 올라섰다. 그리고 미리 작성하였던 선언문과 결의문을 낭독하기 시작하였다.
　"우리의 이 평화적인 시위는 어느 누구도 막을 수 없다. 우리는 불의에 항거하며 정의를 쫓을 따름이다. 오직 민주대한의 번영을 위하여 나섰다"라는 선언문을 읽고 뒤이어 "3·15 선거는 사상 최대, 최악의 선거였다", "정·부통령 선거를 다시 하라", "학원에 자유를 달라", "민족정기는 살아 있다"라는 등의 6개 조문의 결의문을 낭독하기 시작하였다. 약 2,000여 명으로 추산되는 학생들은 동 결의문과 선언문을 소리 높여 뒤따라 낭독하였다.
　이어서 문리대, 법정대, 약대에서 강의가 시작되는 것을 기다리던 학생들은 일제히 가방을 옆에 끼고 석조본관 앞 운동장으로 물밀 듯이 모여들었고, 도서관에서 공부하던 학생들도 가방을 가진 채로 모였다. 약 3,000여 명의 학생들은 정치과 학생들을 선두로 하여 스크럼을 짜고 교문으로 향하였다. 이때 교문은 닫혀 있었으며, 의거에는 아무도 간섭하지 못하고 방관할 뿐이었다. 이때 교문을 뛰어나가거나 부수려는 학생도 있었다. 이 광경을 본 수위실에서는 교문을 열었고, 학생들은 환성을 울리면서 명륜동 입구를 무난히 통과하였다. 이 때 명륜 다방에는 동대문 경찰서 형사대 및 사복경찰관이 파견되어 있었으나, 데모대를 막지는 못하였다. 데모대는 명륜동 전차 길에 이르러 창경원 쪽으로 코스를 잡으면서 "3·15선거를 다시 하라", "정부는 마산사건에 책임져라", "민주주의 바로잡아 공산침략 막아내자", "학원에 자유를 달라"는 등의 구호와 군가 및 호국 단가를 소리높여 외치면서 질서정연하게 행진하였다.

11시 20분, 창경원 앞을 통과할 때 교통순경 수명이 있었으나 그대로 방관하였다. 그런데 마침 창경원으로 벚꽃놀이를 가던 수백 명의 시민들이 박수갈채로 성원하였다. 계속 시민의 성원을 받아가며 돈화문에 이르렀을 때에는 11시 30분이었으며, 거기에는 학생 데모대의 선두는 방향을 꺾어 종로3가 방향으로 나갔다. 의거대의 선두가 "경찰국가 배격하라", "3·15선거는 불법이다"라는 구호를 외치면서 종로3가를 지나서 구보로 광화문에 이르렀을 때에는 11시 50분경이었다. 거기에는 이미 먼저 나온 다른 학교 의거대가 집결하여 환성을 울리고 있었다. 광화문 로터리에서 잠깐 멈추다가 국회의사당으로 가자는 의견과 경무대 쪽으로 가자는 의견이 대립되었으나, 발길은 모두 경무대 쪽으로 향하고 있었다.

그러나 선두가 경기도청(현 문화부·공보처 북쪽 공원) 앞에 이르렀을 때 다른 학교 데모대가 경무대 쪽으로 향하고 있었으므로, 성균관대의 데모대 1,500여 명은 서대문 이기붕의 집으로 향하였다. 서대문 로터리에 이르렀을 때 미리 대기하고 있던 소방차 3대가, 평화적으로 질서 정연히 움직이고 있는 성균관대 학생 데모대를 향하여 붉은 물감을 탄 물을 사정없이 퍼붓자 온순하던 학생들은 흥분하기 시작했다. 모든 의거 학생들은 길 양편으로 비켜서면서 투석을 시작하였다. 10여 분의 물세례와 투석의 공방전 속에서 학생 3명이 부상을 입었고 더 버틸 수 없었던 소방차는 신문로 쪽으로 달아났다.

흩어졌던 의거대가 함성을 지르며 다시 정렬하여 이기붕의 집 정문에 '살인선거 규탄한다.'는 플래카드를 걸어놓고 농성을 시작할 때는 12시 5분경이었다. 붉은 물감세례를 받은 학생들은 마치 피로 칠해진 것같이 보였다. 학생들은 길바닥에 주저앉고 나머지는 양편 인도에 서서 "빼앗긴 민권을 도로 찾자", "우리의 평화적 의거를 막지 말라", "태극기에도 붉은 물감을 뿌린 놈은 역적이다"라는 구호를 외치고 애국가를 목청껏 불렀다. 또한 학생 데모대는 "3·15선거를 다시하고 마산사건에 책임을 지며 학원에 자유를 달라"라는 강력한 요구를 하였다.

그리고 의거대중 일부는 국회의장 공관 대문에다 '성균관대학교' 및 '3·15 선거단'이라는 붉은 글씨의 플래카드를 걸어놓고 만세를 외치는가 하면, 우창영 군은 '공명선거를 실시하라'는 혈서를 두 차례에 걸쳐 써서 의거대의 사기를 북돋았다.

그런데 공관 경비원으로 보이는 한 사람이 경찰에게 '데모대의 주모자가 이중에 있는 것 같다'고 하는 말을 들은 기자가 학생들에게 그 얘기를 전달하자, 흥분한 학생들이 데모대를 진압시키러 온 고급 경찰들에게 돌을 투척, 경찰은 곧 퇴각하였다.

1시 정각 성균관대 학생처장의 '학교로 돌아가도록 하라'는 지시에도 불구하고 얼마 동안 더 농성을 계속하던 데모대는, 1시 10분경에야 대오를 정돈하기 시작하여 붉게 물든 태극기를 앞세우고 물감으로 붉어진 얼굴들로 구호와 군가를 외치며 되돌아오다, 2차 데모대가 대오를 정리하여 동대문서에서 검거된 학생을 석방하기 위해 광화문과 종로 1가, 2가, 3가를 지나 4가 동대문경찰서 앞에 집결하여 앞서 무조건 구금한 학생을 석방하라고 요구했다. 그때 경찰서에 다녀온 학생대표가 "구금된 학생들은 모두 손우성 문리대학장이 석방시켜 데리고 나갔다"하기에 데모대는 을지로 쪽으로 향하기 시작했다.

구호를 외치며 내무부 앞 노상에서 다시 농성에 들어간 때는 1시 55분경이었다. 이때 학생 데모대는 "살인경찰", "경찰깡패"를 연호하고 있었다. 이런 중에도 시민들은 도로변의 창들을 열어 놓고 혹은 길가에 서서 계속해서 박수와 격려를 보내고 있었다. 15분간 농성하던 학생들은 시청 앞으로 해서 국회의사당으로 다시 행진을 시작하였는데, 그때 부상자를 실은 앰뷸런스가 지나는 것을 볼 수 있었다. 의사당 앞에서 고려대를 비롯한 여러 대학교가 농성을 하고 있는 것도 볼 수 있었다.

계속해서 성균관대 학생데모대는 광화문 로터리를 거쳐 중앙청 광장에 이르러 여러 데모대들과 합세하여 기세를 올리다가, 2시 40분경에는 되돌아 흥분된 표정으로 국회의사당 앞으로 갔다. 의사당 맞은편에 자리 잡고 있는 서울신문사에 들어가는 데모대를 몇몇의 학생들이 저지하고 있었으며, 얼마의 흥분한 학생들은 투석을 하기도 하는 것이었다. 그러나 여전히 의거의 주류는 시청 앞을 3시 2분에 통과하고 을지로 입구에서 종로 쪽으로 방향을 바꾸었다. 종로 입구에서 두 대의 소방차가 길목에서 지키고 있었으나 물세례를 퍼붓지는 않았다.

3시 30분 의거학생들은 일당독재를 자행하여 민원을 짓밟아 온 자유당 중앙당사로 가자는 논의가 있었다. 이때 "우리는 어디까지나 평화적 의거이니 이제 학교로 돌아가자"고도 했으나, 의거의 노도는 이미 자유당 당사로 밀려들어 약간의 투석으로 몇 개의 창들을 깨뜨렸다. 다른 학교 학생들이 밀려들어오자 데모대는 후퇴하여 3시 43분 안국동, 3시 49분 비원 입구를 통과하여 4시 5분에 우렁차게 애국가를 부르면서 전원 무사히 귀교하였다.

학생들이 귀교하자 5시 15분에 이선근 총장은 학생들에게 담화를

발표하였다:

"우리의 조국은 우리가 지켜야 된다. 이런 때일수록 너무 흥분하면 위험할 것이다. 학생제군은 냉철한 이성으로써 법과 질서를 존중하여 지성인다운 행동을 하여 주기 바란다. 조국의 운명이 위태로운 이때 조국의 안위와 질서유지는 위대한 학도의 힘으로서만이 보장할 수 있으며 학도의 열이 나라의 위태로움을 막을 수 있으니 양단된 국토의 실정을 파악해서 이러한 행동이 이적행위가 되지 않도록 노력하여주기 바란다. 지금까지 제군의 행동은 일체 총장이 책임을 지겠으니 이후에는 냉정한 판단으로써 도의질서를 존중해서 성균학도답게 행동하여 선포된 계엄령의 중대한 사실이 하루빨리 해제되도록 질서를 유지하고 지성인다운 행동을 하여 주기 바란다."

이날의 시위에 경찰들이 경무대 앞, 내무부 앞 등에서 무자비하게 발포를 하여 수많은 학생들이 피를 흘리며 쓰러졌고, 성균관대생 송호(국3), 공전조(2부 법2), 강정헌(2부 상1), 강상수(행1), 이상조(2부 법2)가 총상을 입었다.

20일에는 의거에 관련된 학생들의 석방요구 등 문제를 토의하기 위하여 5개 대학 총장이 세종로 대한교육연합 회의실에서 회합을 가졌으며, 21일에도 성균관대 총장실에서 서울대, 고려대, 연세대, 경희대, 성균관대 총장이 모여 수습책을 논의하였다.

그러나 자유당 정부는 오히려 비상계엄령을 선포하고 이승만 대통령은 이기붕을 정계에서 은퇴시키고 책임내각을 구성하겠다는 것을 발표하였을 뿐 대통령이 모든 책임을 지겠다는 말은 끝내 하지 않았다.

이에 1960년 4월 26일 성균관대는 다시 의거를 감행하여 애국가를 부르면서 4시 45분경에 무사히 학교로 돌아왔다. 학교로 돌아온 학생들은 명륜당 앞에 모여서 이선근 총장과 손우성 문리대 학장의 담화를 듣고 각각 집으로 돌아갔다. 성균관대 이정규 교수를 비롯하여 다수의 교수들이 서울 시내 각 대학교 교수들과 미리 연락을 하자 4월 25일 하오 3시를 기하여 약 200여 명의 교수가 모인 서울대 교수회관에서 회의가 시작되었으며 시국선언문 14개 항목이 발표되었다.

교수단 총회가 끝나고 5시 45분 성균관대 변희용 교수와 연세대 권오순 교수가 선두에서 플래카드를 들었으며, 200여 명의 교수가 그 뒤를 따르는 교수단 의거가 시작되었다. 서울대학교를 출발한 의거대가 종로→을지로입구→미국 대사관 앞을 지나 국회의사당 앞까지 왔을 때는 많은 시민들과 학생들이 뒤를 따르고 있었다. 이날 교수단의 의거대는 국회의사당 앞에서 해산되었다. 그러나 다음날 학생들과 시민들의 의거는 다시 계속되었다. 드디어 그 26일 10시 이승만은 하야를 결의하고 재선거를 약속함으로써 4·19는 마침내 성공을 거두게 되었다.

26일 의거에서도 많은 학생들이 피를 흘렸고 이날 김경태(경4), 한준호(2부 경3)가 부상을 당하였다.

4월 26일부터는 성균관대생들도 길거리를 쓸고 교통정리를 하기 시작하였고, 27일에는 마비상태에 빠진 경찰기능에 대비하기 위하여 계엄사령부에서 대학생들의 협력을 요청하자 이에 성균관대학 학도호국단에서는 서울시경에 본부를 두고 시내 요소요소에 외무반 학생들을 배치하여 교통을 정리하도록 하였다. 내무반 학생들은 각 경찰서에 배치하여 타 대학의 활약하는 상황을 청취 보고하도록 하는 한편, 계엄사령부와 치안국의 지시사항을 전달 또는 선무반을 조직하여 호소문 살포, 마이크를 통한 선무공작에 전력하였다.

한편 이날 질서유지에 헌신하는 학생들을 격려 위문하기 위해 법정대학 학장을 비롯하여 전 교무과장, 학생과장이, 그리고 미력이나마

비용에 보태 쓰라고 하면서 금일봉을 학생대표에 의뢰한 강문웅 교수가 다녀갔다. 신철회 동창은 "기울어져가는 조국의 운명을 부활하느라고 수고했다"고 하면서 금일봉을 기탁하였다. 또한 '정정회'에서는 김지자 선생과 대표 학생이 위문 격려 방문하여 쥬스, 계란 등을 전달하였다. 학생들은 이날 오후 7시까지 사태수습에 전력하였다.

한편 학생들은 선무반을 조직하고 호소문을 살포하며 마이크를 통한 선무활동에 노력하였다. 학도호국단에서는 4·19에서 부상당한 학도를 위문하기 위하여 간부 전원이 4월 23일부터 가두모금운동을 전개하여 모금된 71만8천 환을 이완수(학도호국단 총학생위원장) 군을 대표로 하여 4월 30일에 한국일보사에 기탁하였고, 2부 학생들도 4월 20일부터 가두모금을 하여 동아일보사에 기탁하였다.

당시 4·19혁명 학생대책위원회 위원으로는 차상숙, 이승만, 이완수, 박병일, 구범회, 이항우, 김병태, 김경애, 유덕희, 박창홍 등이 활약하였다. 성균관대의 4·19혁명에 참여한 공로로 국가로부터 보훈을 받은 자는 11명으로, 그 성명은 방조영, 이승만, 이완수, 이항우, 임무웅, 최영하, 최정택, 한호상, 공전조, 신재홍, 최동화 등이다.

14. 숙명여자대학교

학생들이 꽃 같은 청춘을 바쳐 독재타도를 외치며 경찰의 무자비한 발포에 쓰러져갔지만, 몰염치하고 권력에 연연한 이승만 정권이 그의 퇴진에 대한 결정을 내리지 못하고 여전히 정권연장에 연연하고 있을 때였다. 1960년 4월 25일 서울 시내 각 대학교수들이 정석해교수와 이희승교수를 필두로 하여 '학생들의 피를 보상하라'는 플래카드를 들고, 동숭동 서울대 앞에서부터 출발하여 시청 앞으로 진출하였다. 이 대열에 숙명여대에서도 정요석, 한용희, 이문환, 서광순 교수 등이 참가하였다.

　자유당 정권이 무너지고 민주화가 진전되자 그 여파는 숙명여대에 파급되어 1960년 5월 12일 오전 10시, 일부 강경파 학생들이 갑자기 총장실에 몰려와 총장 배척의 구호를 외쳤다. 당시의 이유는 ① 총장이 3·15부정선거에 관련이 있다. ② 학교행정이 독재적이다 등의 8개 항목이었다. 그리고 곧바로 연좌시위에 돌입하였던 것이다.

　일부 소수 학생들의 행동이었으나 이것이 다음날 오후 1시까지 계속되자, 곧 기성세대에 대한 불신감으로 이어져서, 시대적 추세를 타고 많은 학생들의 호응을 얻게 되었다. 사태가 이에 이르자 김두헌 총장은 5월 31일 사표를 제출하였다. 재단 측은 총장의 사표처리 문제를 놓고 수차례에 걸친 논의 끝에 6월 5일 사표를 수리하였다.

　김두헌 총장의 사퇴에 따라 학교 보직자도 도의적 책임을 지고 총사퇴하였다. 이에 따라 이사회는 교무처장에 곽종언, 학생처장에 표경조, 문리대학장에 정두석, 정경대학장 이문환, 음악대학장 김세형, 약학대학장 박수선, 도서과장 김이청을 임명하였다. 그리고 신임총장이 선출될 때까지 교무처장이 총장 직무를 대행케 하였다.

　1960년 6월 3일 재단이사회는 이사장 및 이사진을 대폭 개편하였다. 이전 이사장 이기붕의 후임에 성의경을 추대하고, 정풍식, 윤우경, 고재봉 이사의 사표를 수리하고, 후임으로 최현배, 고재욱, 최정신 3인을 새로 선출하였다.

　당시 4·19혁명 학생대책위원회 위원으로는 한경자, 성기남, 최완주, 김인숙, 윤우자, 이영자, 이종례, 한계일, 석영순, 윤명자 등이 활동하였다. 숙명여대에서는 아직도 국가유공자가 발견되지 않고 있다.

15. 숭실대학교

1960년 4월 18일 고려대학교 학생시위대가 자유당이 동원한 불량배들의 기습, 폭행을 당하여 많은 부상자를 낸 것이 서울과 지방대학 학생들의 반정부 의거를 촉발하는 직접적인 동인이 되었다. 이튿날인 4월 19일 숭실대 학생들은 서울의 몇 개 대학에 연락이 이루어져 일시에 시위할 것을 약속하고, 19일 등교와 동시에 교내시위를 벌이고 시가로 뛰어나가 시위를 벌였다.

숭실대학은 기독교 이념에 따라 세워진 학교이다 보니, 의거의 현장에 나가기보다 기도로써 현 상황을 극복해 나아가자는 입장이었다. 그러나 김순경(사학과 58학번)은 학교 채플시간 전에 사학과 임시 총회를 열었을 때, 철학과 학생들도 동참하여 4·19혁명에 참가할 것을 만장일치로 결정하였다. 4월 19일 오후 2시 조창도, 이계선, 김창석, 지정달, 윤혜득, 정용환, 김순경 등이 주동이 되어, 서울 시내 대학연합시위에 참가하고자 학교를 출발하였다. 사학과 학생회장이었던 김순경은 같은 과 학생 10여명을 이끌고 의거하기 위하여 학교교정을 나갔고, 당시 체육부장 이었던 윤혜득도 40여명의 학생들을 이끌고 반정부시위의거에 참여하였다.

당시 숭실대학교에는 영어영문학과, 철학과, 사학과, 법학과, 경제학과 등 5개 학과가 있어 재학생이 고작 400여 명이었던 상황에서, 재학생 총수의 약 1/10 이상이 4·19혁명에 동참한 것이다. 당시 재학생의 절반인 200여 명이 학교의 기숙사 생활을 하고 있었기 때문에, 숭실대 시위자의 대부분은 기숙사 생도로 구성되어 있었다.

당시 학도호국단 총 학생위원장 조창도는 연합궐기 계획의 주동인물로 활동하며 치밀한 계획을 수립하였으나, 연합궐기 계획이 사전에 누설되어 각 대학들의 행동이 일치하지 못하였다. 그러자 각 대학들은 시간적으로 차질을 일으키게 되었고, 숭실대도 그 출발이 늦어지고 말았다.

오후 2시 학도호국단이 주동한 숭실대생의 시위는 노량진을 거쳐 서울역 앞까지 진출하였다. 이때 서울역까지 진출한 인원은 약 40여 명에 불과하였다. 인원이 적어진 것은 오전에 몇 개 대학의 궐기 뉴스를 들은 숭실대생들이 개별적으로 시위에 참가하였기 때문이다. 결국 수적으로 열세였고, 이미 경찰병력이 남대문 통로를 차단하고 무차별 사격하여 왔으므로, 숭실대 시위대는 서울역 앞에서 해산 당하였다. 그러자 산발적으로 골목길을 택하여 광화문 쪽으로 진출하였다.

숭실대생들은 시내 각지에 흩어져 시민과 함께 시위를 하게 되었는데, 이 중 몇 사람은 희생의 제물이 되고 말았다. 시위에 참가했던 학생 중 김창섭(사4)은 총탄에 맞아 현장에서 사망하였고, 지정달(사1)은 다리에 총탄을 맞았다. 이날 김창섭은 광화문 네거리에서 트럭에 올라 시위대의 선두에서 부정을 규탄하던 중, 경찰의 무차별 사격으로 허리에 관통상을 입고 현장에서 절명하였다. 한편 지정달은 태극기를 흔들며 당시 대통령 관저인 경무대를 향해 시위하다가, 경무대 입구에서 다리에 4발의 총상을 입고 성모병원에 운반되어 치료를 받아 생명을 건졌다.

김창섭은 전북 금산군 남이면 흑암리에서 출생하여, 1956년 금산농업고등학교를 졸업하고 동년 대전대학 영문학과에 입학, 1959년 숭실대학 사학과 3학년에 편입하여 이날에 이르렀던 것이다.

김창섭의 장례는 1960년 4월 22일 농사를 짓고 있는 부모를 비롯하여 유족들과 학생들이 모인 가운데 학교장으로 과학관 앞에서 거행되었다. 그리고 5월 4일 오전 10시 50분에 강당에서 추도식이 거행되었다. 이날 추도식에서 학생대표는 "……'잘 살기보다 잘 죽어라!'는 성현의 말씀과 같이 그는 훌륭하게 죽어갔습니다. 불의와 부정을 보고 참을 수가 없어서 분연히 궐기하여 마침내 젊은 피를 뿌리어 새 역사를 일으키고야 말았습니다…….'라는 요지의 추도사를 낭독하며 먼저 간 학우의 명복을 빌었다.

한편 재학생들은 '고 김창섭 동지 순국 기념 사업회'(회장 오세상)를 조직하고 모금운동을 벌였으며, 사회과에서는 별도로 모금하여 유족들에게 위문금을 전달하였다. 기념비제막식은 동년 10월 10일 개교 63주년 기념식 후 거행되었다. 총 경비는 75만 환이 들었으며 3층 석단 위에 대리석 비석에 동제(銅製) 두상을 박은 아담한 비석이었다. 이날 제막식에서는 재학생들과 교수, 교직원 및 동문들이 참석한 가운데 엄숙히 거행되었다.

비문에는 '김창섭 군은 ……한 알의 밀이 땅에 떨어져 죽지 아니하면 한 알 그대로 있고 죽으면 많은 열매를 맺느니라.'는 성구가 쓰여졌다.

1960년 4월 26~28일까지 치안의 불안으로 계엄사령부가 대학생들과 수습대책반을 만들었을 때 숭실대는 조창도를 위원장으로 하는 수습반을 만들어 치안본부를 맡아 사회질서확보에 진력하였다.

4월혁명 당시 4·19의거 학생대책위원회 위원으로는 김인권, 최기만, 김창곤이 활약하였다. 2010년 5월까지 4·19혁명에 참여한 공로로 국가로부터 건국포장을 받은 자는 총 7명으로 조창도, 이성화, 고 김창섭, 고 지정달, 윤혜득, 정용환, 김순경 등이다.

16. 연세대학교

연세대학교의 4·19시위는 누가 주도했느냐? 하는 문제에 대해서는 당시 학도호국단총학생회의 주장과 4·19혁명에 참여했던 주동

학생들의 주장이 서로 엇갈린다. 이미 국가로부터 포장을 받은(유영철외 10명)측은 학도호국단 총학생회와 각 단과대학 학생회장단 및 관련 간부 등이 4·19혁명의거를 사전계획하고 주도한데 대하여 포장을 받았다는 입장이다. 그러나 정법대학 고학년, 특히 4학년 학생들은 이점에 대하여 절대 인정하지 않았다. 학생회측이 주관하여 받게 한 국가 포장자 수여 명단에 대하여 오히려 분노까지 한다. 연세대에 관한 한 이런 포상이라면 차라리 아무도 포상을 받지 않은 것이 좋았다는 것이다. 그래야 4·19의 순수성이나마 지켜진 것으로 족하다는 견해다.

여하간 분명한 사실은 연세대학교에서도 4·19 당일 오전에 시위대가 형성됐고, 12시가 채 못돼서 등교한 거의 전교생이 언더우드 동상 앞에서 2,000여명이 출동, 대강당을 지나 백양로를 통과 신촌 로터리로 향했고 홍익대생들도 합류하면서, 신촌로터리에서는 대략 3,000여명으로 늘었으며 시위대는 질서가 있었고, 시내에서 중앙청 앞까지의 시위대는 환호하는 시민과 더불어 분노의 함성과 구호를 외치며 어깨동무 질주와 연좌대모(連坐大謀) 등을 하며 하루를 마감했다.

이미 포장을 받은 학생회 측의 주장은 이날 새벽 6시에 여학생회관인 논지당에서 각 단과대 학생회장단과 운동부 간부들과 모의 계획하여, 예정대로 12시에 시위를 주도했다는 것이었다. 반면 정법대학 측에서는 이에 대해 새벽6시 모임은 전날 고려대의 선제 시위에 어쩔 수 없이 급하게 모여 계획한 것이고, 여러 운동부가 협력하기로 했다는 것이다. 그 중 한두 명이 자기네 개인적인 친분관계로 참여한 것뿐인데, 학생회가 전 종목의 운동부가 사전계획한 양 위장했다고 보고 있다. 그리고 분명한 것은 새벽 모임은 사실이되, 당일의 시위 주도는 하지 안했다는 점이다.

그 이유에 대한 설명은 다음과 같다:

"총학생회와 특히 상경대학과 문과대학의 학생회 주요간부들은 이미 3·15부정 선거이후 자유당 하수인 관계자들과 내통 친분관계를 가져왔고 일부는 심지어 자유당 깡패조직원들과도 연루되어 암암리에 활동한 사실은 공공연한 사실이었기 때문에 새벽 6시에 모인 것도 전날 고려대 선제 시위에 자극되어 있는 일반 학생들의 불신을 면하기 위해 어쩔 수 없이 급하게 모인 것이라 판단한 것이다."

그러면 당일 정법대학 측은 어떠했는가?
아침 첫 강의 9시 이전부터 등교한 고학년(3, 4학년)들은 거의 교실에 들어가지 않고 삼삼오오 모여 수군거렸고, 저학년(1, 2학년)의 많은 학생들이 교실에 입실하고 있었다. 복학재학 4년생(56학번)을 비롯한 4학년(57학번)들이 자연스럽게 모여, 어제의 고대사건과 오늘의 대책에 대하여 이야기를 나누다가, 복학생 4년 조덕행을 위시하여 즉흥 결성된 이 그룹에서 학생회 측에 대한 불신에 관한 이야기가 오가다가, 학생회 측에 기대할 것 없으니 곧 바로 시위를 주도하자고 결의하였다. "나가자!" 함성이 터졌고 광복관(당시 정법대와 대학원 건물) 앞마당의 100여명은 순식간 집결됐고, 이 함성 와중에 강의실에서 갑론을박을 하는(이때 2학년 59학번 김봉조 혈서사건 발생) 중에 법과 4년 남하우가 뛰어 들어가 동참을 부르짖으니, 강의실의 모든 학생이 뛰쳐나와 200여명이 집결했다. 이런 와중에 뒷마당에서는 급기야 소형 플래카드를 급조하여 출동하니. 이것이 첫 폭발 도화선이다.
4학년이 선두에 서고, 저학년이 플래카드를 앞세워 신과대학 앞을 지나 문과대학 앞 언더우드 동상 앞에 이르니, 이때가 11시반경이다. 그러자 교정에 우왕좌왕 서성대던 문과대학생들이 동참하면서 여러

가지 구호의 함성이 터졌고, 이 소리에 문과대학 뒤에 있으며 학생 수가 가장 많은 이공대학생이 몰려 내려와 동참했다. 이때 새벽에 모였던 총학생회 관계자들이 나타나 몇 가지 의견들을 말하려 했으나, 대다수는 불신 받고 있는 학생회 측의 말을 들으려하지 않았다.

격앙된 분위기로 모두들 빨리 나가자고 외쳤다. 그러자 이공대학 생회장이 결의문을 낭독한 후, 정법대생의 선두로 즉석 구성된 시위대는 대강당 앞으로 이동했고, 여기서 기도회 시간에 맞추어 등교하는 학생과 합류하여 12시경 철길 굴다리를 지나 신촌로터리에 이르렀다.

신촌로터리에 이르니 홍익대생이 뒤따르며 연대생들에게 합류하였다. 이화대학입구에 이르니 이대생 일부가 또 동참했다. 구호를 외치며 아현동 고갯마루에 이르기까지는 거의 질서정연했다. 자유당 시절 정부가 강제 동원하여 각종 관제의거를 하던 시위행렬 같았다.

이때였다. 아현동 고갯마루에 당도하자 지프 차 한 대가 나타났다. 정복 고위경찰이다. 서대문경찰서장이라 했다. 선두대열에는 계속 정법대 4학년생들이 포진해 있었다. 경찰서장은 권총을 빼들고 위협했다. "되돌아가라. 안 돌아가면 쏜다고..." 돌발 상황이었다. 총구가 향해진 학생은 복학생 법학과 4년 최덕환이었다. 최덕환은 대응했다. "쏠 테면 쏘라". 그러자 주위 선두그룹이 이 장면을 에워쌌다. 경찰서장은 물러섰고 황급히 사라졌다. 시위대 선두는 흥분했다. 무조건 앞으로 돌진했다. 경찰서장 혼자서는 역부족이라 판단하고 되돌아 간 것이다. 순식간에 일어난 이 사건은 뒤따르던 학생들은 잘 모른다.

굴레방아 다리를 지나 충정로(현재 종근당제약 앞)에 이르렀을 때였다. 서대문로터리가 혼잡해져 있었다. 이미 성균관대생들이 이기붕집 앞에서 시위중이라는 것이다. 충정로에서 시위대는 멈췄다. 진로방향 결정에 대한 의견들이 분분했다. 대다수 선두그룹의 의견은 "세브란스의 의대생과 합류하기 위해서 일단 서울역 방향으로 가자"고 하였다. 선두그룹은 죽동을 경유하여 염천교로, 일부는 서대문로터리를 경유하여 염천교로 와서 모두 합류하여, 서울역 앞 세브란스병원 정문 앞에 이르렀다. 이때가 오후 1시경이었다.

의대생들이 모두 백색가운을 입고 "세브란스"라는 플래카드를 앞세우고 별도로 질서정연하게 뒤따랐다. 남대문을 지날 때 시청 옆 국회의사당 인근이 소란스러웠다. 을지로 입구 쪽으로 방향을 잡아 시청 앞에 이르렀다. 국회의사당 앞에는 고려대 시위대가 이미 와서 연좌시위하고 있었다. 일부는 고대생 시위대 쪽으로 갔고, 대부분의 연세대 시위대는 시청 앞에서 주저앉아 연좌의거를 했다. 지치기도 한 것이다.

반시간 정도 흐른 후, 그들은 행진을 다시 시작했다. 무교동을 지나 종로 보신각을 지나고, 종로 4가를 거쳐 원남동으로 해서 창덕궁 방향으로 틀었다. 이때 일부 서울대생들이 주변에서 외쳐댔다. 경무대 입구에서 경찰의 사격으로 "학생 여러 명이 죽었다"고 한다. 모두가 흥분했다. 창덕궁 앞에 이르러서다. 의거대는 흥분과 의견의 표출로 혼란스러웠다. 한참 시간이 흘렀다. 더 "나가자" "말자" 하며 흥분들을 했다. 정법대 선두 그룹은 "가자! 경무대로", 그리고 중앙청 방향으로 진출했다. 의대생들이 더욱 적극적이었다. 이때 창덕궁에서의 인원수는 1,000여명으로 줄어 있었다. 반 정도는 선두그룹을 따라 중앙청 방향으로, 나머지는 종로 3가 방향 등으로 흩어졌다. 선두그룹에는 백색가운의 의대생들의 수가 유난히 많아 보였다.

종로경찰서 앞을 지날 때는 앞은 바리게이트를 쌓고 경찰관들이 총을 겨누고 있었다. 시위대가 안국동에 이르렀을 때 중앙청 쪽에서 총성이 울렸다. 오후 3시경이었다. 돌진했다. 한국일보를 지나 경기도청 옆에 이르러서였다. 경무대 입구가 삼엄했고, 광화문 거리는 적막했다. 그야말로 전쟁터와 같은 공포분위기였다.

이 때 소수의 일부 열혈학생은 위험을 무릅쓰고 중앙청 앞까지(현 종합청사) 진출했다. 총성이 울렸다. 이때의 대부분은 주저앉아 외쳤다. 여러 가지 구호였다. 대부분의 시위대는 대한수리조합연합회를 끼고 모퉁이 파출소를 돌아 경기도청 앞으로 가려고 했는데, 총성이 또 울렸다. 중앙청 담장을 끼고 앞에서 퇴각하는 중학생이 총에 맞아 쓰러졌다. 함께 있던 학우가 어쩔 줄을 몰라 했다. 고함소리가 났다. 연대생이 총에 맞아 또 쓰러졌다. 이공대 의예과의 최정규가 죽었고, 행정학과 김흥수가 어깨 관통상을 당하고, 법학과 4년 고홍우가 졸도했다.

외신기자들이 피 흘리는 중학생을 취재하고 의대생들은 구호에 앞장섰다. 온통 전쟁터와 같았다. 이 때 학교로 되돌아가자는 소리들이 나왔다. 정법대 고학년 주축의 선두대가 학교로 향하였다. 되돌아 안국동을 거쳐 종로 네거리로 해서 광화문 방향으로 진로를 바꿀 때, 의대생들은 서울역 앞 의대(당시 세브란스병원건물)로 가기 위해 헤어져 남대문 방향으로 향했고, 주류시위대는 서대문을 거쳐 신촌 캠퍼스에 도착, 대강당 앞 계단 아래 모두 주저앉았다. 300여명이 되돌아왔다.

법학과 4년의 조덕행이 계단위에 서서 이제는 흥분을 가라앉히자고 열변을 토할 때, 백낙준 총장이 등단하여 위로와 격려의 연설을 했다(이 장면의 사진은 당시 연세 춘추 4·19 특집호에 실려 있음).

백총장의 격려말씀의 요지는 "오늘의 시위를 3·1운동 정신과 같다"며 "당시 연희전문의 김원벽 선배에 대한 소개"를 하면서 "국가와 민족을 위한 자랑스러운 연세인이라"고 하자 모두 "대한민국 만세 연세대학교 만세"를 부르며 화답했다. 어둠이 깔리면서 해산하여 탈진

한 모습으로 삼삼오오 무리지어 귀가했다.

　다음날 20일이었다. 4·19 당일과는 달리 이 날은 각 단과대학 학생회장단들이 모이고 대책을 숙의하여, 신촌로터리 주변 등 질서를 유지하고 무력화된 서대문경찰서 관할 파출소를 장악, 시민 혼란을 예방하는 등 여러 가지 질서유지를 위한 봉사활동에 들어갔다.

　학생시위는 4월 19일에 절정을 이루었지만, 그 후속에는 4월 25일의 시내 각 대학의 원로교수들의 시위가 있었다. 연세대에서는 항일 독립운동에 참여했던 국문학자 최현배, 김윤경, 철학교수 정석해, 한학교수 권오돈 교수 등은 정신적 지도자이었다. 특히 정석해 교수와 권오돈 교수는 적극적인 활동으로 "학생의 피에 보답하자"는 결의의 교수단 시위를 이끌어 내고, 앞장서서 명륜동 성균관 대학교에서 출발하여 시내로 향하였으니, 이는 이승만 대통령의 하야 결정에 쐐기를 박은 거사였다.

　연세대학교의 4·19 당일의 특징은 총학생회와 단과대학 학생회 주요간부들이 자유당 권력에 연루되어 있었다는 점 때문에, 신뢰를 받지 못했고 4·19 시위를 적극 주도하지도 못했다는 점이다. 때문에 당일에는 학생회가 거의 무력화돼 있었다. 그래도 4·19는 전국의 시대 상황이 분노가 터질 수밖에 없는 실정에서, 더욱이나 고대가 4월 18일 하루 전 먼저 시위를 감행했다는 사실은, 연세대로서는 더욱 '누가 화약고에 심지를 당겨 불을 붙였느냐' 하는 급박한 상태였을 뿐이다.

　이런 상황에서 정법대의 졸업반 고학년생이 주축이 돼서 즉석 구성돼, 즉흥 결의하고 이심전심으로 결의를 다지고 시위를 주도 감행한 것이다.

　이 자리에서 즉석 결의를 주도한 학생들은, 복학 4년생 법학과 조덕행(전 국영기업 임원), 최덕환(전 농촌진흥청 지도소장), 강맹구, 김형진(전 경찰청차장), 남하우, 김정길(배화여대 총장), 고흥우(재미), 정외과의 정병곤(재미), 한기복(작고), 손영수(작고), 이선근(전 배재대학총장), 김용서(전 이화여대 교수) 등이었고, 출발당시 혈서를 쓴 2년생 59학번 김보조(전 국회의원 예결위원장)가 선두에 적극 참여했다.

4·19 이후 당일의 결과로 유명세를 타게 되는 학생이 생겼다. 혈서를 쓴 김봉조, 부상당한 김홍수고, 의학과의 조진빈이 그들이다. 실은 명실 공히 연세대 의거대를 주도하는 대표가 없다보니 당일 발의부터 끝까지 열변과 선두 지휘를 해온 조덕행이 대내외적으로 4·19의 대표로 각인되고 유명세를 타게 된다. 당시 법과 2년생 김봉조(전 국회의원)는 혈서까지 쓰게 된 동기를 이렇게 설명한다.

당시 정법대 2학년에는 자유당 실력자 김상도, 손도심, 한갑수, 박용익, 황성수 등의 자제들이 유난히 많아, 이들이 봉기 분위기에 장애가 되어 교정에서 일어나는 상급생들의 움직임에 모두가 합류하게 하기 위함이었다고 증언한다.

"부상당한 김홍수는 부상 후 선배인 한기복(정외과 4년 당시 민주당의 실력자 경향신문사장 한창우씨의 아들)의 각별한 보살핌을 받는다."

또 연세의대생 조진빈(재미) 또한 유명세를 타게 된다.

이후 당시의 증언을 남기기 위해 교양잡지 사상계사는 5월호에 부상 학생 김홍수(행정과)의 증언을 실었고,[52] 6월호에는 시내 각 대학과 고교의 대표 격인 학생들을 모아 4·19 특집 좌담회 등을 가졌다. 여기에는 연세대에서 법학과 조덕행, 의과 조진빈이 참석한다.[53]

이중 조덕행은 7월에 성균관대 오병헌 교수(동아일보 논설위원)와 단독 대담을 6시간에 걸쳐하는데, 미국 어느 학술기관의 요청에 의한 연구 용역을 받았다는 것이다. 그 주요 핵심은 4·19 주도 세력들

---

[52] 사상계, 1960년 5월호.
[53] 사상계, 1960년 6월호.

의 성장과정과 의식, 가치관 등으로 어떻게 하여 젊은 세대들이 엄청난 일을 해냈을까 하는 배경 분석으로 여겨진다.

대담요지로는 '4·19 세대는 일제 말기를 겪었고, 해방과 6·25 그리고 휴전이라는 격변기를 겪으면서 해방과 아울러 자유와 정의 그리고 민주주의를 교육 받으면서 배운 바와 현실의 괴리를 겪으며 갈등했고, 중고등학교에서 배운 바와 다르게 이승만 정권은 그러하지 못한 점이 젊은이들의 분노를 일으켰으며, 시위의 기법은 6·25 휴전 직후부터 정부가 학도호국단이라는 각 학교 학생조직을 동원하여 수시로 관제 시위에 이용한 것이 전국의 학생이 의거에 익숙해져 있었다는 점이다.' 관제로 훈련돼 익숙해진 시위가 민주의 횃불로 승화시킨 점이 아이러니한 그 시대 상황이었다 하겠다.

4월혁명에 참여한 공로로 국가로부터 포장을 받은 자는 11명으로, 유영철, 고원섭, 고흥우, 이동건, 전상의, 정세환, 조종구, 천진환, 최중근, 한중애, 홍창원 등이다.

17. 원광대학교

원광대는 이리라는 지방도시에 소재하고 있었기 때문에, 1960년 4월 20일에야 시위를 계획하였다. 그러나 학도호국단 간부들이 연금상태에 있었던 관계로 일반학생들 중에서 소수가 시위를 주도하였다. 그러나 당시의 상황은 가두 진출에 어려움이 많아 교내시위에 그쳤다.

비록 소규모의 참여이긴 하지만 4·19혁명의 열풍은 전 학생들에게 새로운 각성을 일으켰으며, 의거의 정신을 통해 내적 성찰을 환기시키는 운동으로 나타났다. "원대학보" 사설에서도 참된 민주주의 정신으로 세 가지를 제시하고 있다.[54]

1. 남을 이롭게 해주는 것을 바로 나의 이로움을 삼자는 것. 즉 자리(自利) 목적을 이타(利他)에 둘 수 있도록 인간의 정신을 함양시켜야 된다.
2. 다른 사람의 지혜를 정당하게 인정하여 이를 저해하는 일이 없이 적재적소에 발휘시키도록 그들이 노력할 수 있는 아량을 갖자.
3. 토론과 계몽을 게을리 하지 않고 자유롭게 자기의 의사나 새로운 견문을 상호 교환함으로써 민중의 일반적 지식을 함양하는 일이다.

그러나 이러한 내적인 정신풍도 쇄신운동이 충분히 결실을 보지 못한 채 전국적인 과열분위기가 원광대학에도 파급되었다. 그렇다고 해서 원광대학의 면학분위기가 손상될 정도는 아니었다. 박길진 회장은 학생들에게 이성을 잃지 않도록 다음과 같이 당부하였다:[55]

"광란노도의 사조에는 산호와 같이 견실하고 광채로운 존재가 되어야 한다. 흔들리는 세파에 건설적인 자세를 취한다는 것이야말로 지난일 중의 잡일이겠지만 사람의 사람 된 가치는 이러한 경우에 그 효력을 발할 수 있는 것이다. 군중심리란 일종의 무자각 의식의 집합표상이기 때문에 그 속에 자아를 이입하고 보면 역연히 세상은 흔들리고 있는 것만 같이 보이는 것이다. 그러나 이러한 상황일수록 일보를 내딛어서 혼란한 현실을 초월하는 심경을 가지고 취사함이 옳을 것이다. 그렇다고 해서 현실도피를 의미하는 것은 결코 아니다. 어디까지나 냉정한 이성을 발동시켜서 자타가 해를 입지 않도록 하자는 것이다. 과격하게 정의를 내세우면 이를 실현할 방법

---

[54] 원대학보, 1960년 7월 1일자.
[55] 원대학보, 1960년 7월 1일자.

을 전도하게 되는 것이니 이를 삼가야 한다는 말이다. 흔히 동기는 선하나 실현의 수단과 방법을 서투르게 하여 좌절을 당하는 일이 허다함을 본다. 자량이 열린 사람에 있어서는 나타내기 전에 스스로 자중하고, 취하기 전에 사양하고, 말하기 전에 한 번 더 생각해 본다.

4·19학생의거 이후 그 본의를 망각하고 각 직장, 기관이 학원분규로 오랜 시간을 보내는 듯한데 다행히 우리 대학은 그런 불미한 일이 없이 충실히 수업하고 있는 것은 경하해 마지않는 바이다. 좀 더 큰 이상과 목적을 위해서는 현실에 만족하지 말고 부족하게 생각하며 도리어 자기 능력의 불완전성을 통절히 느껴서 심신을 세련하기 바란다. 여기에서 주마가편 격(走馬加鞭格)으로 다음과 같은 몇 가지 주의를 환기하는 바이다.

첫째, 독재부정을 제거해서 목적을 달성했으니 더욱 더 착실히 학생의 본분을 다해야 하며 사소한 감정에 흘려 이성을 잃지 않도록 해야 한다. 둘째, 난세에는 감정으로써 서로 피해가 되는 것이니 화(和)하는 마음과 넓은 도량을 가지고 감정을 맺지 않도록 해야 한다. 그리하여 서로 원수를 맺지 말고 살기를 원한다. 셋째, 학생은 장래를 바라다보고 현실을 비판하는 위치에 서 있어야 한다. 그러므로 학생들은 학원에서 수양과 연구로 자기 인격을 훨씬 키워서 대기(大器)를 만들어 장차 세계를 능히 넣을 수 있는 포부와 기분을 가지라. 이러한 길은 첫째도 공부요, 둘째도 공부이니 일체 망동을 삼가야 한다. 넷째, 민주주의도 부자는 있고 사제는 있으며 상하가 있는 것이니 항시 겸허한 심정으로 양보하고 겸손해서 남에게 호감을 주는 예의범절을 잘 지켜야 한다. 공경과 온유로써 생활태도를 삼으면 반드시 자기도 대우를 받을 것이며 항상 이기는 사람이 된다."

1960년 4월 19일 학생혁명 후 학도호국단은 그 기능이 마비되고 전국적으로 해체되기에 이르렀으며, 새로운 형태의 학생자치기구인 학생자치회가 구성되어 새로운 학생회를 구성하였다. 학생자치회의 간부는 회장에 허영탁(법3), 수석부회장에 남궁달(법3), 차석부회장에 명형식이 당선되어 학생활동을 주도하였다.

한편 1960년 9월 12일 중앙학도호국단을 대신하여 전국 대학생회의 연합기구인 '전국대학생 총연합회'가 결성되었다. 원광대학도 이 연합회에 가입함으로써 자치활동의 상호유대가 강화되게 되었다.

원광대학에서는 아직 국가유공자가 발견되지 못하고 있다.

18. 이화여자대학교

4·19혁명 당시 이화여대생들은 집단적으로 의거에 가담하지는 않았다. 의거를 하려는 학생들에게 김활란 총장의 "이기붕 부통령 후보의 부인인 박마리아 선생은 우리 대학의 부총장일 뿐 아니라 여러분의 선배"라는 요지의 연설 때문이었다고 한다. 그러나 학생들은 부상학생들을 위한 가두 모금운동을 전개하여 1960년 5월 1일 1,868,650환을 모금하여, 문리대 학생위원회 대표들이 각 경찰서를 방문, 치안확보에 전력하고 있는 각 대학교 학생들에게 빵을 전달하였다.

또한 '어용적 기구'라고 규탄을 받던 학도호국단의 해체가 크게 논의되자, 5월 4일 학생처장실에서 각 대학 학도호국단 연석회의를 개최하여 종전 학도호국단의 운영이 '다분히 타율적이어서 건실한 학생 자치기관이 못되었음'을 지적하고, 이를 즉시 해체하는 동시에 대학별 학생대표 1명씩을 선출하여 준비위원회를 구성하고 새로운 자치기관 조직에 관한 회칙 작성에 착수할 것에 합의를 보았다. 그리고

5월 9일 〈4·19의거 학생대책위원회〉가 조직되어 여러 가지 사업을 계획하고 장순옥(문리대), 유효종(미대), 조인자(사대), 김명자(법대), 장성숙(약대), 백신애(음대), 신은숙(의대)을 대표로 파견하였다.

6월 17일에는 학생회 창립총회를 개최하여 '민주적이며 자율적인 학생자치회'(가칭)인 학생회가 발족되었다. 학생처장실에서 전 대의원 128명 중 과반수가 참석한 가운데 회칙을 통과시키고, '이대학보사를 학생회의 협의체로 하느냐, 학교와 학생간의 중립을 지키는 독립기관으로 하느냐'의 논의가 진행된 끝에 독립기관으로 하기로 결정하였다. 이 회칙에 따라 이때까지의 학생회와는 별도의 독립체인 YWCA, 선교부, 계몽부가 한 부서로 소속케 되었다. 7월 1일 임원회의를 개최하고 회장에 심현숙, 부회장 김영순을 선출하였다.

이화여대에서는 아직은 국가유공자가 없다.

19. 인하공과대학(현 인하대학교 전신)

4월 21일 12시 10분경 인하공과대학에서는 학생 100여 명이 의거를 시작하여 향동 네거리에 이르러 경찰의 제지를 받아 연좌시위를 지속하였다. 이들은 "구타 경관 사과하라!"등의 구호를 외치며 평화적인 시위를 전개하였다.

1960년 4·19 학생혁명으로 10여 년간의 자유당 정권이 무너지고, 자유와 공명정의의 실현을 표방한 제 2공화국이 출범하게 되었다. 그동안 이승만 대통령과 자유당 정부의 후원으로 창설되고 발전하여 왔던 인하공과대학으로서는, 이와 같은 정치적 변화에 직면하여 혼란을 겪지 않을 수 없었다. 그 하나는 사립대학이면서도 재정적 뒷받침을 할 만한 뚜렷한 재단이 없었으며, 다른 하나는 이승만 대통령에 의하여 임명 되었던 최승만 학장의 진퇴문제였다. 이 두 문제는 재단이 사회의 기능 상실과 학장의 사의 표명으로 동시에 나타났다.

최승만 학장은 4·19학생혁명에 뒤따른 정변을 맞이하여 학장 취임 당시의 경위와 관련하여, 도의적 책임을 느끼고 1960년 5월 11일 교수회의에서 학장직 사임의 뜻을 표명하였다. 이에 교수단은 12일 교수회의를 개최하여 학장직 사임 표명의 철회요청을 만장일치로 가결하고, 교수 대표를 선출하여 그 결의사항을 전달하였다.

한편 학생들도 학생총회를 개최하고 최 학장의 귀임을 총의(總意)로써 결의하였다. 이와 같은 교수회의와 학생총회의 결의에 부응하여 최 학장은 사의를 철회하고, 5월 13일부터 재 집무를 하였다.

이에 반대하여 인하공과대학 동창회에서 최 학장의 사임을 요구하는 논란이 일었다. 그 동안 모교의 발전에 있어 음양으로 지원을 아끼지 아니하였던 대학동창회에서, 이 문제에 직접 개입하기로 결정하였다. 김우경 총동창회장이 최 학장을 방문하여 사임을 요청하는 동창회의 뜻을 전달함으로써, 양자 간의 관계가 악화되기 시작하였다. 최 학장은 6월 3일 그 기능이 마비상태에 있는 재단이사회를 소집하고 사임서를 제출하였으나, 이를 수리할 상황이 아니었으므로 보류되었다. 이와 같은 사태변화에 따라 동창회 측은 제1차 긴급회의를 개최하고 다음 사항을 결의하였다:

1. 재단법인 인하학원의 현 이사진은 즉각 총사퇴할 것.
2. 인하공대 동창회 학원수습위원회의 구성을 결의함.
3. 동 위원회에 강력한 권한을 부여할 것.

인하공대에서는 국가유공자로 포상된 자가 아직까지 나타나지 않고 있다.

20. 전남대학교

　4월 6일 마산의거 희생학생의 위문금 모금운동이라는 미명 하에 광주시내 원각사에서 농고, 부고, 숭고, 전남대생들이 비밀회의를 개최하고, 7일 정오까지 광주시 북동에 있는 천주교회 앞으로 집결키로 했으나, 경찰에 탐지되어 좌절되고 말았다. 4월 20일 상호 10시 전남대생들이 주동이 된 강력한 데모대는, 시가지로부터 멀리 떨어진 태봉산 입구에 집결하였다. 이들은 광주역을 향해 출발하여 농고학생들과 역전에서 합류하였다.

　그 의거대는 대열까지 완전히 스크럼을 짜고 시위를 강행한 것이다. 헌병과 경찰로 혼성된 백차부대는, 데모대를 향해 최루탄을 무수히 발사하였지만, 학생들은 "군대는 학생을 옹호하라", "살인경찰 잡아 죽이자"는 구호를 외치면서, 붉은 글씨의 플래카드를 펼쳐 들었다. '협잡선거 다시 하여 민주대한 이룩하자'라는 피로 쓰여 진 글씨였다.

　경찰의 완강한 제지에도 불구하고 역전통을 지나 대열의 선두가 충장로 4가 입구에 이르렀을 때, 군인이 탄 10대의 트럭이 금남로 앞에 이르러 경비하는 헌병과 충돌이 벌어지고 최루탄 세례를 받았었다.

　전남대생 1명이 헌병에게 나서서 "형님, 왜 평화적 의거마저 막습니까?"하고 헌병의 가슴을 밀어버리자 데모대는 우르르 올라갔다. 이 대열이 충장로 2가 우체국 앞에 이르렀을 때, 특무대 쪽에서 달려온 약 2개 소대의 군대가 대열의 뒤를 쫓았다.

　군대가 시가로 들어오자 시민들은 돌연히 박수갈채를 보냈다. 군대가 우체국 앞에 이르자 천천히 사직공원 쪽으로 빠지던 데모대 후열과 충돌하였다. 삽시간에 우체국 주변의 상점으로 피신한 학생들은 군대와의 대결도 불사할 기세였다. 우체국과 산업은행 사이 잡화상 지붕 위로 올라간 학생들이, 벽돌과 기왓장을 뜯어 길가에 던졌다. 기와조각을 든 학생들은 "와와!"하고 군인에게 그것을 던졌다. 그러나 처음 군인들은 직접적인 대결을 삼갔다. 그때 계속해서 기와를 뜯어 내리는 학생에게, 육군대위가 내려오라며 그를 향해 쫓아가자, 학생은 벽돌을 든 채 뛰어내려 그 군인의 전면 좌측 머리를 쳐서 거꾸러뜨렸다.

이를 본 군인들은 흥분하여 위협사격을 하였다. 학생들은 총성을 듣자, 건물 안으로 완전히 숨어 버렸다. 군인들은 건물 속에 들어가 있는 학생들을 포위하여 위협사격을 하면서 학생들을 잡아내기 시작하였다. 여기에 덩달아 사복을 한 경찰관들은, 잡혀 나온 학생들을 군인들의 손에서 인도받아 폭행하며 경찰서로 연행하였다. 반불구자가 되어 끌려간 사람들 중에는, 의거에 가담하지 않은 청년들도 있었다.

경찰의 이와 같은 횡포와 발악상을 보고 있던 군인들은, 경찰에게 "여보, 좋게 데려가요"라고 타이르기도 하였다. 사실상 그 당시 군인들은 이들을 두들겨 잡으려는 것이 아니라, 의거대원의 세력을 약화시키기 위해 잡히는 대로 일정한 장소에 수용하여 진정을 시키려고 기도했던 것이다.

데모대는 사직공원 쪽으로 빠져 산산이 흩어져 버렸다. 의거는 아침부터 격렬하게 벌어졌다. 그러나 진압에 나선 계엄군들은 의거학생들에게 관대했으며, 오히려 경찰관들을 나무라는 광경도 목격되었다. 이날은 19일과 같이 실탄사격에 의한 희생자는 발생하지 않았다.

전남대의 4·19혁명에 참여한 공로로 국가로부터 포장을 받은 자는 2명으로 김평수와 유인학이다.

21. 전북대학교

　당시에는 새 학기가 4월에 시작했다. 따라서 3·15부정선거가 실시될 즈음에는 겨울방학에 이어 기나긴 봄방학이 계속될 시기여서 대학생들이 등교하지 않을 때다. 요즘 대학생들은 방학 중에도 계속 동아리 모임 등으로 학교에 나오고 연중 끊임없는 모임이 있지만, 당시에는 고시를 준비하는 학생을 제외하고는 도서관 이용자도 드물었다. 정의에 불타는 대학생들의 의거가 고등학생들보다 늦어진 이유를 일단 여기서 찾을 수 있다.

　때마침 4월 4일은 전북대 개강일 이었다. 당시 전북대는 5개 단과대학으로 구성되어 덕진 캠퍼스에 문리대, 법정대, 상경대가 있고, 이리(익산) 캠퍼스에 공대와 농대가 분리되어 있었다. 명색이 대학생이라면 현실정치에 대한 관심이 많을 수밖에 없다. 사회동향을 살피고 참여의식도 높았다. 아직 나이도 어렸다. 스무 살을 갓 넘긴 젊은 청년학도들은 시시각각으로 전해지는 단말마적인 자유당의 부정을 목격하며 분노에 떨어야 했다. 이런 식으로 나라를 다스려 국민에게 무엇을 남겨줄 것인지, 깊은 회의에 빠지지 않을 수 없었다.

　젊음의 고뇌는 곧 행동력으로 표출된다. 3월 말경 정치학과 3학년 전대열은 작심하고 같은 과 3학년 동급생들을 찾아 나섰다. 전주시내에 거주하는 사람을 중심으로 우선 만났고, 개강 일에 맞춰 시골집에서 하숙집으로 돌아오는 학생은 나중에 만났다. 그들의 상당수는 군대를 다녀온 복학생이었다.

　군대 내에서 부정선거를 경험한 일도 있어 자유당을 규탄하자는 전대열의 설득에 한 사람도 빠짐없이 전원 호응했다. 역시 정치과 학생다웠다. 전대열은 민주선언문을 작성하여, 한 사람씩 안중근 의사의 장인(掌印)을 본받았다. 누군가 혈서를 쓰자는 제안이 있었으나 붉은 인주(印朱)로 대신하여 손바닥 전체로 장인을 찍었다. 장인이 찍힌 민주선언문은 어떻게 잃어버렸는지, 경찰이 가져갔는지 어땠는지 행방을 모른다. 지금까지 보관되었다면 영원히 기념할만한 민주화운동 기념물이 되었을 터인데 아쉽기만 하다.

민주선언문은 전북이 동학혁명의 발상지라는 사실과 3·1만세사건과 6·10만세운동, 그리고 광주학생운동 등 선열들의 뒤를 이어 궐기한다는 취지였다. 다만 부정선거를 다시 하라는 내용이었지 차마 두려워 독재정권을 물리치고 새로운 정권을 세워야 한다는 주장은 하지 못했다. 4·19혁명에 참여한 모든 학교에서도 "부정선거 다시 하라"가 주조(主潮)였다. 전북대도 "세대교체 이룩하자"고 외쳤으나, 세대교체가 곧 정권교체라고 강변할 수는 없는 한계점이 있다. 오직 4월 25일 서울에서 벌어진 교수 의거에서 "이승만 정권 하야하라"는 직접적인 주장이 나왔고, 이승만은 즉각 사임하였다. 이리하여 4·19혁명은 완성되는 것이지만, 교수의거 이전에는 그런 구호가 나오지 않았다.

교수들도 이미 4월 19일 경무대 등에서 경찰의 총격으로 180여명이 죽고 1천여 명이 부상을 당한 후여서, 더 이상의 희생을 막기 위해서 과감하게 최후의 주장을 편 것으로 볼 수 있다.

아무튼 전대열은 전북대학교 시위를 4월 4일 개강 일에 맞추기로 결정하고, 원용인, 허영삼, 박용호, 황비룡 등 정치과 2학년생을 중심으로 그와 평소에 친하게 지내는 학생동지들에게 은밀히 통보했다. 황춘택, 이종운, 김해룡, 채진묵, 이현기, 하청민 등이 사전에 모의했거나 거사 당일 적극적으로 호응했다. 상대에서 전과(轉科)한 원용인은 상대를 맡고, 허영삼 등은 문리대를 책임졌다. 전대열이 교정에 있는 교시(敎時)를 알리는 종을 치면, 종소리를 계기로 3개 단과 대학생들이 모두 상대 앞 조그마한 언덕 밑에 모이기로 약속했다.

전대열은 몇몇 학우들을 좌우에 붙인 다음, 종치는 곳으로 슬금슬금 다가갔다. 그 때 기미를 알아챈 체육교수가 전대열을 따라오는 게 보였다. 지체 없이 종을 난타했다. 호떡집에 불난 것처럼 종소리가 어지럽게 퍼져 나갔다. 숨 막힐 듯한 긴장한 분위기가 갑자기 요란한 종소리에 밀려나며, 새로운 용기와 힘이 솟아올랐다. 체육교수가 뒤에서 껴안았지만, 젊은 전대열의 완력을 당할 수 없었다. 강력히 뿌리치고 상대 쪽으로 달려갔다. 벌써 수백 명의 학우들이 옹기종기 서 있었다. 모두 입을 꾹 다물고 있었지만, 누군가 불만 댕기면 일촉즉발의 태세를 갖추고 있었다.

전대열은 즉시 일장 연설을 펼쳤다. 준비한 유인물을 학우들이 뿌리기 시작했다. 맑은 봄 날씨에 하늘로 솟구쳤다가 하늘하늘 떨어져 내려오는 민주선언문이 햇살에 비쳐 반짝거렸다. 전대열은 민주선언문을 낭독하였다. 어떤 열혈학생이 뛰어나와 구호를 외치기 시작했다. 모두가 뒤엉켜 스크럼을 짰다. 만류해야 하는 교수들도 망연자실하여 어찌할 바를 몰라 멍하니 바라만 봤다. 행정직을 맡지 않은 교수들은 대부분 학생들의 궐기를 흐뭇한 마음으로 바라보았다. 나중에 양종의, 조영빈, 이동술, 박준규 교수 등의 격려를 받았다.

스크럼을 한 채 교문을 향했다. 그런데 교문은 굳게 닫혀있고, 경찰 수백 명이 시커먼 복장으로 무장한 채 버티고 있었다. 교내에 상주하다시피 하던 사찰계 형사가, 재빨리 무전으로 연락하여 교내 사정을 알렸던 게 분명했다. 교문으로 짓쳐 나갔지만 경찰의 저지선을 뚫을 수 없었다. "교문을 박차고 전주시내로 나갈 수는 없게 되었지만, 뜻은 이미 국민에게 전해졌다. 교내에서라도 부정선거를 규탄하고 선거를 다시 하라고 외치자!" 700여 명의 학생들이 박수로 호응했다. 전북대학교 4·4시위의 시발이다.

경찰의 의표를 찌른 전북대 4·4시위는 역사의 뒤안길에 묻혔다.

시위학생의 규모가 700여 명에 이르렀으니, 적은 숫자도 아니었다. 그러나 의거의 진면목은 시가지에 진출하여 시민들의 호응을 얻어내는 일이다. 대중에게 다가가 그들을 선동하고, 대중의 마음을 내게로 쏠리게 해야만 한다. 그런 의미에서 전북대 4·4시위는 대중성을 확보하지 못한 흠이 있다. 적어도 교문 밖으로 나와 시민들에게 호소하는 모양새를 갖춰야 했다.

그렇지만 당시 전북대 덕진 캠퍼스는 전주시내와 10리나 위에 떨어진 곳에 있었다. 지금은 전주시 인구가 70만에 가까운 도시로 성장했지만, 50년 전에는 10만 안팎이었다. 덕진에서 전주시내까지는 인가라고는 볼 수 없는 황량한 벌판이었다. 두 시간에 걸친 교내시위에 머문 것이 한스럽지만, 그렇다고 4·4시위의 의미가 축소되는 것은 아니다. 4·4시위는 4·19혁명의 전초적 역할을 충분히 했다. 특히 전국 대학교 중에서 가장 빨리 부정선거를 규탄하는 의거를 감행할 수 있었다는 데 큰 의의가 있다.

대구에서는 2·28 고교생 의거를 앞에 세운다. 전국 고등학교에서 가장 빨리 의거를 한 사실을 자랑스럽게 기념한다. 이미 2·28재단이 만들어져, 대구시내에 커다란 규모로 2·28기념관이 착공되었다. 마산에서는 3·15부정선거 폭로대회가 맨 처음 열렸다. 이를 기념하여 시내 한 복판에 3·15시위 기념비를 세운지는 벌써 오래되었고, 국립 3·15 민주묘원이 조성되어, 수유리 4·19민주묘소에 버금하는 규모를 자랑한다. 마산을 찾는 이들의 필수 관광코스다.

금년에는 마산출신 국회의원들이 서둘러 3·15를 국가기념일로 정하는 법까지 제정되어 첫 번째 행사까지 마쳤다. 사실 전북대 4·4시위에 대해서는 국민들 중에 모르는 사람이 많다. 지방대학의 열악성 때문이다. 당시 전북일보는 이 사실을 사회면 톱으로 보도했다. 그러나 우스꽝스럽게도 단수(段數)는 일단이다. 톱기사가 일단으로 편집된 것은 관권의 강력한 보도통제가 아니었다면 있을 수 없는 일이다.

유신시절에 전북대생들은 신문기사의 행간을 읽는 방법에 통달했다. 전북일보가 톱으로 다뤄야 하는 큰 기사를 일단으로 축소하고, 제목도 '전북대생 의거미수'로 달았다. 그런데 내용은 딴판이다. "수백 명의 학생들이 스크럼을 짜고 정치구호를 외쳤다"고 보도했다. 스크럼을 짠 대학생들이 정치구호를 외쳤다면, 구체적으로 시위가 실행된 것이지 어찌 미수일 수 있겠는가.

그래도 당일 자 신문에 실시간대로 보도가 나간 것은 역사적 의미를 가진다. 4·18고려대 의거는 가장 널리 알려진 최초의 대학생 의거로 쳐준다. 그들이 서울에서는 맨 처음 일어났고, 국회의사당까지 진출했다가 귀교하는 길에 정치깡패들의 기습을 받고 100여 명이 부상당하는 극적인 장면이 연출된 것도, 고대 4·18을 빛나게 하는 요소다.

역사적으로 '최초'라는 의미는 작지 않다. 사회적인 모든 여건이 혁명으로 치달아오를 채비를 갖추고 있음에도 불구하고, 쏘시개에 불을 붙이지 않으면 타오르지 않는다. 아무리 땅을 깊이 파고 파이프를 묻어도 마중물을 부어 펌프질을 해야 물이 솟아 올라오는 법이다. 3·15 부정선거를 규탄하려는 준비가 끝나있어도, 여기에 누가 불을 댕기느냐에 따라서 폭발하기도 하고 그대로 뭉그적대다가 말기도 한다.

4·4시위가 가지고 있는 의미는 다른 누구의 눈치도 볼 필요 없는 엄연한 전북대학교의 역사이며, 더구나 4·19혁명으로 승화되었기 때문에 정부와 국가의 역사가 되었다. 어떤 방식으로든 이 사실(史實)을 외면해서는 안 된다. 장명수 전 총장은 4·4시위 기념탑 건립을 구상했으나 실행에 옮기지 못했다.

이번 4월혁명 50주년을 맞이하여 교정에 4월 학생혁명 기념탑을 세우기로 한 것은 서거석 총장이 부임하여 세계 100대 대학진입을 목표로 발분망식하고 있는 것과 맞아 떨어지는 행사다. 100대 대학이 되려면 장서나 연구논문, 그리고 우수학생이 많아야 한다. 그리고 4·19같은 혁명의 역사 속에서 어떤 역할을 창도한 사실이 있느냐와 같은 구체적 공적이 표출되어야만 가능할 것이다.

4·4시위를 재조명하는 학술대회를 열어 언론의 각광을 받게 된 것도 모두 학교당국의 노력에 기인한다.

전북대학교 출신으로 4·19혁명공로자로서 정부로부터 건국포장을 수여받은 사람은 지금까지 6명에 불과하다. 문리대 4년 김용화, 농대 4년 김호영, 공대 4년 이희호, 그리고 법정대 정치학과 3년 전대열, 황춘택, 하청민 등이다.

그들 외에도 오갑묵, 이현기, 한문수, 김해룡, 원용인, 허용욱, 박용호, 황비룡, 채진묵, 이선경, 이산호, 박형철, 신호균 등 많은 동지들이 그 당시 적극적으로 의거에 가담한 사실이 있어 추후 국가보훈처 심사에서는 반드시 4·19혁명공로자로 인정받을 것으로 기대된다.

22. 제주대학교

4·19혁명은 이승만 정권의 부정적인 정치행태에 대한 학생들의 항거로 폭발하였으며, 끝내는 자유당정권을 붕괴시킴으로써 민권의 승리를 이룩하는 금자탑을 쌓아올렸다. 4월 19일부터 전국에 확산된 학생시위는, 4월 27일 은인자중하던 제주도에서도 드디어 폭발되어 이날 밤 중·고·대학생들이 제주시내 관덕정 광장에서 대규모 집회를 열고, 제주도 지사 및 총무국장, 경찰국장, 제주시장 등 자유당계 인사들에게 부정선거에 대한 책임을 지고 자리에서 물러날 것을 요구하였다.

이 시위는 28일부터 도내 다른 지역에까지 확산되었고, 29일에는 시위학생들이 제주지방 검찰청 검사장에게 '부정선거 관련자, 권력을 이용한 부정축재자, 부패 공무원을 처벌해 줄 것'을 요구하기에 이르렀다. 이어 제주대학의 학생들은 '4월혁명 과업완수 제주대학 투쟁위원회'(위원장 고익조·수의 축산 3)를 결성, 제주도의회의 해산을 요구하는 한편, 5월 1일에는 관덕정 광장에서 4월혁명에 희생된 학생들에 대한 합동위령제를 개최하였다.

　이러한 혼란의 소용돌이 속에서 경찰 기능이 마비되어 치안부재 현상이 초래되고 민심이 크게 동요됨에 따라, 학생들은 임시치안대를 조직, 질서유지와 민심수습을 위한 선무공작에 나서기도 했다. 그러나 4·19의 여파는 학원 내에까지 불어와 걷잡을 수 없는 혼란을 초래했다. 학원의 자율화를 외치는 학생들은 학도호국단 간부들이 3·15부정선거에 협조하였다는 이유로 사퇴를 요구하고 나서는 것을 시작으로 하여, 마침내 조현하 학장의 사퇴까지 주장하기에 이르렀다.

　한편 과도정부의 문교부는 4월 27일 학원의 정상화를 기하기 위해, '혼란한 학원질서를 시급히 바로잡아 민주학원 건설에 주력하라'는 지시와 함께 당면시책 12개항을 전국의 각 대학에 시달하였다.

　전국 대부분의 대학에서 학원분규가 계속 심화되었는데, 제주대학도 결코 예외는 아니었다. 학생들로부터 3·15부정선거에 협조했다는 이유로 사퇴 압력을 받아오던 조학장이 1960년 6월 11일 결국 사임함으로써 학사행정이 한 동안 공백상태에 빠지게 되었다.

　1960년 6월 11일 오응삼 교수(상학과)가 학장서리로 취임하면서, 학원의 정상화를 위한 4개 항목의 호소문을 학생들에게 발표하였다. 그 내용은 ① 학생은 자율적이고 자치적인 기풍 아래 행동하라. ② 학생은 학업에 대해 배전의 열정을 가져라. ③ 학생이 국민을 계몽하고 사회의 모범자가 되어야 한다는 긍지를 가져라. ④ 학생의 학교당국에 대한 요망사항을 합법적인 절차를 거쳐 해결하라는 것이었다.

그 이후 제2공화국을 탄생시키기 위해 정부가 7·29총선거를 공고함에 따라, 학생들이 계몽대를 조직하여 선거계몽에 참가하게 됨으로써 학원의 질서는 어느 정도 회복의 국면으로 접어들게 되었다. 이 선거계몽은 과도정부 국무회의의 의결에 의해 전국의 각 대학이 참여했었다.

이어 제2공화국이 출범하자 제주 대학생들은 4·19혁명에 희생된 학생들의 혁명정신에 보답하고, 새 시대의 이념과 정신을 고취하기 위해 농어촌지역을 대상으로 신생활운동도 추진하게 되었다. 그러나 민주당 정부의 우유부단한 정책은 전국에서 각종 시위를 발발시켰고 이는 사회질서의 문란과 불안의식을 가져왔다.

한편 학생들의 과도한 현실참여로 학원분규가 재연되었고, 학사행정에도 개입하여 학장 지명 등의 요청안의 처리를 둘러싸고 교수들과 대립하는 현상까지 빚게 되었다.

제주대학교에서는 아직 국가유공자가 발견되지 않고 있다.

23. 중앙대학교

3·15부정선거를 규탄하는 의거가 전국적으로 절정에 달한 1960년 4월 19일 오전 11시 제 3교시가 끝나자 전교생은 묵묵히 교정에 모여들었다. 드디어 대표학생 유겸노(정치과 4)의 비장한 시국선언문 낭독과 함께 "정·부통령 선거 다시 하라", "민주주의 바로잡아 공산주의 타도하자", "학원에 자유를 달라" 등의 구호를 외치며 의거에 돌입하였다.

중대의 의거를 주동한 학생은 대략 김효은(법과 4), 유겸노(정치과 4), 김춘식(법과 3), 유용태(법과 3), 김정일(교육학과3), 고자홍(약학대 2), 김병일(법과 3), 박대선(법과 3), 홍인철(상대 3), 김영준(교육학과 3), 김성한(행정과 2), 홍관옥(국문과 2), 문용언(행정과 2), 백무남(행정과 2) 등으로 알려져 있다.

12시 5분경 4,000여 명의 학생은 시내 중심가를 목표로 하여 '학생은 폭력에 굴하지 않는다.'라는 플래카드를 들고 애국가를 부르면서 교문을 나섰다. 그러나 시내 중심가까지 가기에는 많은 난관이 있었다. 흑석동 고개와 남한강 입구에서 수십 명의 경찰대와 충돌하였으나, 끈질긴 대항으로 저지선을 돌파하였다. 한강대교를 건너 용산에 도달하니 수많은 시민들이 뜨거운 성원과 환영을 보내주어 더욱 용기를 얻었다.

서울역을 지나 시경 앞→을지로→미 대사관을 거쳐 국회의사당 앞에 도달했을 때에는, 온 거리가 분노한 학생과 시민들로 물결쳤다. 모두가 정부의 부정선거와 경찰의 만행을 규탄했다.

중앙대생들은 다시 구호를 외치면서 경무대를 향하여 노도와 같이 밀려갔다. 중앙청 앞에는 이미 바리게이트를 무너뜨리고, 한발 한발 경무대 쪽으로 다가가자 무장경찰이 최루탄과 연막탄을 쏘고 물세례를 퍼부었다. 그러나 경찰의 힘으로는 저지할 수 없게 되자, 정부에서는 비상계엄을 선포하고 실탄사격을 명령했다.

당시 해무청 앞길에서 불의의 총격을 받은 중앙대생들은 연달아 쓰러졌다. 그러나 정부를 규탄하는 의거는 멈출 줄을 몰랐다. 서울 시내는 완전히 마비되고 사태는 갈수록 악화되어 갔다. 이때에 중대 법대 학생회장이었던 김효은은 김병일 부회장에게 태극기를 주고 중대생의 결의를 다지고 질서 있는 의거를 하자고 제안하여, 김병일은 결의문을 낭독하고 일진(一陣)을 이기붕 씨 댁으로, 일진은 을지로 내무부를 향해 부정선거 규탄에 대한 구호를 외치며 내무부 앞에 당도하니 경찰이 완전무장하고 공포탄을 쏘며 저지하고 있었다. 4월

25일에는 교수의거에 이어 시민들의 의거가 합세하자 사태수습의 어려움을 직감한 이승만 대통령은 비장한 결심으로 하야할 것을 성명했다.

이번 사태로 고병래(상대 3), 김태연(약 3), 송규석(정 3), 전무영(물 1), 지영헌(신 2), 서현무(법 3, 여) 등 6명의 중대생이 목숨을 잃고, 20여 명의 부상자가 발생하여 전국에서 제일 많은 희생자를 냈다. 이에 5월 10일에는 합동추모식이 거행되어 제주 박명수(학생자치위원장)의 "민족선봉에서 싸우다 유명을 달리한 불사조들을 곡하노라"라는 추도사와 문교부장관, 서울특별시장, 민의원 의원 유홍의 차례로 고인의 명복을 비는 조사는 사뭇 울음 속에 낭독되었다.

임영신 총장은 이에 다음과 같은 요지의 담화문을 발표하였다:

"뜻 깊은 지난 4·19의 민주주의 수호를 위해 차가운 길바닥에 마구 뿌린 젊은 청년 학도들의 붉은 선혈은 결코 헛되이 돌아가지 않고 늙은 우리 세대에 커다란 각성을 주었으며, 해방 후 16년 동안 쌓이고 쌓인 이 나라의 여러 가지 '암'을 깨끗하게 물리쳐주었다........나는 이제 또 다시 불의의 총칼에 반항하다가 갸륵한 선혈을 뿌리면서 쓰러져가는 젊은 학생들의 모습을 똑똑하게 눈으로 보았다. 더욱이 우리 중앙대학교, 나의 사랑하는 아들딸들이여, 제군의 학우였고 동료였던 이들은 이 나라의 애국의 꽃이 되어 민주의 제단 앞에 제물로 되어 나의 가슴은 터질 것만 같다....... 학생제군! 우리 학교로 다시 돌아오지 못하고 민주의 제단 앞에 고이 잠든 조국의 성령이요, 민주의 사도들이었던 이들의 명복을 빌며, 그들에게 보답하는 길은 학생 제군은 충실히 면학에 힘써서 그들이 흘린 피가 헛되지 않도록 이 세대의 참되고 씩씩한 역군들이' 되어 주기를 진심으로 바란다.……"

이에 앞서 5월 3일 학도호국단을 해체시키고 새로 학생자치위원회를 발족시킨바, 총 위원장에 박명수(행4), 문리대위원장에 이병조(생4), 법정대위원장에 김효은(법4), 경상대위원장에 황종언(경4), 약학대위원장에 김채윤(약4)이 선임되었으며 총부위원장에 박재표(법4), 총무부장엔 조영배(법4)가 선출되었다. 이들 간부들은 6명의 희생자를 위한 의혈탑 건립을 결의하고(준비 위원장 박명수) 총공사비 280만 환을 들인 의혈탑을 건립, 9월 10일(1960)에 그 제막식을 가졌다.

당시 4·19의거 학생대책위원회 위원으로는 박명수, 김순원, 이원방, 김효은, 조영배, 이범재, 이희창, 김기호, 정규상, 황종언, 기독학생대표 김성한 등이 활약하였다.

중대는 2009년에 중앙대 4·19 선양회를 발족시키고 중대 4·19선양사업을 하기로 하였으며 그 회장은 2010년 현재 김춘식이다.

국가로부터 포장을 받은 자는 19명으로 강영석, 손문영, 유정하, 김효은, 유용태, 김춘식, 이춘근, 차상숙, 홍관옥, 유겸노, 박대선, 김정일, 김병일, 김성일, 고재홍, 백승철, 진건웅, 박원필, 김영중 등이다.

2012년도 4·19혁명 유공자 포상자는 1명으로, 부상자 김석성이다.

24. 청구대학(현 영남대학교 전신)

10년간 장기집권한 자유당 정권의 1인 독재와 부패로 인하여 민심은 이탈하고 국민의 불만은 고조되어, 이 정권을 타도해야 한다는 분위기가 비등해 있던 상황에서도 자유당 정권은 영구집권을 획책하려 하였다. 그에 따라 3·15 정·부통령 선거에서 승리하기 위해 공권력을 동원하여, 야당을 탄압하고 금품을 살포하여 유권자를 매수하려 하였으며 투개표에서 부정을 저지르는 등 엄청난 부정선거를 감행하였다. 이에 대다수 국민들은 분노하여 "3·15선거를 다시하자"고 요구하였다.
 이를 직시하고 있던 정의감이 강한 전국의 대학생들이 부정선거와 자유당 정권을 규탄하는 의거가 4월 18일 고려대학교를 선두로 하여 일어났다.
 대구에 있는 청구대학은 4월 19일 저녁 7시경 야간대학 수업을 폐지하고 정우상, 송기석, 한영수, 배철수, 배금완(여) 등 1, 2학년 학생이 주동이 되고, 당시 학생위원회 신달선 위원장이 지휘하여 2천여 명이 운동장에 모였다.
 신달선 위원장이 단상에 올라가서 "3·15부정선거를 규탄하자!", "도청으로 가자!"고 외치자, 일제히 함성을 지르며 4열 종대로 스크럼을 짜고 도청을 향해서 교문을 출발하여 동성로를 거쳐 중앙통 한국은행 대구지부에 이르렀으나, 이미 헌병과 경찰이 배치되어 진을 치고 그들을 저지하였다. 학생들은 저지선을 뚫고 1시간가량 반항하면서 밀거니 밀리거니 하는 가운데, 배금완(여)을 위시한 몇 명이 부상, 실신하여 병원으로 이송하였다. 신달선 위원장 등 일선에서 의거를 주도하던 20여 명은 헌병과 경찰에 잡혀 트럭에 실려 대구경찰서로 연행되었다.
 일선에서 주도하던 학생들의 연행과 경찰들의 더욱 강한 저지로 의거 학생들은 도주 해산하여 다시 학교 강당에 집합, 연행 학생들을 기다리면서 의거를 계속하고 있었다. 연행 학생들은 대구경찰서에서 전경들에 의하여 심한 구타를 당한 뒤 2시간 후에야 풀려났다. 연행 학생들이 학교로 돌아오자 그 환호는 하늘을 찌르는 것 같았다.
 신달선 위원장 사회로 경찰의 폭행을 규탄하고 철야농성을 계속하고 있는 가운데, 학교 당국의 집요한 해산 종용으로 자정쯤 이를 받아들이고 20일 다시 의거를 하기로 하고 해산하였다.
 20일에 300여 명의 학생들이 운동장에 집결하였으나 군·경의 제지로 밖으로 나오지 못하자 상오까지 대치하였다. 이 후 전국적인 학생들의 의거로 전국이 혼란을 거듭함에 따라, 이승만 대통령이 하야하게 되어 전국이 치안부재의 상태에 놓이게 되었다.

대구의 각 대학은 경찰서를 담당, 치안유지와 선무에 나섰다. 청구대학은 북부경찰서를 담당하였다. 또한 이후 허정 과도내각이 들어서고 7·29 총선을 실시함에 따라, 공명선거추진위원회를 구성하여 도내 전역을 순회하며 공명선거 분위기를 조성하여 민주당 정권을 탄생시켰다.

대학에서도 학도호국단 제도가 폐지되고, 학생회 제도로 바뀌면서 보다 자율적이고 민주적인 학생회를 구성, 운영하였다.

청구대학에서는 4·19혁명에 참여한 공로로 국가로부터 포장을 받은 자는 15명이며, 성명은 김한수, 박승진, 배금원, 배철웅, 서종구, 송기석, 신달선, 이영교, 장용상, 정우상, 한영수, 홍승길, 류일지, 서경보, 서정덕이다.

25. 청주대학교

4월 18일 서울에서 고려대 학생들의 의거가 있던 날 청주대학 학생들도 크게 동요하기 시작, 연준희 총학생회장을 비롯한 간부(신준희, 김현수, 김탁명, 신경관 등)들이 모여 회합하였다. 그 끝에 4월 19일 2교시가 끝난 뒤 강당에 집결하여 행동에 들어가기로 결정하였다.

4월 19일 아침 등교하여 1교시가 시작되었으나, 학생들은 강의실에 들어가지 않고 교정에서 서성이다 2교시가 끝날 무렵 속속 강당으로 모여들었다. 그런데 이날은 공교롭게도 휴강이 많은 날이어서 등교한 학생이 적었지만, 강당에는 5백여 명의 학생이 집결하였다.

학생들은 강당에서 김현수(호국단 총무부장)의 제창으로 결의문을 채택하고, 머리에 수건을 동여맨 후 윗옷을 벗은 다음 '3. 15 선거를 다시 하라', '우리는 평화적 의거다', '연행된 학생 즉시 석방하라' 등의 플래카드를 들고 질서정연하게 열을 지어 교문을 나섰다.

학생들은 내덕동 파출소 옆을 돌아, 시가지로 행진해 나가며 계속 구호를 외쳤다. 이때 경찰은 우암동 외덕 교회 앞에서 소방차로 길을 막고 있다가, 의거대가 오자 최루탄 발사와 소방호스를 들이대며 대오를 분산시켰다. 의거대는 이에 굴하지 않고 계속 전진하다가 몇 명의 부상자를 냈으며, 100여 명이 경찰차에 강제 연행되자 청주대생들의 시가지 진입행진은 좌절되었다. 이날 연행된 학생들은 밤늦게 모두 석방되었고 부상자는 모두 경상이었다.

그러나 그때 서울에서는 대통령 관저인 경무대 앞을 비롯해서 시내 도처에서 있은 의거대와 경찰의 충돌로 200여 명의 학생들이 희생되었고, 계엄령이 선포되었다. 그런데도 계엄령 하인 4월 25일 각 대학 교수단의 시위가 있었다. 청주대학에서는 이정규 학장이 행렬의 선봉장이 되었다.

마침내 4월 26일 이승만 대통령이 하야했다. 학생들이 흘린 피는 헛되지 않아 민주한국을 건설할 수 있는 새아침을 탄생시킨 것이다.

청주대 학생들은 자신들의 뜻이 관철되자, 선무공작에 앞장서서 질서유지에 힘쓰는 한편, 시내 중·고·대학 대표학생들을 모아 4·19희생자를 위한 모금운동을 주도, 3일 동안 1,626,605환을 가두 모금하여 한국일보사를 통해 기탁했다.

이때 교수단에서는 전체 교수 회의를 열고 성명서를 채택하였다. 4·19의거 정신의 결실을 위한 당국의 조처를 촉구하고, 학생들의 자중을 당부한 성명서(1960. 4. 27)는 아래와 같다:

"마산 학생의거를 비롯하여 4·19학생의거는 박탈당한 민권을 다시 회복하고, 새로운 민주주의 발전을 기하려는 민족정기의 발현으로써 청사에 찬연히 빛나는 것이다. 이로 말미암아 무참히 쓰러진 젊은 영령들에게 무한한 애도의 뜻을 표하며, 이를 영원히 보람 있게 하기 위하여 우리는 다음과 같은 당면과제를 엄숙히 성명하는 바이다.

　一. 3. 15부정선거의 책임 있는 자를 엄중처단하며, 이에 협조한 자는 자숙하라!
　一. 학생 총살과 고문을 자행한 잔악한 경찰관 및 이들을 사주한 자와 불법 폭력배를 색출, 엄단하라!
　一. 공직을 이용하여 부정축재한 자는 수하를 막론하고 중형에 처하라!
　一. 과도내각 조직에 있어서는 양심적이고 과감성 있는 재야인사를 널리 등용하라!
　一. 학원의 자유를 주장하며, 곡학아세하는 사이비 학자를 학원으로부터 추방하라!
　一. 학생 제군은 피로써 승리를 거두었으니 빨리 냉정으로 돌아가라!"

　이 민족사에 길이 빛날 4·19학생의거는 고귀한 피의 대가로 정권 타도에는 성공했으나, 그 숭고한 이념은 구현되지 못한 채 혼미한 정세는 오히려 사회적 혼란과 방종을 부채질하여 자유, 민주, 정의의 깃발은 시간이 흐를수록 희미해져 갔다.
　4·19직후 학도호국단이 해체되고 9월 21일 자율적인 학생회가 발족되어 학생회칙이 8장 52조로 마련되었다.
　학도호국단이 순수한 학생활동을 주도하지 못하고 정치적으로 이용당해 왔으므로, 참된 민주학원정신을 구현하고자 학생회로 전환했으나, 학생활동의 새로운 방향을 제시하지 못한 채 학생들이 학내문제에 지나치게 관여하려 드는 경향을 나타내 4·19이후의 대학가는 또 다른 의미의 진통 속에 빠져 들어갔다.

4·19혁명에 참여한 공로로 국가로부터 포장을 받은 자는 5명으로 김현수, 김탁명, 송진호, 신경관, 신준희 등이다.

26. 춘천농과대학(현 강원대학교 전신)

1960년도 당시 춘천농과대학은 4개과만 신설된 비교적 조그만 단과대학으로 운영되고 있었다. 교직원 40명, 학생 500여 명이란 구성원이 말해주듯이 가족적 분위기가 깃들어 있는 조그만 학교사회였다. 3·15부정선거를 즈음하여 전국을 휩쓸고 있는 어수선한 분위기 속에서도 춘천농과대학은 비교적 평온을 유지하였다. 당시 학도호국단 간부 운영위원장 김상근(림), 부위원장 이근배(축)는 4월 18일 전교적인 규탄시위를 준비하던 중, 학생들이 식목일행사에 동원되는 바람에 뜻을 이루지 못하고 말았다.

그러나 끝내 젊은 학생들의 의기는 폭발하고 말았다. 4월 25일 오전 10시 당시 학생간부를 비롯한 100여 명의 학생시의대는 춘천고, 춘천농고, 춘천여고 등 고등학교 의거대와 합세하여 도청 앞까지 진출하였다. 대통령 부정선거 규탄의 플래카드를 앞세운 의거대는 도청 앞에서 연좌의거를 벌인 끝에 당시 홍창석 지사를 면담하여, 부정선거 관계 공무원의 사의를 듣고 오후 3시 30분 해산하였다.

이러한 가운데서도 서울에서는 교수단의 의거 등 부정선거 규탄의 열기가 가시지 않자, 끝내 이승만은 4월 26일 하야를 결심하게 되고 사태는 급전 직하되어 과도국무위원이 임명되고, 도지사의 전원교체가 이루어졌다.

춘천에서는 4월 29일 춘천농과대학 학생들이 중심이 된 강원지역 학생회가 강원도 학우회 희생동지 추도식을 거행하고 4·19혁명으로 쓰러진 영혼을 추도하는 모임을 개최하였다.
　5월이 되자 대학당국은 교무과장을 교체하고 시대의 새로운 요구에 부응하고자 대학행정의 일신을 꾀하였다. 또한 학도호국단은 발전적으로 해산하여 학생자치회를 조직하고 학생간부를 새로 선출하였다(회장: 김정제, 부회장: 김영식). 그리고 이들 학생자치회는 정국이 격변함에 따라 영동지역, 수복지역, 원주지역 등을 담당하는 민정수습반을 구성하여 그 동안 불안과 동요를 거듭하는 민심수습에 전력을 다하였다.
　또한 7월 29일 선거일이 결정되자 7월 7일부터 10일까지 전도에 걸쳐 선거 계몽활동에 임하는 등, 학생회는 4·19혁명 이후 사회의 안정 및 공명선거를 위하여 적극 참여하였다.
　동 대학에서는 국가유공자가 아직까지 나오지 못하고 있다.

27. 충남대학교

　4·19혁명을 계기로 전국 각지에서 봉기하였던 학생의거는, 은인자중하고 있던 대전에서도 마침내 터지고 말았다.
　4월 26일 오후 4시부터 충남대학을 비롯하여 대전대학, 그리고 시내 남녀 중고등학생들 1천여 명이 의거를 감행하였다. 이들 학생의 거대는 한밭중학교 교정에서 ① 자유 당과 같은 독재정치를 배격한다. ② 민주주의 기반 닦아 자주독립 이룩하자. ③ 쓰러진 국민주권 정의로써 이룩하자. ④ 한희석을 처단하고 최인규를 체포하라. ⑤ 발포자와 그 명령자를 처단하라는 등의 결의문과 "현 국회의원도 모두 사퇴하라", "학원에 자유를 달라"는 구호를 충남대 학생대표 오천균이 낭독하자 대원들은 박수로써 지지하였다.

　마산사건 이래 학교당국을 위시한 관계당국의 설득과 이날 오전 이승만 대통령의 하야성명에도 불구하고, 이들은 마침내 솟아오르는 울분을 터뜨리고 말았으며, 각 대학의 교수들은 의거 대열에 동행하면서 평화적인 시위를 촉구하였다.

　그러나 시청 앞 로터리에서 대흥동을 거쳐 대전고교 앞으로 하여 5시 10분경 도청 앞 광장으로 밀려들어 ① 김학응 지사와 김장환 경찰국장, 정인권 시장은 즉시 사퇴하라. ② 정부가 임명한 각 기관장들도 사퇴하라. ③ 유성온천에 와 있다는 이기붕을 축출하라. ④ 계엄령을 즉시 해체하라. ⑤ 학교를 즉시 개교케 하라는 등의 결의문을 낭독하고, 대답을 듣기 위하여 각 학교에서 학생대표 1명씩을 선출하여 대표단을 구성한 다음, 지사실로 파견하였으며 남은 학생들은 연좌의거에 들어갔다. 한편 이들의 의거로 마침내 자유당 시도당사 등의 일부가 파괴되고, 시내의 교통은 한때 완전 마비상태가 되었다. 의거대는 시내를 일주한 끝에 민의원 의장 이기붕이 유성에 피신해 있다는 정보를 입수하고 유성으로 향하였다.

　오후 6시 40분경 충남대 학생들은 대전 사세청(司稅廳) 앞에서 의거를 하다가, 버스와 택시를 징발하여 대전에서 30리나 떨어진 유성으로 향하였다. 이기붕이 유성에 와 있다는 정보로 의거선발대 300여 명이 유성에 도착하여 만년장과 유성호텔을 샅샅이 살폈으나, 이기붕이 없다는 것을 확인하고, 의거학생들은 지나는 모든 차량에 강제 승차하여 차량의거를 감행하면서 다시 시내로 돌아와 산발적인 의거를 하였다.

　밤 8시경 흥분한 의거대는 대전경찰서와 서 대전 경찰서, 그리고 시내 수개의 파출소를 습격하고 심지어는 자유당 대전시 을 지구당 위원장인 최석환의 집에 방화까지 하였다. 그 밖에도 의거대는 선화동 소재 대한반공청년단 본부 청사를 대파하였고, 자유당 당사내의 기물을 마구 파괴하였다. 소방차 1대가 소각되고 투석으로 인해 헌병 10여 명이 부상을 당하기도 하였다.

27일 오전 대전 시내 학생들과 대전 시민들의 의거설이 유포되자, 대전시 학생 대표들은 5개 반을 편성하여 시내를 순회하면서 자중을 호소하였다. 이들은 '우리들의 목표가 완전히 성취되었다. 방화와 파괴는 4·19학도의 고귀한 피를 모욕하는 것이다. 건설의 선봉이 되자'고 호소하였다. 선무공작반은 충남대 문리대, 공대, 그리고 대전대학 및 대전고등학교 학생들로 편성되었다. 이들의 명단과 호소내용은 다음과 같다:

문리대: 오천균, 박대환
농 대: 윤효수, 정덕상, 조병대, 김승완
공 대: 김형무, 안상덕

一. 우리의 목표는 완전히 성취되었다.
一. 학생은 학원으로 돌아가자.
一. 공산 재침의 기회를 주지 말자.
一. 오직 국가의 건설이 우리의 의무이다. 질서회복에 힘쓰는 것만이 남아 있다. 애국학도여, 민주국가 건설에 이바지하자.
一. 방화, 파괴를 금하라! 국가의 재산을 부수는 자는 4·19학도의 고귀한 피를 모독하는 것이다. 학생은 건설의 선봉이 되자.

그 후 충남대학교에서는 하기방학 중 학생 계몽대를 조직하여, 4·19가 민주혁명으로 결실을 볼 수 있도록 7·29 민·참의원 선거계몽을 하였다. 이는 국무회의의 결의에 의한 것으로 전국 각급대학이 참가하는 대대적인 계몽운동이었다. 이 대열에 충남대학교에서는 3개 단과대학 전체가 참가하였다.

그러나 4·19의 충격과 동요는 대학 내외에 오래도록 지속되었다. 정국이 불안정하고 학원질서가 문란하였다. 특히 이해 2학기에 '학생들은 학문연구와 자기수양에 매진하라'는 대학당국의 지시가 있었다. 충남대학교 농과대학장의 "농대 전학생에 고함"이라는 학보 광고에 실린 호소문(1960. 9. 15)을 소개하면 다음과 같다:

一. 민주주의는 정치, 경제, 문화뿐만 아니라 일상의 생활관습, 태도, 마음에 대해서도 실현되어야 할 줄 안다.
一. 불안정한 정국 하에서 더욱 반공의식을 갖기 바란다.
一. 학업에 대해서 배전의 용기와 열성을 갖기 바란다.
一. 국민을 계몽하고 사회의 모범자가 되어야겠다는 긍지를 견지하기 바란다.
一. 학교 당국에 대한 요망사항은 순서와 절차를 따라 신속히 문제를 해결하기 바란다.

이상과 같이 4·19혁명은 학원내부에서도 많은 부작용을 일으켰고, 그 여파도 각 대학의 총·학장을 비롯한 책임자는 거의 대부분 사퇴하지 않을 수 없었다. 학생들은 의거와 현실참여로 들떠 있어 대학 캠퍼스는 흔들리고, 모든 학사행정은 공백상태로 놓여 있었다. 충남대학교에서도 민태식 총장이 물러나고 교수들의 선거에 의해서 후임으로 이정호 총장이 선임됨으로써 일단 안정의 방향을 찾게 되었다.

충남대의 4·19혁명에 참가한 공로로 국가로부터 건국포장을 받은 자는 1명이고 성명은 오천균이다.

28. 충북대학교

4·19혁명 이후의 소용돌이가 충북대학에도 모질게 불어와 일부 학생들과 교수들이 학원의 민주화를 논의하게 되었고, 사회의 전반적인 개혁운동에 편승하여 학원의 개혁을 시도하게 되었다. '어려운 일이 생길 때에 잘한 일은 묻히고 잘못된 일은 들추기 쉬운 세정'이라, 이들은 학원의 개혁을 위하여서는 학장도 물러나야 된다는 주장으로 일관하였다. 이런 사태는 일부 학생들의 동맹휴학으로까지 발전하였으니, 충북대학 역사상 가장 큰 혼란기였다.

동맹휴학을 강행하려는 학생들과 이를 반대하는 학생들 간에 격렬한 대립현상을 보였고, 때로는 난투극을 벌이는 일까지 생겼다. 이런 사태의 수습책을 놓고 교수들도 엇갈린 이견을 조정할 수 없었다. 학부형도 양론이 있는가 하면, 더구나 대학운영의 민주화를 주장하는 교수들이 있어 겉으로는 차마 말하기 어려운 분위기 속에 오랜 기간의 혼란을 면할 수 없었다.

결국 교수들 중에는 학장을 지지하는 측과 과격하게도 그 퇴임을 요구하는 측의 양분된 분위기 속에서, 동문들마저도 두 갈래 주장을 가지고 소란 속에 개입하게 되었다. 설립자인 도당국과 문교부에서 이를 조정하고 수습하려 노력하였으나, 정상적인 강의 진행이 불가능한 가운데 혼란만 계속되었다. 심지어는 전화를 절단하여 대학과 학장관사와의 통화를 방해하고, 학장관사에 집단적으로 몰려가 면담을 요청하며 관사에서 연좌농성하는 일까지 나타났다.

5월이 지나도록 수습이 되지 않자, 6월 초에는 서로의 주장을 중앙 요로에 진정하는 사태로까지 확대되었다. 교수회의에서도 서로 얼굴이 뜨거울 정도로 격돌하는 극단적인 대립현상을 보였다.

대학분규가 3개월이 지나자 법정 수업 일수를 채울 수가 없게 되고 수습의 효과가 보이지 않자, 문교부는 '대학의 문을 닫을 수밖에 없다'고 비관적인 태도를 보였다. 그러나 이 분규는 7월 초에 학생들이 강의에 정상적으로 참여하고, 조교 1명 면직, 2명의 교수가 정직, 3명의 교수가 근신이라는 선에서 일단락 맺고 학장도 도의적인 책임을 지고 사퇴하였다.

충북대학교에서는 국가유공자로 포상을 받은 자가 아직까지 발견되지 않고 있다.

29. 한국외국어대학교

1) 외대 4·19 민주혁명 거사의 결정

3·15 부정선거와 자유당 정부의 부패와 악랄한 장기독재 시도에 분노를 느끼던 외대의 학생대표(학도호국단 간부들과 대의원들)들은 교내분규를 일시 중단하고 4월초 마산 고등학생 고 김주열군의 비참한 익사체 발견된 것을 기점으로, 전교생의 과반수를 차지하고 있었던 영어과 대표들과 5개 학과의 과대표들을 중심으로 학도호국단 위원장, 서반아어과 4년 김오동과 자주 회동하고 독재와 부패정부에 시정을 요구하는 저항의 가능성을 논의하였다.

경찰의 감시가 심하여 김오동은 고교후배이며 1학년 신입생이었던 홍융기를 시켜 낙원동 소재 건대(당시명은 정치대학), 무교동 가로수다방, 고려대학교 등에서 협의한 서울 각 대학의 3·15 부정선거 규탄 협의에 참여하고 그 합의사항을 보고하였다. 그 결과, 외대도 과대표들이 학도호국단과 함께 반정부 데모를 하도록 협의가 있었으나, 거사일자는 4월 하순으로 예정하였고 확실한 날짜는 정하지 안했다.

그런데 고려대학에서는 보안의 유지가 어려운 것과 신입생 환영대회로 위장이 유리하여 거사일을 4월 18일로 결정하였고, 이들의 귀교길 괴한의 습격사건이 서울 각대학생의 4·19일 궐기를 확정하는 데 결정적인 계기를 조성하였다. 4월 18일 저녁 귀교하던 고대생과 함께 데모를 하던 외대 영어과 4학년 B반 허경환이 괴한의 습격으로 심한 부상을 입었다.

외대 학도호국단과 대의원으로 구성된 외대 학생대표들은 외대 학도호국단 사무실에서 4·18 저녁 평화로운 의사표시를 하고 귀교 중이던 고대생들의 불량배에 의한 무자비한 폭행사태에 통분을 느끼고, 부정선거와 이승만 독재정부에 대한 저항과 궐기를 4월 19일로 결정하였다. 이 결정에 참여한 외대의 주모자들은 영어과 4학년 곽태환, 김광수, 김달규, 김덕환, 류제봉, 마종대, 서의석, 이덕우, 이영걸, 박명석, 최동호, 허철부, 영어과 3학년 김기병, 성병근, 안창옥, 영어과 2년 고규찬, 구창회, 김락권, 민승찬, 서석민, 김성돈, 유인균, 조재린, 천희동; 영어과 1년 홍융기, 불어과 4학년 강인섭, 서병기, 불어과 2학년 이기후, 독어과 4학년 김현욱, 2학년 곽문환, 전득주; 중국어과 4년 대표 이재룡, 2학년 이종덕, 이충기, 서어과 2년 박대현, 러시아어과 4학년 원종혁, 2학년 조규화 등이다.

동 외대 학생대표들은 4·19 전야 3·15 부정선거 대책 비상 대책위원회를 구성하였다. 전년도 학원비리대책위원회의 주도적 학생대표였던 독어과 4년 김현욱 2년 전득주와 불어과 4년 서병기 2년 이기후와 영어과 4년 허철부 중 김현욱, 서병기 및 허철부를 공동의장으로 선출하고, 이기후, 전득주는 홍보위원으로 선출하여 플래카드 제작, 외대 4·19 선언문 작성 및 학생동원 계획을 작성하였다.

2) 외대 4·19민주혁명의 진행과정

　4월 18일 저녁, 정치깡패의 고대생 습격으로 익일 출등을 결정한 비상대책위원회는(공동의장 김현욱, 서병기, 허철부) 그동안 학도호국단과 각과 대표들이 중심이 되었던 학도호국단 운영위원장 김오동의 갑작스런 불참결정으로, 일부 학도호국단 임원과 각과 대의원들을 주도하여 4월 19일 당일 오전 10시경부터 각과 대의원들을 조직하여 약 600여명의 학생들이 강당으로 쓰였던 107호 대강의실에 집결하였다. 학도호국단 운영위원장의 돌연한 불참선언으로 외대 민주화 혁명 세력은 다음과 같이 3분화 되었다.

　첫째, 1959년도 교내 민주화운동의 주도자인 김현욱(독어 4년), 서병기(불어 4년), 이기후(불어 2년), 전득주(독어 2년) 영어과 4년 김달규, 김덕환, 이덕우, 마종대등 대의원들과, 둘째, 관제단체인 ① 학도호국단의 해체와 학원민주화, ② 국제학생운동 조류에 참가하는 한국학생 운동의 국제화운동, ③ 선진 영미식 학생운동을 도입하여 '디베이트 토론'을 통한 학생대표의 선출을 통한 지성과 야성을 겸비한 학생지도자의 사회적 배출을 통한 선진화운동을 전국적으로 전개하여 전국 대학신문과 대학생 학술단체 연합회 회장인 허철부(영 4)와 동대표단, 곽태환(영 4), 김광수(영 4), 류재봉(영 4), 박명석(영 4), 이영걸(영 4), 서석민(영 2), 곽문환(독어 2년), 조규화(러시아어 2년)이 주도하는 학생들과, 셋째, 학도호국단 운영위원장을 제외한 학도호국단 부위원장 김기병(영 3), 최동호(영 4), 성병근(영 3), 이재룡(중 4), 원종혁(러시아어 4)등 세 개의 세력의 움직임이 이었다.

　한편 미네르바 동산 옆에서 구기운동을 하던 재학생 200여명도 운동장에서 성토대회를 하다가 영어과 4학년 C반 과대표였던 김덕환과 마종대가 등교하자 데모대를 이끌어주기를 요구해왔다. 김덕환과 마종대등은 학도호국단장과 협의 후 공동행동을 하기로 설득하고, 학생들을 대기시키고 학도호국단 운영위원장에게 문의하였지만 김오동은 학도호국단에 의한 거사계획은 철회한다고 통고하였다. 왜냐하면 그는 박술음 학장과(학도호국단장) 김흥배 이사장의 인척으로 알려진 서반아어과 학과장 김이배 교수, 그리고 학생과장 러시아어과 학과장 함일근 교수에 의해서 외대생이 참여해서는 안 된다는 강력한 설득을 받았기 때문이다. 학교당국은 비상대책위원회가 철야 준비하였던 플래카드도 압수하여 파기해 버렸다.

그 후 김덕환과 마종대의 인솔로 운동장의 선발대 약 200명은 12시 30분쯤 도보로 시내로 스크럼을 짜고 부정선거 규탄, 부패정권 규탄, 학원민주화의 구호를 외치고 애국가, 군가를 부르며 시내로 진출을 시도하였다.

한편 10시 반경부터 107호실 대강당에 집결하고 성토대회를 벌이던 영어과 4년 과대표 허철부, 김광수, 곽태환, 김달규, 이덕우, 류제봉, 박명석, 이영걸, 최동호, 3학년 대표 성병근, 안창옥, 2학년 대표 구창회, 김락권, 박광신, 서석민, 고규찬, 김성돈 1학년 대표 홍융기, 독일어과 4년 대표 김현욱, 2학년 대표 전득주, 불어과 4학년대표 서병기, 강인섭, 2학년 대표 이기후와 중국어과 4년 대표 이재룡, 이종덕, 서어과 2년 박대현, 러시아어과 4학년 대표 원종혁, 2학년 대표 조규화 등을 비롯한 600여명의 학생들이 비상대책위원회의 주도 하에(공동의장 김현욱, 서병기, 허철부, 홍보위원 이기후, 전득주) 다음과 같은 선언문과 구호를 채택하였다. 동 선언문과 구호는 5인 비상대책위원으로 선출된 김현욱(독어 4년), 서병기(불어 4년), 허철부(영어 4년), 이기후(불어 2년), 전득주(독어 2년)등이 같이 모여 4월18일 밤 철야로 작성하였고, 4·19날부터 1주일동안 성토대회에서 서로 돌아가며 낭독하였다. 사회는 3인 공동의장 중 연변이 좋은 김현욱이 주로 말았다.

"이승만 정권은 집권 12년 동안 온갖 반민주독재정치와 부정부패 행위를 일삼아 왔다. 이승만 개인의 집권연장을 위하여 불법과 폭력으로 헌법을 개정하고 야당이나 비판세력을 탄압하기 위하여 2·4 정치 파동을 일으키고 학원의 자유를 박탈하고 학생들을 정치의 도구로 삼더니 마침내 3·15 부정선거에서는 천인공노할 부정협잡과 폭력공포선거를 자행하여 대한민국 민주주의의 기반인 국민의 선거권을 박탈함으로써 나라의 민주주의를 말살시키었다. 이에 분노한 우리 외대학생들은 분연히 일어나 반정부시위를 결행하기로 선언하고 다음과 같은 구호를 채택한다.

1. 3·15 부정선거에 관여한 자를 처단하라!
2. 학생살상을 명령한 자를 엄단하라!
3. 학원의 민주화와 자유를 보장하라!
4. 3·15 부정선거를 다시 하라!
5. 마산학생사건을 규명하라!
6. 기성세대는 자성하라!
7. 평화적 시위를 방해하지마라!

1960년 4월 19일 한국외대생 일동

이러한 구호를 외치며 외대 4·19 주역들은 이승만의 반민주독재정치와 부정선거를 규탄한 후, 대강당의 600여명과 교내에 있던 200명 등 도합 800여명을 인솔하고 1시반경에 이문동 캠퍼스의 후문을 통하여 휘경동 파출소를 거쳐 별 저항 없이 스크랩을 짜고 부정선거 규탄 의거대를 이끌고 시내를 향하였다. 일부 학생은 휘경동 파출소의 저항선을 예단하여 학교정문을 통하여 철도 길을 통하여 나오기도 하였고, 경희대 교정을 통하여 합세하기도 하였다. 경희대생과 시립대학생들의 합세가 이루어져서 대열이 커졌다.

외대생을 비롯한 타 대학생들은 스크럼을 짜고 청향리에 당도하였을 때, 대기하고 있던 경찰들이 물총과 공포탄을 쏘면서 전진을 저지하고자 하였다. 경찰의 저지로 더 나아가지 못한 외대생들은 청향리에서 연좌하여 20여분 동안 "학원의 자유를 보장하라!" "3·15 부정선거 다시 하라!" "폭력경찰 자성하라!" 등의 구호들을 외치고 다른 한편 애국가나 군가 등을 불렀다.

그 후 외대생들은 다른 대학교 학생들과 함께 경찰의 후퇴로 동대문 쪽으로 전진할 수 있었다. 허철부는 시위본대의 인솔을 타 대표들에게 위임하고, 선발대와의 합세를 위하여 학교근처 위생병원 앞에서 버스를 타고 추격하여 선두 그룹을 동대문에서 만나 대기시키고 선발대와 후발 본대의 합세를 성공적으로 이끌어 냈다.

오후 3시가 넘을 무렵 종로 2가에서 6가까지는 이미 각 대학과 고등학생 그리고 시민이 뒤섞이어 전진이 더디었다. 그래서 김광수 등 외대생 일부 약 100명은 을지로 방면으로 내무부, 국회의사당 쪽으로 진행하였다. 외대의 의거 본대와 선발대가 합세한 약 1,000여명의 외대생과 타교학생들은 종로 2가 화신 앞에 이르렀다. 외대생들은 종로 1가 화신백화점 앞에서 경찰과 소방대원의 저지를 받아 서로 대치하다가, 외대생 앞에 용산소방대의 소방차가 대기하고 있었는데 그 가운데 군입대중 용산소방서에 파견 근무 중이던 외대 러시아어과 4학년 강영모가 있어 마종대와 충돌하지 말 것을 타협하였다. 그 결과, 선발대 일행 150여명이 미도파로 방향을 틀고 용산소방서 차들도 철수하여 외대 본대와 혼성된 각 대학 그리고 시민들 약 2,000여명이 광화문 쪽으로 진출할 수 있었다. 그 때가 4시 반쯤이었다.

경무대 방향으로의 진출을 협의하던 외대 의거대의 리더들은 효자동 쪽에서 총성이 들리고, 광화문에서 학생과 시민이 쫓겨나오고, 진출이 어렵다고 판단하여 국회의사당 쪽으로 방향을 틀어 시위하였다. 경남극장 쪽에서 시위 진출하는데 소공동 소재 505 군특무대가 총격을 가하여 대피와 분산의 혼란이 일어났다. 다시 국회의사당 앞에서 대오가 정비되어 3~400이 구호를 웨치고 미도파를 돌아 나타난 김덕환과 마종대의 선발대와 조우하여, 을지로 입구 내무부 치안국 쪽에 진출하였다.

외대생과 타교생들이 함께 스크랩을 짜고 다시 명동과 소공동 광화문등으로 "당국은 평화로운 시위에 총부리를 겨누지 말라," "부정선거 다시하자" "독재정권 물러가라" "부정선거의 원흉 이기붕과 박마리아를 처단하라," "학원 민주화를 하라" 등의 구호를 워치며 평화로운 시위행진을 하였다. 외대생들은 계엄령이 선포되어 군이 서울 시내로 진주한 것을 알고 명동 미도파를 거처 조선호텔 앞에서 날도 어두워지고 더 이상 시위를 평화적으로 한다는 것은 불가능하다고 판단하고 익일의 준비를 위하여 해산하였다. 이때가 저녁 7시경이었다.

한편 4월 20일부터 24일까지 불어과 4학년 대표 서병기와 독어과 4학년 대표 김현욱, 영어과 4학년 과대표 허철부(영어과 4학년 B반), 김광수(영어과 4학년 B반), 곽태환(영어과 4학년 B반), 최동호(영어과 4학년 A반), 박명석(영어과 4학년 A반), 이영걸(영어과 4학년 A반), 류재봉(영어과 4학년 C반) 학도호국단 부위원장 김기병(영어과 3학년)과 성병근(영어과 3학년), 안창옥(영어과 3학년), 전득주(독어과 2학년), 서석민(영어과 2), 홍융기(영어과 1학년) 등을 비롯한 약 300명은 외대강당 107호실에 모여 이승만 정권의 독재타도를 위한 규탄대회를 매일 개최하고, 서울 시내로 나아가 동대문, 종로와 해무청, 경찰 병기고 앞에서 격렬한 시위를 하였고 계엄군의 강력한 저지를 받았다. 그러나 일부 외국어대 학생들은 경무대까지 부정선거 규탄과 학원 민주화 시위를 계속하였다.

그 후 4월 25일 본교 영어과 박규서 교수가 참가한 교수단 데모에 많은 외대생이 수행하여 의거를 하였고 결국 이승만 박사의 하야선언으로 시위를 멈추었다.

3) 외대의 수습대책반의 활동과 기타 활약

4월 26일부터 30일 까지는 김기병(영어과 3학년)을 단장으로 이기후(불어과 2학년), 전득주(독어과 2학년), 구창회(영어과 2학년), 박대현(서반어과 2학년), 이종덕(중어과 2학년) 등 30여명이 수습반이 구성되어 사회질서회복 차원에서 비상계엄군과 협조하여 을지로입구 내무부 치안국 본부를 맡아 치안 유지와 일대의 청소와 질서유지에 협력하였다. 김덕환과 마종대를 중심으로 하는 50여명도 청량리 경찰서를 맡아 비슷한 치안과 거리질서 확립운동을 진행하였다. 이외에도 4월 하순경 외대 대표들은 계엄사령부의 요청을 받아 시내 신문사 차량과 "기쁜소리사" 등 시내 마이크 대여점등의 비품의 협조를 받아 시민의 동요 수습과 불량배들의 약탈 등 무정부상태의 수습을 위한 활동을 하였다.

특히 계엄사령부의 요청과 송요찬 계엄사령관의 사령관전용 찝차의 제공과 방송기자재사의 장비를 무료로 제공받아, 외국기자들에게 삐라제작 살포와 KBS 제2방송을 담당하는 외대생 아나운서(중국어 4학년 송재록, 불어과 4년 김용문, 영어과 3학년 김영운 등)와 외국어 담당 교수들의 협조를 얻어 한국학생 봉기의 순수성과 역사적 의의를 해외에 알렸다. 유인물내용은 해외뉴스에 인용되었으며 대만의 중앙일보는 한국학생들이 자신의 민주주의 회복 봉기를 불란서 혁명, 영국의 권리장전, 중국의 5·4 혁명과 비교한다고 대서특필하였다. 이같은 계엄사령부관의 적극적인 권유와 협조는 자유당정권이 학생들의 봉기 뒤에는 공산주의의 음모가 있다는 악선전을 바로 잡고 한국에 대한 오해를 불식하기 위한 것 이였다.

외대의 4·19 민주혁명의 주도세력의 하나가 되었던 대의원중심으로 외대국제정치학회(후에 국제학생회로 개칭)는 타교와 연합하여 4·19 직후 강원도 춘천과 충청도 유구등지에서 농촌계몽운동을 벌렸다. 한편 독일어과 2년 전득주 등도 충청도에서 농촌계몽운동을 벌렸다. 현제 확인된 4·19 민주혁명에 부상한 동문은 허경환(영어과 4년)과 허칠(중국어과 2년)이다.

4) 외대의 4·19 정신 계승활동과 국가유공자들

한국외국어 대학교 4·19 주도세력들은 그 후 1980년에 4·19 민주혁명 이념의 선양과 친목을 위하여 〈외대 4·19혁명동지회〉를 구성하고 초대 회장에 김기병(1980~1990), 2대 회장에 이기후 (1990~2000), 3대 회장에 허철부(2000~2010)가 회장직을 맡았다. 부회장은 전득주이고 총무 홍윤기이며 감사 김락권, 강인섭, 김기병과 이기후는 고문이었으며, 자문위원은 김현욱, 김덕환, 성병근, 김성돈 이었다. 그러나 〈외대 4·19혁명동지회〉가 명예회복과 역사 바로 알리기 차원에서 공식적 보훈신청 작업을 벌린 것은 2009년 8월부터이다.

2011년도부터 새로운 임기를 맡은 임원단은 회장 서병기, 부회장은 성병근, 총무 홍윤기, 윤리위원장 류재봉, 감사 서석민이었다. 2013년 임원단은 회장 류재봉, 부회장 서석민, 총무 홍윤기 감사 전득주이다.

2009년 11월에 외대 4·19혁명동지회는 4·19혁명 50주년을 기해 외대 모교 교정에 4·19 기념탑을 건립하기로 결정하고 모금을 하여 2010년 10월에 한국외국어대학교 교정에 4·19기념탑을 세우고 그곳에서 제막식을 가졌다. 또한 김기병 전회장, 전득주 부회장과 박명석 전 학생대표 등이 4·19혁명이념의 선양을 위하여 2010년부터 매년 외국어대 대학생 4-6명에게 4·19장학금을 지급하고 있다.

 외대는 2010년 현재 4·19 민주혁명 국가유공자가 모두 6명으로 이들은 1963년에 건국포상을 받았다. 이들은 김기병, 이기후, 조재린, 유인균과 민승찬이며 부상자로서 보훈을 받은 이는 허 칠이다.

30. 한양대학교

 1960년 3·15부정선거를 겪으면서 자각하고 울분을 금치 못하는 차 에, 국민이 부정 선거에 항거하는 목소리가 점증하면서 급기야 봉기가 터졌다. 그리고 그 봉기에 기꺼이 참여하여 나라의 민주와 자유, 정의 구현에 앞장서야 한다는 일념으로 한양대생 4·19의거 주도자들은 1교시가 끝날 무렵, 각 대학 과대표들이 앞장서고 학회 학생회 간부들, 정천범(토목과 4년), 이승교(건축과 4년), 신응배(토목과 4년), 배종순(건축과 4년), 김병수(토목과 4년), 변봉덕(수학과 3년), 문효영(건축과 4년), 김병희(화공과 4년), 남호명(토목과 4년), 박용일(화공과 4년), 김부겸(건축과 4년), 김시교(토목과4년), 김행원(건축과 4년), 박상옥(건축과 4년), 정상봉(건축과 4년), 김정관(기계과 4년), 안장원(건축과 4년), 정회승(건축과 4년), 구창원(건축과 4년), 이유신(전기과 4년), 이정만(토목과 3년), 강원조(토목과 3년), 한호섭(원자력과 3년), 김혜삼(원자력과 3년), 김덕일(건축과 3년), 하태석(건축과 3년), 장종훈(토목과 3년), 김재중(토목과 3년), 주만종(건축과 3년), 이기용(건축과 3

년), 강태구(건축과 3년), 김복수(토목과 3년), 박종대(토목과 3년), 박재곤(토목과 3년), 문명철(공경학과 3년), 위해룡(토목과 3년), 안경훈(공경과 3년), 김상렬(전기과 3년), 박철규(화공과 2년), 최만조(기계과 2년), 박영길(전기과 2년), 신병우(토목과 3년), 백기우(토목과 3년), 김영동(토목과 3년), 정윤래(토목과 3년) 등이 솔선수범하여 약 2000여명 학생을 정문에 집결시켰다. 그들이 성동경찰서 진압경찰대와 몸싸움을 할 때 그 속에서 문명철, 김병수, 정천범, 문효영 등이 앞장서서 선도하였다. 그리고 박철규, 안경훈, 변봉덕, 김병희, 김부겸 등이 육탄공격으로 교문 앞 고가 도로 부근 경찰 저지선을 돌파했다. 그 후 그들은 왕십리 성동경찰서 앞에서 2차 경찰저지선을 뚫고 삼삼오오 무리를 지어 국회의사당(현재 시의회)과 광화문 경무대(현 청와대)를 향하여 2개 그룹으로 나누어져 도보 및 차량 편으로 목적지로 향하였다.

한편 남호명(운영위원장)은 한발 앞서 시내로 진출했다. 그는 각 시위대의 동향 및 타 대학 움직임을 파악하고자 백방으로 수소문했고, 본 한양대 시위대와 연락하기 위하여 동분서주하였다.

제일 먼저 도착한 문명철, 박철규, 안경훈, 변봉덕, 최만조, 박영길, 김부겸 등이 광화문을 지나 청와대로 향하여 독재정권타도와 부정선거규탄을 외치며 이동하고 있었다. 그러던 중 학우 정임석(기계과 3년/1960년 4월 19일 경무대 앞 총상, 서울대학병원에서 4월 25일 사망)과 안경식(광산과 1년/1960년 4월 19일 동대문경찰서 앞 총상, 이대부속병원에서 당일 사망)군이 경찰이 발포한 총탄에 불귀의 객이 되였다. 오치문(전기과 2년)과 이호택(전기과 3년)은 중상을 입었다. 한편 장렬한 유혈항거를 하면서 무자비한 총탄 발포에 후퇴한 학우들은 상기 열거한 주동요원들의 선도 하에 제 2그룹이 있는 국회의사당(현재 시의회) 앞으로 갔다. 그리고는 독재타도, 민주, 자유, 정의를 외치며 시위하는 김병수, 김병희, 신응배, 정천범, 이승교, 김시교, 박용일, 김행원 등과 합세하여 화신(현 보신각)앞을 거쳐 종로경찰서 앞까지 진출하였다.

경찰과 대치 중 급기야 총탄발포가 시작되면서 많은 사상자가 발생하여 후송되었다. 도로에는 학생들의 피가 빗물이 흘러가듯 흐르고 있었다. 총탄을 피하여 은신처를 찾던 채수웅(건축과 4년), 김덕희(건축과 4년)등은 파출소 경찰관들과 심한 몸싸움을 한 끝에 마포형무소에 구금되어 10여일이 지난 후 석방되었다. 한편, 흐트러졌던 학생들은 종로 4가를 거쳐 동대문 경찰서를 중심으로 모였고, 완강히 저항하는 경찰들과 밤늦게까지 농성을 하며 독재 정권 타도를 외쳤다.

마침내 경찰들이 학생들과 시민들의 기세에 밀려 자취를 감추게 되면서 일시적인 무정부 상태가 되었다. 이에 한양대 학생들은 을지로 입구의 파출소를 점거하고, 경찰들이 도피한 상태에서 난동을 피우는 폭도들을 해산시켰다. 그들은 질서와 치안유지를 위해 열정을 다하여 숙명적인 임무에 최선을 다하였으며, 4·19 수습대책위원회라는 전국대학생연합회를 결성하는데 결정적 역할을 하게 되었다. 그 덕분에 4·19혁명희생자 위령제(1960년 5월 19일 순수학생들의 주관으로 서울운동장거행)와 4월혁명 순국학생위령탑 건립위원회가 결성하게 되었다.

4월 26일 상오 계엄사령부(사령관 송요찬) 32호 발표문에 따라 한양대는 성동경찰서 관내 지역 질서와 치안유지를 책임졌다. 한양대생들은 문효영(건축과 4년)을 정점으로 정천범(토목과 4년), 김부겸(건축과 4년), 신응배(토목과 4년), 배종순(건축과 4년), 김시교(토목과 4년), 김병수(토목과 4년), 이유신(전기과 4년), 문명철(공경학과 3년), 변봉덕(수학과 3년), 엄태웅(건축과 3년), 안경훈(공경학과 3년), 하태식

(건축과 3년), 위해룡(토목과 3년), 김상렬(전기과 3년), 박철규(화공과 2년), 최만조(섬유과 2년), 박영길, 권위혁(전기과 2년) 강효종(섬유과 2학년) 등을 본부팀, 을지로팀, 신당동팀, 왕십리팀의 4개 팀으로 나누어 조직을 편성했고 교통질서 및 치안유지에 최선을 다하였다.

그때, 한양대생들은 이승만대통령 하야직전 부통령 당선자 이기붕 씨 가족 및 국회 부의장 한희석 가족들이 해외 도피하기 위하여, 인천 월미도 미군항만 사령부에 은신 중이라는 소식을 국회를 통하여 접한 후 급조된 동원조직을 통하여 지프차 1대, 징발된 트럭 8~10대에 치안유지를 하던 약 300여명을 차출 동원했다. 그리고 인천 월미도 미군항만 사령부 앞에 도착하여 부정선거 및 독재정권의 원흉들인 이기붕 및 한희석을 은닉하지 말고 인계하라고 절규하며 시위를 하던 중, 저녁 9시경 미군 항만사령부 사령관 크레블 대령의 부름을 받고 문효영을 위시하여 한양대 2명, 현지 인천거주대학생 3명 총 6명이 사령관과 면담을 했다. 사령관에게 상기 이기붕 및 한희석의 가족들이 영내에 없다는 확답과 다음날 신문에 이 사실을 발표한다는 확언을 받고 사령부 정문 앞에서 철수했다. 밤늦게 서울에 도착한 후 그들은 서울역 갈월동 근방에서 계엄군(국방부 군인 출동 지휘자 육군 대령)의 저지를 받고 서울역 대합실에서 대기하다가 새벽에 계엄이 해제될 시 계엄군 대령으로부터 교통비조로 금일봉을 받고 학우들과 학교에서 만나기로 한 후 해산하였다. 이 인천시위(해외도피차단)는 다음날 오전 독재정권의 핵심 인물인 이기붕의 일가족 자살에 직접적인 동기부여에 일조하였으며, 4·19민주혁명의 대미를 장식하게 되었다.

한양대학교 전교생은 열정을 다하여 대한민국의 자유, 민주, 정의사회를 구현하는 데 총탄으로 반격하는 경찰관들과 정면충돌하며 장렬한 유혈 항거로써 독재와 부정을 규탄하였다. 또한 4·19혁명 희생자 위령제 및 4월 민주혁명 순국학생 위령탑 건립위원회 핵심간부로 의무와 책임을 다하였다.

4·19혁명 당시 한양대학교 학생수습대책위원회 위원으로는 문효영, 김병희, 김병수, 변봉덕, 안경훈, 박용일, 신웅배, 정천범, 남호명, 문명철, 이유신, 위해룡, 엄태웅, 김성렬, 박철규, 김부겸, 배종순, 김시교, 박영길, 최만조 등이 활약하였다.

그 후 국가로부터 포장을 받으신 분은 5명으로 남호명, 위해룡, 문효영, 변봉덕, 안경훈 등이다.

31. 홍익대학교

홍익대학 학생들은 4월 19일 오전 11시 40분 교문을 박차고 나섰다. 신촌 로터리에서 연세대 학생들과 합류, 아현동고개를 넘어서면서부터 경찰백차를 만났으나 아무런 제지도 받지 않고 서대문까지 진출했다. 그들은 서대문 이기붕 의장 집 앞에서 농성하는 서울대, 성균관대들의 응원을 받으며 남대문을 돌고 동화백화점→을지로입구→미국대사관 앞→국회의사당 앞에서 연좌농성을 했다. 그 후 세종로를 거쳐 경무대 바리케이드 50미터 앞에까지 돌진(홍익대학 의거대가 해무청 앞에 이르렀을 때부터 경찰의 최루탄 발사로 학생들은 눈물을 흘리면서 스크럼을 짜고 전진)하였지만 몇몇 학생의 만류로 큰 사고는 없었다. 라영주(미3)군이 혼자 경무대 바리케이드까지 돌입(이때 경찰들이 일제히 사격을 하였다), 경찰들의 발포를 중지할 것과 부상학생들을 인도하여 줄 것을 항의했으므로 홍익대학 의거대는 질서정연하게 후퇴했다. 그리고는 "학원의 자유를 달라", "3·15부정선거는 무효"임을 부르짖으며 다시 종로 3가에서 을지로 3가에 있는 방송국으로 가려다가 내무부 앞에 연좌하여 "경찰은 현 정부에 아부하지 말라", "경찰은 마산사건의 원흉을 빨리 잡아내라"는 등의 구호를 소리 높여 외쳤다. 그러나 경찰은 가만히 보고만 있었다. 의거대는 다시 을지로입구를 지나 대사관 앞에서 '오늘의 학생의거가 성공이 안 될 때에는 다시 의거할 것'을 약속하면서 해산하였다. 남학생들과 처음부터 같이 의거에 참가한 홍익대학 여학생 80여 명은 남학생 못지않게 용감하였다.

한편 4월 26일 서울시내 각 대학 교수단 의거에 홍익대학에서는 손종진 교수를 비롯하여 오진영, 이덕상, 김승진, 정낙진, 박동운 교수 등이 참가하였다. 또한 "이대통령은 즉시 하야하라", "학생이 흘린 피에 보답하자" 등의 외침과 함께 의거를 감행하여 국회의사당 앞에서 만세와 구호를 외치고 해산하였다.

그리고 27일에는 홍익대 학생들이 학생 수습반(대표 민병천)을 조직하고 용산경찰서에 모여 용산구 관할 각 파출소를 중심으로 교통정리를 비롯하여 남산동 일대에서 일어난 무허가건축을 방지하고 집 잃은 어린아이를 보호자에게 인도하기도 하며 처음부터 끝까지 바쁜 하루를 치안확보에 바쳤다.

특히 치안 수습반 수습활동 당시에 홍익대학 사학과 오진영(吾震泳) 교수는 학생들에게 금일봉을 희사하고 지프차를 빌려주는 등 학생들을 격려하였다.

5월 12일에는 전 학생위원회 부회장 김재각 군의 사회로 학회장 회의를 개최하였다. 홍익대생들은 김재각으로부터 4·19혁명이후 중앙학도호국단 해체와 홍익대학 학도호국단의 해체에 대한 보고를 받았다. 그들은 학도호국단 해체에 따르는 학생자치회를 구성하기로 하고 회칙초안을 회칙기초위원회에 일임하였다. 동 회의에서 기초위원회에 건의한 학생자치회 내용은, 자치회 회장은 직선으로 하며 운영권을 교내·교외로 구분하여, 교내는 간사회에, 교외는 회장단에 일임하되, 감사권은 간사회에 두며, 자치회 회장이 간사회의 불신임을 받을 때에는 물러가야 한다는 등으로, 회장의 권한을 극히 제한한 것이 주목되었다.

당시 기초위원은 함규빈(문학부), 차은종(법정학부), 이종국(이학부), 선종원(미술학부) 등 4명이었으며 이때 학도호국단은 해체되고 학생자치회장으로 민병천이 당선되었다.

4·19혁명에 적극적으로 참여한 공로로 국가로부터 포상을 받은 자는 8명으로 김재각, 김종순, 민병천, 박춘화, 이영재, 장진호, 추은석, 박홍률 등이다.

제4절 4월혁명에 관한 고등학교별 사례 (20개 고교)[56]

1. 광주고등학교

당시 광주시 YMCA총무는 김천배-이영생으로 이어졌고 YWCA총무는 조아라 여사였다. 광주고등학교 hi-y동아리의 지도교사는 광주고 영어교사였던 이종수 선생님(후에 충남대 교수로 해직교수였음)이었고 광주고 hi-y 학생회장은 김선담이었다.

YMCA 김천배 총무, YWCA 조아라 총무는 hi-y나 y-teen, 또는 합동예배나 모임시 자유당 정권의 독재와 부패를 비판하였고, 특히 이

---

[56] 대구고등학교, 경북여고, 대구여고, 대구농고, 대구상고, 대구공고, 경북사범대학부속고등학교, 경북고등학교 등 8개교는 이미 앞에서 다루었기 때문에 본 절에서는 12개교만 다루고 있다. 제3장 제1절 1, 3)을 참조하기 바람.

종수 선생님은 당시 노총각으로 독재와 부패 불의에 대하여 신랄히 비판하여 오직 희망은 학생들에게 있으며, 특히 학생운동의 본거지인 광주학생들에게 있다고 역설하였다.

4·19혁명은 감수성이 예민하고 정의감이 투철한 광주의 고등학생들이 분연히 일어서야 하고, 그것도 어느 특정 학교만이 아니라 광주 전체 고등학교가 동시에 일어나야 한다고 생각하였다. 그리하여 광주고 hi-y들이 앞장서서 광주 각 학교 hi-y와 y-teen동아리를 주축으로 조직을 하고 극비 속에 연락망을 만들기 시작했다.

그러나 막상 행동으로 옮기지 못하고 시간만 흘려보내고 있던 중 대구에서 2·28학생사건이 터졌다. 이에 광주 YMCA, YWCA 학생들은 크게 환영하면서도 한편으로는 학생운동의 발상지인 광주가 먼저 일어서지 못한데 대한 허탈감과 반성이 있었다.

그 당시 광주에서는 3·1절 행사를 광주서중학교 학생 탑 앞에서 거행했다, 이때 YMCA YWCA 소속의 hi-y와 y-teen은 각 학교 대표 회의를 소집하여 3·1절 행사가 끝나고 학생들이 각 학교로 돌아갈 때 학생들을 금남로로 인도하여 집결시키고, 도청과 경찰서로 향하는 대대적인 의거를 하기로 모의하였다. 그러나 이 정보를 입수한 도 학무과(현 교육청)에서 3·1절 날 아침 각 학교로 전문을 보내 3·1절 행사는 각 학교 단위로 분산하여 행할 것을 긴급 지시했다. 이리하여 광주 3·1절 의거계획은 무산되었다.

3·15부정선거가 실시된 후 그동안 학생들은 부정선거를 비판하는 전단을 만들어 돌리고 벽보를 붙이는 등 소규모 행동들이 연달아 발생하여 경찰당국은 초긴장 상태에 있었다. 기독학생 대표인 김선담에게는 형사 2명이 24시간 교대로 감시하고 있었다. 그런데 비밀리에 행동을 같이하고 있던 정원채, 지광길 등과 함께 광주경찰서로 연행되어 심한 구타와 회유를 당했지만, 지광길 학생 부친이 도 경찰

국장이라는 것이 밝혀져 풀려나는 등의 우여곡절도 있었다.

한편 광주고등학교 안에는 자연발생적인 학생 동아리들이 많이 있었는데 각 서클 별로 불의에 항쟁하는 여러 사건이 있었다(학생회 공식 조직으로는 의거를 할 수 없게 학교가 장악하고 있었다).

그 대표적인 예로 상록수 동아리(이홍길, 박상욱 등)에서는 독재와 부패와 부정선거를 규탄하는 전단을 만들어 시내 여러 곳에 벽보를 붙였다. 이에 경찰이 주모자를 잡기 위해 혈안이 되었다.

마산 김주열 사건이 터지고 드디어 4·18 고대의거가 터졌다. 이에 충격을 받은 광주고생들은 광주 전체 고등학생이 동시에 의거하는 것은 불가능하다고 판단되어, 고려대가 했던 것처럼 광주고가 먼저 의거를 하고 광주 전 고등학교에 이를 알려 광주 전체 학생의거로 유도키로 하였다.

4월 18일 저녁 광주고 각 동아리 대표들이 이홍길 자취방에 모였다. 이 자리에서 광주고등학생 11명과 부고생 1명(전만길)이 의기투합하여 4월 19일 아침 의거를 거행하기로 결의하였다.

먼저 그들은 죽기를 각오하고 각각 유서를 한 통씩 작성하여 의거하다가 죽거나 잡히면 부모님께 전달하도록 조치하였다. 의거 결의문을 작성하고 의거의 구체적인 계획을 세웠다. 예를 들면 몇 시에 누가 교회 종을 치며, 누가 각 학급을 돌며 의거의 당위성을 설명하고, 의거의 대열과 선봉은 누가 맡으며, 광주 각 고등학교에 의거소식을 누가 전달하는가. 그리고 누가 선생님을 막고 어떻게 경찰의 저지망을 뚫고 나갈 수 있는가 등등 세부적인 작전을 짰다. 그들은 이홍길 집에서 함께 밤을 지새우고 4월 19일 아침 일찍 등교하였다. 그런데 어떻게 의거정보가 새어나갔는지, 아니면 학생들의 의거 조짐을 알아냈는지 등교하자마자 학생간부들을 교장실로 불러 모아 감금하였다.

이에 김선담 학생이 먼저 "배탈이 나서 설사중이라며 화장실에 다녀오겠다"는 핑계로 빠져나와 각 교실을 돌며 비상종을 치면 수업을 포기하고 교정으로 모이라고 알렸다.
 한편 감시가 소홀한 틈을 타서 교장실 유리창을 깨고 튀어나온 간부 학생들(정원체, 김병웅 등)이 학교 종을 난타하므로 전교생이 쏟아져 나왔다. 순식간에 의거 대형이 만들어져 주모자들이 제일 앞서고 키가 큰 학생들부터 그 뒤에 서는 대열이 형성되었다. 일부 학생들은 선생님들의 앞을 막고 학교정문을 거꾸로 밀어 열고 나가 진을 치고 있던 경찰 저지선을 뚫고 1차 의거를 진행하였다. 이 과정에서 많은 학생들이 경찰의 군화발과 곤봉에 맞아 쓰러지고 피를 흘렸으며 연행되기도 했지만, 시민들의 협조로 경찰의 손에서 벗어나는 등 그야말로 전투 아닌 전투가 벌어졌다. 너무 많은 경찰과 너무 잔인한 곤봉세례와 연행, 물대포 등으로 시청과 도청에 진출하지 못한 채 계림동 오거리에서 대치하고 있는 사이, 교감선생님이 나와서 연행학생 전원 석방 등 주모자를 처벌하지 않는다는 등의 조건으로 학교로 돌아갈 것을 종용하였다.
 경찰에서 고문과 구타와 회유를 당한 경험이 있는 주모자 11명의 학생들은 연행된 학생들이 걱정이 되어 연행학생을 의거현장으로 데려오면 철수하겠다고 약속하였다. 연행학생들이 버스에 실려 의거현장에 도착하는 것을 본 의거대는 일단 학교로 돌아옴으로 1차 의거는 이렇게 끝이 났다.
 그러나 학교에 도착한 학생들은 다시 교정에 집합하여 경찰이 막고 있는 정문은 놔두고 학교 후문(골목길)을 통하여 2차 의거에 돌입, 전교생이 빠져나가 광주시내 금남로에 집결하였다.
 4월 18일 저녁에 각 임무를 배정하였지만 뿔뿔이 헤어져 이행이 안 됨으로 학생대표 정원체, 김선담 등은 광주여고, 광주공고, 광주

부고, 전남여고, 광주일고, 광주농고, 상고 등을 돌며 "광주고등학교 의거를 시작했는데 많은 학생이 부상당해 피 흘리고 있으며 연행되었으니 빨리 금남로로 모여 의거에 참여하라"고 전하면서 외쳤다.

특히 광주여고 같은 경우는 남학생이 못 들어가고 면회가 안 됨으로 김선담, 정원체 등이 학교 밖에서 크게 외치고 모자를 흔들므로, 2층 학생들이 보고 듣고 전교생이 정문으로 나오려다 교문이 막혀 담장 목책을 무너뜨리고(그 당시 판자로 담장을 쳤음) 나와 의거에 참여했다.

소식을 들은 광주공고, 광주여고, 전남여고, 조대부고, 광주농고, 제일고, 상고, 스피아고, 숭실고 등과 일부시민들이 금남로로 집결하여 자유당 정권의 앞잡이인 광주경찰서로 진입을 시도하는 가운데 경찰의 무자비한 진압과 물대포, 총포 발사를 통하여 7명의 사망자가 발생했고 수많은 부상자가 속출하는 등 4·19 저녁 내내 일진일퇴가 거듭되는 처절한 살육의 밤이 계속되었다.

광주고등학교에서는 14명의 국가유공자가 탄생하였던 바 그 성명은 김덕만, 김동운, 김병욱, 김선담, 박상욱, 신강식, 이홍길, 정기찬, 조병수, 지부일, 지승수, 하성수, 홍갑기, 김충원 등 이다.

2012년도 4.19혁명 유공자 포상자는 1명으로, 공로자 김이중이다.

2. 광주 숭일고등학교

광주 숭일고등학교 학생 김귤근, 최영길, 윤승웅, 김용석 등이 4월 14일 학교 옆 '할머니 빵집'에 모여 "우리 선배들은 항일 광주학생운동을 주도하고 적극 참여한 자랑스러운 기록이 있는데 지금 3·15부정선거를 규탄하는 시위가 전국에서 벌어지고 있는 이런 시기에 우리만 가만히 앉아있을 수가 있느냐"며 의거하자는 의견을 모으고 구체적 실행방법을 의논했다.

 이 자리에서 이들은 학생동원을 위한 구체적 방안으로 각 학년별, 각 학급별 주동자를 먼저 선정하기로 했다. 정보가 새어나갈 염려가 있으므로 주동자 선정은 충분한 검토를 해서 엄선하기로 하였다.

 다음 날(4월15일) 10여 명이 다시 비밀리에 모임을 가졌다. 이 자리에서 학생 동원 책임은 최영길, 플래카드 및 구호 문구 작성은 윤승웅이 책임지기로 했으며, 19일에 전교생이 의거에 참여할 수 있도록 모두가 재학생 설득작업을 계속하기로 했다.

 19일 오전 수업을 마치자 최영기 등 주동자들이 각 교실을 돌며 "모두 운동장에 모이라"고 소리를 치자 학생들은 이미 알고 있었다는 듯 운동장으로 뛰어나오기 시작했다. 이런 낌새를 알아차린 선생님들이 교무실에서 나와 학생들은 교실로 들어가라고 소리쳤지만, 벌써 일부 학생들이 정문으로 몰려 나가고, 또 다른 학생들은 학교 뒷담을 넘어 양림동 오거리에 집결하기 시작했다.

 잠시 후 경찰들이 나와 학생들 집회를 저지하자, 학생들은 동방극장 앞에서 만나자는 약속을 하며 경찰의 저지를 뿌리치고 일부는 사직교 쪽으로, 일부는 양림교를 지나 동방극장을 향해 달렸다. 오후 2시경 동방극장 앞에는 3백여 명의 숭고생들이 모여 "부정선거 다시 하라!", "폭력경찰 물러가라!"는 구호를 외치며 금남로를 향해 전력 질주하였다. 충장로1가 쪽에서 부고생 등 타교 학생들이 몰려와 박수를 치며 함께 구호를 제창했다. 그들 학생들도 학교를 뛰쳐나와 의거에 돌입하고 있었던 것이다.

 숭고생들이 금남로에 도착했을 때 그곳에는 벌써 광주고교, 광주공고, 광주여고, 광주상고 학생들이 경찰과 대치하며 구호를 외치고 있었다. 금남로에 학생들 수가 늘어나자 경찰도 인원수를 늘려 강력한 저지를 하고 있었고 이에 따라 학생들도 더욱 격렬해지고 있었다.

학생들의 의거가 과격해지자 그때부터 경찰은 폭력을 가하면서 잡히는 대로 연행하기 시작했다. 충장로 쪽으로 후퇴한 학생들도 흥분하기 시작했다. 이때 숭일고 최영길이 '충장로파출소를 공격하자'고 소리치자 돌멩이와 각목을 든 학생들이 충장로 파출소에 몰려갔는데 경찰들은 이미 모두 도망치고 텅 비어있었다. 흥분한 일부 학생들이 파출소 기물을 부수기도 했지만 곧 물러나와 광주서중학교 교정에 있는 학생 탑에 참배하고, 금남로로 올라와 경찰과 다시 대치, 일진일퇴를 거듭하는 가운데 부상자가 발생하고 연행되어간 학생 수도 늘어났다. 이런 과정에 서로간의 감정도 격화되어가고 있었다.

시간이 흘러 밤 9시경 흥분한 학생들이 붙들려간 학생들을 구출하자며 각목과 돌멩이를 들고 광주경찰서로 몰려가자, 경찰이 드디어 발포를 하기 시작했다. 갑자기 공포탄이 아닌 실탄 발사로 총을 맞은 몇몇 학생들이 도로에 피를 흘리며 스러지는 것을 본 학생들의 감정도 격화되었으며 많은 부상자가 발생했다. 이때는 시위학생들이나 경찰 모두 이성을 잃어 마치 전쟁터를 방불케 했다.

결국 경찰에 쫓긴 숭고생 일부는 불노동 쪽으로 후퇴한 후 내일 다시 교정에서 만나기로 하고 그날은 일단 해산했다.

광주 숭실고에서는 1명이 포상을 받은바 그는 김균근이다.

3. 대광고등학교

3·15 정·부통령의 선거에서 부정선거로 온 국민과 학생들은 분노하였다. 의거에 참여한 김주열(당시 고교생)은 최루탄에 맞아 죽은 시신으로 마산 앞바다에서 발견되어, 온 국민과 전국의 학생들은 분노하고 있을 때였다. 4월 18일 저녁 하교 시간, 교문 밖의 큰길에 고대생들의 구호와 함성이 울렸고 머리와 얼굴에는 붉은 피와 상처투

성이였다. 종로와 청계천 사이 천일백화점 앞에서 질서 있게 구호를 부르며 의거에 참여한 고대생들이, 정치 깡패들에게 짓밟혀 많은 부상자와 사망자 1명까지 나왔다는 이야기를 들은 당시 대광고생들은 매우 분노하였다.

대광고생들은 부정부패 없이 국민이 빈곤에서 벗어나 잘 살 수 있는 그러한 세상을 꿈꾸어 왔다. 마침 그때 학교운동장에서 배극일, 이문길, 박웅균, 문복강은 다음날 대광고도 아침 일찍 의거에 참여하기로 다짐을 하였다. 그리고 운동장에서 운동을 하고 있는 전병화에게 달려가 다음날의 거사 일을 그의 집에서 오늘 저녁에 하는 것이 어떤지에 대한 의논을 했다. 그는 쾌히 승낙하였고 대광고 학생간부 5인은 창신동 전병화의 집에 도착 하였다. 그 집은 옆의 양조장공장과 붙어있어 주모자들의 계획을 세우는 데는 적격이었고, 공장에는 빈 밀가루 포대가 많아서 그걸 이용해 현수막으로 만들어 쓰기로 하였다. 그들은 학교에 일찍 가서 상의했고 그 결과 미술반원들이 현수막을 쓰기로 하였다. 대광고 지휘부는 결의문과 의거 시 구호도 결정했다.

결의문은 "3·15의 불법과 불의의 강제적 선거로 조작된 지도자들은 물러가야 한다." "법에서 이탈하고 만행으로 탄압하는 정부를 보고만 있을 수 없어 대광 학생들은 평화적인 시위로 시정을 요구한다."는 내용이었다. 구호는 "마산사건을 책임지고, 3·15부정선거를 다시 하라." "현 정부의 책임자들은 다 물러가라!" 등을 내용으로 하고 있었다.

대광고 지휘부는 모든 것을 계획대로 실행했다.

역사적인 4·19의 날은 밝아왔다. 오전 등교 시간에 배극일은 고등학교 학생위주로 교문에 서서 행동을 같이할 동기생과 후배들의 복장검사를 하는 척했기 때문에(배극일은 당시 학생회 대대장이었음)

외부에서 누가 보아도 별 의심이 없었다. 옆에는 박웅균과 문복강이 동기와 후배들에게 지시를 했고 옛 강당 뒤편에서 이문길이 각자 해야 할 일들을 알려 주었다.

한편 힘 있는 서너 명의 동기들이 교무실 문을 차단하기로 하고 8시 30분 배극일이 운동장에 있는 교단에 올라서서 호각으로 3번을 불면 고교생 전원이 운동장에 모이기로 했다. 각 교실에 연락을 하여 빨리 운동장에 나오도록 이상철, 한관석과 조만옥 등 십여 명 동기생들이 각 학년 교실에 돌아다니면서 빨리 운동장에 모이도록 종용하기도 하였다. 호각소리와 동시에 운동장에 약 500여명이 모였다.

그때 시간은 8시 25분, 배극일이 흥분된 목소리로 결의문을 반 정도 낭독할 즈음 교무실 창문을 열고 교사 두 명이 뛰어 와 학생들은 황급히 교문 쪽으로 뛰기 시작 하였다. 문이 닫힌 교문 앞에서 동기생 몇몇이 교사를 설득하여 교문이 열리고 학생들은 동대문 쪽으로 스크럼을 짜고 뛰기 시작 하였다.

그들은 애국가도 부르고 구호도 부르면서 달리던 중 동대문에서 경찰들에게 저지당하였다. 그러나 대부분의 학생들이 종로5가 쪽으로 달리고 있을 때 옆 도로에서 시민들은 박수와 환호로 학생들을 환호하여 주었다. 학교로 출근하던 대학생들도 대광고생들에게 박수를 쳐주며 대학생들도 나갈 테니 더욱 힘을 내라면서 격려해주었다.

종로 5가에 이르렀을 때 수많은 순경과 군복을 입은 청년 등이 대광고 학생들을 무참히 방망이와 주먹 등으로 내려치기 시작했다. 사방에서는 비명소리가 들렸고 순경들은 "고등학생들이 뭐 안다고 의거를 하냐"며 구두 발로 차기도 했다. 순경들이 소리를 지르는 사이 시민들은 학생들에게 물을 주면서 다친 학생들을 감추어주기도 하였다. 부상자가 속출했고 경찰서로 몇몇의 학생은 잡혀갔으나 반 이상의 학생은 국회의사당 방향으로 달려갔다. 학교에서 미처 못나온 대광학생 200여명이 학교 담을 넘고 후문 등으로 나와 20여분 뒤에 달려와 합류하였다. 그들이 종로5가에서 혜화동 방면으로 구호를 부르며 달려 서울대 정문 앞에 왔을 때에는 경찰차와 순경들이 진을 치고 있었다.

　대광학생들은 서울대생들에게 많은 격려와 위로를 받았지만, 경찰차에 실려 가고 여기저기서 부상자들의 비명소리 들렸다. 선두 그룹은 다시 혜화동 로타리 옆 동성고등학교 앞에서 경찰들과 군복을 입은 젊은 청년들에게 맞고 잡혔다. 그곳까지 대광학생들을 보살핀 당시 수학 담당의 이동범 선생은 곤봉 등으로 맞는 학생들을 걱정해 경찰들을 향해 소리쳤다. 그러다가 군복을 입은 젊은 청년들에게 붙잡혀 트럭에 실려 동대문경찰서로 잡혀 갔다.

　얼마 후 대광고 학생들의 의거광경을 목격한 서울대생과 동성 고등학생들이 교문을 박차고 의거에 참여하였다. 배극일은 종각 옆 화신백화점 근처에서 왼쪽팔과 허리 쪽 곤봉으로 약간 부상을 당하였는데, 한 시민이 좁은 골목에 숨겨주고 도와주어 그대로 학교에 돌아왔다. 학생들이 많이 모여 있었기에 그는 학생들은 다시 가다듬었다. 남은 고교생 900여명은 황광은 목사의 간결한 기도와 방정웅 회장의 결의문 낭독을 들은 후 오후 2시를 기해 구호를 외치며 동대문 종로를 지나 시청까지 갔다. 그들이 시청 앞에 있을 때는 많은 고교생과 대학생, 일반시민이 합세하여 발 디딜 틈도 없을 정도였다.

　대광고등학교 학생들은 4·19 아침부터 저녁까지 한마음 한뜻으로 최선을 다해서 부정부패와 싸웠다. 민주화를 위해서 시위도중 학생들이 경찰서에 연행되고 부상자도 많았지만, 그날의 의거는 민주화를 위해 역사에 길이 남을 불씨가 되었다고 할 수 있다.

　대광고교 13, 14, 15회 학생 중 1,000여 명 중 18명이 정부로부터 50년 만에 4·19민주혁명 50주년 기념행사에서 건국포장을 받았다.

수상자는 18명으로 배극일, 이인행, 김기복, 박예정, 최완택, 조승호, 정기원, 이문길, 서용남, 백진호, 방정웅, 박웅균, 김성옥, 김태웅, 김충삼, 김재영, 김명진, 고원석 등이다.

4. 동성고등학교

4·19날 아침 학교의 분위기는 뒤숭숭했다. 전날의 고려대생 시위 폭력사태가 가져온 사회전체의 분위기 때문이었다. 당시 고3 학생들은 한창 대학입시를 준비해야하는 중요한 시점에 있었다. 그러나 이날 학교의 분위기는 심상치 않았다. 정규수업 전 실시하는 자율시간에 학생들은 시위에 나가야 한다는 분위기를 형성하였다. 1교시가 끝나갈 무렵 몇몇 학생이 학교 밖으로 나갈 움직임을 보이자 모두 함께 움직여야 한다는 데에 의견이 모여 학교 뒤 큰 운동장에 고3 학생들이 모였다. 그 후 고2 고1 학생들도 뒤따라 합세했다. 고교생으로 처음 겪는 시위였기에 그들은 흥분과 긴장 속에 있었다. 그들은 대오를 정리 정돈하면서 끝까지 함께 행동할 것을 다짐했다. 한편에서는 광목에다가 "무저항주의 의거" "민주주의를 사수하자"라고 쓴 플래카드를 만들었다. 또 일부 학생들은 "경찰은 학생들에게 폭력을 금하라"라는 내용의 전단지를 만들었다. 이렇게 준비를 마친 고교생 500여명은 이날 11시쯤 학교를 나와 연건동 대학로, 종로 5가에서 우회전하여 광화문 쪽으로 가다가 경찰의 저지로 막히자 화신 앞에서 소공동 시청 앞까지 구호를 외치면서 행진해 나갔다. 연도의 많은 시민들은 "고등학생들까지 나왔다"며 박수로 격려했다. 주변에는 경찰이 수시로 시위대를 에워쌌다. 거리에는 서울의 각 대학 시위대들이 의거에 참여하고 있었고 시민들도 행동에 나섰기 때문에 거리의 질서가 무너지고 있었다.

긴장 속에서 그들이 효자동 경무대 앞에 이르러 구호를 외치고 있을 때 앞에는 수 십 명의 서울대생들이 있었다. 총소리가 바로 앞에서 울렸다. 서울대생들은 총소리가 울리자 순식간에 양옆 보도 쪽으로 몸을 피했고 고등학생들만이 남는 상황이 벌어졌다. 이때 누군가가 "그 자리에 엎드려" 하자 일제히 땅바닥에 엎드렸다. 그들이 경무대 쪽의 경찰과 마주 서게 되는 순간이었고 그들 쪽으로 총알이 날아오는 상황이 벌어졌다. 주변에서는 총에 맞은 학생의 비명소리, 겁에 질린 소리 등으로 아수라장이 됐다. 총소리가 멎자 그들은 총에 맞은 학생을 급히 병원으로 보냈다. 대오를 정비한 뒤에 다시 광화문에서 태평로 국회의사당 시청 앞 소공동을 거쳐 그날 해가 질 무렵 혜화동에 있는 학교로 돌아와 종례를 마치고 각자 귀가했다.

이날 시위로, 고3 학생 5명, 고2 학생 1명이 각각 팔 다리 귀 등에 총상을 입고 입원 치료를 받았다. 이 중 당시 고3이었던 김정한 군은 24년 동안 투병생활을 하다 결국은 사망했다.

4·19 이후 1992년 5월에 동성고 교정에는 4·19기념비를 세워졌다. 4·19때 당시 학생들의 활약상을 오래 남기고 후배들에게 선배들의 뜻을 전하기 위해서 이었다. 기념비에는 "4·19의 햇불 여기에서"라는 문구가 새겨져있다. 그 뒤부터 매년 4월 19일에 이 기념비 주변에 당시 고3생들, 재학생, 교직원들이 모여 기념촬영을 하고 당시를 회고하는 모임을 갖고 있다. 또한 매년 4월 19일 학교강당에 전교생들이 참석한 가운데 4·19관련 모임이 있다. 이 자리에는 당시의 선배들이 나와 그날 무엇을 했고 4·19가 주는 교훈이 무엇인지를 설명한다. 그리고 선배의 경험담, 시낭송, 동영상 소개 등의 행사가 진행된다.

4·19직후 당시 학생회장과 부상자 2명이 정부로부터 포상을 받았고, 50주년을 맞아 당시의 부상자 1명이 추가로 국가유공자 포상을

받았다.

그 후 국가로부터 포장을 받은 자는 2명으로 김어상과 김정만 등이다.

또한 2012년도 4·19혁명 유공자 포상자는 3명으로, 공로자 박홍, 송승호, 안건혁이다.

5. 동래고교

1960년 4월 18일은 부산 4·19혁명의 도화선이 된 동래고등학교의 의거일이다. 서울의 고려대 의거 때문에 세간에 널리 알려지지 않았지만, 4·19혁명사에 기록된 고등학생 의거로서는 가장 오래 동안 전개되고(6시간 여) 격렬한 시위였다.

1960년 3월 14일 밤 동래고 일부 학생들이 주동이 되어 부산상고(현 개성고), 동성고, 혜화여고, 테레사 여고 등 북 부산 지구학생 7-8백명이 부산시 범전동(속칭 범내골)의 광무교(경부선 횡단고가)에서 자유당의 부정선거를 규탄하는 의거를 벌였다. 그러나 미리 정보를 입수한 정·사복 경찰의 무자비한 진압으로 시위 시작 불과 10분 만에 종료되었다. 이 때 많은 학생들이 구타당하였고 남학생 20여 명과 여학생 몇 명이 경찰에 연행되었다. 이 날 시위에는 동래고 장제모, 황건윤, 강영일(각 38회) 등 십 수 명이 참가하였고, 장동문은 경찰의 곤봉에 어깨를 가격당해 한 동안 고생을 하였다(동래고 4·19혁명사).

부정선거를 규탄하는 소리는 당시 전국을 휩쓸고 있었다. 대구 학생 사건에 뒤이어 "마산 군중 학생 사건"이 연달아 일어났고, 부산에서도 광복동과 중앙동에서 시민들과 학생들의 의거가 연이어 일어났다. 동래고에서는 경찰 감시가 삼엄했다. 항상 사복형사들이 학교 주변에 진을 치고 있었다. 특히 4월 14일~15일에는 시위 정보를 접한 경찰차가 학교 주위에 맴돌았으며 사복 경찰관이 교내에 들어와서 학생들의 동태를 살피기도 했다. 4월 15일, 경찰의 학원 출입과 감시에 반발하여 2학년 5반 교실에서 급장인 황건윤과 장제모, 강영일 등 수 명이 시위를 주도하려다 담임교사가 알게 되어 미수에 그쳤는데 이 사태로 인해 경찰들이 학교에 들이닥친 것이다.

2학년이 주동이 된 15일 의거가 수포로 돌아간 날 밤, 학생회장 정진철 외 수 명의 3학년 간부 학생들은 비밀리에 모임을 갖고 4월 18일(월요일), 운동장 모임 종을 신호로 의거를 감행하기로 약속했다. 그리고 몇몇 학생들은 전단을 만들고 또 일부 학생들은 플래카드를 만들도록 서로 임무를 나누어 갖고 거사를 기다렸다.

1960년 4월 18일 오전 9시 10분, 전교생이 월요 조회를 위한 운동장에 도열하였고, 3학년 학생간부 운영위원장 정진철 외 학생간부 수 명은 미리 계획한대로 의거를 거행하기로 하고 각자의 위치에 자리하였다. 정진철 동문이 단상에 올라 나가자 동고 견아여!"하고 외치자, 힘차게 종이 울렸고 대열 중에 있던 학생간부들은 종소리 신호에 맞춰 호루라기를 불었다. 그러자 이 소리를 신호로 도열했던 학생들은 일제히 운동장에서 스탠드를 뛰어넘어 교문으로 향했다. 200여명이 밖으로 나갔을 무렵 황급히 달려온 교사들이 문을 막았고 교감선생(이기복)이 정문에 가로 누워 "나를 밟고 가라!"며 저지를 하자 더 이상의 학생은 나가지 못하였다.

그러나 교문을 나온 학생 200여명은 동래 시가지를 거쳐 동래여고 앞길을 통과하여 명륜동 사거리에서 온천장 방면으로 방향을 잡고, 준비한 전단을 뿌리고 구호를 외치면서 부정 선거를 규탄하는 시위를 전개하였다. 시위 시작 약 30분 후, 연락을 받은 경찰4-50명이 몰려와 무자비한 곤봉세례로 의거대를 해산하기 시작하였다. 시위 학생들의 대오가 흩어졌고 곧장 달려온 교사의 간곡한 만류로 학생들은 더 이상 시위를 하지 못하고 경찰의 트럭에 실려 학교로 되돌아 왔다.

그러나 제1진이 교문을 빠져나간 후 운동장에 갇힌 1천여 학생들은 정문시위가 느슨한 틈을 타 다시 제2진 3-4백 명이 정문을 통과하였다. 그러다가 정문이 막히자 잔류한 학생들은 운동장에서 서성이다가 누군가 "담을 부수고 나가자!"하고 외치자 일제히 동편 담으로 몰려가 힘차게 담을 밀었고 블록으로 된 담 2-30미터가 무너지자 학생들은 봇물처럼 쏟아져 나왔다.

제1진을 데리고 오던 경찰들은, 제2진이 나온 것을 보자 다시 이들을 진압하려 나갔다. 그 사이 담을 밀고나온 제3진과 경찰차에 실려온 제1진은 합세하여 쉽게 시내 쪽으로 방향을 잡고 나아갔다. 계획한 것은 아니지만 1, 2, 3진으로 나뉘어 밖으로 나오게 됨으로 인해 경찰은 갈피를 잡지 못해 당황하였고, 결과적으로 1,2,3진이 모두 합세함으로 당당한 세가 되어 진압 경찰을 압도하게 되어 이후의 진행은 일방적이 되었다. 의거대는 동래 우체국, 동래 경찰서 뒷길을 단숨에 달려 나갔다.

소방차 한 대가 의거대 앞을 가로막았으나, 수를 늘린 학생들은 그 세에 힘입어 조금도 굴하지 않고 돌팔매로 소방차의 공격에 대응하자 소방차는 후퇴하였다. 의거대는 구호를 외치면서 거침없이 서면 쪽으로 진행해 나갔다. 의거대가 남문구(연산동 동해남부선 철교 근처)에 이르자, 행렬을 가다듬은 학생들은 '우리들의 평화적인 시위에 경찰의 강경진압이 없는 한 투석을 중지하자'고 결의했다.

의거대의 뒤에는 수 십대의 버스와 각종 차량이 따르고 있었고, 교통체증에도 불구하고 차내의 승객들은 박수와 함성으로 학생들을 격려해 주었다. 연변에도 수많은 시민들이 나와 격려의 뜻으로 박수를 보내주었다. 시위학생들은 준비한 전단을 뿌리며 "협잡 선거 물리치고 공명선거 다시 하자!" "내 조국이여! 동족을 살해하지 말라."라고 외치며 스크럼을 짜고 행진을 하면서 노래를 불렀다.

학생 의거로 대로의 차들은 멈춰 섰고, 연도에 늘어선 시민들은 박수를 보냈으며 눈물을 흘리는 사람도 있었다. 학생들은 "학원의 자유를 보장하라" "협잡 선거 물리치고 공명선거 다시 하라" "피로 찾은 민주주의 정의로써 사수하자" "정부는 마산 사태를 책임 져라" 등의 구호를 외쳤다. 그들이 거제도(현 연제구 거제동) 파출소 앞에 이르렀을 때, 경찰들은 마침내 최루탄을 발사했고 공포탄까지 쏘면서 본격적으로 학생들을 저지하기 시작했다. 학생들은 이에 돌팔매로 대응하면서 격렬한 시위가 전개되었다. 그러나 워낙 많은 학생이 참여한 의거라 경찰은 중과부적이었고 결국 퇴각하였다. 다시 길이 열리자 학생들은 거침없이 서면 쪽으로 향하였다.

의거대가 좌수영(하마정(下馬亭) 부근)을 통과할 무렵, 증원된 경찰이 바리케이드를 치고 칼빈총을 정면으로 겨눈 채 그들을 막아섰다. 그러나 학생들은 비장한 각오로 고조되어 있어 정면으로 돌파했다. 그러자 다시 최루탄이 발사되고 총소리가 요란했다. 학생들은 최루탄으로 눈물을 흘리면서도 스크럼을 짜고 계속 앞으로 나아갔고, 기세에 밀린 경찰은 다시 물러섰다.

의거대가 양정동 철교 밑에 이르렀을 때, 백 여 명에 달하는 무장경찰이 트럭, 소방차로 도로를 가로막고 서 있었다. 학생들은 경찰의 저지를 돌파하기 위해 길을 버리고 철길로 올라 전포동 방면으로 방향을 바꾸었다. 의거대가 제일제당 앞 다리에 이르렀을 때 경찰차가 저지선을 만들고 있었으나, 학생들은 스크럼을 짜고 밀어붙이자 경찰의 저지는 맥없이 무너지기 시작했다. 그리고 의거대는 제일제당을 지나 범천동(범냇골) 로터리를 돌아 삼일극장 방향으로 나아갔다. 어느 새 신문사 깃발을 단 지프차들이 의거대 뒤를 따르며 취재를 하고 있었고, 거리에는 수십만 군중들이 몰려 나와 박수갈채로 성원을 보내주었다. 학생들은 전단을 뿌리면서 "피로 찾은 민주주의 정의로써 사수하자"고 외치며 앞으로 나아갔다.

그러나 범일동 삼일극장 앞에는 무수한 차량으로 5,6겹의 저지선을 쳐 도로를 차단하고 수백 명의 경찰관이 차량사이와 차량 밑에 엎드린 채 총구를 겨냥하고 있었다. 의거대는 더 이상 경찰의 저지선을 돌파할 수 없음을 알고, 경찰 저지선 앞에서 모두 길바닥에 앉거나 누워 버렸다. 경찰의 저지도 물샐틈없기도 했지만, 학생들도 그 동안의 강행군에 몹시 지쳤던 것이다. 여기서 경찰들은 앞장선 학생대표와 협상을 한다면서 이들을 경찰차에 감금하였고, 이 소식을 들은 학생들이 격렬하게 항의하자 일촉즉발의 험악한 기운이 감돌았다. 의거대는 다음과 같은 구호를 외치면서 경찰과 충돌도 불사할 태세를 갖추었다.

첫째 경찰차에 감금한 학생대표를 즉시 석방하라
둘째 경찰은 온천장 제1진에서 잡아간 학우들을 석방하라
셋째 경찰은 우리들의 여하한 행동에도 간섭 말라
넷째 학원의 민주화를 보장하라
다섯째 의거 주동자를 색출하지 말라.

그러나 학생들은 여기까지 따라온 교사들의 만류로 다소 진정하면서 경찰차에 감금된 학생대표의 석방을 요구하고, 그 대가로 학교로 철수할 것을 약속하였다. 이에 경찰이 응하여 학생간부들이 풀려났다. 이 때 경찰차에 갇혔던 학생간부는 학생위원장 정진철, 대대장 박기철, 기율부장 이장소 외 몇몇 학년 대표였다(이장소 증언).

경찰은 몇 대의 트럭과 멈춰 서있던 전차를 타고 학교로 돌아갈 것을 요구하였으나, 의거대는 이를 거절하고 오던 길로 되돌아 행진하기 시작했다. 시위 학생 중에는 경찰의 진압과정에서 다치거나 힘든

행군으로 기진맥진한 경우도 있었고, 신발을 잃어버려 맨발인 학생도 있었으나 하나같이 씩씩한 모습으로 행군하였다. 시민들은 이러한 모습에 박수를 보내는가 하면, 어떤 아주머니는 물 양동이를 들고 나와 학생들에게 일일이 물을 떠주기도 했다.

의거대가 거제동 파출소를 지날 때 경찰의 발포가 있었고, 학생들은 그 자리에 주저앉아 농성을 하면서 시위는 다시 격앙되기 시작했다. 그러나 곧 달려온 동래경찰서장의 '평화적인 시위는 보장한다.'는 약속으로 진정되어 의거대는 다시 학교가 있는 동래 쪽으로 행군을 시작했다. 동래에 이르자 거리 양편에는 무수한 군중들이 늘어섰고 우레와 같은 박수갈채로 의거대를 격려해 주었다.

의거대는 제1진이 온천장을 돌지 못했으므로 그 쪽으로 한 바퀴 돌 것을 결의하고 온천장 쪽으로 향해 나아갔다. 그러나 온천교 위에 소방차 2대와 수백 명의 경찰관이 다리목을 막고 더 이상 전진하지 못하게 하였다. "평화적인 의거는 국민의 권리다. 우리는 끝까지 행진하자"라는 의거대들의 우렁찬 함성이 울려 퍼졌다. 그러나 경찰은 외지의 지원까지 받아 경찰수를 늘려 "비록 평화적인 시위라도 용납할 수 없다"고 강경하게 막았다. 이때 동래경찰서장이 의거대 앞을 나서서 "나는 경찰서장이기 이전에 여러분의 학부형의 한 사람으로서 간곡히 부탁합니다. 여러분이 이 방위선을 무리하게 돌파한다면 이제부터는 여기까지 지휘해 오던 내 대신에 경남도경찰국에서 직접 지휘하게 되고 그렇게 될 경우 불행한 사태도 일어날 수 있다"고 호소하였다. 그는 "사랑하는 '동고' 건아여! 함께 물러납시다."하고 학생들을 달랬고 선생님들도 간곡하게 만류했다.

의거대는 "우리가 학교로 돌아갈 테니 경찰도 즉각 철수할 것"을 요구하면서 온천천 방죽에 진을 치고 있는데 난데없이 소방차가 붉은 물을 뿌렸고 이를 신호로 경찰들이 곤봉을 휘두르며 학생들을 구타하면서 일대 혼란이 일어났다. 이 광경을 바라보던 시민들도 분노에 몸을 떨며 경찰의 만행을 규탄했다. 학생들은 고려직물회사 뒤 언덕에 다시 집결하여 교가를 부른 후 학교를 향했다. 학생들이 의거를 마치고 교정에 모인 시간은 오후 4시가 넘은 시간이었다. 의거대는 사실상 승리를 의미하는 교장선생(김병로)의 선창으로 만세 삼창을 부른 뒤 장장 6시간여에 걸친 이날 거사를 마쳤다.

다음 날인 4월 19일, 전날의 동래고 시위가 자극이 되어 부산지역에서는 대대적인 시위가 일어났으며 동래고에서 장제모를 비롯한 수십 명이 북 부산지구 고등학생들과 연계하여 시위에 나섰다. 장제모는 서면 부산진경찰서 앞 광장에서 시위 도중 진압 경찰이 쏜 총탄에 맞아 왼쪽 하퇴부에 관통상을 입었다. 이 때 장 동문의 급우인 강영일이 함께 있었고, 강영일은 부상을 당한 장 동문의 책가방을 수습하여 시위대와 함께 병원으로 가는 도중 진압경찰의 곤봉세례를 받았다.

동래고의 선언문과 구호는 다음과 같다:

1.선언문

우리는 오늘 이 의거를 감행함에 있어 처음부터 끝까지 평화적으로 원만히 진행될 수 있게 되기를 원한다. 아울러 우리는 이것이 어느 외부의 조종이나 권고로 인해서 일어난 것이 결코 아니며, 어디까지나 우리들의 자발적인 행동에서 기인된 것임을 명백히 한다. 지난 4월 15일, 경찰은 우리 학교 주변에 수백 명이나 동원해서, 될 수 있으며 잡념을 버리고 자신들의 본분에만 충실하려는 우리들에게 정치적인 충동을 일으키게 하였을 뿐만 아니라 공포감을 조장시켰다. 그뿐만이 아니라 지난 선거 때에도 경찰은 학교 출입하기를 집처럼 드나들었다. 그리고 형사들은 아무 생각 없는 간부들을 찾아다니며 진술서니, 조사서니 하는 것들을 쓰게 하고, 경찰서에 오라 가라는 등 학업에 막대한 지장을 주었을 뿐만 아니라, 정부와 경찰에 대한 증오감을 격화시켰다. 그러나 우리는 참아왔다. 의거는 불법이라는 학교 당국의 의견에 좇아서였다. 그런데도 경찰은 우리들에게 계속해서 이런 의거를 감행하지 않으면 안 되게 했던 것이다. 그리고 마산 시민들과 학생이 다 같은 백의민족인 경찰에 의해서 무자비하게 인권이 유린되었음을 우리들 학생으로서 심히 유감스럽게 생각하지 않을 수 없다. 우리는 경찰의 이 무자비한 행동에 대하여 엄중한 책임을 묻는다. 우리는 이승만 박사의 항일 투쟁사에 빛나는 그 숭고한 투쟁 정신을 이어받아 정의를 위해서라면 경찰의 어떠한 압력이 있더라도 우리들의 목적을 관찰시키기 위하여 끝까지 투쟁할 것을 선언 한다.[57]

2. 구호
① 경찰은 신성한 학원에 간섭 말라. 4월15일 정·사복경관 2, 3백 명이 아침부터 학교 주위를 감시한 것은 학생들로 하여금 공포감에 떨게 하였다.
② 김주열 군과 김영길 군을 참살한 자를 속히 처단하다.
③ 행방불명 된 사람들의 행방을 조속한 시일에 밝혀라.
④ 평화적인 의거는 우리들의 자유다.

국가로부터 포장을 받은 자는 장제모 1명 뿐이다.

6. 데레사 여자중·고등학교

부산시 범일동에 있는 데레사 여자중·고등학교의 학생들이 4월

---

[57] 1960년 4월 18일, 동래고등학교 학생 일동

19일 정오, 부산상업고등학교 학생들과 더불어 일제히 교문을 박차고 나와 그 반수는 가야동 쪽으로, 또 다른 반수는 범일동 쪽으로 의거를 하다가 경찰에 의하여 제지되었다.

　데레사 여자중·고 학생들의 의거는 3월 13일의 의거계획이 실패했고, 3월 14일 두 번째 계획도 정보가 누설되어 실패된 채 2명의 학생이 동부산경찰서에 연행된 바 있었고, 15일에는 학생위원장 이하 14명이 연행되어 여학생으로서 감당하기 어려운 구타를 당하였다.

　4월 19일 2시 40분 경, 학교 앞에는 의거를 저지하려고 무장경관들이 사나운 눈초리로 교문을 막아서고 있었지만, 기어코 시위를 결행하려는 학생 간부들이 교무실에 들어가 한 교사에게 의거 계획을 알렸다. 선생님은 "그런 것을 선생에게 와서 말할 필요가 뭐 있느냐"고 화를 벌컥 내는 것을 보고, 학생회 간부들은 용기를 얻어 교문으로 달려가 마침 당국의 지시로 교문을 지키고 있던 훈육주임에게 자리를 피해 달라고 요청했다.

　이러한 요청에 부응한 듯 훈육주임은 모여든 중고학생들을 쫓는 척 하면서 비켜서자, 학생들은 교문을 한꺼번에 밀면서 나가려 했으나 그 철통같은 경찰의 저지선을 뚫지 못하고 교문 안으로 쫓겨 들어오고 말았다.

　이때 훈육주임이 학생 간부에게 나직한 목소리로 '뒷문!'하고 알려주자 학생들은 재빨리 소화보육원 쪽 뒷문으로 뒤쳐나갔다. 이를 보고 경찰들이 놀라 뛰어와서 방어선을 펼 때까지 약 3백 명의 중·고등학생들이 삼일극장 앞 간선도로에 무사히 빠져나와서 대열을 정돈하고 "동포여 일어나라" "경찰은 마산사건의 책임을 져라!" "부정선거 다시 하자"라는 구호를 외치면서 서면을 향하여 행진을 시작했다.

　학교에 남아 있던 학생들도 2차 3차에 걸쳐 모두 학교를 탈출하여 의거대에 합류했고, 경찰에 붙들리는 학생이 생기면 서로 달려들어 경찰을 쫓아버리기도 하였다. 3차 의거 시에 학생회 체육부장이 지쳐 뒤떨어지고 쓰러지는 여중생을 간호하고 부축하면서 데모대를 뒤따라 갈 때 그 모습은 참으로 눈물겨웠다.

3월 14일 의거 좌절 시에 동부산경찰서에 유치되었던 이 학생의 얼굴을 아는 사찰계장이 제지하려 하자 "의거 중지시키러 간다."고 하니까 "그럼 이 지프차를 같이 타고 가자"하여 슬쩍 빌려 타고 빠른 속도로 중앙극장 앞까지 왔을 때, 그 여학생은 재빨리 뛰어내려 데모대에 뛰어들었고, 지프차는 뒤돌아 갈 사이도 없이 데모대에게 빼앗겨 이때부터 그 지프차는 의거대원이 운전하여 선도하는 역할을 하게 되었다.

이날 영주동 소방서 근처 민가 방에 숨었다가 거기까지 쫓아온 경관에게 붙잡혀 구타를 당하고 전신에 타박상을 입은 여중생도 있었다. 의거대원의 분노가 점점 열을 내고 있던 오후 5시경 계엄령이 선포되었다는 방송차가 스피커를 울리며 지쳐 쓰러진 학생 의거 대원들 앞으로 지나가고 있었다(당시 데레사여고 재학생 정추콩 증언).

데레사여자중・고등학교에서는 아직 한명도 포상자가 발견되지 못하고 있다.

7. 부산고등학교

약 9백 명의 부산고등학교 학생들은 3월 24일 오전 3시 50분, 조회시간을 이용하여 급히 만든 삐라를 뿌리고 '결의문'과 '동포에게 호소하는 글'을 낭독한 후 학교에서 뛰쳐나와 의거에 돌입했다.

"경찰은 마산 학생 사살 사건에 책임을 지라"는 주(主) 구호와 함께 다음과 같은 구호를 외치면서 거리로 뛰어나왔다. 학생들의 책가방은 초량동 교사에 맡겨둔 채였다.

"비겁한 자여, 너의 이름은 방관자니라"
"평화적인 시위는 우리의 권리다"
"협잡선거 물리치고 공명선거 다시 하자"

　이와 같은 구호들을 외치면서 학우들의 어깨에 서로서로 팔을 엊어 대열을 짜고 2년생들이 선두를 담당하여 초량 공설시장으로 질서 정연하게 의거를 진행하였다.
　데모대의 일부가 교문을 빠져 나온 이외에, 나머지 학생들은 울타리를 넘어 일단 집합하여 행진하다가 경찰의 방해를 예측하고 일부 학생들은 고관으로 해서 범일동 삼일극장 앞으로 몰려갔다. 그보다 더 많은 학생들은 중부산 쪽으로 향해 달렸다. 범일동 쪽으로 달린 학생들은 강력한 경찰의 저지를 받고 일단 해산할 수밖에 없었다.
　그러나 개인적으로 흩어져서 경남고등학교와 부산공업고등학교에 재집결했으나, 이들 학교 학생들이 선생의 만류로 뛰쳐나오지 못하자, 부산고교생들만이 9시 40분 경 다시 범천동 로터리에서부터 광무교를 거쳐 시내 쪽 간선도로를 따라 두 번째 의거를 감행하였다. 이들은 아무런 경찰의 제지도 받지 않고 대열을 짜고 범일동 파출소 앞까지 진출했으나, 이곳에서 출동한 정사복 경찰에 의해 또 다시 중단되고 말았다.
　이 과정에서 수정동 파출소에 20여 명의 학생들이 연행된 바 있으나, 의거대의 요구로 즉시 석방되고 데모대는 일단 해산되었다. 경찰의 곤봉에 의하여 해산될 때까지 많은 부상자가 속출하였다.
　한편 중부산 쪽으로 방향을 잡은 대다수의 학생들은 초량극장 앞에서 경찰들과 심한 몸싸움을 벌였는데, 6백 명의 학생을 당할 수 없는 경찰은 슬그머니 후퇴해 버렸다. 데모대는 다시 질서를 회복하여 동부산경찰서 앞에 도달, 이곳에서 함성을 올리며 10여 분 간 구호를 외치며 시위를 하다가, 인원을 보충한 저지 경찰들에 의해 강제 해산되자 산발적으로 의거를 계속하였다.

때마침 백차의 호위를 받으며 택시로 이곳을 통과하려던 마산사건 국회조사단 일행이 이들 데모대와 부딪쳤다. 동래 숙소로부터 도청으로 향하던 이 국회의원들에게 학생들이 투석함으로써 쿠산진역 근처는 일대 혼잡이 일어났다. 데모대는 여러 대오로 갈라져 노래와 구호를 외치면서 부산 시내의 뒷골목을 거쳐 초량역전, 영주동 거리로 나와 행진하였다.

약 1시간에 걸친 행진을 한 후 이들은 경찰을 피해가며 삼삼오오 줄을 지어 학교로 돌아가기 시작하였다. 교문 앞에서는 학생들에게 수갑을 채우려고 덤벼드는 형사와 학생들을 집으로 돌려보내려고 하던 선생들 간에 말다툼이 있었다. 경찰에 연행되었던 학생 2백여 명은 11시경 설유(說諭) 방면되었다(당시 부산고교 재학생 이의남 증언).

부산고등학교에서는 아직도 한명의 포상자도 발견되지 않고 있다.

8. 성남고등학교

성남고등학교의 학생들이 분연히 일어나 4·19의거의 도화선을 지폈으니 이것이 바로 성남의 3·17의거이다. 성남고등학교 학생들이 수도 서울에서는 최초로 3·15부정선거를 규탄하는 학생 시위를 감행한 것으로, 당시 고등학교 2학년 학생들이 주축이 되어 영등포 일대에서 경찰과 대치하고 부정선거 철회를 요구했으며 연도의 많은 시민들로부터 박수를 받았다.

3월 16일 하교 무렵에 정병용과 정균, 박병운 등은 가까운 친구들과 의논하여 도저히 참을 수 없는 작태를 보고만 있을 수 없다고 결론짓고, 당시 졸업생인 1년 선배 박원필을 찾아가 도움을 청했다. 이렇게 박원필 등과 7개항의 호소문을 작성하고, 광목 1필을 사서 그 위에 "정의에 살고, 정의에 죽자"고 썼다.

거사 당일인 3월 17일 아침 일찍 등교하여 임무웅 등 학도호국단 간부들과 상의한 후 일부는 양광순, 나상우의 하숙집에서, 일부는 수업 시간에 학우들이 돌아가며 7개항의 호소문을 썼다. 2학년은 영보극장에서 1학년은 서울극장에서 모이기로 하고 모두 책가방은 학교 앞 친구 집이나 하숙집에 맡기고는 집결했다.

모두 모이자 오후 2시경부터 본격적인 시위에 들어갔는데, 운동부가 양 옆으로 에워싸면서 대열을 짜고, 구 영등포구청 로터리에서 영등포 역전으로 행진했다. 그러자 정치 깡패들인 반공청년단 측에서 각목을 휘두르며 나타났고, 경찰 쓰리쿼터가 전속력으로 돌진해 오는 등 학생들과 일대 접전이 벌어졌다. 데모대를 따라오기만 하던 경찰들도 갑자기 돌변하여 결국 곤봉과 총 개머리판으로 학생들을 구타하며 강제 해산시켰다.

당시 성남고등학교 교장이었던 김석원 장군도 저서 "노병의 한" (1977)에서 다음과 같이 술회하고 있다:

> 1960년 7월, 내가 제5대민의원으로 당선되기 이전의 일 중 꼭 한 가지 그냥 지나칠 수 없는 일이 있다. 그것은 다름 아닌 3·15부정선거에 항거하고 나선 우리 성남고등학교 학생들의 데모에 간해서다. 4·19데모를 일으킨 후 자유당 정권은 사필귀정의 원칙에 다라 처참한 말로를 고하고 말았는데 우리 성남고등학교 학생들의 3·17데모는 혁명이 일어나기 1개월 전이요, 3·15 부정선거가 끝난 그 이틀 휘의 일이었다.
>
> 서울에서는 처음으로 성남고등학교 5백여 명이 성난 사자와 같이 3·15 부정선거에 항의, 영등포 중심지까지 시위행진을 한 것이었

다. 그때 그들이 외친 구호는 "3·15부정선거 다시 하자" "독재정치 물러가라" "마산 학생의 죽음을 책임지라" "투옥된 학생을 즉시 석방하라" "백만 학도 총궐기하자" 등이었다고 기억된다.

물론 내가 선동한 것은 결코 아니다. 하지만 내가 아끼고 가꾸어 온 학생들이 "의에 살고, 의에 죽자"는 교훈에 따라 4·19에 앞서 부정선거에 항의했다는 사실은 지금껏 나의 큰 자랑이다.

경찰과 투석전을 벌이다 1백여 명의 학생이 연행되었으므로 나는 구류 중인 학생들을 위문하기 위해 경찰서로 갔다. 그런데 나는 거기서 경찰간부들과 학부모들이 지켜보는 가운데 학생들을 조용히 타이른다는 것이 그만 나도 모르는 사이에 그들의 행동을 칭찬해 버렸다. 장소가 장소이니만큼 아차 했지만 이미 엎질러진 물이라 할 수 없었다.

"교육자로서 학교장으로서 그럴 수가 있느냐?"고 책상을 치며 핏대를 올리는 서장에게 나는 "아무튼 잘 부탁한다."는 한 마디를 정중하게 남기고 그 자리를 벗어 나왔다.

성남고에서는 12명이 포상을 받았던 바 그들은 김만옥, 김순길, 김종운, 김진태, 박효성, 유무환, 임무웅, 전병용, 박병운, 이대희, 정균, 조규룡 등이다.

9. 수도 전기공업 고등학교(전 경성전기공고)

이승만 정권의 장기집권과 부정부패는 1960년 3·15부정선거로 국민적 저항으로 치닫게 되었다. 이에 정의감에 불타는 청년학생들이 민주와 자유, 정의 구현을 위한 구국의 일념으로 항거에 나섰다.

수도전기공고 고3 학생들 중 학생회 간부 몇 명과 학생 리더 몇 명은 4·19일 등교와 동시에 긴급히 시위계획과 행동조직을 구성 하였으나, 수업이 시작 되었다. 그러나 학습 분위기는 "시위 참가를 언제 하느냐?" 로 모두 들떠 정상적 수업이 이어지지 않는 상황이었고, 때마침 한강을 건너 서울역 쪽으로 향하는 중앙대 시위대열의 분노에 찬 구호가 학생들을 극도로 자극했다.

어디선가 "우리도 나가자" 소리치자 동시 다발적으로 모든 학생들이 교실을 뛰쳐나와 교문 쪽으로 향하였다. 교문에서 멀리 떨어진 남측 교사동에서는 수업중인 데가 있었다. 학생리더 몇이 교실을 돌며 교사의 양해를 구하고 학생들의 시위참가를 독려하였다,

한편 교문 앞에 집결되어 울분에 가득 찬 학생들에게, 교사 몇 명이 제자들의 안위가 걱정되어 앞을 가로막고 제지하였다. 그러나 분노에 가득 찬 학생들의 의지에 의해 교문은 열렸다. 그들은 도로로 나오면서 대열을 정리하였다. 학교 앞 대로에 진입한 후에는 "부정선거 다시 하라", "독재정권 물러가라", "민주역적 몰아내자" 등 학생리더의 선창으로 목이 터져라 구호를 외치며 서울역을 통과, 광화문 쪽으로 향하였다. 교사 몇 명이 대열 옆에서 엄호와 격려를 하며 함께 하였다. 특히 미술 담당교사 Y선생은 J군에게 태극기를 2개 건네주었다(이에 대하여서는 당시 대한 뉴스에 J군이 선두에서 태극기를 흔드는 시위 장면이 보도되었다.).

그들이 서울시청 앞에 도착했을 때 이미 많은 대학생들의 시위대가 있었으나, 대열을 유지한 고교 시위대는 수도전기공고 외는 별로 보이지 않았다.

대열은 스크럼을 짜고 광화문 4거리에 도착했다. 그들은 발포총상으로 유혈이 낭자한 부상자들이 들것에 실려 나오거나, 지프차와 앰불런스에 실려 병원으로 후송되는 것을 보고 더욱 흥분하여 중앙청으로 향하였다.

그러나 경무대 쪽에서의 시위대를 향한 경찰의 집중사격으로 아수라장이 되어 혼비백산하는 상황이었기 때문에 더 이상 경무대로 진출하지 못했고 대열도 흐트러졌다. 대부분의 인원은 안국동을 우회하면서 대열을 가다듬어 부정부패 원흉인 이기붕 사저가 있는 서대문으로 향하였다. 그들은 서울시경 앞에서 경찰의 최루탄에 항거하고 경찰과 격돌하며 서울역 앞을 우회하여 대열을 재정비하여 서대문으로 갔다. 일부 2~3백 명은 시청 쪽으로 퇴진하며 국회의사당 앞 서울 신문사를 습격하여 직원을 색출 하였으나, 이미 도주한 상태라 서소문을 우회하여 서대문에서 합류하게 되었다.

이기붕 사저 앞에서 경기대와 합류해 연좌시위를 하던 중 선두의 학생들이 경찰의 곤봉 세례에 맞서 난투를 하고 뒤에서는 돌과 보도블록을 깨서 던지며 항거 하였다. 그러던 중 갑자기 광화문 쪽에서 소방차가 물대포 쏘았고 바로 뒤의 경찰 트럭 2-3대에서 최루탄을 발사하며 대열 쪽으로 진입하였다. 순간, 대열이 흐트러졌으나 학생들은 이러한 대응에 더욱 흥분하였다. 그들은 트럭에서 내리는 경찰에게 투석으로 집중 공격했다. 한편 뒤에 있는 동양극장 쪽에서 최기태가 무장괴한(정치깡패와 사복경찰)들에게 납치되어 극장 안으로 끌려갔다.

이를 목격한 몇 명의 학생이 극장으로 뛰어갔으나 수 명의 괴한들이 각목과 곤봉 등으로 저지하였다. 그 광경을 본 또 다른 학생들이 투석하며 집결하였다. 그들은 극장 문을 부수고 안으로 들어갔다. 그러나 이미 괴한들의 자취는 보이지 않고 납치된 최기태도 보이지 않았다. 학생들은 극장을 수색했다. 그러자 극장 뒷문부근 바닥에서 최기태를 발견했다. 그는 혼절한 상태였고 얼굴과 머리는 둔기로 구타를 당해 온통 피투성이였다. 덩치가 크고 힘이 좋은 K군이 그를 업고 몇몇 학생은 그를 부축하여 적십자병원으로 달려갔다. 그러나 병원 앞을 가로막는 경찰의 제지 때문에 어렵사리 병원에 들어가 응급실 앞에 내려놓고 비통함을 머금으며 나와야 했다. 이렇게 역사적인 4·19 혁명의 날은 어두워갔고, 학생들은 일부 부상당한 학우를 부축하며 지친 몸을 끌고 귀가 하였다.

4월 20일 학교는 무기휴교가 시작 되었으나, 26일 이승만대통령이 하야 하고 27일 개교되었다. 그러자 그들은 조를 편성하여 거리 질서 봉사에 앞장섰고 K, H군 등은 모금운동을 전개 하였다.

그리고 4월혁명 대열에서 산화한 고 최기태의 장례는 1960년 5월 7일 자하문 밖 최 군의 집 부근 공터에서 이루어졌다. 장례식은 학생 대표 300여명과 교장, 교감 그리고 10여명의 교사, 당시 민의원인 김선태 의원과 동래 유지 및 동민 등 다수가 참석한 가운데 수도전기공고 내 악대의 주악과 수도전기공고 학생장으로 엄숙하게 거행되었다.

또한 4월혁명에서 장렬히 산화한 최기태의 정신을 본받고, 그의 고혼을 위로 하기위해 학생 자치회에서는 1960년 12월 자치회비 3개월분 90만환과, 홍경섭 교장이 쾌척한 10근속 표창상금 10만환으로 고 최군의 고귀한 정신을 길이 받드는 뜻에서 "정의를 위해 의로운 일"을 한 어려운 학생에게 장학금을 주기로 하였다. 거기에 장학회 명예회장이자, 최기태의 어머니인 이춘란 여사는 1964년도 분 유족연금 전액을 희사하였다. 장학회는 1962년부터 수도전기공고가 특수목적 공고로서 전교생 전원에게 장학제도가 실시된 1978년까지 70여명의 학생들에게 장학금을 수혜하였다.

그리고 1982년 4월 19일 수도전기공고 교정에는 헌정비가 건립되어 매년 4월 18일 4·19 당시 시위 참여자들이 모여 경건한 기념식을 행한다.

4·19 혁명에 정부로 부터 포상 받은 자는 6명으로 유공자 명단은

1963년 노만석(고3), 김광순(고3), 조용부(고3), 박은수(고1), 송정구(중1, 부상자) 등이고, 2010년. 혁명 50주년 포상자는 권영길(고3)이다.

10. 양정 중·고등학교

4월 19일, 일찍 등교한 박민원, 임경순 군은 어머니의 만류로 작성하다 중단했던 결의문을 급히 완성하고, 2매를 필사하여 각각 한 장씩 소지하고, 박청웅, 원희성, 손광익 등 5, 6명과 함께 10여 종의 구호를 작성하여 40여 매를 필사했다. 각 학급별로 나누어 주기 위한 구호였다. 이렇게 준비된 유인물 배분을 마친 뒤 시위를 위해 운동장에 집결하였다.

운동장에는 방송부장 이만영 군이 확성기 장치를 설치하고 규율부장 문정길 등은 저학년 학생들을 운동장으로 집합시키면서 순식간에 전 교정이 소란스러워졌다. 중학생들까지 운동장으로 모이게 하는 문정길 규율부장에게 교무주임 이경종 선생님께서 "아직 어린 중학교 어린학생들한테 사고가 생기면 어떻게 책임을 지겠느냐" 며 만류했다. 그렇지만 운동장에는 이미 중고생들이 거의 나와 있어 첫 수업부터가 사실상 진행될 수 없었다. 이윽고 운동장 스피커에서는 음악이 흘러나오고 임길순 전길웅 군의 3·15부정선거와 김주열의 주검, 전날 밤 고대생들에 대한 폭행사건 등에 대해 열변을 토하면서 작성한 결의문을 낭독하고 모두 거리로 뛰쳐나가 시위할 것을 주장하고 있었다.

결의문 낭독이 끝나자 학생들은 일제히 학교 후문을 부수고 언덕길에 뽀얀 먼지를 날리며 내려갔다. 염천교를 건너 배재고등학교 앞을 지나면서는 배재학생은 나오라는 함성을 외치고, 시청 앞을 지나 중앙청 앞에 도착하여 연좌의거에 들어갔다. 그러나 일부 극렬학생

(임경순, 김운경 등) 20여 명은 효자동쪽으로 진출하여 다른 시위대들과 함께 전차를 밀며 경무대 앞으로 나갔고, 김유광, 최종광 등 300여명은 중앙청에서 우회전하여 안국동, 화신백화점 쪽으로 달렸다. 저학년 500여 명은 계속 밀려드는 시위대열에 떠밀리면서 을지로 입구에 있는 내무부로 향했다.

이들 의거대가 을지로 입구를 지날 때 교통정리를 하고 있던 경찰관이 폭행을 당하고 피투성이가 된 것을 보고 인천 철도 통학생들과 함께 구출하여 병원으로 실어보내기도 했다. 이 모습을 본 연도의 시민들이 박수를 보내주기도 했다.

내무부 앞에 도착했을 때는 흩어졌던 학생들이 다시 집결하여 1,000여 명에 이르렀다. 콘크리트 공사를 하기 위해 쌓아놓은 자갈더미에서 돌멩이를 집어 든 학생들은 부정선거 원흉은 나오라며 내무부 청사에 돌 세례를 퍼부었다. 그러나 청사 직원도 경찰들도 보이지 않아 우리는 제풀에 힘이 빠져있는데, 누군가 서울 중앙방송국으로 가자고 외치자 모두 중앙방송국으로 향했다.

방송국 앞에 이르렀을 때 중부서에서 나왔다는 형사들이 지금 평양 방송에서 "양정고학생들이 방송국을 점령하고 불을 질러 검은 연기가 치솟고 있다"는 중계방송이 나오고 있다며 일반 시민들과 분리하여야 된다고 하여 "양정은 앉아! 양정은 일어서!"를 거듭하여 양정학생들만 앉고 일반시민들은 뒤로 물러서라고 외쳤다. 그리고 방송국 앞에 양정학생들만이 연좌하여 즉흥적인 구호를 외쳤다.

나중에 생각하게 된 것이지만 그때 양정의 그런 분리 행동이 방송국이 불에 타거나 많은 사상자가 나올 수도 있었던 것을 막을 수 있었기에 정보를 말해 준 그 형사들이 고맙기도 했다. 스스로 경찰신분임을 밝히면서 그런 충언을 말해준 그 형사는 표창이나 훈장을 수여하여야 한다는 생각까지했다.

남산 중앙방국 앞에서 안정을 찾은 학생들은 "어용방송은 물러가라. 중앙방송은 자유당 방송국이 아니다. 불법선거 부정개표 사실도 방송하라. 진실만을 방송할 것을 약조하라!"고 외쳤고, 학생 대표로 럭키비부 김종서, 이춘상, 박시아, 서영길, 박철우, 김운경, 김철훈 등이 방송국 안으로 들어갔다.

방송국 경비경찰들은 이미 피신해버렸는지 보이지 않았고 아나운서와 사무직원들만 있었다. 학생들은 "방송국장을 만나서 진실만을 방송한다는 각서를 받겠다."고 고집하고 "방송국장이 만나주지 않으면 방송시설을 빼앗아 양정고 학생들이 결의문을 낭독하겠다."고 한 시간 이상 억지 주장을 하고 있는 사이에 무장 군인들이 방송국 안팎을 점령하였고, 연좌하고 있던 학생 의거대로 모두 포위되었다. 방송국 직원이 군인들이 올 때까지 시간을 벌기 위한 지연전술을 썼던 것이다.

다행이 진압군의 지휘관이 "양정 선배라며 발포명령을 받고 왔지만 후배들에게 총을 쏠 수 없으니 순순히 말을 들으라"는 지시에 따라 학생들은 건물 밖으로 쫓겨 나왔다. 공정방송 각서는 끝내 받아내지 못한 상태였다. 건물 밖에는 여전히 학생들의 연좌의거가 계속되고 있었으나 모두가 지치고 긴장도 풀린 상태였다.

그 무렵 광화문 쪽에서 총성이 울리기 시작했다. 지휘관인 선배가 "계엄령이 선포되고 발표명령이 떨어졌으니 빨리 후배들을 인솔하고 서울역 쪽으로 해서 학교로 돌아가라"고 종용하여 학생들은 남산을 넘어 학교로 돌아와 해산을 하였다. 이리하여 1,500명(총 재적학생수 2,000명)의 양정 데모대는 단 한 명의 부상자도 없이 무사히 의거를 마치게 되었다.

다음날 아침 선발대로 방송국에 진입했던 김운경, 김철훈, 권혁중 군이 서대문 형사들에 의해 서대문 경찰로 연행되어 심하게 얻어맞고, 책가방 검사를 받았는데 권혁중 가방에서 태극기가 나와 더 이상의 매질은 당하지 않고 유치장에 수감되어 있다가 석방되었다. 제자들을 보호하려는 선생님들이 애쓰신 덕분이었다.

당시 양정 전속 사진사였던 분이 학생들의 뒤를 따르며 일일이 사진 촬영을 했지만, 이경종 교무주임 선생님이 사진을 모두 회수하여 불태워버려서 남아있는 것이 없다. 제자들을 보호하기 위해서 당시로서는 신속한 선생님의 조치였지만 참으로 아쉽기도 하다.

그날 고등학생들이 급하기 작성한 결의문은 미숙하고 단견(短見)이기는 하지만 옮겨보면 다음과 같다:

우리의 결의
우리는 전교생을 대표하는 운영위원장 선거를 대통령선거와 똑같이 선거로 선출하고 있다. 우리는 대의원을 반에서 2명씩 민주적으로 선출하여 대의원 총회에 보내고 있다.
우리는 운영위원회를 운영하면서 공정한 선거관리 하에서 공정한 선거방식과 의견발표, 확실한 비밀투표와 철저한 투개표 관리가 민주주의와 민주선거를 보장한다는 평범한 진리를 실천을 통해서 배웠고 숙지하고 있다.
우리는 이번 선거가 우리가 배운 민주제도와 너무나 불합치 하여 울분을 토하며 규탄한다.
우리는 불의 불법 탈법 부정으로 당선되는 모든 선거결과는 무효임을 선언한다.
우리는 민주주의 발전에 역행하는 자들의 처벌을 요청하기 위해, 장래 우리 나라의 자유민주주의 발전을 위해서, 젊음을 불태워 총궐기 할 것을 만천하에 고한다.

우리는 진실한 인간생활을 하자. 우리는 배움을 실천하자는 교훈 아래서 학업을 닦았다. 이에 우리는 민주주의에 관한 진살한 배움을 실천하기 위해서, 그리고 민주정의 자유를 쟁취하기 우해서 양정건아들은 양심에 따라 총궐기할 것을 결의한다.

1960. 4. 19.
양정고등학교 학생일동

양정고에서는 3명이 포상을 받은바 박민원, 박종환, 이상철 등이다.

11. 용문고등학교 (전 강문고등학교)

4월 19일 아침, 전에 없이 일직 학교에 등교한 학생들이 무엇인가 초조한 양 서성거리고 있었다. 이윽고 상학(上學) 종이 울렸다. 교정은 조용한 감이 없지 않았으나, 기실 각 교실에서 심상치 않은 분위기로 웅성거렸다.

실내 조회가 끝나고 선생님이 나가시자, 평소에 변론을 즐기는 학생 하나가 교단에 올라섰다. '진정한 민주주의의 발전과 국가 민족의 복리에 헌신해야 할 우리들 학생의 입장으로서 정부의 부패와 악정을 규탄하는 데모대에게 행한 깡패의 역습은 필경 곡절이 있지 않느냐, 그렇기 때문에 뜨거운 피가 용솟음치는 우리들로서도 이와 같은 비열한 처사에 그냥 있을 수 없다'는 요지로 일장의 열변을 토했다.

이 연설은 전교생에게 심한 충격을 주었다. 무거운 교내 분위기 속에 시간은 흘러갔다. 제 2교시까지는 별다른 변화가 없었으나, 3교시부터는 만류하는 선생님들과 의거를 하겠다는 학생들이 정면충돌했다. 가장 많이 수고를 한 학생회장 권오주 등 학생들은 옥신각신하기를 두어 시간, 겨우 수습하여 학교를 출발한 것이 1시경이었다.

울분과 흥분 속에서도 학생들은 질서 있게 행렬했다. 대열을 더욱 굳게 다지면서 동대문을 지났고 교통이 차단된 시가를 미친 듯이 달렸다. 도로 양편에 서 있는 군중들의 함성이 들렸다.

"경찰정치를 배격 한다" "살인 경찰을 엄중 처단하라"는 등의 구호를 외치느라 목이 터질듯했다. 이러는 사이 데모대는 화신을 돌아서 내무부로 향하고 있었다. 이렇게 밀치고 나가다가 반대 방향에서 밀려오는 대학생 형님들과 만날 때면, "서울대 파이팅" "동대 파이팅" "고대 파이팅" 그리고 "강문 파이팅"의 구호로서 서로를 고무하면서 지나치곤 했다.

거침없이 달려간 곳은 내무부 청사였다. 우리 학생들은 일제히 길바닥에 주저앉아 농성에 들어갔다. 동시에 도착한 휘문고, 양정고 의 거대와 합세했다. 내무부를 당장에 하늘로 올려 보낼 기세로 구호를 외쳤다. 더 이상 소리칠 수도 없이 성대 기능이 마비된 듯 학생들은 독이 쉬어 있었다. 모두들 심한 갈증을 느꼈다.

이때 인도에는 여기저기서 부인들이 물통에 물을 가득 가지고 나와 있었다. 마치 오랑캐를 무찌르면서 전진하는 전사들은 환영하는 듯 한 표정이 역력했다. 특히 대학생 제복을 입은 누나가 옷에 물을 흠뻑 적시며 연달아 물을 가져다주는 모습이 사무치게 고마웠다. 삿갓에 상투까지 하신 시골 할아버지가 얇은 주머니를 털어서 과자를 한 아름 사다 던져주시는 모습 또한 눈물겨운 광경이었다.

이때 사이렌을 요란하게 울리며 지나가는 소방차에게 돌멩이 세례를 퍼부어 돌려보낸 후, 학생들은 다시 일어나 행진을 계속했다. 운집한 군중들의 함성은 점점 더 커졌다.

드디어 도착한 곳이 국회의사당이었다. 그곳에는 이미 농성을 하는 대학생, 고등학생들로 빈틈이 없었다. 강문고생들은 다시 광화문 로터리로 돌진했다. 경무대에 접근한 청년학도들의 생명이 낙엽처럼 떨어져간다는 정보가 날라들었다. 이러한 소문은 다소나마 마음이 풀려가는 학생들의 울분을 가일층 격하게 만들었다. 무조건 경무대로 가자는 외침이 터졌다.

그러는 사이 교장선생님을 위시한 전교사들이 선두에서 종로 쪽으로 데모대를 돌리기에 무진 애를 쓰셨다. 누가 소리치지 않았으나 선두는 일제히 안국동 방향을 향해 뛰기 시작했다. 헐떡거리며 다다른 곳이 20년 동안 국민을 괴롭힌 자유당 중앙 당사였다. 그러나 이제까지 서슬이 시퍼렇던 자유당의 육중한 건물이 깨어지고 부서져 있었다. 국가 재산을 파괴하고 기물을 부숴버리는 것이 시위의 본질이 아니라는 것을 학생들도 알고 있었지만, 흡사 백년 원수를 억센 주먹으로 때려눕힌 것 같은 후련한 기분으로 학생들은 흥분해 있었다. 하지만 이런 생각도 순간, 경무대 방향으로부터 오는 수많은 대학생들의 행렬은 뒤로 밀어 놓았고, 우리는 할 수 없이 뒤로 돌아서지 않을 수 없었다.

이처럼 강문고 학생 시위과정을 구술해준 자는 이재철 당시 강문고 3학년 1반 반장이었고, 그의 형 역시 시위에 참여하였다가 19일 동대문경찰서 앞에서 무차별 발사하는 경찰의 총탄에 맞아 27세의 아까운 목숨을 잃었다.

현 용문고등학교(전 강문고등학교)에는 아직까지 한 명도 포상을 받지 못하고 있다.

12. 청주기계공고

1960년 3월 전국이 부정선거 여파로 민심이 흉흉했고 3·15부정선거는 정의감에 불타고 불의에 굴하지 않는 젊은이들을 분노케 하였다. 매일 접하는 뉴스와 전국의 소용돌이 속에서 학생들이 맨주먹으로, 민주주의를 부르짖는 함성으로 마음의 동요를 느끼고 있었다.

청주기계 공업고등학교 3학년 기계과 오성섭(전 4·19 혁명회장 역임)이 반정부학생운동을 위하여 새로운 조직을 만드는데 참여하자고 제의하여 다수의 학생이 이 조직에 참여하게 되었다. 그때 기계과, 전기과, 광산과 학생들 15~20명 정도가 주모자로 참여하였고 참여자는 기계과 오성섭, 서건웅, 함태호, 정순종, 정의웅, 권용중, 윤흔명, 전기과 이용희 이보규, 김사룡, 조관형, 광산과 권오선, 박완규, 김영근, 윤병직, 남기달, 최무웅과 오성섭(학생회장)이었다.

1960. 3월부터 청주기공 학생들은 삐라, 구호문을 직접 쓰며 제작하였다. 그러던 중 경찰이 알아채 전단 등은 압수당하고 회장 오성섭은 연행이 된 적도 있었다.

3월 9일 장면 박사가 청주 공설운동장에서 강연이 있는 날 청주기계공업학교 학생들만 의거에 참여하자고 하였지만 경찰의 제지로 실패하였다. 오성섭은 소명여관에서 감금되었다가 석방되었다. 다시 감금에서 석방된 오성섭 회장을 필두로 청상고, 청농고, 청여고 학생들과 함께 야간에 봉화 의거를 하기로 하였다. 그러나 당시에는 학교간에 합의가 서로 어려웠고 사전에 정보가 누설되어 경찰의 감시와 제지가 있었기 때문에 3월 14일 거사는 실패하였다.

청주에서는 청주기계공고가 선두주자로 봉기하기로 하고 계속 기회만 엿보고 있었다. 그 후 4월 14일 오전 9시 청주기계공고 학생들만 200여명이 의거를 진행하였으나 초기에 발각이 되어 일행이 연행이 되었다. 교내에서 1,2학년 후배들이 선배들이 신호만 보내면 함께 참여할 준비가 되었다고 동의들을 하였다. 그리고 제일먼저 봉기하자고 결의한 청주기계공고생들은 매시간 옹기종기 모여앉아 청주에서 기회만 보고 있었다.

4월 16일 토요일 징집영장 소집으로 군 입소자들이 청주공고 교정에 집합하여 학교 분위기는 술렁거렸다. 학생들 100여명 정도가 의거를 하기 위하여 청주역 앞으로 가서 모였는데 모두 경찰에 연행되었다. 그러나 학교 선생들이 와서 경찰한테 부탁하자 모두 훈계로 풀려나왔다. 그리하여 학생들은 4월 18일 재봉기하기로 하고 해산하였다.

　4월 18일 월요일 아침조회가 끝나고 집행부가 모였다. 3교시 수업이 끝나면 전교생이 교문 앞으로 집합해서 봉기하기로 하였다. 3학년은 유도부 서건웅(기계과 3)이, 2학년은 유도부 함태호(기계과 3)가, 1학년은 윤병직, 권용중이 동원책을 맡았다. 3교시 수업이 끝나자 위원장과 함께 3학년 주동자들을 앞장서서 스크럼을 짜고 의거를 개시하였다. 1,2학년은 선배들의 뒤를 따라왔고 선배들이 격려하였다. 그들은 대열에서 이탈하지 않도록 7~8명씩 스크럼을 짜고 교문을 나섰다. 교문 앞에는 교사들이 나와서 만류했지만 이미 대세는 통제할 수 없는 상태였다. 의거학생들은 북문로를 거쳐 청주여고 방향으로 진출하였다. 구호는 '부정선거 다시 하라.' '독재정부 물러가라.' '경찰 학원 간섭 규탄한다' 등 이었다.

　학생들이 청주여고를 지났을 때 청주여고 정문은 굳게 닫혀 있었다. 일부 여학생들이 동참하려고 주춤거리고 있었고, 교실에서는 여학생들의 함성이 우리를 격려하였다. 의거대의 일부는 교동국민학교를 거쳐 청주상고 쪽으로 향하였다. 학생들을 선동해서 유도하고 참여시켜야 힘도 배가되고 소기의 목적은 달성한다고 생각하였기 때문이다. 가는 도중 경찰기마대와 경찰이 곤봉을 휘두르며 진압을 하였다. 그러나 학생 수가 워낙 많아 경찰도 공격적이지 못하고 밀리기 시작하였다. 학생들은 돌을 던지며 대항하였다.

　청주기계공고생 의거대들의 일부는 농업고교로, 일부학생은 청주고등학교로 향하였다. 그리하여 청주 고등학교 학생들도 의거에 합세하였다. 학생들의 숫자는 수천 명이 되었다. 그들은 다시 도청 쪽으로 전진하였다. 일부시민들도 합세하여 의거를 하였다.

일부 학생은 경찰들과 마주쳐 충돌했다. 부상자도 생겨서 남궁 외과 등 병원으로 가서 치료를 받았다. 또한 많은 학생들이 체포되어 경찰서로 연행이 되었다. 연행 학생은 100여명 정도 되었다. 시위대는 자정이 넘도록 시위하였다. 저녁 늦게 교사들과 학부형들이 경찰서로 찾아와 자제를 당부하였고 학생들은 의거를 안 한다는 서약을 한 뒤에야 훈방되었다.

청주기계공고생 중 건국포상자는 7명으로 이들은 오성섭, 윤흔명, 이용희, 정순종, 권오선, 조관형, 박완규 등이다. 그리고 학생의거에 주모자 내지 주동자로 참석하였으나 아직 서훈을 받지 못한 학생들은 서건웅, 함태호, 권용중, 이보규, 정의웅, 김영근, 최무웅, 윤병직, 남기달, 김사룡 외 다수가 있다.

그리고 청주 상당공원에 충청북도 4·19 연합회에서는 3억 원을 들여 4·19 기념탑을 2010년 8월 현제 조성 중에 있으며 청주 기계공업 고등학교도 서훈자들과 협의하여 기념탑을 건립토록 추진하고 있다.

제4장

4월 학생민주혁명이 각 영역에 미친 영향

* 본 장은 『4월 민주혁명의 재조명』(서울: 공동체, 2011)에 실린 저자의 글을 재편집한 것이다.

4월 학생민주혁명
— 배경·과정·영향 —

한국은 어떤 침략에도 대항할 뿐만 아니라 그들의 인간적 존엄성과 자유에 대한 갈구를 무시하는 어떠한 정부에도 항거하기로 결심한 국민을 가지고 있는 나라로 상징된다

(워싱턴 포스트, 1960. 5. 5).

전국적 규모로 들불처럼 타올랐던 4월 학생민주혁명은 한국 민주주의와 정치사에 금자탑을 세웠다. 자유, 민주, 정의를 기치로 강단을 박차고 거리로 쏟아져 나와 부정·부패에 온몸으로 항거하며 장렬히 산화했던 4·19열사들의 죽음은 오늘의 우리를 있게 한 원동력이다. 이에 우리 헌법은 전문에 "유구한 역사와 전통에 빛나는 우리 대한국민은 3·1운동으로 건립된 대한민국임시정부의 법통과 불의에 항거한 4·19민주이념을 계승하고..."를 명시함으로써 국가의 정체성과 방향성을 명확히 하고 있다.

그러나 불행하게도 4월 혁명은 한국현대사의 소용돌이 속에서 아직도 제대로 평가를 받지 못하고 '미완의 혁명'으로 남아있다. 1960년 4월 이후 '잠깐 보였던 하늘'은 5·16군사 쿠데타로 인한 급변한 정치 환경으로 다시 가리어지고 4월 혁명의 순수성과 열정은 현실 정치권력에 의해 왜곡되고 변절되어왔기 때문이다. 그나마 4월 혁명 50주년을 보내면서 학계에서 이에 대한 재조명과 재평가 작업이 진행되고 있는 것은 참으로 다행스러운 일이다.

4월 혁명이 우리 현대사에 던진 파장은 매우 크며 우리의 사회, 정치, 경제 각 영역에 커다란 충격을 주었다. 식민지 유산, 반봉건성, 그리고 분단모순을 안고 출발한 우리의 현대사는 이를 극복하고자하는 젊은이들의 희생으로 점철되었다고 해도 과언이 아니다. 젊은이들의 희생은 우리의 아픔이자 민족의 슬픔이었으며, 4월 혁명은 이러한 모습으로 우리들에게 각인되어 있다.

4월 혁명은 근본적인 사회적 변화를 이끌어내는데 성공하지 못했으나 정치, 경제, 사회 제 분야에 커다란 영향을 미쳤다. 4·19혁명은 냉전-분단-독재체제를 기반으로 한 이승만 정권의 권위주의를 붕괴시키고 냉전반공주의의 협애한 틀에 갇혀있던 정치이념의 폭을 넓히며 평화-통일-민주의 질서를 만들고자 했다.[1] 이러한 모습은 북한에 대한 인식이나 민족통일운동 방향 등에서 잘 나타나고 있다.

4월 혁명은 간접민주주의인 의회정치에 대한 국민적 회의를 인지시켰으며 대통령제라는 절대 권력에 대한 견제장치의 필요성을 부각시켰다. 이는 내각제로의 권력구조의 개편과 견제장치의 보완을 가져왔다. 4월 혁명은 경제정책과 제도의 변화를 통해 전근대적 운용방식을 탈피하고 근대적 운용방식을 적극 도입하는 계기를 마련하였다. 또한 특혜와 독점으로 경직화된 경제체제를 자유주의적 시장경제의 방향으로 전환시키는 전기가 되었다. 그러나 4월 혁명이후 경제정책이 긍정적인 결과로 전개되었다는 결론을 내리기에는 기존의 관행적 인식구조가 크게 변화하지는 못했다.

4월 혁명은 대학생뿐만 아니라 고등학생, 청년, 도시빈민 등 다양한 계층이 주체적으로 참여하여 전국적으로 확대된 운동이었다. 이는 4월 혁명 이후 시민사회의 성장, 사회세력의 확대와 조직화 등에 큰 영향을 미쳤다. 물론 4월 혁명 이전에도 사회세력의 운동이 없었던 것은 아니지만 어용화 혹은 무력화하여 4월 혁명 이후 그것과는 성격과 규모면에서 큰 차이를 보였다.

이러한 인식을 전제로 4월 혁명이 사회 각 분야에 미친 영향을 살펴보는 작업은 매우 의미 있는 일이다. 따라서 본 장에서는 좀 더 구체적으로 4월 혁명이 사회영역, 정치영역(장면 정권의 수립), 경제영

---

1 김태일, "4·19혁명의 현재적 의의", 『4·19혁명과 민주주의』, 한국정치외교사학회 4·19혁명 50주년 기념 학술회의 자료집, 2010년 4월 15일, 129~143쪽.

역, 그리고 운동영역(학생운동, 노동운동, 민족통일운동, 외국의 학생운동 등)에 미친 영향을 분석하고 있다.

제1절 사회영역에 미친 영향

4월 혁명은 사회생활의 제반영역에 심대한 영향을 미쳤다. 4월 혁명을 통해 간접민주정치의 가장 보편적인 형태인 대의민주정치 대신에 직접민주정치, 압력정치의 요소가 최대한으로 작용하기 시작하였다. 다시 말해, 우리 민족사상 처음으로 그리고 지나칠 정도로 데모정치, 압력정치의 요소가 등장하였다.

이승만 정권의 장기독재는 사회의 모든 영역에 많은 문제점을 노정시켰다. 공권력(경찰력, 군대 등)에 의한 억압체제는 극민들을 공포로 몰아넣고 비판의 날을 무디게 하였다. 이승만의 장기집권과정에서 대의민주주의로 이해되는 의회정치는 실종되고 국회는 개인의 사유화로 전락했다.

이에 대의민주주의에 대한 국민들의 회의와 대통령게가 가져온 독과점적 권력구조에 대한 비판은 새로운 권력구조의 필요성을 의미하였다. 이러한 맥락에서 직접민주주의로서 참여정치, 압력정치는 새로운 권력구조의 창출을 위한 동력으로 작용하고 있었다.

시민사회의 성장과 조직화가 아직은 취약한 구조를 안고 있었지만 4월 혁명을 계기로 시민사회는 활성화를 위해 진일보하고 있었다. 교원조직, 학생조직, 노동·농민조직 등은 자신의 돈소리를 정치권으로 투영시키고자 노력하였다. 물론, 집단주의와 치안불안을 우려하면서 데모정치를 비판하는 국민 일각의 움직임이 없는 것은 아니었지만,2 직접참여를 통한 의사개진은 사회의 각양각층의 건전하고 균형적인 발전을 위한 바람직한 일이었다.

4월 혁명은 간접민주정치의 결함과 약점을 보완하는 계기를 만들었다. 4월 혁명이후 독재자에 의해 망가졌던 자유선거제도가 부활하고 대통령책임제 대신에 대의정치의 고전적인 형태인 내각책임제가 채택되었다. 대통령제든 내각책임제든 제도의 장·단점을 떠나 국민의 힘에 의해 정치권력의 변화를 이루어냈다는 점은 매우 중요한 의미를 갖는다. 권력의 원천은 국민으로부터 나오고 국민과의 계약을 통해 정치권력을 위임받은 국가지도자들은 국민을 위한 정치를 해야 함은 재론의 여지가 없다. 이러한 계약이 실효성을 잃었을 경우 국민은 이를 복원할 저항권을 갖는다. 우리는 4월 혁명을 통해 이러한 사실을 인식할 수 있는 소중한 경험을 하였다. 민주화를 위한 기나긴 여정의 단초를 4월 혁명은 제공하고 있었다.

4월 혁명을 통해 우리는 사회의 소통과 화합의 중요성을 발견할 수 있었다. 이승만 정권의 최대 약점은 절대 권력을 둘러싼 '인의 장막'정치였다. 정권 말기 참모진들에 의해 의사소통의 기능이 왜곡된 대통령은 정상적인 정치행위를 할 수 없었다. 비정상적이고 비합법적인 그리고 일방적인 정치행위는 쌍방향 언로를 차단하고 국민과의 소통과 화합을 저해하였다. 공권력으로 대표되는 백색폭력은 이러한 메커니즘을 비호하는 효과적인 수단으로 사용되었다. 4월 혁명 이후 공권력의 불법적 사용과 시위대에 대한 발포명령자와 발포자에 대한 처벌 강화는 당연한 것이었다. 이러한 과정에서 의사소통의 민주화를 이끌어 내기 위한 조치들이 취하여졌다.

또한 4월 혁명은 무위도식의 폐풍을 버리고 근로의 의욕을 앙양시

---

2 신상초, "4·19가 사회에 미친 영향", 59~64쪽.

키는 데 일조하였다. 혁명이후 사회적·심리적 영향 때문에 국민경제생활이 위축되고 생산에서 순환에 이르는 국민경제의 순환과정이 다소 마비증을 보이기도 했다. 그러나 권력과 결탁하여 불법·부정한 방법으로 일확천금하겠다는 폐풍이 정신적·제도적으로 많이 시정되었다. 이러한 점은 경제영역에서 확실히 나타나고 있었다. 특권에 따른 불로치부의 전근대적 경제체제에서 합리와 절검에 따른 자본주의적 경제체제로의 전환이 그것이다.3

정신적, 도덕적, 가치적 측면에서도 4월 혁명은 많은 영향을 미쳤다. 망국적인 사치병을 타파하고자한 학생들의 신생활운동이 국민운동으로 확대되기도 했다. '기성과 신진' 간의 가치관과 가치체계의 상이성으로 나타난 사회질서, 위계질서의 혼돈은 하극상의 현상을 보이기도 했으나 이는 시대의 변화 속에서 거쳐야 할 홍역과 같은 진통이었다. 이를 통해 새로운 가치관, 가치체계, 질서가 수립될 수 있기 때문이다. 4월 혁명은 이를 위한 하나의 계기를 마련했다.

학생들은 4월 혁명에서 그들이 주장한 정치변혁의 요구는 학원민주화운동만으로 달성될 수 없다는 사실을 자각하였고, 사회운동 차원으로 그들의 활동영역을 확대시켜야 한다는 사실을 인식하게 되었다. 이에 따라 국민계몽운동, 신생활운동, 7월 총선에의 참가운동을 전개하게 된다. 구체적으로 서울대학교의 국민계몽대는 '4월 혁명 정신의 보급, 국민 정치의식과 주권의식의 고양, 경제복지의 추구, 신생활체제의 수립, 민족문화의 창조'를 강령으로 하였다. 자유당시대의 부패와 부정은 특정 정치인의 도덕적 타락에 그 원인이 있는 것이 아니라 사회의 지도층을 비롯한 대다수 국민들의 정신자세의 해이에 원인이 있다는 인식 속에서 전개된 신생활운동은 양담배소각,

---

3 신상초, 위의 논문, 62~63쪽.

사치추방캠페인, 국산품애용 등을 골자로 진행되었다. 그러나 이러한 사회·문화적 풍조가 어떠한 구조적 배경에서 유래되었는지에 대한 고민이 결여된 낭만적인 계몽주의운동이었다. 이러한 운동은 구조적 모순의 한 표현인 정신적·문화적 타락을 개인의 자각과 주인의식의 함양을 통해 성취하려고 했다는 점에서 점진적 변혁을 도모하는 개량주의적 운동의 한계를 지니고 있었다. 7월 총선에서 혁신당이 참패하게 되면서 학생들은 이러한 운동이 갖는 한계를 분명하게 인식할 수 있었다.

제2절 정치영역에 미친 영향

1. 이승만 정권의 붕괴

3·15 부정선거에 대한 규탄으로 시작한 4월 민중봉기는 4월 26일 이승만 정권을 붕괴시켰다. 4월 11일 최루탄을 맞고 숨진 김주열의 시신 발견은 민중봉기를 전국적으로 확산시켰다. 이승만 정권은 시위대를 향한 경찰의 무차별 발포, 계엄령 선포와 군대의 동원 등을 통해 폭력적으로 탄압하였다. 시위가 정점에 다다른 4월 19일 하루 동안은 104명의 사망자와 740여 명의 중상자가 발생하여 '피의 화요일'이 되었다. 이승만 정권은 '사태의 원인, 책임을 물을 때가 아니다'고 변명하면서 유혈참사를 인정치 않고 국무위원 전원과 자유당 당무위원 전원의 사표를 받는 미봉적인 수습책으로 대응하였다.

그러나 뒤늦게 사태의 심각성을 깨달은 이승만은 4월 23일 자유당 총재직 사퇴와 이기붕의 공직 사퇴라는 수습책을 제시했다. 이승만은 모든 정당관계에서 벗어나 대통령으로서 직에 전념할 것을 밝히고 내각제로의 개헌실시를 발표하면서 위기를 모면하려그 했다. 이러한 노력에도 불구하고 독재타도를 외치는 민중시위는 전국적으로 확대되고 4월 25일 대학교수단의 시위는 이승만 정권의 붕괴에 결정적인 타격을 가했다.

방관자적 입장을 취하던 미국은 4월 19일 대규모 민중봉기를 계기로 사태의 심각성을 인지하고 이승만 정권에 수습책을 제시했다. 4월 19일 미 국무장관 허터는 민주방식에 의한 재선거실시, 언론·집회의 자유보장 등 8개항의 수습방안을 담은 각서를 주미대사 양유찬에게 전달하였다.[4] 다음 날 미 국무성은 한국의 민주화를 촉구하는 성명을 발표하였다. 그러나 사태는 이미 돌아올 수 없는 상황으로 치닫고 미국은 이승만을 버리기로 했다.

그 동안 이승만 정권은 미국의 이익을 충실히 대변하고 집행하는 반공독재정권이었다. 그러나 이승만 정권의 계속되는 정치적 위기와 반일주의는 미국의 동북아시아전략에 많은 지장을 초래하고 있었다. 1950년대 후반 세계는 사회주의권의 부상, 제 3세계의 동요, 자본주의국가 간 갈등 등을 겪고 있었으며 미국은 세계, 지역전략을 수정하고 있었다. 대중국봉쇄, 한반도 분단체제의 공고화, 일본역할의 강화를 통해 미국은 동북아에서 자신의 입지를 강화하고자 하였다. 이를 위해 '한일국교정상화'는 필수적인 작업이었다. 이승만 정권의 실책은 미국에게는 이승만을 퇴진시키기 위한 절호의 기회였다.

미국은 이 과정을 신속히 진행시켰다. 미국은 민중봉기가 독재정권 타도를 넘어 지배계급에 대한 대항, 체제변혁 요구 등으로 확대될 경우 반미시위로 성격이 변할 것을 우려했기 때문이다. 미국의 의도

---

4 한국정치연구회, 『한국정치사』(서울: 백산서당, 1990), 311쪽.

대로 이승만은 4월 26일 "국민이 원한다면 대통령직을 사임한다."는 성명을 발표하고 하야하였다. 속성상 반 혁명성을 갖는 허정 임시정권이 뒤를 이었다.

2. 허정 정권의 반동

허정 정권은 새로운 변혁을 요구하는 민중을 제어하고 지배세력의 동요를 결집시켜야 하는 시대적 상황에 직면해 있었다. 또한 미국의 대한지배전략과 맞물려 정권의 기본전략을 수립해야할 처지에 있었다.

미국은 당시 제 3세계에서 확산되고 있는 민중부문의 분출과 군부쿠데타의 발생이 반미로 연결되는 것을 두려워했다. 특히 군부쿠데타가 발생할 경우, 남한에서의 미국에 대한 인식변화(미국의 한국정치 개입의혹이 가져올 반미운동과 주한미군 반대 등)는 미국의 동북아전략에 차질을 가져올 수 있는 중대한 사안이었다. 이에 미국은 군부의 개입없이 부르주아 의회체제로 재편되기를 기대했다.[5] 미국은 진보 정치세력이 배제된 보수양당체제의 구축을 위해 민주당 신파(장면)의 정권과 민주당 구파+자유당 연합(야당)의 정치구조를 구상하였다.

허정 정권은 미국의 전략에 발맞추어 민중부문의 활성화를 저지하였다. 허정은 7·29총선 2주전까지 계엄령을 유지하고 비밀결사와 불법단체를 군법회의에 회부할 것이라고 거듭 강조하였다. 계엄사령부는 4월 28일 '4·19 청년학생동맹'과 '민족통일촉진연맹' 회원들을 구속하였다. 계엄사령부는 이 사건을 계기로 대공 사찰을 강화하고, 정치적 데모를 선동 조장하는 자를 엄벌하며 모든 집회의 허가를 강화했다.

---

[5] 한국정치연구회, 위의 책, 1990, 315쪽.

허정 정권은 자유당의 기간조직인 '대한노총'이 와해되고 민주노조운동이 활발해지자 노동위원회를 강화하고 노사분규에 직접 개입하여 노동운동을 탄압했다. 또한 정권변동에 따른 지배세력의 동요를 막고자 혁명적 목표를 비 혁명적 방법으로 수행하고자 했다. 허정 정권은 부정축재자 처리를 축소시키거나 지연시켰으며 이승만의 하수인인 자유당 의원에 대한 처리에도 반 혁명성을 드러냈다. 허정 정권은 군부와 경찰 내의 부정축재자, 부정선거관련자, 4·19시위 총기발포 관련자들에 대한 처벌도 형식적으로 처리했다. 중견장교들 사이의 정군운동도 묵살되었다. 4월 민중봉기의 요구를 수렴하겠다던 허정 정권은 반동성을 여실히 드러냈다.

정권변동과 함께 민주당이 부상하고 자유당이 와해되는 등 정치세력관계의 변화가 나타났다. 그러나 이승만세력과 연합하여 분단국가 형성에 결정적인 역할을 한 '한민당'에 뿌리를 둔 민주당은 정치이념에서 자유당과 대동소이했다.

이승만에 의해 소외되었던 민주당은 의회 내에서 반대정치세력으로 자리 잡았다. 민주당 신파는 4·19혁명의 계승자로 자임하면서 '내각책임제'를 위한 헌법 개정 등을 들고 나와 의회 내에서 주도권을 장악하고자 했다. 그러나 의회해산과 총선실시를 원하는 진보 정치세력·학생들과는 달리 민주당은 現국회에서의 헌법 개정과 총선실시를 주장했다. 이는 민주당 신·구파, 자유당 등의 이해관계에 따른 당리당략적 선택이었다. 민주당도 민중부문의 정치세력화를 두려워하고 있었다. 민주당은 허정 정권의 반혁명적·반민중적 탄압의 지원 하에 내각제 개헌안을 통과시켰다.

3. 민중운동의 고양과 7·29 총선

1950년대 변혁적 상황에 대한 미국과 지배세력의 대응에도 불구하고 민중부문의 활성화는 제한적이지만 광범위하게 증대하고 있었다. 1955년과 1960년에 나타난 계급구조의 변화는 이를 반증하고 있다. 자본가 계급은 1.2%에서 1.4%로 증가하였고, 중간계급은 80.8%에서 69.9%(특히, 농업중간계급이 67.5%에서 55.5%로 감축)로 감소하였으며, 노동자계급은 18.0%에서 28.7%로 크게 증가하였다.[6]

노동자계급의 성장은 노동운동이 민중운동의 중심으로 발전함을 의미하였다. 1950년대 노동운동은 자유당 정권의 기간조직인 '대한노총'의 어용성과 한국전쟁으로 지리멸렬 했다. 4월 민중봉기는 이러한 노동운동에 활력을 제공했다. 신규노조가 결성되기 시작했으며, 1959년 558개였던 노조가 1960년 말경에는 914개로 증가하였다.[7] 노조의 체제정비와 함께 노동쟁의를 비롯한 실질적인 투쟁이 전개되었다. 특히 비 생산직 노동자계급인 교원, 은행원, 기자 등의 노동운동이 활발히 전개되었다. 교원노조는 1960년 4월 29일 대구교조 결성을 계기로 전국적으로 확산되어 그 해 7월 17일 전국 단일노조로 발전하였다.

또한 1960년 5월 11일 '거창사건'을 계기로 한국전쟁 당시 무고하게 학살된 '양민학살진상규명운동'이 민중운동의 일환으로 전개되었다. 이는 이승만 정권에 대한 정통성 시비뿐만 아니라 국가기구, 지배이데올로기에 대한 부정으로 나타났다. 이러한 운동이 농촌지역에서 전국으로 확산되었다는 점에서 절대적 빈곤상태에 있던 농민의 저항으로 연결되었다.

---

[6] 한국정치연구회, 위의 책, 1990, 320쪽.
[7] 한국정치연구회, 위의 책, 1990, 320쪽.

허정 정권의 반동성, 민주당과 자유당의 야합과 개헌추진 등은 진보세력들의 반발을 가져오고 재야인사, 청년, 학생 등은 '반혁명세력 규탄운동'을 전개하였다. 총선국면에 들어서면서 민중운동은 더욱 활발히 이루어졌으며 부정부패세력척결, 자유당 인사들의 퇴출 등을 포함 선거에서의 승리를 다짐하였다.

진보세력들은 제도 정치권으로 진입을 당면과제로 설정하고 정치세력화를 도모하였다. 그러나 이들은 이념이나 인맥 상으로 다양하게 분포되어 있어 단일정당으로 결집되지 못했다. 이들 세력은 '사회대중당,' '혁신동지총연맹,' '한국사회당,' '사회혁신당' 등으로 난립하였다.

진보적 정치세력의 정치무대 등장으로 정치지형은 외형상 보수 대 진보로 나타나고, 7·29총선을 둘러싸고 정치국면은 민주당과 사회대중당 간 대결로 진행되었다.

그러나 4월 혁명 과정에서 민주당의 역할, 사회대중당의 통일정책 등의 용공성시비 등으로 진보세력들의 입지는 매우 제한적이었다. 총선결과 사회대중당은 민의원 5명(6.6% 득표), 참의원 3명(3.3% 득표) 만이 당선되었을 뿐 참패하였다. 민주당의 압승이었다.

4. 장면 정권의 출범

7·29총선 결과 민의원 199명(총 224명)을 당선시킨 민주당은 집권 정당으로 부상하였으나 신·구파 간 권력투쟁으로 정부를 구성하는데 난항을 거듭했다. 이념이나 정책과는 상관없는 인객 중심과 사적 감정에 기초한 파벌적 분열현상이 나타나기 시작하였다.[8] 장면을 주

---

[8] 양재인, "정치엘리트의 역할과 공과," 이우진·김성주(공편저), 『현대한국정치론』 (서울: 나남, 1996), 316쪽.

축으로 한 신파는 세력 확장에 총력을 다 하고 윤보선을 중심으로 한 구파는 조직 재정비와 정권획득에 몰두하였다. 비슷한 의원수를 확보한 민주당 신·구파는 결국 분당으로 치닫고 20여명의 무소속 의원들의 입지가 강화되었다. 총리인준을 위한 1, 2차 투표에서 장면이 가까스로 승리하였다. 향후 이는 장면 정권의 정치조직 기반의 붕괴라는 문제와 직결되었다.

장면 정권은 의원내각제 하에서 형식적, 법적 절차를 통해 수립됨으로써 정권의 정통성을 확보하였다. 장면 정권은 '반혁명세력'의 청산과 사회경제적 개혁의 단행을 강조하였다. 그러나 장면 정권은 원내 안정 세력을 확보하지 못함으로써 리더십의 불안정, 대통령 총리 각료들 간 갈등, 법안처리 및 예산심의 지연, 국가정책의 집행 지체 등 많은 문제점을 노정하였다.

민주당의 분열이라는 파국은 생각보다 빨리 찾아왔다. 앞에서도 언급하였듯이, 신·구 양파는 구파동지회와 민정구락부로 갈라져 국회에 서로 별개의 교섭단체를 등록하기에 이른다. 당의 붕괴로 신파의 장면 내각은 9개월의 집권기간 동안 3차례의 개각을 단행하였다. 결국 구파는 1960년 11월 초 '신민당'을 결성하였다.

신·구 양파 간 대립과 분열은 국가건설을 위한 효율성의 창출을 저해하고 참여정치의 건전한 문화를 제약하였다. 장면은 4월 이후 과열된 사회분위기를 수습하고 혁명적 과제의 수행을 도모하였으나 지도력의 무능과 빈곤을 노정하였다.[9]

결국 장면 정권의 책임과 능력의 부조화는 4월 혁명의 성과를 축소하거나 4월 혁명 이전으로 돌려놓는 결과를 가져왔다. 반혁명세력의 척결 실패는 단적인 예였다. 대부분의 부정부패, 반혁명세력들은

---

9 김운태, "권력구조와 정부", 이우진·김성주(공편저), 위의 책, 1996, 154쪽.

살아남아 사회로 다시 복귀하였다.

또한 경제정책, 통일정책 등에 있어서도 변화하는 민중과 사회의 요구를 담아 내지 못했다. 남북통일논의와 민족자주화운동을 희석시키기 위해, 장면은 '선 건설 후 통일' 논리를 내세움으로써 '선 통일 후 건설'을 주장하는 세력과 대립각을 세웠다.

국민의 폭발적인 정치적 요구는 실제로 그 구체적 충족을 위한 경제적·사회적 공급을 필요로 하는 것이며 정치체제는 그러한 공급능력을 신장시켜야 한다. 장면 정권은 자유민주주의의 정치체제를 통해 경제적·사회적 공급능력을 신장시키려고 하였으나 효과적인 성공을 거두지 못했다. 이미 전술한 바, 이러한 실패는 신·구 양파 간 대립과 분열로 이미 예견된 것이기도 했다. 또한 분단된 한국사회가 안고 있는 국내외적 한계이기고 했다.

이에 장면 정권을 올바로 이해하기 위해서는 한국내의 이데올로기적 대립과 갈등, 한국에 이식된 주변부 자본주의의 성격, 미국의 동북아전략에서의 한국의 위치 등 수 많은 변수들의 분석이 선행될 필요가 있다.

제3절 경제영역에 미친 영향

경제적 측면에서 볼 때, 4월 혁명은 그 사회에 쌓여 있던 봉건적 경제 질서의 모순이 폭발되어 나타난 변혁이었다. 1945년 한국 경제의 기본구조는 여전히 봉건적 기반 위에 서 있었다.[10] 토지소유권은

---

10 최단옥, "4·19 전후의 한국경제성격에 관한 비교", 29쪽.

1910년 일제의 토지조사사업에 의해 근대적 소유권으로 전환되었으나 봉건적 소작관계와 봉건지대를 바탕으로 한 경영방식을 그대로 답습하였다. 제조업 경영은 일본의 산업자본 활동에 종속된 식민지형 보완체계를 벗어나지 못했다. 상업과 금융조직도 일본에 의한 식민지수탈의 조직으로 편성되어 있었다.

4월 혁명을 겪고 나서 사회의 분위기는 일변하였다. 지배층과의 결탁에 의존했던 그리하여 각종 생산원료와 자본재의 활용권을 독점하여 인플레 속에서 유통이익을 자본축적의 원천으로 삼았던 대기업들이 이승만 정권의 몰락으로 그 바탕이 흔들렸다. 혁명적 상황 하에서 봉건독점의 연결고리들이 깨지거나 재편되기 시작했다. 관급관련물자의 특혜에 연결된 공급체계, 권력유착에 의존하던 기존의 판로관계 등이 재구성되게 되었다.

4월 혁명 이후 외형적으로 나타난 가장 특징적인 변화는 자산의 소유관계와 자본의 경영방식에서 발견할 수 있다. 1910년 근대적 토지소유권이 성립된 이후 사유권제도가 확립되어 있었으며 해방 이후에도 귀속재산의 불하와 농지개혁을 통해 배타적 지배권인 근대자본주의적 소유권을 강화하는 법제적 조치들이 취해졌다. 그러나 60년대 접어들 때까지 법제와는 달리 배타적 소유권을 제대로 누리지 못하는 관행이 아직도 잔재하고 있었다. 촌락공동체적 성격을 갖는 종토 등 토지재산은 소유권 여부에 관계없이 종속적 소유관계가 지배하고 있었다. 4월 혁명 이후 이러한 전근대적 공동체적 소유관계들이 법률적 소유권이라는 근대적 규범으로 강화되기 시작하고, 자유경제의 창달이라는 새로운 패러다임이 강조되었다. 모든 산업부문에서 투자와 독점이 비판받고 기업들은 가격기구를 통한 시장진출의 경영전략을 본격화하기 시작했다. 정부의 경제정책도 근대국가의 산업정책의 궤도로 들어서기 시작했다.

1950년대 농업부문은 상공업부문의 독점과 특권에 압도되어 사회의 자본축적의 측면에서 종속적인 위치에 있었다. 미국의 원조에 편승하여 상공업부문이 자본축적을 진행시키고 있을 때 농업부문은 미국의 농산물 원조에 밀려 판매 가격과 판로에 있어 희생을 감수할 수밖에 없었다. 농지개혁 이후에도 인구가 농촌에 적체되어 생계규모에도 못 미치는 영세농이 집적되고 소작농이 반복적으로 재생산되었다. 자작농은 품앗이나 수리의 공동 작업을 매개로 촌락의 관습적 내부통제 경영방식을 사용하였으며 소작농은 지주와의 오랜 관습에 따른 경작지대를 중심으로 한 봉건제 관계를 유지하였다.

1960년대에 들어서 농업생산력이 높아지고 광공업부문의 개발이 촉진되며 농업부문의 생산관계에도 변화가 찾아왔다. 농업생산성의 향상, 농산물 수요의 빠른 증가, 광공업발달로 인한 농촌잠재실업의 흡수 등으로 농가소득이 향상되고 농업노동여건도 개선되었다. 농업생산성의 향상에도 불구하고 농업부문은 60년대 이래 꾸준히 증가한 미국의 잉여농산물 도입(1959년 1,143만 달러, 1960년 1,991만 달러, 1963년 9,679만 달러)으로 상공업부문에 비해 여전히 상대적으로 불리한 위치에 있었다.[11] 그러나 생산이윤의 축적을 목표로 농업을 경영하고 소작관계나 판매독점 등을 행동목표로 하지 않은 경영유형은 새로운 경제 질서의 발달을 의미하였다.

공업부문에서도 1950년대에는 근대적인 산업자본이 아직 자리 잡지 못했다. 귀속사업체의 불하나 원조 달러의 배분을 기초로 제조업의 범위와 규모가 커졌으나 광산물이나 1차산품의 해외수출은 2천만 달러내외 수준이었다. 면직물이나 신발 등 경공업부문의 산업자본도 전개되었으나 상대적인 열세를 면치 못하고 있었다.

---

11 최단옥, 위의 논문, 33쪽.

자본축적의 주류를 이루었던 원조에 기초한 산업부문은 자기계산에 의한 타당성에 따라 투자함으로써 합리적 생산이윤을 얻는 것이 아니라 원조달러의 분배획득, 공공 또는 특정한 수요시장에 대한 판로 진출권 등 생산외적 이권에 의존했다. 이는 전근대적 자본의 성격을 의미하는 것이었다. 얼마 안 되는 금융자금을 대출받는 것도 특혜와 독점을 통해 이루어졌으며 이는 자본축적의 중요한 원천이었다.

이러한 공업부문의 생산관계는 1960년대 들어 중요한 변화를 겪게 되었다. 자본축적의 원천이 생산을 바탕으로 설정되었기 때문이다. 1960년대 초 아직도 AID자금을 비롯한 원조달러들이 들어오고 있었으나, 원조달러가 국내의 생산조직과 유통조직에 있어서 생산력 발달에 비해 그 중요도가 상실되어가는 단계에 들어섰다. 투자재원의 주류가 국내 민간저축, 해외차관 등으로 변하였다. 이는 자본축적이 투자와 산업생산에 귀결된다는 것을 의미한다.

1960년대 초 기업들은 생산효율을 높이고 비용을 절감하여 생산이윤을 극대화하는 것을 경영의 기본목표로 설정하였다. 기업들은 주력생산부문을 내세워 생산기반을 정비하고 시장경쟁의 채비를 서두르며 특히 중소기업들은 다양한 제품을 각각 선택하여 자본축적의 대열에 들어섰다. 국내시장의 한계를 극복하고 해외수출시장개척에 적극적으로 나서기 시작한 것도 이때부터이다.

4월 혁명 이후 자본주의 경제 질서가 새로운 양상으로 전개됨에 따라 경제정책의 체계와 내용에도 큰 변화가 나타났다. 생산력은 아직도 봉건적 기반을 유지하는 정도의 낮은 단계였으며 경제구조와 순환은 1차 산업을 주축으로 하고 원조물자의 비중이 컸다. 정부의 경제정책은 산업 간의 기존질서를 원만하게 유지하고 원조물자의 효과적 관리를 도모하는 정도였다.

경제개발을 본격적으로 뒷받침하는 경제정책이 강구된 것은 외국

원조가 격감하기 시작한 1959년경이며 구체적으로 1960년 4·19혁명 직후 장면 정권이 성안한 경제개발 3개년계획이었다. 그러나 1961년 5월 군부쿠데타로 실행에 들어가지 못했다. 군부정권은 장면 정권이 성안한 개발계획을 수정하여 1962년부터 새로운 종합경제개발계획을 착수하였다.

새로운 경제정책의 목표는 대체로 부정부패를 포함 과거의 봉건적 요소를 제거하고 산업생산을 확충하여 국민소득을 높이는 것이었다. 4월 혁명 이후 과거를 청산하겠다는 정책의지는 부정축재자 처리문제에서 잘 나타나고 있으나 그 진행과정은 예상과는 달리 부진하였다. 허정 정권의 반동성은 반혁명적 정책집행으로 귀결되었다. 장면 정권도 혁명적 조치를 강력히 단행하고자 했으나 기존의 부패 고리를 끊기에 한계를 보였다. 군사 정권은 1961년 6월 14일 전문 29조로 된 부정축재처리법을 공포하고 이에 따라 부정축재자들을 처리하였다. 그러나 그 결과는 국민 일반이 처음 생각했던 것과는 거리가 먼 축소된 것이었다.

새로운 경제정책의 체계는 기본적으로 공업화추진을 핵심으로 하는 소득증대정책이었으며 이를 위해 외자도입촉진과 수출확대를 적극 추진하였다. 공업화추진정책을 위한 기본정책은 경제개발5개년계획의 수립과 실천으로 나타났다. 물론 해방이후 계획의 필요성과 계획안의 입안은 있었으나 이를 실천에 옮기고 강력히 추진할 수 있게 된 것은 4월 혁명이후였다. 이는 자본주의적 산업정책의 기틀을 만드는 과정이었다.

외자도입정책은 도입의 촉진과 외자사용의 효율화 측면에서 추진되었다. 외자도입의 촉진은 1950년대 후반 농산물 이외의 무상 또는 지원원조가 축소되면서 적극 논의되었으며 1959년 12월 28일 외자도입촉진법 국회통과, 1960년 2월 한미투자보장협정 체결 등으로 구체화되었다. 외자사용의 효율화방안도 외자도입의 요건심사와 관리기준 등의 촉진과 관련 비슷한 속도로 정비되었다.

  1960년대부터 국내의 협소한 시장의 한계를 극복하기 위해 정부는 수출증대에 정책의 초점을 맞추었다. 1950년대 외화획득은 원조에 주로 의존하였으며 수출은 적은 규모로 그것도 개별특혜와 관련 주로 1차 산품과 광산물에 불과했다. 1960년대 들어 수출은 개별특혜의 대상에서 벗어나 시장 확대와 외화획득이란 관점에서 강력히 추진되었다. 정부는 사회적 '덤핑'을 감수하면서 수출될 수 있도록 지원정책을 집중하고 수출기업의 도산을 정부가 떠맡을 정도였다.

  요약하자면, 1960년 4월 혁명을 계기로 사회경제질서의 저변에 깔린 전근대적 요소가 약해지고 근대자본제적 요소가 자리 잡는 경제체제 및 생산양식이 정비되기 시작했다. 물론 이러한 경향이 순조롭게 진행되어 완전한 '이행과정'으로 급전환된 것은 아니었다. 오히려 두 질서가 병존하는 '혁명과 반동'의 혼돈 시기였다. 산업생산과 시장경쟁의 요소가 서서히 성장하고 있음에도 불구하고 특혜와 독점, 그리고 유통이익을 목표로 하는 구질서의 요소가 존속하고 있었기 때문이다.

  경제적 측면에서 봉건적 경제 질서가 해체되고 자본주의적 경제 질서가 확립되는 이행과정으로 시민혁명과정을 이해한다면, 4월 혁명은 자본주의적 경제 질서의 바탕을 '충분히' 성장시키지는 못하였지만 봉건적 경제 질서를 강력히 붕괴시키는 과정이었다. 이는 '미완의 혁명'으로서 4월 혁명의 의미와 4·19세대의 변절, 그리고 향후 일련의 정치변혁들(장면 정권의 붕괴, 5·16군부쿠데타, 박정희 정권의 18년 독재, 유신헌법, 5·18광주민주화투쟁, 1987년 6·10시민혁명 등)을 이해하는 단초를 제공하고 있다.

제4절 운동영역에 미친 영향

1. 학생운동

학생은 한국 현대사에 있어 심대한 정치·사회적 변화를 촉발시킨 4월 혁명의 분명한 주체였다. 4월 혁명이 분명 제1공화국의 반민주적 정치에 대항하여 발생한 국민적 저항의 표출이라는 점을 부인할 수 없겠지만, 처음부터 끝까지 운동의 최전선에 앞장서서 운동을 발전시키고 그 이념을 제시한 주체는 학생들이었다.

4월 학생시위라는 현상적 형태로 표출되었지만, 이는 한국 사회구조의 총체적 모순에서 그 원인을 찾을 수 있다. 해방 이후 사회·경제구조의 신 식민지적 질서로의 재편, 분단국가의 현실적 조건이 초래한 변혁운동세력의 완전한 거세가 6·25 한국전쟁 이후 한국 사회구조의 특징이었다.[12]

국가의 재정적 기반을 미국으로부터의 원조와 국내 식민지적 경제구조의 부분적·타협적 재편을 통해 마련할 수밖에 없었던 결과, 1950년대 말 미국의 원조삭감은 국내 생산시설의 유휴상태와 실업률의 증가를 가져와 농민, 도시빈민, 임노동자 등 대다수 민중들은 현실에 대해 극도의 불만을 갖게 되었다. 또한 정치무대에서는 단독정부 수립, 6·25 한국전쟁을 통해 극우 친미세력, 대지주, 소극적 민족운동가 및 친일관료들의 일방적 계급지배가 관철되었다. 이들에

---

[12] 정창현에 의하면, 4·19는 단순히 이승만 정권에 대한 저항만이 아니라 분단과 전쟁을 통해 고착된 분단체제와 한국 사회의 구조적인 문제에 대한 총체적 불만과 밀접한 관련이 있다고 한다. 정창현, "민주와 통일 운동의 결합: 끝나지 않은 미완의 혁명 4·19",『내일을 여는 역사』, 8권, 2002.

게 적대적인 혁신세력이 정치의 장에서 사라짐에 따라 민중들의 사회변혁에 대한 열망은 사실상 거의 유일한 정치참여 통로인 선거를 통해 표출될 수밖에 없었다.

민중들은 1956년 선거에서 이승만 정권에 대한 강한 거부로 민주당에 대한 지지를 표출하였다. 1960년 3·15 선거직전 국민들의 선거에 대한 기대감은 단지 선거를 통한 야당의 승리와 이승만의 퇴진에 국한되었다고 하기보다는 새로운 정치사회질서에 대한 희망이 응축된 것이었고, 그것이 폭력적 선거조작에 의해 좌절되었을 때 그 불만 또한 단순한 선거부정에 대한 비난 그 이상을 초월하는 것이었다. 4·26 이승만 하야 이후 학생운동의 전개과정을 살펴보면, 몇 차례 변화를 겪게 되는데 이는 4월 혁명의 진정한 배경이 이승만의 독재가 아니라 사회의 총체적 변혁이었다는 사실을 보여준다고 하겠다. 4월 혁명이 촉발된 까닭은 이에 연유한다고 할 수 있겠다.

뚜렷한 지도이념 없이 '부정선거규탄'으로 출발한 4월 학생운동은 부정선거의 궁극적 책임자인 이승만과 자유당이라는 가시적 대상이 제거되자 투쟁의 목표를 상실하게 되었다. 독재정권을 타도한 학생세력은 4·26 이후 지속적 정치변혁에 개입하기보다는 '학생은 학원으로'라는 구호를 따라 학원 민주화운동에 주목하게 되었다. 이는 4월 혁명을 이승만의 하야로 마무리하고자 했던 기득권층, 언론 등 보수 세력의 논리를 어렵지 않게 수용해버린 것이었다. 학원민주화운동은 식민지 권력에 아부하거나, 자유당 권력에 편승한 어용학자, 사이비 학자의 퇴진 및 학교 행정상의 민주화 요구를 중심으로 전개하였다.[13]

그러나 4월 혁명 직후 새로운 질서가 도래할 것으로 기대했던 학

---

13 이종오, "4월혁명의 심화발전과 학생운동의 전개", 이종오 외, 『1950년대 한국사회와 4·19혁명』(서울: 태암, 1991), 210쪽.

생들은 혁신당에 대한 선거운동, 신생활운동 등의 개량적인 문화운동으로는 그들의 바람을 실현할 수 없다는 사실을 자각하게 되었다. 이러한 사고는 급기야 민족분단이라는 현실을 바꾸지 않으면 해결될 수 없다고 보고 민족통일문제에 대한 관심으로 발전되었다. 다시 말해 4월 혁명의 주체세력으로서 학생들은 한국 사회모순의 뿌리가 분단국가라는 현실에서 유래된 것으로 보고 민주변혁운동의 완수는 곧 민족통일의 실현이라고 보았던 것이다.

1960년 8월 18일 발족된 '서울대학교 민족통일연맹'은 단기간에 중앙의 9개 대학과 지방의 4개 대학으로 조직을 확대했고 1961년 5월, 5·16 군부쿠데타 발생 직전 '민족통일전국학생연맹'으로 발전했다. 이러한 학생세력의 문제제기는 지배계급의 기반을 가장 심대하게 위협하는 것이었다. 기성세대에 대한 분단의 책임추궁, 패배의식의 불식 요구는 지배계급이 아닌 기성세대 일반에 대한 당돌한 젊은 이들의 도전처럼 보일 수도 있지만, 그것이 갖는 함의는 단순한 세대 간 갈등이 아닌 친미·친일·단독정부 옹호세력 일반에 대한 민중들의 도전이었기 때문이다. 민족통일의 문제제기에서 나오는 민주주의변혁·반외세·민족통일의 요구는 일부 독점자본가, 친일엘리트, 극우인사를 제외한 대다수 국민이 요구하는 변혁의 객관적 과제였고, 그것은 다름 아닌 4월 혁명의 주체인 학생들에 의해 제기되었다.

서울대학교 4·19 제2선언문에서 학생들은 4월 혁명의 지향이 '반봉건·반외압세력·반매판자본'이란 점을 선언하였다.[14] 이후 1961년 5월 3일 서울대 민족통일연맹은 이러한 인식에 기초해 남북학생회담을 제안하였다. 남북학생회담은 민족자주통일협의회를 비롯한 진보적 정당·사회단체들의 지지 속에서 추진되었으나 5·16 군부쿠

---

14 정창현, 위의 논문, 2002, 103쪽.

데타로 좌절했다. 이로써 학생 및 진보세력은 정치의 장에서 다시 거세되고 민중의 계급적 진출은 요원하게 되었다.

학생운동과 관련해 4월 혁명의 전개는 부정선거규탄이라는 정치적 문제에서 시작되어 학원민주화문제, 정치·사회적 문제, 민족문제로 그 이슈를 발전되었던 만큼 강한 정치지향성을 갖고 있었다. 이 시기 학생세력은 하나의 사회집단으로서가 아니라 여타 사회집단 특히 민중의 '대리자'로서 역할 했다고 할 수 있다. 해방 이후 민족세력은 밑으로부터의 민족통일전선 결성에 의한 부르주아 민주주의혁명을 완수하지 못함으로써 제도로서의 민주주의가 도입되었음에도 불구하고 정치적 지배질서는 사회를 질식시키는 비민주적 법에 의해 유지되었다. 민주변혁과 민족해방의 수행이라는 객관적 요구는 국가의 지배력이 가장 미약하게 미칠 수밖에 없는 학생집단에 의해 표출된 것이었다. 따라서 이들에 의해 제기된 민주주의 실현 요구는 서구식 민주주의를 그대로 실천하자는 것이 아니라, 해방 이후 여러 조건에 의해 유산된 민주변혁을 완수하자는 것이었다.

국가기구의 이완과 사회 諸영역에서의 민주주의 실현을 요구한 4월 혁명 직후의 학생운동은 해방 이후 제기되었다가 사라져버린 일반 민주주의의 과제를 밑으로부터 수행하려 했다는 점에서 단순히 학생 및 지식인 등 인텔리의 유토피아가 아니라, 민중에게 계급으로서의 자각을 촉구하여 그들을 정치의 장에 다시 진입시키려는 민주변혁운동의 일환이었다고 할 수 있다.

학생운동의 차원에서 4월 혁명의 한계는 학생운동 일반이 갖는 한계로 설명될 수 있다. 생산 영역에 존재하지 않고 또한 직접적인 정치세력이 아니기 때문에 학생운동은 언제나 다른 계급운동과 결합될 경우 의미를 지닌다. 따라서 학생은 민중들을 각성시키고, 기존 지배질서에 대한 문제제기를 하는 계몽적 운동에 스스로를 국한시킬 수밖에 없다. 일부 선진적 학생그룹은 변혁운동의 주체로 대단한 자긍심을 갖고 사회 전체의 누적된 문제를 해결할 수 있는 집단은 학생뿐이라 생각했지만, 이는 매우 엘리트주의적 발상에 지나지 않았다. 이는 변혁운동에서 차지하는 생산계급의 힘과 역할에 대해 자각하지 못한 것에서 기인한다.

사회구조의 변혁 차원에서 볼 때, 학생집단은 보조세력에 불과하지만 민주변혁을 수행하는 과정에서 이들은 선도적 집단으로 기능하여 여타의 운동을 활성화시키는 촉매제 역할을 하게 된다. 그간 한국사회의 유산된 민주변혁의 지평은 학생집단의 이데올로기투쟁에 의해 끊임없이 공간을 확대시켰다.

그러나 학생세력 단독으로 이러한 과제를 해결할 수 없기 때문에 민주변혁은 학생운동의 선도적 문제제기와 생산계급의 정치적 진출에 의해 달성될 수밖에 없다는 결론도 가능하다. 이러한 학생·민중의 연합은 4월 혁명 이후 지금까지 변혁운동의 주류를 형성하고 있다. 이러한 경험은 1970년대 이후 학생운동에 크게 영향을 미쳐, 학생운동은 단순한 정치투쟁 혹은 이슈 싸움으로서의 성격을 지양하고 학생이 민중의 정치적 각성과 계급으로서의 자각의식을 제고시키는 데 기여해야 한다는 방향으로 설정되어 전개되었다. 이는 학생운동이 민주변혁을 수행할 수 있는 주체의 형성에 일정한 기능을 행사하고 장차 전위형성의 매개물로서 기능해야 한다는 의식의 심화이자 운동의 발전상인 것이다.

민중운동, 대중운동에 대한 관심 제고는 곧 4월 혁명 당시의 학생운동에 대한 학생 자신들의 비판이자 극복과정이었다고 할 수 있다. 왜냐하면 4월 혁명에서 출발한 민주변혁은 기존 정치적 지배질서를 와해시키는 정치투쟁과 그것을 궁극적으로 관철시킬 수 있는 주체의 형성에 의해서만 성취될 수 있기 때문이다. 4월 혁명의 과제와 정신은 이후 면면이 이어져, 1965년 6·3 한일국교정상화반대, 1974년 전국민주청년학생연맹의 선언서, 1980년 서울대 4월 혁명 20주년 선언서 등에서 '민주·민중·민족'의 이념으로 발전했고, 1990년대로 들어와 '자주·민주·통일'이라는 변혁운동의 3대 과제로 계승 발전되었다.

2. 노동운동

4월 혁명을 계기로 해방 이래 이승만 정부에 의해 왜곡의 길을 걸어왔던 노동운동15도 외부적 질곡으로부터 벗어날 수 있는 중요한 전환점을 맞이하게 되었다. 이 시기의 노동운동의 특징은 4월 혁명이 빚어낸 정치, 경제, 사회적 정황을 반영하여 우리나라 노동운동에 있어 정치 지향적 성격이 밑으로부터의 대중적 요구와 결합될 수 있는 가능성을 열어놓은 시기였다.16

1950년대 내내 노동운동에게 질곡으로 작용하던 모순구조는 바로 당시 한국 사회 전반을 짓누르던 모순에서 기인하였다. 1950년대 한국 사회의 모순구조는 식민지적 모순구조의 미 청산과 대외 의존적 경제구조로 나눠 살펴볼 수 있다. 일제에 의해 강제 편성된 식민지적 모순구조는 미군정에 의해 존속되고 그것이 다시 이승만에 의한 남한 단독정부로 그대로 계승되면서 심화되었는데, 이러한 상황 속에서 한국 사회는 식민지적 모순을 해소할 수 있는 자주성의 토대를 상실하고 비자립적 모순구조를 점차 심화시켰다. 더욱이 식민지 세력

---

15 김낙중은 4·19혁명에서 노동자·농민의 역할 없이 학생들의 힘만으로 이루어졌다고 보는 것은 사회적 진실에 대한 피상적 관찰에 기초한 그릇된 판단이라 지적하면서 노동자·농민의 정치적 각성이 4·19혁명의 원동력이었다고 지적한 바 있다.
16 박현채, 『민족경제와 민중운동』(서울: 창작과 비평사, 1988), 166쪽.

의 이런 기득권 유지는 사회 내부에서 민주적 절차를 거치지 않고 소수에 의해 외세와의 결탁을 통해 이루어짐으로서 비 자립성의 모순구조는 비민주성이라는 모순구조를 중첩적으로 심화시켜 나갔던 것이다.17

해방 이후 분단과 한국전쟁으로 인한 산업시설의 파괴는 남한경제의 재생산구조 자체를 거의 와해시켰고, 이에 따라 미국의 원조에 절대적으로 의존하는 경제구조로 재편되었다.18 이러한 대외 의존적 경제구조는 원조자금의 배분권을 장악하고 있는 정부 관료와 소수 특혜적 대기업간 유착구조를 만들어냈고, 이는 재생산구조 내에서 불균등구조를 심화시켰다. 이러한 상황에서 1957년 이후 미국의 경제원조가 감소하자 이는 경제구조 전반의 동요를 야기했고, 그 결과 국민생활의 악화가 폭발적으로 드러난 것이 바로 4월 혁명이었다.19

1950년대 한국사회의 모순구조는 노동운동에 있어서는 노동조직의 비자주성과 비민주성20이라는 측면과 노동자들의 생활 및 노동조건의 악화, 노동자의 계급적 미성숙이라는 모순구조로 반영되어 있었다. 따라서 4월 혁명 시기의 노동운동은 노동조직의 민주성 및 자주성의 회복이라는 과제와 생활여건의 개선이라는 과제를 함께 안고

---

17 김경일, "1950년대 후반의 사회이념: 민주주의와 민족주의", 한국정신문화연구원 현대사편찬연구소(편), 『한국현대사의 재인식 4』(서울: 오름, 1998), 33쪽.
18 공제욱·노중기, "농지개혁과 원조경제-1950년대 사회경제구조", 사월혁명연구소 편, 『한국사회변혁운동과 4월혁명❶』(서울: 한길사, 1990).
19 여현덕, "장면정권의 붕괴와 미국의 역할", 역사문제연구소, 『역사비평』, 계간 17호(여름), 1992, 205쪽; 강신준, "4·19 혁명 시기 노동운동과 노동쟁의의 성격", 『산업노동연구』, 제8권 2호, 2002, 202~203쪽.
20 이승만 정부의 억압적인 노동체제 하에서 유일하게 합법적인 노동조직이었던 대한노총은 창립 당시부터 노동자들 내부의 필요에 의해서가 아니라 이승만의 정치적 필요에 의해 외부의 지원을 받아 창립됨으로써 비민주적이고 비자주적 성격을 띠고 있었다. 강신준, 위의 논문, 2002, 203쪽.

있었다. 그러나 당시 노동세력은 조직적 역량에 있어 새로운 계기를 이용하여 기존의 모순을 지양시킬 혁신적인 세력이 조직화되어 있지 못한 한계가 노정되어 있었다. 노동관계의 모순이 심화되면서 현장 노동자들 사이에서 이런 모순에 저항하려는 역량들이 축적되었지만 이들 역량은 기업별로 고립되어 분산적 형태로만 머물러 있었다. 한편, 대한노총이라는 상급조직은 현장 노동자들과 분리되어 간부중심으로 주로 자유당의 정치적 필요에 따라 운영되어 있어 현장의 혁신세력들이 상급단위에서 조직화할 가능성은 대한노총의 조직체계 내에서 차단되어 있었다. 또한 대외 의존적 경제구조의 정체상태로 인한 산업화의 부진은 노동계급이 수적으로 충분히 성숙해 있지 않는 상태를 만들어내고 있었다.[21]

4월 혁명 시기 노동운동의 과제 중 하나는 노동조직의 민주성 및 자주성의 회복이었다. 이 과제를 수행하려는 노동운동의 노력은 먼저 자유당 정부의 붕괴로 인해 대한노총이 하부조직에 대한 통제력을 상실하게 됨으로써 대한노총 산하 단위노조에서 그동안 억눌렸던 자주적이고 민주적인 움직임이 기존 간부진의 개편이라는 형태로 표출되면서 나타났다.[22]

그러나 이러한 조직개편은 새로운 혁신세력이 기존 인물들을 대체할만한 역량을 갖추고 있지 못한 상태에서 이루어져 효과적인 결과를 가져오지 못했다. 기존 조직 내에서 조직적 모순을 지양하는 작업이 어렵고 혁신세력이 사업장 단위로 분산 고립되어 있는 현실로 인해 조직적 모순을 지양하려는 노력은 주로 기존 조직으로부터 새로운 조직이 분리되어 나오는 조직의 다양화 양상이 두드러지게 되었

---

21 강신준, 위의 논문, 2002, 207쪽.
22 김영수, "4·19혁명기 노동운동의 민주주의 이행전략", 『민주주의와 인권』, 제10권 1호, 2010, 18~25쪽.

다. 4월 혁명이 가져온 전환기적 계기에 대해 기존의 단위노조를 개편하려는 방식으로 대응한 노동운동의 전술은 기존 모순의 인적 청산이 채 이루어지지 않았던 점과 이를 대체할 혁신세력의 불충분한 역량, 그리고 기업별 노동조합이라는 조직적 한계 등으로 인해 충분한 성과를 거두기 어려웠다.

상급조직인 대한노총 역시 4월 혁명을 통해 변화의 전기를 맞이하지만, 그 개편과정[23]은 단위노조와 유사하게 한계를 보여주었다. 민주화의 계기는 비록 개혁세력의 한계에도 불구하고 국지적으로 진행되었고 그것은 상급조직의 경우에도 단위노조와 마찬가지로 조직이 다양화되는 양상[24]으로 나타났다. 기존의 대한노총 중심으로 일원화되어 있던 전국적 조직편제가 전국노동조합협의회(전국 노협)의 등장으로 이원적 조직으로 발전했던 것이다. 대한노총의 모순구조에 반대하여 노동운동의 민주성과 자주성을 내걸고 급격히 세력을 확장하던 전국 노협은 혁명 직후 한동안 새로운 단위노조의 설립을 지원하고 기존 사업장에서의 민주화투쟁을 지원하는 등 노동운동 내부의 조직적 모순을 청산할 수 있는 가능성을 보여주기도 하였다.

그러나 이러한 전국 노협의 노력은 근본적 한계가 있었다. 전국 노

---

[23] 김영수는 이 시기 조직주체 재구성 전략의 특징으로, 첫째 국가조합주의 이념과 노선에 몰입되어 있었던 대한노총을 개혁하고자 투쟁했다는 점, 둘째 주요 산업의 노동자들이 지역단위와 사업장 단위를 넘어서는 전국적 업종·산업별노조를 지향했다는 점, 셋째 조직주체 재구성 과정이 노동조합운동에 대한 외부세력의 지원보다 노동조합의 주체적인 힘으로 전개되었다는 점을 지적하였다. 김영수, 위의 논문, 2010, 23~24쪽.

[24] 예를 들어, 전국해상노동조합연맹의 경우 대한노총의 방침에 따라서 제7차 전국대의원대회가 1960년 10월 27일 개최되어 기존 지도부에 대한 재신임이 이루어졌는데 기존 지도부에 반감을 갖은 전국해원노조, 대한해운공사노조, 한국연안어로노조, 한국선박통신사노조 등은 별도의 연맹체로 전국허상노조연합회를 구성하였다. 강신준, 앞의 논문, 2002, 211쪽.

협에 새롭게 포섭된 노동조합들은 전국 노협의 지도력 때문이 아니라 혁명으로 인한 대한노총의 일시적인 공백이 있었기 때문에 포섭된 경우가 많았다. 전국 노협과 대한노총은 1960년 11월 각자의 한계를 돌파하기 위해 한국노동조합총연맹(한국노련)으로 통합하게 되었다.25 4월 혁명을 계기를 맞이해 전국 노협이라는 새로운 상급조직을 통해 기존의 모순을 극복하고자 했던 노동운동의 전술적 대응은 기존 조직의 미 청산이 남겨놓은 질곡 속에서 조직재통합이라는 굴절된 전략을 다시 선택하지만 이것도 결국 소기의 성과를 거두지 못하는 결과를 낳고 말았다.

기존 단위노조와 상급노조의 개편을 통한 노동운동의 민주화 및 자주성 회복 노력은 충분한 성과를 거둘 수 없었다. 이는 4월 혁명의 계기가 노동운동 내부의 동력과 결합되어 있었던 것이 아니라 외부로부터 주어진 것이었으며 노동운동 내부의 역량은 기존의 모순을 청산할 만큼 충분히 성숙해 있지 않았기 때문이었다.

그렇지만 4월 혁명이 노동운동에 미친 긍정적 효과도 분명했다. 무엇보다도 노동조합의 양적 팽창과 질적 변화를 가져왔다. 먼저 1959년 558개였던 노동조합의 수는 혁명이 발발한 1960년 914개로 늘어났을 뿐 아니라 노동조합원의 수도 1959년 280,438명에서 1960년 321,097명으로 증가했다.26 그러나 노동조합수가 64% 증가했는데 반해 조합원 수는 겨우 14%만 증가했다는 사실은 새로이 결성된 노동조합들이 대부분 중소규모의 노동조합들로 이루어졌음을 알 수 있다. 즉 기존의 조직화와 달리 이제 아래로부터의 민주적이고 자주적인 의사결집이 용이한 소규모사업자들에서 조직화가 이루어지고

---

25 강신준, 위의 논문, 2002, 212쪽.
26 임송자, "1950년대 후반 전국노동조합협의회 결성과 4월혁명기 노동운동", 한국민족운동사학회, 『한국민족운동사연구』, 49권, 2006, 286쪽.

있다는 것을 반영한다고 하겠다. 더불어 조합원 구성의 변화도 눈에 띄는데, 즉 기존 조합원들이 생산직 중심이었던데 비해 4월 혁명 이후 사무직(언론, 금융, 교육 등) 조합원들이 대폭 확대되었다. 특히 교원노조는 노동운동을 단순한 경제투쟁의 범위를 초월해 정치적 차원에 이르게 하는 선도적 역할을 수행하여 노동운동의 새로운 지평을 열었다는 의미를 지닌다.[27]

이러한 노동운동 내부의 변화는 4월 혁명이 가져온 노동운동의 두 가지 전술적 가능성에서 기인한 것으로, 우선 기존 노동조합을 현장 조합원들의 요구에 따라 민주적이고 자주적 방향으로 재편하는 것이며, 다른 하나는 기존 노동조합이 존재하지 않는 사업장이나 산업부문들에서 노동자들이 자주적으로 새로운 노동조합을 설립하는 것이었다. 전자가 기존의 모순과 결합된 인적 구조의 미 청산이라는 조건으로 인해 많은 한계가 있었던 반면, 후자는 이런 인적 구조의 모순과 단절되어 있다는 조건 때문에 상당한 가능성을 보여주었다.

전반적으로 취약한 재생산구조 하에서 극도로 피폐해진 노동자들의 생활여건을 개선하는 것은 4월 혁명 시기의 노동운동의 또 다른 중요한 전술적 과제였다. 이러한 목표를 달성키 위해 노동운동은 4월 혁명이 제공한 계기를 적극 활용하면서 새로운 노동쟁의활동을 전개해 나갔다. 일차적으로 교섭정책의 변화가 있었는데, 그 핵심은 정치권과의 단절을 의미하는 자주성의 확립이었다. 과거 노동운동이 정치권과 결탁하여 쟁의활동의 자주성을 상실하고 있었던 모순을 극복하고자 하는 노력으로 볼 수 있다. 이는 주로 신규로 조직된 노동조직들에서 새로운 강령을 통해 분명하게 드러났다. 전국은행노동조합연합회는 창립결성대회에서 채택된 '선언'에서 "우리는 철통

---

[27] 임송자, 위의 논문, 2006, 287쪽.

같이 단결하여 일체의 정치성을 배격하고 우리 근로자의 정당하고도 공통된 권익의 신장에 임할 것이며……"[28]라고 밝힌 바 있다. 또한 대한노총과 전국 노협의 통합대회를 소집하는 성주갑, 김말룡 공동명의의 성명서에서도 "우리는 노동조합운동의 주체성을 확립하고 정치적 중립을 기한다."는 점을 분명히 밝힘으로써 이런 자주성의 회복을 정책기조로 내세운 바 있다.[29]

그러나 아쉽게도 과거 자유당 시절 대한노총의 교섭정책 기조였던 노사협조주의는 청산되지 못하고 그대로 계승되는 현상을 볼 수 있다. 이는 무엇보다 기업별 교섭구조라는 노동운동 내부의 역량 부족의 반영인 것이었다.

노동자들의 요구는 4월 혁명과 함께 그동안 누적되어온 모순을 반영하여 매우 다양하게 나타났고 이는 노동조합의 교섭정책 영역을 대폭 확대시키는 결과를 가져왔다. 먼저 4월 혁명은 기존의 단체교섭구조의 변화를 요구했다. 구체적으로 보면, 노동조합의 활동보장과 단체협약의 체결이었다. 노동조합의 요구 가운데 가장 핵심을 이룬 것은 노동자들의 생활과 직접 관련된 임금요구였다. 이 시기의 임금요구에서 가장 두드러진 특징은 1950년대 누적된 모순을 반영하여 인상 요구율이 매우 높았다는 것이다. 이는 당시의 높은 인플레이션을 반영하는 것이기도 했지만 동시에 오랜 기간 임금인상이 억제된 결과이기도 했다. 직접적인 임금인상 외에도 체불임금의 지급, 노동법에 명시된 시간외수당 및 기타 법정 제수당 등의 지급을 요구하기도 했다. 당시 노동자들 간 임금격차가 매우 컸음에도 불구하고, 이 기간 노동조합의 임금정책은 주로 생계임금확보에 매달려 이러한 임금격차를 해소하려는 노력으로는 발전하지 못했다. 이는 노동조

---

[28] 전국금융노동조합, 『金融勞組二十年史』, 1981, 45쪽.
[29] 강신준, 앞의 논문, 2002, 217쪽.

할의 교섭정책이 계급적 연대를 지향하는 것이라기보다는 기업별 노조의 조건을 별로 벗어나지 못했기 때문이다. 노동조건과 관련해서 고용문제가 그 핵심에 있었고, 노동시간, 작업체계, 종사상 지위문제 등은 주변적인 문제로 다루어졌다. 이는 당시의 불안정한 경제여건과 아직 1950년대의 모순과 결합된 전근대적 노사관계의 관행에서 비롯된 것으로 보인다.

  자유당 시절 노동운동의 자주성을 가로막고 있던 사회적 억압기제는 4월 혁명이후 자주성을 회복하려는 노동운동의 과제가 될 수밖에 없었다. 노동운동은 4월 혁명 시기에 50년대와 달리 정치·사회적 목표, 즉 독재자 타도, 구 지배세력의 일소, 새로운 사회경제질서의 재편, 민주적 정치제도의 도입 등에 상응하는 전략을 추구하기 시작하였다. 다시 말해 노동자들은 노동조합을 중심으로 비제도적 공간에서 민주주의 이행기의 정치적 주체로서의 역할을 담당하려 했던 것이다.[30] 이러한 차원에서 노동세력이 제기한 사회개혁을 요구한 대표적 사례는 1961년 민주당 정부에 의해 입법 추진된 반공특별법 및 데모규제법의 양대 법안을 둘러싼 반대투쟁이라 하겠다. 특히 보안법 제13조 2항은 노동자들의 쟁의권을 보장하는 노동쟁의조정법 제13조를 무력하는 것이었는데, 당시 최상급조직인 한국노련은 이들 법안이 노동운동의 민주성과 자주성을 명백히 해치는 것으로 인식하고 전국적인 반대투쟁을 전개해 나갔다. 사회개혁을 목표로 한 이들 투쟁에는 노동자들과 실업자는 물론 노동운동 외부의 사회운동 혁신세력들이 함께 결합하였고 이는 노동운동이 사회운동으로 발전할 가능성을 보여주는 것이었다. 대표적으로 교원노조가 민족자주통일협의회(민자통)에 가입함으로써 통일문제를 전술적 과제로 설정

---

[30] 김영수, 앞의 논문, 2010, 26쪽; 임송자, 앞의 논문, 2006, 291쪽.

했는데, 노동운동이 통일문제를 과제로 수용한다는 것은 사회적 모순의 핵심에 다가간다는 것을 의미하고 사회운동으로 발전해가는 단초를 보여주는 것이다. 또 다른 주목할 만한 움직임은 실업자들의 조직화 요구였다. 1960년 9월 대전 충남실업자구제연맹의 결성을 시작으로 전국적으로 확산되었다. 이는 기업별 노조체계를 넘어서는 초기업적 노동조직의 출현을 의미하고 노동운동의 지평이 사회적 범위로 확대되어 가는 양상을 보여주는 현상이었다.

4월 혁명이 가져온 새로운 노동환경은 교섭요구안을 관철시키기 위한 노동조합들의 쟁의방식에도 상당한 변화를 가져왔다. 쟁의방식에서의 가장 큰 변화는 쟁의의 단위가 단위노조에서 상급조직단위로 규모가 커지고 쟁의의 범위도 지역적 범위에서 전국적 범위로 확대되는 경향이 나타났다는 것이다. 물론 당시의 이러한 연대는 공동의 전술목표를 공유하고 이를 실천했다고 하기보다는 단순히 각기 독립적인 개별교섭을 단순 지원하기 위한 연대였을 뿐이었다. 쟁의수단에 있어서도 새로운 경향이 등장했는데, 가장 뚜렷한 것은 일반 조합원들의 대중적 동력에 의존하는 파업이었다.[31] 노동운동의 쟁의수단이 대중적 수단에 의존하게 된 것은 모두 4월 혁명이 만들어준 노동운동의 민주화 경향과 자주성의 회복을 반영하는 것이다. 그러나 이런 대중적 동력은 대부분 의식적인 전술목표 아래 조직적으로 통제되지 않고 대중적으로 우연적으로 낭비되는 경우가 많았다.

4월 혁명은 해방 이후 누적되어 온 한국사회의 모순이 폭발적으로 표출된 사건이었으며 동시에 한국 노동운동에게 주어진 최초의 변화

---

31 정부 공식통계에 의하면 파업은 1956년과 1957년에는 한 건도 나타나지 않다가 1958년과 1959년 각각 2건과 1건이 있었다. 그러나 4·19혁명이 발발한 1960년에는 무려 44건이 나타났으며 1961년에도 5·16 군부쿠데타 이전까지 31건이 나타남으로써 가히 폭발적인 양상을 보였다. 보건사회부, 『보건사회통계연보』, 1961.

의 계기였다. 먼저 조직적 측면에서의 성과는 노동조합의 양적 성장과 함께 사무직을 중심으로 하는 새로운 노동조합이 결성되는 등 질적 변화가 있었다. 또한 교섭부문에서는 교섭정책의 양적·질적 발전이 있었으며 쟁의가 대중적으로 본격화되는 중요한 변화도 있었다. 이러한 성과는 분명 4월 혁명이 가져온 민주화의 계기가 노동운동에 작용한 결과였고 그것은 노동운동에 있어서 민주화라는 계기가 얼마나 중요한 발전의 기회가 되는지를 확인시켜 주는 것이었다.

그러나 이러한 성과와 함께 이 시기 노동운동이 보여준 한계도 적지 않았다. 가장 핵심적인 것은 기존 모순이 누적되는 과정을 통해 축적된 내부의 잠재적 운동역량을 조직화해내지 못했다는 점이다. 4월 혁명 시기의 노동운동은 혁명의 직접적인 주도세력으로서의 역할을 담당하지는 못했지만, 4월 혁명 과정을 거치면서 아래로부터 분출하는 대중적인 정치투쟁의 주체로 자리매김하기 시작했고, 또한 노동자로서의 권리와 정치적 민주주의를 통일적으로 인식하고 실천하기 시작하였다. 그러나 아쉽게도 1961년 5·16 군부쿠데타를 통해 노동운동은 전면 부정되고 반동적으로 회귀하였다.

3. 민족통일운동

4월 혁명 시기의 통일이상은 기존 정치질서로서의 통일노선을 거부하고 새로운 대개혁을 모색하는데 있었다. 즉 자유민주주의 대 공산주의라는 이데올로기를 초월하여 민족을 우선시하는 통일이상향 건설에 있었다.[32] 하지만 4월 혁명의 통일이상향 건설은 6·25 한국전쟁의 상처 속에 자리 잡은 극도의 적대감과 동서 냉전이라는 국제

---

[32] 정용석, "4·19혁명의 통일이상과 현실", 평화문제연구소, 『통일문제연구』, 제10권 1호, 1998, 148쪽.

구조의 냉엄한 현실을 마주해야 했고, 따라서 처음부터 국민적 공감대를 확보하기 어려운 통일운동이었다. 4월 혁명의 통일이상은 일부 대학생과 진보 혹은 혁신세력에 의해 주도되었으나, 4월 혁명을 지지했던 기존 세대에서도 거부되었다.[33] 4월 혁명 시기의 통일이상은 당시 국민정서를 너무 앞질러 갔던 것으로 국민적 경계와 거부에 부딪쳐 자리 잡지 못했던 것이다.

  4월 혁명의 초창기에는 통일에 관한 내용을 찾기 어렵다. 3·15 부정선거에 대한 규탄과 이승만 정권 퇴진요구 등에 국한되어 있었다. "인간의 자유와 존경을 사수하기 위하여 멸공전선의 대열에 섰으나 오늘은 진정한 민주이념의 쟁취를 위한 반항의 봉화를 들어야 하겠다."라는 고려대학교의 '4·18 선언문'이나 "… 학생제군은 38이북에서 호시탐탐하는 공산괴뢰들이 제군들의 의거를 100% 선전에 이용하고 있다는 것을 경계하라."라는 대학교수단의 4월 25일 시국선언문에서 드러나는 것처럼 오히려 반공에 대한 경각심이 뚜렷하게 표출되었다.[34] 이승만의 하야 이후 60년 4월 27일 허정 과도정부가 수립되면서 4월 혁명은 새로운 정치·사회질서 재편의 시기로 진입하게 되었다. 특히 60년 5월 연세대의 『연세춘추』는 "우리는 이기고 돌아왔다."라는 제하의 사설을 통해 4월 혁명이 '근본적인 민족혁명'이라고 규정하고 나섰는데,[35] 이러한 전환은 국민계몽운동, 신생활

---

[33] 그러한 요인으로는 학생과 진보세력이 제창했던 통일구호 대부분이 북한이 4·19혁명 직후 내걸었던 것과 일치했던 것으로 기성세대와 보수세력의 불안감을 자극하기에 충분했다고 지적한다. 4·19혁명으로 분출된 통일이상은 5·16에 의해 압살되었지만, 정용석은 5·16이 없었다 해도 여론조사 결과에서 나타났듯이 대다수 국민에 의해 배척되었을 것이라 지적한다. 정용석, 위의 논문, 1998, 147쪽, 161쪽.
[34] 이정식, 『한국현대정치사』, 1986, 15~18쪽.
[35] 정용석, 앞의 논문, 1998, 153쪽.

운동 등 문화운동의 한계를 자각하고 근본적 모순을 극복하기 위한 노력의 결과였다. 1960년 11월 '서울대학교 민족통일연맹결성대회'는 통일을 4월 혁명의 핵심과제로 설정하고,[36] 다음 해인 61년 4월 서울대학교 '4·19 제2선언문'에서 '반봉건, 반 외압세력, 반 매판자본 위에 세워지는 민족혁명….민족통일'을 주장하기에 이르렀다. 이후 남북학생회담 등을 추진하면서 통일운동은 동력을 받기 시작하였다. 한반도를 둘러싼 동서 냉전의 격화는 민족내적인 주체 역량의 높고 낮음에 상관없이 상수적인 역할을 할 정도로 그 영향력이 막강하였던 만큼 당시 통일운동의 발전에도 불구하고 통일에 대한 객관적 조건은 호의적이지 않았다.[37]

4월 혁명 이후 혁신세력들의 대두와 함께 두드러진 현상은 한국전쟁 이후 처음으로 대중적인 통일논의가 등장하기 시작했다는 점이다. 4월 혁명으로 인해 조성된 자유스럽고 민주주의적인 정치적 상황이 우리 민족의 본질적 문제인 분단문제를 제기할 수 있는 환경적 조건으로 작용했던 것이다. 북한은 4월 혁명이 진행되고 있던 4월 21일과 27일 두 차례에 걸쳐 '남북조선 제 정당·사회단체 연석회의 개최'를 제안하고, 8·15광복절 15주년 경축대회 연설에서 김일성은 '남북연방제'를 포함한 일련의 남북연합 통일방안을 제의하였다.[38]

또한 국외에서도 한반도의 통일문제가 활발히 논의되었다. 특히 미국의 김용중과 일본의 김삼규 등을 중심으로 해외동포들의 통일논의가 활성화되었다. 무엇보다 미국 상원의원이자 집권 민주당의 맨스필드(Mike Mansfield)의 '오스트리아식 한반도 중립화 모색 필요성'에

---

36 사월혁명연구소, 『한국사회변동과 4월혁명(1)』(서울: 한길사, 1990), 309쪽.
37 강정구, "4월혁명과 현단계 자주·민주·통일의 과제", 『경제와 사회』, 가을호(통권 제39호), 1998, 224쪽.
38 국회도서관 입법조사국, 『한국정치연표(1945~1984)』, 1984, 184쪽.

대한 언급은 통일운동의 활성화를 촉진하는 계기로 작용했다.[39]

4월 혁명 시기에 통일운동이 본격화되었던 이유는 무엇인가? 오랜 역사를 통해 혈연공동체를 이룩하여 중앙집권적 민족국가를 발전시켜왔던 한민족에게 분단이라는 현상은 매우 부자연스럽고 비정상적인 상태였다. 따라서 통일은 민족국가를 완성한다는 의미를 갖고 있는 것이었다. 또한 통일은 민주민족운동의 일정한 도달을 의미하는 것으로, 식민지적 유제와 신 식민지적 멍에를 벗어나 참된 민족의 해방과 민족의 자주화를 이룰 것이라고 보았다. 이 시기의 계급·사회문제는 매판성과 결합되어 있었기 때문에 계급·사회문제의 진정한 해결도 통일에 의해 가능할 것으로 인식되었던 것이다.

6·25 한국전쟁이후 한국사회의 지배이념이었던 반공이데올로기는 자유를 질식시키고 생존권을 압살하였는데, 통일은 반공이데올로기를 제거하고 억압적 반공체제를 해체할 것으로 간주되었다. 제2의, 혹은 제3의 전쟁위기가 상존하는 가운데 통일은 평화를 가져오는 첩경이었다. 통일이 절실한 또 다른 이유는 경제적 측면에서 기인한다. 해방 이후의 원조에 의존하는 대외 의존적 경제구조를 타파하기 위해서는 자립적 민족경제가 필수적이라고 보았던 것이다.[40]

통일과 경제자립을 연결시켜 주장한 세력과는 대조적인 흐름도 존재하였다. 특히 민주당 정권은 특히 남북교류와 중립화통일론을 강

---

39 김지형, "4·19 직후 민족자주통일협의회 조직화과정", 한국역사연구회, 『역사와 현실』 제21호, 1996, 138쪽.
40 민족자주통일협의회(민자통)의 1961년 1월 15일 통일선언서에 의하면, 남한이 외원에 의존하여 경제자립이 되지 못한 것을 지적하고, 경제자립이 없는 곳에 정치적 자유가 있을 수 없으며, 정치적 자유가 없는 곳에 국가의 독립이 있을 수 없다고 천명하면서, 통일만이 경제적 자립-정치적 자유-국가의 독립을 가져올 수 있는 것으로 주장하였다. 서중석, "4월혁명운동기의 반미·통일운동과 민족해방론", 『역사비평』 14호, 1991, 146쪽.

력하게 배격하면서, 선경제건설론 즉 통일만이 자립경제 건설을 가능하게 한다는 선통일론 혹은 건설과 통일의 병행론과 날카롭게 대치하였다. 장면 총리는 중·소와 접경한 한반도의 지정학적 특수성, 북한 공산체제의 공고화, 오스트리아보다 뒤진 한국의 정치, 사회, 문화적 조건 등을 내세워 중립화 통일론을 정면으로 거부하고,[41] 유엔 감시하의 자유선거 통일을 제시하는 등 통일정책의 보수노선을 견지하였다. 시민사회 차원 역시 시민사회의 미 발전으로 독자 세력을 갖기 힘들었고, 반공이데올로기의 내면화로 통일운동의 대중적 기초가 형성되기 어려운 상태였다.[42] 세계정세의 변화 또한 통일운동에 큰 영향을 미쳤다.

결국 통일운동은 해방 이후 한국 사회 전반을 규정짓는 구조적 모순을 해결할 수 있는 극복할 수 있는 민족민주운동의 온결로서의 함의를 가졌던 것이라 하겠다. 미소의 세력균형을 중시하는 경향과 제3세계의 민족해방에 주목하는 경향이 큰 흐름으로 등장했는데, 혁신세력과 학생들의 세계정세에 대한 판단에 따라 전자는 중립화통일론으로 후자는 자주적 통일운동과 반미자주화운동으로 연결되었다.

이러한 상황 하에서 혁신정당들은 〈표 1〉에서 보이듯이 7·29총선을 앞두고 자신들의 통일론을 적극적으로 제시하기 시작했다. 앞서 지적했듯이 4월 혁명의 주역인 학생들도 기성 보수 세력들에 대한 실망과 통일논의의 활성화를 위해 본격적인 통일운동을 펼치기 시작했다. 4월 혁명이 1년이 되어갈 무렵 학생운동세력은 조국의 현실을 타개할 운동의 방향으로 반봉건·반외세·반매판자본의 3반과 함께 민주·민족혁명, 그것의 다른 표현으로서 민주·통일·민족자주를 내세웠다.[43]

---

41 한국혁명재판사 편찬위원회,『한국혁명재판사』(제1집), 1962. 216쪽.
42 강정구, 앞의 논문, 1998, 225쪽.

1960년 하반기의 중립화통일론은 1961년에 분화하여 학생들은 민족자주성이 전면에 부각된 즉 민족해방론에 바탕을 둔 통일운동을 전개하게 된다. 학생세력이 통일운동을 더욱 강조하게 된 이유로 서중석은 다음과 같이 지적하였다.44 첫째 분단과 전쟁이 있은 지 얼마 되지 않았기에 사회모순 또는 계급모순보다 민족문제가 더 절실하게 내면화되었을 뿐 아니라 이승만·장면 정부의 대미종속성이나 매판성은 학생들의 민족적 정의감을 더욱 자극하기 쉬웠다. 둘째, 계급문제 또는 사회의 민주화문제는 자칫 공산주의자로 공격받기 용이했고, 당시 사회를 계급적으로 분석해내기 어려웠다. 셋째 당시 아시아·아프리카에서 치열하게 전개된 민족해방운동을 목격하고 민족문제에 관심을 가졌다.

〈표 1〉 7·29 총선시기 혁신정당들의 통일방안 비교

정당	통일방안
사회대중당	적당한 유엔 감시하의 통일
혁신동지총연맹	민주적 제 정당·사회단체로 남북통일위원회 구성, 유엔의 협조하의 (자주성 있는) 민주주의 승리에 의한 남북통일
한국독립당	유엔정신 및 정책에 입각한 자주적 남북통일
사회혁신당	유엔 감시하의 남북총선거
한국사회당	동서진영의 협조에 의한 유엔 노선에 따라 민주적·평화적으로 통일

※ 출처: 김지형, "4·19 직후 민족자주통일협의회 조직화과정", 한국역사연구회, 『역사와 현실』, 제 21호, 1996 재인용.

---

43 서중석, 앞의 논문, 1991, 152쪽.
44 서중석, 위의 논문, 1991, 156~7쪽.

이러한 학생들의 통일논의 열기에 고무된 혁신정당들은 자신들의 중립화 통일론을 구체적으로 제시하면서 통일운동에 적극적으로 참여했다. 7·29총선의 참패 후 혁신정당들은 사회대중당, 혁신당, 사회당, 통일사회당으로 분화하게 되는데, 각 정당들은 주로 창당선언문과 강령 등을 통해 각각 통일방안을 제시하였다. 구체적으로 사회대중당은 1960년 6월 17일 통일방안으로서 김일성 퇴진을 전제로 한 평화통일을 제시했고, '일정한 제한 아래의 남북교역 및 통신거래'를 촉구하였다. 혁신동지총연맹은 '민주적 諸정당 및 사회단체들'로 '남북통일위원회'를 구성, 유엔 협조 아래 '민주주의 승리'에 의한 '정치적 통일'을 1960년 7·29총선 공약으로 제시했다. 사회당의 최근우는 '민주사회주의' 원리 하에 남한의 정치경제사회제도를 높이고 북한 정치제도도 민주화시켜 '단일화'해야 한다고 주장했다. 민주혁신당의 서상일은 1960년 11월 유엔 감시하의 '선통일 중립화'를 최선의 통일방안이라 선언하였다.[45]

이처럼 통일논의가 활성화되었음에도 불구하고 혁신정당들은 각각 고립 분산적으로 통일방안을 주장함으로써 단일한 목소리를 내지 못했고, 대체로 주체적 역량보다는 동서 진영 간 힘의 균형에 의한 중립화에 큰 기대를 걸고 있었다는 점에서 자주적이지 못한 결정적 한계를 갖고 있었다. 결국 이러한 여건에서 기층 통일운동세력과의 연대를 형성할 수 없었던 것이다.

따라서 당시 분열적인 통일운동세력을 하나의 세력으로 규합하여 기층의 사회변혁운동세력과 결합하는 것이 시대적 과제가 되었다. 이러한 상황에서 민자통이 결성[46]되었다. 즉 민자통은 이러한 혁신

---

[45] 정용석, 앞의 논문, 1998, 157쪽.
[46] 당시 민자통 결성시 참여한 정당 및 사회단체는 20여개에 이르렀다. 참가 정당 및 단체로는 사회당, 사대당, 혁신당 일부, 동학당 일보, 삼민당, 광복동지회 일

세력 간 분열의 골을 메우고 당면한 통일운동의 열기를 흡수하여 본격적인 통일운동을 펼쳐나갈 협의체 조직으로 등장했던 것이다. 민자통은 1961년 2월 25일 통일방안으로서 즉각적인 남북협상, 남북대표에 의한 민족통일건국최고위원회 구성, 외세배격, 통일협상, 남북대표자회담 등을 제기하였다.

4월 혁명을 통해 표출된 민족·자주·반외세·중립화 등의 통일론은 북한의 적화통일 위협 속에 긴장하고 있었던 기성세대·보수 세력의 통일관에 대한 정면 도전이었다. 한편으로 이러한 통일운동은 당시의 국내외 현실을 간과한 감상적 통일이었지만, 반공통일과 북진통일이라는 허상 속에 매몰되어 있던 한국 사회에 향후 전개될 신선한 통일논의의 지평을 열어주었다는데 그 의의가 매우 크다고 평가할 수 있다.

4. 외국의 학생운동

4월 혁명은 권위주의 정권을 극적으로 무너뜨리고 민주주의 이념을 실현하여 민주주의 정부를 등장시키려는 정치적 역동성이 드러난, 즉 아래로부터의 항의와 도전을 통해 국가권력을 장악한 독재정권에게 압박을 가해 변화를 가져온 대표적인 사례라 할 수 있으며, 이와 같은 흐름은 2차 대전 이후 민주주의가 서구로부터 이식되어온 제3세계에서 사회·경제적 근대화를 거치면서 종종 발생해왔다. 특

부, 구국동지회, 민족건양회, 민주민족청년동맹(민민청), 통일민주청년동맹(통민청) 준비위, 천도교 일부, 천도교 부녀회, 유도회 일부, 4월학생혁신연맹, 피학살자유족회, 교원노조 일부, 출판노조 일부, 교수협회 일부, 사회문제연구소, 학사회, 사회과학연구회 등이 있었다. 김지형, "4·19 직후 민족자주통일협의회 조직화과정", 한국역사연구회, 『역사와 현실』, 제21호, 1996, 155쪽.

히 1973년 태국의 '10·14' 학생운동에서부터 2007년 미얀마의 '샤프론혁명'에 이르기까지 이러한 운동은 넓은 의미에서 민주화운동이라는 점에서 4월 혁명과 유사한 성격을 공유하고 있다. 그렇지만 1960년의 한국, 1973년의 태국, 그리고 2007년의 미얀마는 시·공간적으로도 분리되어 있었을 뿐 아니라 각국이 처한 사회구조적 조건에서도 큰 차이를 보이고 있기 때문에, 4월 혁명이 태국이나 미얀마의 학생·지식인집단에 직접적으로 영향을 미쳤다고 보기는 어렵다. 그렇지만 4월 혁명의 지향점인 정치사회의 변혁을 실현하려는 정치적 차원의 민주화운동이라는 측면에서 태국과 미얀마의 그것들과 연계되어 있었다고 하겠다.

먼저 태국의 '10·14' 학생운동을 살펴보도록 한다. 태국 사회에서 학생 시위는 역사적으로 여러 차례 존재했다.[47] 그 중 1973년 10월 14일 소위 '씹씨 뚤라'라고 하는 대규모 대학생 및 시민이 참여한 유혈시위는 군부독재를 종식시킨 태국의 입헌민주주의 역사에서 매우 중요한 사건이었다. 당시 타넘-쁘라팟 군부정권을 축출시키고 민주정부를 실현시켰다는 점에서 태국 정치사의 획기적인 분기점으로 평가되고 있다. 그러나 태국에서 민주주의가 지속적으로 정착하도록 뿌리내리는 데 실패함으로써 4월 혁명과 마찬가지로 '기완의 민주혁명'이라 부를 수 있다.[48]

---

[47] 1970년 이전 태국 대학생의 정치시위로는 1940년 11월 반불캠페인, 1947년 11월 계엄군철수시위, 1957년 2월 부정선거, 1962년 6월, 1969년 2월 버스요금인상반대 시위 등이 있었다. 성격상 보면 관제시위를 띠는 경우도 있었다. 자세한 내용은 김영애, "태국의 학생운동 '10·14'의 전개와 민주주의 발전: 한국의 4·19혁명과의 비교맥락에서", 한국정치외교사학회 4·19혁명 50주년 기념 학술회의 자료집(2010년 4월 15일), 2010, 149쪽; 김성주, "타일랜드에 있어서 군부권위주의와 민주화의 전망", 성균관대학교 사회과학연구소,『사회과학』, 제27권 제2호, 1988 참조.
[48] 김영애, 위의 논문, 2010, 149쪽.

대학생들의 본격적인 정치참여는 1969년 버스요금인상반대시위와 1968년 공포된 신헌법에 따른 69년 2월 선거를 감시하기 위한 '선거감시 대학생자원봉사단'을 조직하면서 시작되었다. 이후 탐마쌋·까쎗쌋·쭐라롱껀 대학교 학생들이 중심이 되어 1970년 2월 태국대학생센터(NSCT, National Student Center of Thailand)를 조직하였고 1973년 10월 14일 대학생, 시민, 노동자들과 함께 타넘-쁘라팟-나롱으로 이어지는 군부독재를 타도하는데 성공했다. 이 10·14 운동의 직접적인 원인으로는 첫째 1963년 등장한 타넘 정권의 정치·경제·문화적 문제였다. 싸릿 전정권의 개발독재의 결과인 노동력 확대, 부정부패, 군부와 이익집단의 파벌주의, 상대적 빈곤감 등이 심화되고 있었다. 둘째, 1969년 2월 신헌법에 따른 선거에서 타넘의 싸하쁘라차타이당(Sahaprachathai Party)이 절대 다수 석 확보에 실패하면서 타넘은 1971년 친위쿠데타를 일으켰다. 이로 인해 국민들은 사회비판의식이 고조되었다. 셋째, 타넘과 쁘라팟이 권력을 그들의 아들과 사위에게 상속하려고 시도했었다. 넷째, 퉁야이 사건[49]이 학생들에 의해 폭로되었다. 이후 이 사건으로 제적된 람캄행대 학생들의 복적과 총장 사퇴를 요구하던 학생 시위가 발생하였고, 지식인과 시민들이 참여하면서 점차 정부 퇴진과 6개월 내 새로운 민주헌법 공

---

[49] 1973년 4월 29일 나컨빠톰(Nakhorn Pathom)의 방렌(퉁야이 나레쑤언)에 육군 헬리콥터가 추락했는데, 정부는 공산게릴라 수색정찰임무 수행중 추락했다고 발표했으나 실제로는 수렵금지구역에서 육군 고위층이 영화배우와 함께 사냥을 즐긴 후 귀가 중 추락한 사건이었다. 조사단을 파견하여 진상을 조사한 탐마쌋 대학교 학생들은 "반특랍퉁야이(Secret Memoirs from Thungyai)"를 발표하고 사건의 진상을 폭로했던 사건이다. 이후 람캄행대학교 학생들의 정부비난사설을 발표하였는데, 정부가 주동학생 9명의 퇴학을 요구하자 람캄행대 총장이 그 신문을 만든 9명의 학생들을 제적하였다. 이러한 상황은 퉁야이사건으로 제적된 학생들의 복적과 총장 사퇴를 요구하면서 10·14 학생운동을 촉발시킨 도화선 같은 사건이었다. 김영애, 위의 논문, 2010, 158~159쪽.

포를 요구하는 민주화투쟁 시위로 확대되었다. 대학생을 중심으로 시민이 합세한 민주화세력이 과두독재를 유지하던 군부세력을 제압한 '10·14' 운동이 성공할 수 있었던 요인은 먼저 1960년대 경제사회개발계획의 성공적인 수행으로 인해 1940년대에 비해 인구가 2배 이상 증가함에 따라 종합대학, 전문대학, 기술대학 등이 많이 설립됨으로써 고등교육을 받은 학생의 수가 급격히 증가했던 점을 들 수 있다. 그러나 이런 고등교육을 받은 전문 인력을 수용할 일자리의 부족으로 고급인력 실업률이 높았고 그만큼 정부에 대한 불만이 높았던 것이다. 또한 1960년대 집권한 정치적 지지기반이 빈약했던 타넘의 정치지도력 부족도 지적할 수 있다. 마지막으로 싸릿 전 정권부터 시작된 도·농간 소득격차, 도시발전에 따른 상대적인 지방의 낙후성이 더욱 심화되었다. 이런 요인들이 군부세력의 몰락을 자초한 요인으로 지적된다.50

  10·14 운동은 피지배계층이 지배계층에 대한 도전이었으며, 태국 역사상 처음으로 피지배계층이 주도적으로 정권을 교체한 사건으로 정치사적 의의가 매우 크다. 태국의 10·14 운동은 대학생들에 의해 시작된 민주주의 수호를 위한 혁명운동51으로 근 40년간 지속된 군부독재에 항거하여 법과 정의에 따라 민간정부를 수립한 민주화투쟁

---

50 김영애, 위의 논문, 2010, 164쪽.
51 4·19혁명에서 학생들의 역할이 지대했던 이유는 다음과 같다 당시 대학생들의 수가 급격하게 증가했는데, 이들은 캠퍼스에서 집회를 통해 자체 조직화가 가능했기 때문이며, 또한 이들은 도덕성과 정치의식 면에서 가장 발전되어 있는 사회계층이었다. 자유·평등·인권·민주주의 등 서구의 진보적 아이디어와 정치운용 방식을 받아들이고 실천하고자 열의를 가진 세대로, 기성세대의 부패와 무능에 불만을 갖고 이를 혁파하려는 학생들의 열의와 사명감에 대해 일반국민들이 '기대혁명' 차원에서 이들에 기대하고 전폭적으로 지지했기 때문이다. 김영명, 『한국 현대정치사: 정치변동의 역학』(서울: 을유문화사. 1992), 207쪽. 이러한 학생세력의 역할은 태국의 10·14 운동에서도 유사하게 나타났다.

이었다. '씹씨 뚤라'가 태국의 민주주의 발전에 미친 긍정적 영향은 첫째, 민주주의와 민주절차, 선거, 정부조직, 정당 등에 대해 새롭게 각성하는 계기로 작용했다. 둘째, 정치적으로 자각하여 개인은 정치적 표현을 비롯해 자신의 권리를 주장할 수 있게 되었다. 셋째, 태국의 정치구조에 변동이 발생하고 정치·사회 기구와 조직에도 변화를 가져왔다. 넷째, 정치적 평등사상에 대한 이해가 높아지면서 정치권력의 독점현상이 줄어들었다. 다섯째, 국민의 요구에 대한 정부의 대응이 달라졌다. 정부 관료들은 국민을 의식하게 되고 월권이나 권력남용 현상이 다소 감소했다. 반면 1973년 이후 태업이나 파업 등이 빈번하게 발생하게 되었다. 또한 기존 보수 세력들의 대응이 반정부적인 형태로 나타났다. 특히 사회문제 해결에 있어 폭력사용이 많아졌다. 이러한 부정적인 영향 중 가장 심각한 것은 정치적 견해에 따라 사회가 보수와 진보로 양분되었으며 심각한 흑백논리가 표출되었다. 10·14 운동이 태국 사회에 미친 부정적 영향도 물론 있었지만, 대학생을 중심으로 한 시민세력이 진정한 민주주의 실현을 위해 많은 피를 흘린 값진 투쟁이었다.

결론적으로 '10·14' 학생운동은 태국의 민주주의 실현과 정치발전에 중요한 계기가 되었으며, 그 과정에서 지도적 역할을 담당한 대학생들은 태국의 근대 정치사에서 민주화투쟁을 주도한 중심세력이었다. 이러한 태국의 민주화운동과 이승만정권의 퇴진과 자유당의 몰락이라는 정치적 변화를 가져온 4·19혁명은 여러 측면에서 상당한 유사성을 찾을 수 있다.

2007년 일어난 미얀마의 샤프론 혁명(Saffron Revolution)[52]은 4월

---

[52] 우크라이나의 2004년 '오렌지혁명', 그루지아의 2003년 '장미혁명'처럼 2007년 9월 연황색(샤프론) 가사를 입은 승려들이 반정부시위에 적극 참여하게 되면서 국제사회의 언론매체를 통해 '샤프론혁명'이라는 이름이 널리 유포되면서 고유

혁명과는 시간적으로 약 50년의 차이를 두고 발생했지만, 반민주적 정치질서에 대한 아래로부터의 항의와 도전이라는 측면에서 독재질서를 변화시키기 위한 민주화운동이라는 유사성을 공유하고 있다. "한 사회의 국가와 계급 구조의 급격하고도 근본적인 변혁이며, 그것은 계급에 기초를 둔 아래로부터의 폭력을 수반하면서 부분적으로는 아래로부터의 폭력에 의해 수행되는 것"이라는 스카치폴의 사회혁명[53]이라는 용어의 엄밀성에 기초할 때, 미얀마의 샤프론혁명은 혁명이라기보다는 군사정부의 실정에 분노한 미얀마 국민들에 의해 아래로부터 일어난 반정부시위에 가깝다.[54] 샤프론혁명은 그 거창한 이름과 다르게 정치적 측면에서 군사정부의 퇴진이라든가 군 지도부의 교체 등 가시적인 정치변동을 가져오는데 실패했다는 점에서, 이승만의 하야와 자유당의 몰락을 가져온 4월 혁명과 타넘 정권의 교체를 가져온 태국의 10·14운동 등 '미완의 혁명'[55]에도 못 미치는 좌절된 민주화운동에 머물렀다는 한계가 나타났다.[56] 그렇지만 샤프론 혁명 이후 2008년 2월 신헌법이 제정되고 그에 따라 2010년 총선 등 미얀마의 정치에 나름대로 영향을 미친 정치적 사건이었다고 평가할 수 있다. 물론 1962년 3월 우누 정부가 붕괴되고 네윈 중심의

명사화되었다. 양길현(2010), "4·19의거와 샤프론혁명", 한국정치외교사학회 4·19혁명 50주년 기념 학술회의 자료집(2010년 4월 15일), 172쪽을 참조.
53 Theda Skocpol, States and Social Revolutions (New York: Cambridge Univ. Press., 1979), p.4.
54 양길현, 위의 논문, 2010, 171~172쪽.
55 이민호, "세계체제와 4·19혁명", 『통일로』, 4월호, 2001, 60쪽; 김영애, 앞의 논문, 2010, 149쪽.
56 양길현은 헌팅턴을 인용하면서, "권위주의정권의 종식, 민주정권의 등장, 민주정권의 정착"이라는 3단계 과정에 비춰볼 때 4·19의 경우 권위정권을 종식시키고 민주정권을 등장시키는데 성과를 보였던 반면, 샤프론혁명은 권위주의정권의 종식도 이루지 못한 좌절의 운동이었다고 지적한다. 양길현, 앞의 논문, 2010, 172쪽.

군부정부가 세워진 이후 26년이 지난 1988년 8월 이른바 '88민주항쟁'이 일어나 네윈 정부를 퇴진시키기도 하였지만, 민주정부를 등장시키는데 실패하였다.

네윈의 퇴진 이후에도 미얀마 군부는 2007년 샤프론혁명의 반정부시위를 막아내면서 오늘날까지도 혁명평의회 방식의 군사정부를 유지하고 있다. 미얀마의 지배정치이념은 '규율민주주의'(displine democracy) - 제도로서의 군부가 정당정치 위에 존재하는 것으로 수호자 내지 지도자 역할을 맡는 조건 하에서 제한적으로 허용되는 이른바 미얀마식 선거민주주의[57]-라 할 수 있는데, 샤프론혁명은 군부통치의 비민주적 행태나 억압에서 기인하기보다는 궁핍한 국민들의 일상생활에서 참을 수 없을 만큼의 경제적 어려움과 불만이 촉매로 작용하여 발생한 아래로부터의 민생시위의 성격을 띠고 있다. 이 혁명의 추동력은 샤프론이라는 이름에서 상징되듯이 승려집단의 대대적 참여로부터 왔지만, 초창기 학생과 일반시민들도 시위에 참여했다. 혁명의 직접적 계기가 유류비 인상이었다는 점에서 샤프론혁명은 정치적 성격보다는 민생시위의 성격이 더 강했음을 보여주는데, 이렇게 된 이유는 미얀마 정치사회의 부재 내지는 정치과정의 결핍에서 찾을 수 있다. 다당제 선거 등 민주주의의 경험이 부재한 상태에서 군부통치의 개발독재 논리에 익숙해 있는 국민들이 정치적 민주주의를 공식 의제로 내세우기에는 내재화된 민주적 정치이념이 부족했던 것이다.

초기 민생시위 성격의 샤프론혁명이 땅쉐 정부의 퇴진을 요구하는 민주화운동으로 전개되어 나가는 데는 시위세력을 무자비하게 진압하는 정부의 불감증이 크게 작용하였다. 군사정부의 관변조직인 USDA(연방단결발전협회)와 '스완 아르신'(Swan Arrshin)이라 불리는

---

[57] 양길현, 『버마 그리고 미얀마: 네윈과 아웅산수지』(서울: 오름, 2009), 268쪽; 김성주 외, 『동남아의 정치리더십』(서울: 서울프레스, 1996).

비공식 보안대 등 경찰이 2007년 9월 5일 파코쿠(Pakoku)에서 승려들을 무자비하게 폭행하고 체포하는 등 과잉 대응이 민성시위의 성격과 규모를 확대시키게 되었다.

이후 미얀마승려동맹(ABMA) 이름 아래 미얀마청년승려동맹(ABYMU), 랑군청년승려동맹(YMUR), 미얀마연방승려동맹(ABFMU), 청년학생승려조직(YSMO)이 연대하여, 파코쿠 만행사건과 유가 인하, 아웅산수치 석방, 야당과의 대화를 요구하는 대대적인 반정부시위를 전개하였다. 이러한 승려들의 대대적인 시위에 88세대 학생들과 시민은 물론 버마학생민주전선(ABSDF), 버마민주포럼(FDB) 등 정치단체와 혁명조직들이 가세하면서 반정부 민주화투쟁으로의 변화를 보였다.

그러나 2007년 9월 17일부터 10월 1일까지의 대규모 평화적 반정부시위는 결국 9월 26일 비상계엄 선포와 함께 최소 200여명 이상이 사망자를 내고 진압되었다.[58] 식량가격의 폭등으로 비롯된 1988년 88민주항쟁과 유가상승에서 기인한 샤프론혁명은 모두 경제적 어려움을 야기한 군부정권에 대해 불만을 토로하는 민생시의로부터 시작해 미얀마 군사정부의 개발독재 기능이 더 이상 유용하지 않고 허구적이기 때문에 이를 거부한다는 민주화 투쟁으로 확산되는 유사성을 보였다.[59] 그러나 2007년 샤프론 혁명도 88민주항쟁 때와 마찬가지로 어떤 뚜렷한 비전이나 방향을 제시하면서 아래로부터 조직화되어 나타난 것이 아니었기에 정치적 민주화운동이라고 보기는 어렵다.

비교적 성공적 민주화운동으로 평가받는 4월 혁명도 본질적으로

---

[58] P. Sergio Pinheiro, "Human Rights Situations that require the council's attention" (A/HEC/6/14). Report of the Special Rapporteur on the situation of Human Rights in Myanmar, mandated by Resoution S-5/1 adopted by the Human Rights Council at its 5th Special Session. http://appartnership.googlepages.com/Pinheiro Report-Dec07.pdf., 2007, p.20.

[59] 양길현, 앞의 논문, 2010, 180쪽.

"목적의식이 뚜렷하지 않고 비조직적으로 움직인 시위 중심의 투쟁이었고 뚜렷한 지도세력 없이 자연발생적으로 전개"[60]된 반정부 시위였다는 점에서 샤프론혁명과 유사하다. 그러나 헌법, 정당, 선거, 의회 등 민주적 제도가 일정하게 존재하도록 하는 기반으로서 공식적인 자유민주주의적 정치이념이 존재하고 이들 제도가 정치사회에서 일정하게 작동되는 정치과정을 갖추고 있었던 1960년 한국과 달리, 헌법도 없고 다당제 선거를 통한 의회도 구성되지 않은 정치적 제도화가 부재한 상황에서 샤프론 혁명이 정치적 민주화를 요구하기란 불가능했던 것이다.

특히 미얀마의 경우 제도로서의 군부와 정부로서의 군부가 일체화된 정치상황에서 발생한 샤프론 혁명은 군사정부의 퇴진을 이끌어내지는 못했지만, 신헌법 제정과 2010년 총선을 통해 민주주의를 향한 제도적 장치의 도입을 가능케 했다는 점에서 더 큰 의의를 갖는다고 하겠다. 왜냐하면, 헌법, 다당제 선거, 의회 등 민주적인 제도적 장치가 작동되는 정치사회의 등장해야만 비로소 아래로부터의 압력 내지 국민들의 동원을 통해 권위주의로부터 민주주의로의 이행이 보다 가능해질 수 있기 때문이다.

앞서 살펴본 것처럼, 1973년 태국의 10·14 학생운동과 2007년 미얀마의 샤프론혁명은 4월 혁명과 직접적인 연결고리를 찾을 수는 없지만, 국가권력을 장악하고 있는 비민주적 독재정권에게 아래로부터의 항거를 통해 민주적인 정치질서를 모색했다는 점에서 넓은 의미의 민주화운동이라는 공감대를 형성하고 있다. 태국과 미얀마의 민주화투쟁이 4월 혁명과 마찬가지로 실질적인 민주주의의 정착 혹은

---

60 정용욱, "이승만정부의 붕괴(3·15-4.26): 이승만정부의 대응 및 미국의 역할과 관련하여", 한국정신문화연구원 현대사연구소 편, 『한국현대사의 재인식 4: 1950년대 후반기의 한국사회와 이승만정부의 붕괴』(서울: 오름, 1998), 250쪽.

실현이라는 결과를 가져오는데 성공할 수는 없었지만, 향후 민주주의 실현과정에 중요한 발걸음을 내딛은 것이라는 측면에서 큰 의의를 갖는다고 하겠다.

제5장

4월 학생민주혁명의 계승·발전
: 이념·교육·제도

* 본 장은 『4월 민주혁명의 재조명』(서울: 공동체, 2011)에 실린 견득주고수의 글을 필자의 동의를 얻어 전면 수정·보완한 것이다.

4월 학생민주혁명
— 배경·과정·영향 —

제1절 계승·발전의 필요성

4월 혁명은 한국의 정치발전에 하나의 획기적인 전기를 마련하였다. 3·15 부정선거와 김주열의 비참한 죽음을 계기로 폭발한 4월 혁명은 민족 자존심과 자립경제, 고전적인 자유와 민주 그리고 정의를 그 이념적 기조로 했다. 4월 혁명세대의 희생은 국민의식의 고취에 자극을 주고 사회변혁의 필요성을 인지시켰으며, 민중 속으로의 확산이라는 한계에도 불구하고 '아래로부터의 혁명'이라는 가능성을 열어 놓았다.[1]

4월 혁명은, 첫째, 한국 국민의 민주의식의 발전을 의미하며 민주주의의 토착화와 자기투쟁을 위한 불가피한 진통이었다. 둘째, 주권재민의 민주주의의 원리를 그대로 입증하였다. 셋째, 20세기 후반 전 세계적으로 일기 시작한 '학생운동'(student power)의 한국적 표현이었다. 이는 1919년 3·1운동, 1926년 6·10만세사건, 1929년 광주학생사건을 통해 보여준 강한 저항의식의 전통과 맥을 같이하고 있다. 넷째, 4월 혁명은 대의정치의 침몰과 선거제도의 파괴에 대한 분노 그리고 자유민주주의의 복원을 위한 저항이었다.

그러나 4월 혁명의 민주이념은 4월 혁명세력의 제도권으로의 진입 배제, 시민사회세력의 미성숙, 경제사회적 기반의 취약 등으로 미완의 상태로 좌절되었다. 이승만정권의 붕괴와 정치권력의 공동화 속에서 4월 혁명주역들은 승화된 국면으로 사회변혁을 주도해 내거나 구체적인 현실문제에 대한 대안을 위해 자신들의 응집력을 창출해 내지 못했다. 감상적인 자유와 민주 그리고 정의에 대한 합목적성을 추구하는 과정

---

[1] 김성주, "젊은 희생이 사회발전의 원동력인가", 『세계와 나』, 1989. 11, 43~54쪽.

에서 보인 논리적 취약성과 과학적 실천방향의 결여는 혁명의 주체로서의 입장이 객체로 전도되는 역사적 불운을 가져왔다.[2]

이후 일부 4월 혁명세대들이 기성세대의 정치권력과 밀착하여 혁명의 순수성의 많은 부분을 변절·왜곡시킨 경우도 있었다. 4월 혁명과 관련한 국가정책 역시 과거 박정희 군사정권에서 마련된 기조가 현재까지 이르고 있어 4월 혁명의 본질과 가치가 국가정책에 제대로 반영되지 않고 있다. 4월 혁명정신을 선양하고 계승하기 위한 제도적 장치 역시 빈약하기 짝이 없다.

비록 급변하는 정치적 환경 속에서 4월 혁명은 뚜렷한 구심점과 방향성을 통해 스스로의 완결을 실현해 내지 못한 채 역사의 소용돌이 속에서 '미완의 혁명'으로 오늘에 이르게 되었지만, 그 때의 젊은 세대들의 희생은 이후의 사회운동 세력들에게 커다란 힘이 되었으며 역사적 교훈을 남기고 있다.

이러한 맥락에서 4월 혁명의 이념을 계승발전하고 이를 제도적으로 더욱 강화시키기 위한 정부적, 교육적 차원에서의 노력은 매우 중요한 의미를 갖는다. 이를 위해, 숭실대학교 전득주 교수를 비롯한 학계의 뜻있는 인사들이 1990년부터 독일연방공화국의 콘라트 아데나워(Konrad Adenauer)[3] 재단과 공동으로 전국 대학생 100여명을 대상으로 민주시민지도자훈련을 시켜왔다.[4] 더 나아가 이들은 2002년에는 4·19공로자회와, 2008년부터는 4·19민주혁명회(부상자회)와 공동으로 4월 민주혁명이념을 이 땅에 선양하기 위해 4·19 대학 동

---

[2] 김성주, 위의 논문, 1989. 11, 46쪽.
[3] Konrad Adenauer는 1949년 서독에서 수립된 독일연방공화국의 초대 연방수상이었다. 이에 대해 전득주,『독일연방공화국』(서울: 대왕사, 1995) 참조.
[4] 전득주 교수는 아데나워재단과 1993년 한국의 대학생의 민주지도자육성과 한국의 민주화에 대한 10년간의 협력협정을 채결하고 이 사업을 2013년 현제까지 실시하고 있다.

아리를 주요대학5에 만들고 4월 혁명의 이념, 과정과 영향 등에 대한 교육과 훈련을 시켜오고 있다. 그러나 그 훈련규모가 너무나 적다보니까 4월 혁명이념은 한국사회에서 화석화되고 4월 혁명에 대한 젊은 세대들의 관심도 줄어들고 있다. 이러한 부정적인 현상은 여러 요인들에 의해서 발생되었겠지만 무엇보다도 그 책임은 4월 세대 자신의 의지와 능력부족에 있다고 보아야 할 것이다. 물론 4월 민주혁명이념을 제대로 이어받지 못한 민주당 정부나 그 후 4월 혁명에 대한 폄하운동을 체계적으로 전개하였던 군사정부들이나 4월 민주혁명을 높이 평가했지만 실제로 그 예우에 인색했던 민간정부들에게도 그 책임은 있다고 하겠다.

이러한 관점에서 본다면 4월 혁명세대는 이러한 부정적인 현상에 대해 뼈아픈 성찰과 반성을 해야 할 것이다. 이러한 성찰과 반성을 바탕으로 4월 혁명세대가 앞으로 10여 년간 4월 혁명이념을 계승하고 발전시켜 대한민국을 선진민주한국으로 만들고 민주통일을 이룩하는데 기여하기 위해 추진할 필요가 있는 사업을 이념·교육·제도의 차원에서 구체적으로 논의해 본다.

제2절 4월 학생민주혁명의 이념의 전개

1. 4월 학생혁명의 이념과 선진화의 변증법

한국사회는 대한민국 수립 후 1950년대 한국전쟁으로 남·북한 간

---

5 2010년 현재 4·19대학 동아리가 있는 대학은 서울대, 고려대, 숭실대, 한양대, 경희대, 경기대, 수원대, 단국대, 건국대, 한국외국어대, 한남대 등이다.

의 동족상잔의 3년간의 전쟁이 있었고 1960년대 4·19 학생혁명이 일어나 한국사회에 반독재 자유민주주의와 시장경제체제의 길을 열어놓았다. 그러나 5·16 군사 쿠데타와 1980년대 신군부 등장으로 경제에 있어서는 산업화의 초석을 이룩하였지만 정치에서는 4월 혁명의 이념을 이어받은 민주주의는 역행하여 다시 군사적 권위주의정치로 돌아갔다.

그 후 4월 민주혁명의 정신을 이어받은 5.18광주민주화운동과 6.29 민주화선언으로 한국의 민주화는 실질적으로 오늘의 민주주의로 발전되어 왔다. 그러나 한국에서는 제 6공화국에서부터 평화적인 정권 교체는 이룩되어 제도적인 민주주의는 정착되었으나 각종 부정부패와 부조리를 극소화시킬 수 있는 실질적인 생활의 민주주의는 아직 정착되지 못하고 있어 한국의 정치는 아직도 그 후진성을 벗어나지 못하고 있다는 것이 학자들의 지배적인 견해이다.

〈도표 1〉에서 보는 바와 같이 4월 민주혁명은 한국의 근대화의 양대 과제인 산업화와 민주화를 촉진시키는 역할을 하였다. 4월 혁명 이념은 일부 군부세력과 한국의 민주화세력에게 각각 영향을 줌으로서 군부세력은 한국의 산업화를 이룩하는데 견인자적 역할을 하였고 민주화세력은 한국의 민주화를 실현하는데 결정적인 역할을 하였다. 그러나 이들 양 세력은 상호 반목과 긴장관계를 거치면서 한국 사회는 변증법적으로 발전하고 있음을 엿 볼 수 있다. 그러므로 한국사회는 드디어 산업화의 장점과 민주화 운동에서의 장점들을 규합함으로써 과거의 산업화도 과거의 민주화도 아닌 새로운 합으로서 선진화의 길, 즉 합리적이고 민주적인 산업화와 실생활의 민주주의라는 방향으로 나아가야 한다.

〈도표 1〉 4월 혁명이념과 산업화·민주화·선진화의 변증법적 관계

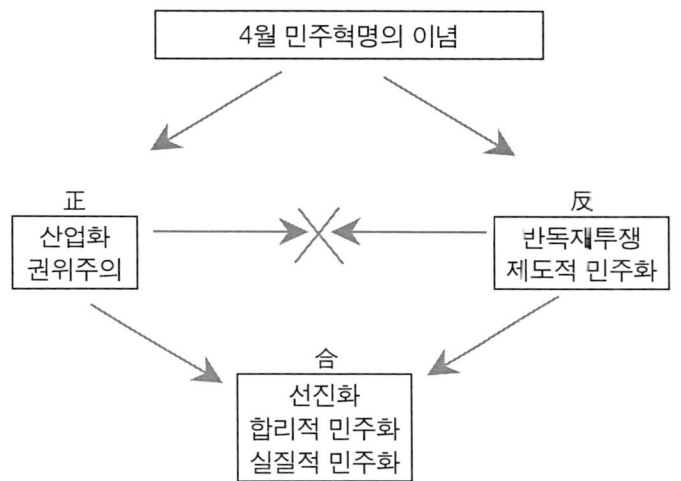

 앞으로 4월 세대와 그 혁명이념을 이어 받은 후배세대들은 한국이 이제 세계화와 정보화에 직면하여 선진국과 경쟁하고 그들을 이길 수 있도록 한국의 산업화 세력과 민주화 세력을 선진화세력으로 규합하여 조국의 선진화에 최선의 노력을 다해야 할 것이다. 이것이야말로 진정으로 4월 혁명이념을 계승하고 발전시키는 것이 될 것이다.
 한 나라를 선진 민주사회로 유지·발전시키기 위해서는 그에 부응하는 법과 제도들의 개혁만으로는 충분하지 않다. 선진 민주사회는 궁극적으로 그 사회의 구성원들, 즉 시민과 그가 선출한 정치인들의 사회·정치 현상에 대한 지식과 정치참여의 기술 그리고 사회·정치의식과 태도에 달려있다. 그리고 이러한 사회·정치 현상에 대한 지식, 사회·정치 참여기술과 의사결정능력 그리고 사회·정치의식은

길거리의 투쟁이나 구호의 외침 또는 정치지도자의 일방적인 공약으로 되는 것이 아니라 선진국에서 보듯이 통상 초당적·효율적 정치교육 혹은 시민교육에 의해서 습득되어지고 있다.[6] 그럼에도 불구하고 한국의 지도층은 아직도 자기출세를 위한 경쟁적인 교육이나 사교육비 줄이는 데는 관심을 갖고 있으나 자유와 민주 그리고 정의를 실현하는 공동체의식을 강조하는 선진민주시민교육을 대한민국의 자유민주주의적 질서의 유지와 발전에 필수불가결한 것으로 보고 있지 않는데 그 비극적 측면이 있다.

2. 선진민주한국창조와 민주통일

4월 학생민주혁명의 이념인 자유, 민주 그리고 사회정의를 실현한다는 것은 바로 한국의 선진화 즉 인간중심의 산업화와 실질적인 민주화를 이룩함을 의미한다고 하겠다. 자유와 민주주의정치체제만을 획득하고 사회정의를 실현시키지 못한다면 그 사회는 빈익빈과 부익부의 현상으로 계층과 계급이 형성되고 그들 간의 갈등은 심화되어 사회 안정과 국민통합을 저해함으로서 행복한 사회를 만들 수 없을 것이다. 일찍이 에릭 프롬(Eric Fromm)은 그의 저서 「소유와 존재」에서 "산업화가 최대다수의 최대행복과 개인의 자유를 보장하리란 약속이었지만, 사람들은 '소유'로 인해 자신의 '존재'를 상실했다"고 주장하였다. 한국도 고도성장을 통해 산업사회로 진입하면서 계층분화와 신분상승이 이뤄지던 희망의 시대를 거쳐 부동산투기와 지도층의 특혜비리, 부정축재가 성행하면서 너도나도 물적 소유를 향해 줄달음치던 욕망의 시대가 최대다수의 최대행복도 개인의 자유의 실

---

[6] U.S.A. Center for Civic Education, *Comparative Lessens for Democracy*, 2002. 2

질적인 보장도 어렵게 만들었다. 만약 사회정의가 미덕을 키우고 공동선을 걱정하는 것이라면 사회정의를 실현할 수 있는 공동체의 중요성이 한국에서도 특히 젊은이를 중심으로 부각되고 있다.

대한민국의 국민과 사회정치 지도층이 앞으로 10년 등안 단합하여 사회·정치·경제·교육·문화 등 모든 영역에서 4월 민주혁명의 이념인 자유, 민주 그리고 정의를 실현할 수 있도록 투명성과 효율성을 제고할 수 있는 법과 제도 개혁을 지속시키고 동시에 이를 뒷받침 할 수 있는 초당적 그리고 범국민적인 선진민주시민교육을 평생 교육으로 인식하고 이를 실시한다면 앞으로 10년 후에는 한국은 아마 선진국이 되어 다른 세계 주요 선진국과 더불어 어깨를 나란히 할 수 있거나 그들을 넘어설 수 있는 '작지만 강력한 나라' 강소국(强小國)이 될 것이다.

그렇게 되면 지금까지 후진성을 면치 못한 정치는 국민과 사회·정치 지도층의 정치의식 수준이 높아져 민주주의와 법치주의 원칙에 의거 사회·정치생활을 할 수 있다. 또한 사회·정치지도층은 매사에 솔선수범을 함으로써 사회구조에 깔려있는 부정부패가 극소화되고 투명하고 책임 있는 정치가 되어 정치안정과 국민통합에 크게 기여 할 것이다. 여기서 우리가 기억해야할 것은 한 나라의 정치의 안정과 사회의 통합은 사회·정치지도층의 의식의 변화 없이는 공염불에 불과하다는 것이다.

고도의 정보화와 지식기반사회를 갖춘 한국은 경제적으로도 현재 연간 개인소득 2만 달러(US$) 시대에서 3만 달러(US$) 시대로 다다를 것이고 사회·문화적으로는 개인의 다양성과 창의력이 존중되는 선진민주한국이 될 것이다.

또한 남북한 관계는 한반도의 평화가 정착되는 바탕 위에서 교류와 협력의 시대를 지나 이미 민주통일이 되거나 적어도 민주통일 방안에 대한 논의가 활발하게 진행될 것이다.

  그러나 현 정부나 야당이 자기들의 의식은 변화시키지 않고 국민의 의식만을 개혁하기 위하여 과거의 정부처럼 법과 제도만을 개혁하고 초당적인 선진시민교육의 실시에 관심을 두지 않는다면 10년 후의 한국은 국론 분열과 인구 감소로 인하여 국력이 쇠약해져 우리 역사에서 이미 체험했듯이 미국을 제치고 세계 경제대국이 될 중국의 영향권에 다시 흡수될지도 모른다.[7]

  따라서 대한민국도 세계의 치열한 경쟁에서 생존하고 번영하기 위해서는 하루 빨리 나라의 모든 구조들의 선진화가 필수적이라고 볼 수 있다. 그러므로 한국의 선진화를 위해서는 한국의 사회·정치·경제·교육·문화 등 모든 영역에서 법과 제도의 개혁은 물론 이를 뒷받침하기 위하여 사회정치 지도층을 비롯한 전 국민을 대상으로 하는 의식개혁, 즉 초당적 민주시민교육의 실시가 절대적으로 필요하다고 본다. 그리고 초당적 민주시민교육의 주체는 어디까지나 4·19 세대와 4월 혁명이념으로 무장한 후배세대들이며 그 내용의 핵심은 바로 4월 혁명이념이어야 한다.

제3절 4월 학생민주혁명의 이념교육

1. 선진민주시민교육과 방법

대한민국의 교육기본법 제 2조에 명시된 교육이념은 홍익인간의

---

[7] 전득주,『선진한국 어떻게 만들까』(서울: 동아일보사, 2009), 16~17쪽.

육성에 있다. 21세기에도 대한민국의 교육이념은 홍익인간으로 '훌륭한 시민' 또는 애국심과 연계하기를 원한다면 '훌륭한 한국인'을 육성하는 데 있다.

또한 '훌륭한 시민' 또는 '훌륭한 한국인'은 바로 선진시민이고 이러한 시민만이 4월 민주혁명의 이념을 한국사회에서 구현할 수 있다. 그러므로 4월 민주혁명이념은 바로 선진민주시민교육의 이념이다.

4월 민주혁명이념을 선양하기 위한 교육운동의 방법에는 직접적인 방법과 간접적인 방법 두 가지로 나누어 생각할 수 있다. 간접적인 방법으로는 첫째, 3개 4·19공법단체와 〈4월 민주혁명 바로알기 운동연합〉[8]이 주동이 되어 선진민주시민교육지원법[9]을 입안하고 이를 국회에서 통과시키면 이 법에 따라 국민의 세금으로 민주시민교육센터를 설립하고 전 국민을 상대로 선진시민교육을 실시하는 방법이 있다. 둘째, 교육과학기술부와의 협조 하에 초·중·고등학교 교과서에 일정 양의 4월 혁명에 대한 내용을 더 많이, 더 구체적으로 넣어 학생들에게 교육시키는 방법이 있다. 셋째, 신문이나 방송을 통하여 4월 혁명에 대한 홍보를 하는 것도 훌륭한 교육이 될 것이다.

직접적인 방법으로는 현재의 여건을 감안하여 3개 공법단체가 주최가 되어 4·19기념도서관이나 기타 장소에서 4월 혁명이념을 바탕으로 한 선진시민교육을 시민과 학생을 대상으로 실시하는 방법이 있다. 물론 현재 민주시민교육 프로그램에 참여하는 10여개 대학교 〈대학생 4·19동아리〉를 통해 4월 혁명이념을 전파하는 방법도 있

---

8 〈4월 민주혁명 바로알기운동연합〉은 주로 당시 각 대학과 고등학교의 4·19혁명 주도세력으로서 아직 포상을 받지 못한 분들과 기국가유공자로 구성된 4·19관련 새로운 조직체이다. 이는 2010년 7월 7일에 조직되었다.
9 이 법안을 숭실대 전득주 교수가 세 번이나 국회에 제출하였지만 한국의 민주주의 발전과 민주시민교육에 대한 국회의원들의 관심부족으로 통과되지 못하였다.

다. 2년 전 4월 혁명 50주년을 맞아 15개 대학 60여 명이 대구, 부산, 마산, 광주, 전주 등 전국의 4월 혁명 사적지를 4박 5일 동안 순례를 실시하면서 4월 민주혁명을 이해하는 방법을 채택하여 참가대학생들로부터 커다란 호응을 얻은 바 있다.[10] 이러한 경험을 지속화 하는 운동은 매우 중요한 의미를 갖는다. 그러나 이를 매년 실시한다는 것은 재정적인 부담이 너무 크기 때문에 이를 실시하기 위해서는 일정한 기부금이나 정부의 재정적인 지원이 있어야 한다.

2. 교육의 핵심목표와 내용

민주시민은 첫째, 자주적 인간, 둘째, 민주적 인간, 셋째 사회(도덕)적 인간을 의미한다. 이러한 인간상이 선진시민교육의 핵심목표이다.

교육이념의 하위 핵심목표인 자주적 인간은 대략 다음과 같은 자질과 덕목을 갖고 있는데 이들은 ①기본예절과 자긍심 ②진실의 사랑 ③진리탐구 ④창의력 ⑤참여의식 ⑥주인의식(개인의 의사결정능력, 독립성 그리고 자율성) ⑦비판의식 ⑧전통문화계승의식이고, ⑨묵종성향 등을 반대하고 타파할 수 있는 사람이다.

교육이념의 두 번째 핵심목표인 민주적 인간이란 ①정직성과 성찰적 사고 ②합리성 ③자유와 책임(개인의 사생활의 존중과 사유재산의 인정) ④인권 ⑤다양성의 인정 ⑥관용성 ⑦신뢰 ⑧양보와 타협의 정신을 갖고 ⑨집단이기주의(혈연, 학연, 지연)와 ⑩군국주의와 국가주

---

[10] 전국대학생 60여명이 참여한 4·19혁명 사적지 순례는 4·19혁명 50주년을 기념하기 위하여 2010년 6월 28일부터 7월 1일까지(3박 4일) 실시되었다. 제 1진은 서울-대구-마산-창원-부산-경주-포항-청주-문경-서울에서 제 2진은 서울-대구-마산-여수-광주-전주-익산-대전-천안-서울에서 사적지를 순례하였다. 「바른 사회 밝은 정치 시민연합」(상임대표 전득주 교수)이 본 순례를 주관하였다.

의 및 전체주의와 권위주의를 배격하고 타파하는 사람이다.

세 번째 핵심목표인 사회(도덕)적 인간이란 ①평등의식(기회균등과 형평성) ②공동체의식(봉사·협동·협력·협조정신) ③환경보호의식(자연과 인간의 조화) ④질서의식과 준법정신(적법절차의 존중) ⑤평화애호 ⑥사회정의(부정부패 척결과 고발정신) ⑦애국심과 애향심 ⑧통일의식과 세계시민의식을 갖고 ⑨한탕주의와 적당주의 ⑨허례허식을 포함한 형식주의를 배격하고 타파하는 사람을 의미한다.

이러한 핵심내용을 바탕으로 한 구체적인 교육내용은 다음과 같다: 첫째, 선진민주시민이 되기 위해서는 국민의 3대 의무를 성실히 이행하는 것이 선결조건임을 분명히 알아야 한다. 이를 어기는 자는 공직자, 특히 공무원이 되어서는 안 될 것이다.

둘째, 달리 생각하는 사람들과 우리는 함께 살지 않으면 안 되는 사회적 존재이다. 서로 다르기 때문에 사회적 갈등은 피할 수 없음을 인식하고 함께 살기 위해서는 무엇보다도 의사소통, 대화, 토론 그리고 타협과 합의에 따라 사회생활을 하는 것이 민주적 생활에 제일 중요한 것임을 인정해야 한다.

셋째, 4월 민주혁명이념을 계승·발전시켜 조국의 선진화를 이룩해야 하는 한국인은 다음과 같은 행동준칙을 지켜 나아가야 한다고 본다:

1) 광우병 사태(2008)나 백령도 부근에서 폭파된 천안함 사태(2010)에서 보듯이 인터넷에서의 비과학적, 주관적 내지 집단중심적인 진술에 의존해서는 안 되며 한 나라의 정치, 경제와 사회의 변화를 야기 시키는 각 요소들과 그 기능 및 연관성에 대한 지식과 정보를 수집하고 최대한 객관적으로 분석하여 판단한다.

2) 모든 정치적 당파싸움이나 공무원들의 권위주의적 자세, 답습되어져 내려오는 진부한 가치들을 타파하고 다원적 자유 민주주의라는 기본가치를 수용한다.
3) 부정부패(부정행위, 뇌물수수, 매수, 청탁 등)는 그 액수의 많고 적음에 관계없이 민주질서를 손상시킨다는 사실을 인식하고 부정부패척결과 투명성 확보에 적극적으로 나설 수 있는 용기를 갖는다.
4) 행동의 독자성, 합리성, 책임성이 보장되는 체제에 부응하는 정치구조는 다원적 자유민주주의 밖에는 없으며, 이는 개인의 발전을 위한 최대의 기회를 제공한다는 사실을 분명히 인식하고 반면에 북한의 김정일 일인세습독재체제에 대한 비판적 시각을 가져야 한다. 1960년대 4·19정신이 이승만 일인독재체제를 붕괴시켰다면 이제 2010년 이후 4·19정신에 의한 민족통일을 실현하기 위하여 한국인은 김정일 일인독재체제를 붕괴시키는데 앞장서야할 것이다.
5) 민주적 게임의 법칙을 학습하고 민주적 절차를 체험하며 대화와 토론의 문화를 익히고 갈등조정능력과 합의도출능력을 개발한다.
6) 사회와 정치에 산재한 각종 현안들을 파악하여 분석하고 적극적으로 대안을 도출해 내려는 자세와 능력을 개발한다.
7) 개인의 정치적·사회적 실행능력을 개발하여 이 분야에 있어서 자신의 영향력을 파악하고 행사한다.
8) 언어적·비언어적 의사소통이 내포하고 있는 사상적 이면을 통찰한다(예를 들어, 언론의 친 여당 및 친 야당적인 성향 등).
9) 자신이나 타인의 의사표현은 개별적 관심과 권리, 사회적 지위들과 관련되어 있음을 파악한다.

10) 다원적 민주주의라는 규칙의 범위 내에서 자신의 권익을 인지하게 하고 타인의 권익을 고려한다.
11) 영남이니, 충청이니, 호남이니 하는 지역주의와 학연과 혈연 등의 집단이기주의와 개인·가정이기주의 등을 극복하고 국민화합을 이룰 수 있는 능력과 마음자세를 갖춘다.
12) 사회의 안전 불감증을 극복하려는 자세와 능력을 배양하고 음식의 안전과 위생 그리고 환경과 성 교육을 철저히 받는다.
13) 유교적 세계관에서 나온 가치관들 중에서 구태의연한 행동규범들을 골라내어 개인과 가족, 사회에 맞도록 쇄신하고 현 사회에 적용 가능하도록 재구성에 노력한다(예를 들어, 상사와 직원 간, 교수와 학생 간 경어 사용등).
14) 솔선수범을 통해 봉사정신 및 책임 있는 정치·사회적 행동을 개발하려는 자세와 능력을 갖춘다.
15) 세계 다문화를 이해하고 타국인과 교류와 협력을 할 수 있으며 세계를 선도하는 능력을 갖춘다.

　한국의 선진화는 바로 4월 민주혁명이념의 구현을 그 바탕으로 이상의 행동준칙을 지키는 데 있다. 4월 민주혁명이념이 구현된 한국사회는 자유롭지만 더불어 사는 인간중심 사회이지 물질 중심이나 돈이나 권력 중심사회가 아님을 분명히 해야 한다. 권력이나 사회적인 권위나 돈은 우리 인간이 생활하는데 필요한 수단들에 불과하다는 것을 명심해야 한다. 자유롭지만 더불어 사는 인간중심 사회가 바로 선진사회이다. 한국이 이러한 선진사회를 건설하기 위하여 법과 제도의 개혁과 의식개혁을 부단히 해야 한다.
　한국인은 조국의 선진화를 위한 법과 제도의 개혁과 이를 뒷받침하는 초당적 시민교육만이 앞으로 대한민국이 국제사회에서 생존하고 번영할 수 있다는 굳은 신념을 갖고 이를 실천으로 옮긴다면 앞으로 10년 후에는 대한민국은 선진국이 될 것임을 확신한다. 선진국을 향하여 4·19세대와 그 후배들은 과학적이고 합리적인 사고, 슬기와 지혜 그리고 무엇보다도 단결된 힘을 4월 학생민주혁명 50여 주년을 맞이하여 필히 구현해야 한다.

제4절 4월 학생민주혁명에 대한 법·제도의 보완

1. 국가보훈기본법의 보완개정과 기본법 제 3조 1호 '다'목의 적용

국가의 보훈정책은 헌법과 법률에 의거 시행되어야하고, 그 보훈정책이 불합리하여 형평성을 무시하고 시행된다면 즉시 그 시행 법률을 개정해야함은 당연한 일이다. 지금까지 4월 혁명에 대한 역대정부의 보훈정책은 다른 보훈정책과 비교해 매우 차별화된 것이었다. 역대정부는 4월 혁명의 역사적인 의의와 가치를 제대로 평가하지 못한 결과, 이러한 차별화정책을 수행하였다고 본다.

'독립 유공 건국 포장자'의 국가유공자의 원인은 상훈법[11] 제 20조 규정의 '건국포장'의 수상(독립 유공자 법 제 4조)이고 4월 혁명공로자의 국가유공자의 원인도 같은 법의 건국포장의 수상이다(국가 유공자

---

[11] 대한민국 상훈법(일부개정 2008. 2. 29. 법률 제 8852호) 제 20조는 다음과 같이: "건국포장은 대한민국의 건국과 국기를 공고히 하는데 헌신적으로 노력하여 그 공적이 뚜렷한 자에게 수여한다."

법 제 2조 제1항 10호의 2). 양 대상의 국가유공자의 본질적인 표지는 상훈법 제 20조 규정의 '건국포장'이다. 그러므로 동일한 국가유공 원인자에 대한 예우에 차별을 두는 현 제도는 불합리하고 불공정하며 비형평성을 내포하고 있다고 하겠다.

3·1절과 4월 혁명이 헌법전문에 나란히 명시되어 오늘의 대한민국이 임시정부의 법통을 이어받고 4월 민주혁명의 이념을 이어받아 이 땅에 자유민주주의체제를 확고히 정착시키고 있다는 사실을 인식한다면 앞으로 4월 민주혁명은 오늘을 사는 대한민국 국민에게는 3·1운동의 독립정신보다 더 큰 가치가 있음을 알 수 있다. 3·1운동이 일본으로부터의 독립운동이라고 하지만 독립투사들의 노력에도 불구하고 그들은 나라의 독립을 실현시키지 못하였다. 조선의 독립은 부끄럽게도 미국과 소련이라는 외세에 의해서 실현되었지만 그 독립도 반쪽독립이라는 사실을 알아야 한다. 이에 반해 반쪽인 대한민국에 4월 혁명은 최초로 이 땅에 자유민주주의와 자립적 시장경제체제를 확립시키기 위하여 이승만정권의 독재와 불의에 항거하고 이를 붕괴시킨 민주혁명이었다. 대한민국이 4월 혁명이념을 계승하고 발전시킨다는 것은 바로 한국사회가 자유롭고 더불어 사는 풍요로운 사회가 되어 세계에서 가장 모범적인 민주국가가 되는 것을 말하며 더 나아가 북한도 민주사회가 될 수 있도록 유도하여 민주적인 통일도 달성 할 수 있다는 것까지도 내포하고 있다.

따라서 독립유공자와 4월 민주혁명 유공자를 함께 '민주국가건설유공자'의 개념에 통합시킬 수 있도록 보훈기본법 제 3조 제 1호 '가'목을 개정하거나 4월 혁명유공자를 단독으로 '민주국가건설유공자'로 개칭하도록 보훈기본법 제 3조 제 1호에 '다'목을 적용, '대한민국의 자유민주주의의 발전'에 기여한 자로 인정해야 한다.[12]

2. 4월 학생민주혁명 국가유공자 보훈관련 개별법의 제정

대한민국의 보훈정책이 합리적으로 일관되게 추진되지 못한 결과, 현행 보훈정책은 선진국의 그것들에 비해 매우 다원적이고 복합적이며 통일성이 결여된 구조를 갖고 있다. 역대 집권자들이 국가보훈정책의 참된 뜻을 이해하지 못하고 보훈정책을 정권유지 수단으로 이용한 결과, 보훈정책의 대상자의 유형이 많아지고 그들 간의 형평성과 통합성이 파괴됨으로서 보훈행정의 비능률을 초래하고 있다.

독재정권에 맞서 국민주권을 쟁취한 4월 민주혁명은 대한민국 헌법전문에 3·1운동과 더불어 '4·19민주이념을 계승하고'라는 절을 명시할 정도로 그 위상이 높음에도 불구하고 그 희생자나 공로자들에 대한 예우와 지원은 독립운동관련이나 5.18민주화운동관련 법들에 비해 그 격에 맞지 않을 정도로 매우 낮다.

또한 4월 민주혁명의 성격이나 그 헌법적 위상과 관련하여 볼 때 4월 혁명관련 희생자나 유공자들에 대해 2012년도 현재 여러 다른 종류의 보훈관련자들과 함께 〈국가 유공자 등 예우 및 지원에 관한 법률〉을 적용하고 있는바 대한민국을 민주주의국가로 만드는데 결정적인 역할을 한 4월 혁명의 업적을 고려한다면 4·19관련 유공자들을 〈국가 유공자 등 예우 및 지원에 관한 법률〉 제 12조 5항을 신설하여 그들의 품위와 보상금을 현재 월 15만원에서 100만 원 이상으로 상향조정하는 것이 필요하다고 본다.

헌법에 명시되지도 않은 5.18민주화 희생자들에 대해서는 민주유공자 관련 독립개별법, 즉 〈5.18유공자 예우에 관한 법률〉을 제정하

---

12 소치형, "국가보훈기본법의 문제점과 이의 합리적 개정방안," 4·19혁명 제48주년 기념행사준비위원회, 4·19혁명기념 학술대회, 2008년 4월 15일, 4·19혁명 기념도서관 강당, 29~30쪽 참조.

고 있음에 반해 4월 혁명희생자나 유공자에 관한 특별법이 제정되지 않고 있는 것은 집권자들의 법철학이 기본적으로 형평성의 원칙에 위배되고 있으며 정치집단의 자기중심적 사고에 의해서 행해진 입법 행태라고 밖에 해석할 수 없다.

  4월 혁명 유공자도 독립유공자처럼 그의 수훈은 건국포장이며 이는 독립유공자의 유공자 원인과 동일하다. 그럼에도 불구하고 노태우 정권은 1991년 12월 27일에 발효된 법률 제 4457호에 의거 독립유공자의 국가유공자(애국지사 및 순국 순열) 조건을 '건국 훈·포장 및 대통령 표창자'에서 '건국 훈장자'로 단일화시키었다. 무려 4,745명의 독립유공 건국 포장자(및 대통령 표창자)를 건국훈장자로 승격시키면서도 4월 혁명 포장자는 이러한 건국 훈장자에서 배제하였다. 그러나 김대중 정부에 와서 4월 혁명 건국포장자도 2000년 12월 30일 '국가유공자법 개정 법률 제6339호'에 의거 국가유공자가 되었다.

  현재 대한민국의 보훈 법률 중에는 보훈정책 대상별로 7개의 개별법이 있다. 이들은 각각 대상의 특성에 따라 그 제정의 필요성이 있다고 하겠지만 일부는 보편타당성과 형평성이 고려됨이 없이 단기적이며 집단이기적인 관점에서 제정된 법률도 있다. 이러한 점을 시정하기 위하여서는 모든 법제정에 있어 보편타당성과 형평성의 원리가 적용되어야 할 것이다. 상기와 같은 불합리하고 형평성이 무너진 법체계를 바로 잡기 위해서도 4월 민주혁명관련 개별법의 제정은 필요하다. 게다가 현재의 보훈법률체계로 수천 명의 4월 민주혁명의 주도세력들이 아직도 정부의 폐쇄적이고 비합리적인 보훈정책으로 포상신청의 기회를 2013년 현재에도 받지 못하고 있는 실정[13]을 감안

---

13 이명박 정부는 4·19혁명 50주년을 기해 4월 혁명 주도세력들에게 추가포상 지원의 기회를 주었으나 인터넷으로 공고를 함으로서 수천 명이 이를 알지 못하여 신청을 하지 못한 결과, 겨우 1082명만이 2009년에 추가신청을 하였고 심사과정

할 때 위의 同 개별법의 제정은 매우 시급하고 절실하다고 하겠다.

3. 국경일 승격과 상징적 시설물 설치

2.28 대구의거와 3·15마산의거가 4월 학생민주혁명을 일으키게 했던 직접적인 도화선이 되었다는 것은 4월 혁명을 이해하는 사람은 누구나 잘 알고 있다. 2009년 3·15의거기념사업회가 주축이 되고, 마산출신 국회의원인 한나라당의 이주영과 안홍준 의원의 주도로 1960년 3·15부정선거에 항의해 마산 고등학생과 시민이 궐기한 날을 '국가기념일'로 제정하기위하여 공청회를 개최하였다. 이어 3·15의거의 날을 국가기념일로 제정하자는 내용의 '3·15의거 국가기념일 제정 촉구 결의안'을 제정하여 국회의장을 제외한 여·야 의원 293명 전원의 서명을 받았다. 국회는 2009년 12월 29일에 열린 본회의에서 출석의원 166명 가운데 162명의 찬성으로 이 결의안을 통과시켰다.[14]

이명박 정부는 2010년 4월에 이를 국가기념일로 제정하고 공표하였다. 이로써 3·15 마산의거는 4월 혁명을 직접적으로 일으키게 한 하나의 도화선임에도 불구하고 4·19와 별도로 국가기념일로 지정되어 4월 혁명과 동격이 되었다. 이러한 연유로 장차 2.28대구의거도 대구시의 기념일에서 '국가기념일'로 만들게 할 가능성이 높으며 시간문제일지도 모른다.

이러한 모순을 극복하기 위해서는 국회나 정부는 하루 빨리 대한

의 문제점을 노출하고 2010년 4월에 268명만이 포상을 받았고 그 후 2011년에 추가포상신청기회가 주어져 약 780 여명이 신청하였으나 2012년 11월에 겨우 40명만이 포상을 받았다.

14 길재홍, 마산연합뉴스, 2010년 1월 27일과 2월 11일자 참조.

민국 헌법 전문에 명시되어 있는 3·1절이 국경일로 정해져 있는 것처럼 4월19일인 '4월 민주혁명일'도 국경일로 정하는 것이 타당하리라고 본다.

　자유민주주의를 지켜냈던 4월 학생혁명의 상징적 시설물을 설치하는 작업도 매우 중요하다. 만약 대한민국이 자유민주주의이념 즉 4·19혁명이념을 신봉하지 않는다면 북한과 대치해야 할 이유도 그만큼 적어질 것이다. 민족주의라는 명분으로만 볼 때 한국은 논리적으로는 북한과 즉시 통일해도 무방할 것이다. 대한민국이 통일을 못하고 분단 상태를 유지하고 있는 것은 여러 대내·외적인 요인들이 있지만 바로 남북한의 정치이념과 체제의 차이점이 가장 큰 요인이라고 본다. 민주주의라는 관점에서 볼 때, 서울 광화문에 서 있는 이순신 동상은 문민정부가 들어 선 김영삼 대통령 시절에 철거하여 계룡대에나 해군 작전사령부에 세워 놓았어야 했다.

　대한민국 헌법 제 1조를 지키기 위해서도 민주주의를 이 땅에 우뚝 세운 4월 민주혁명의 기념탑을 서울 광화문 세종대왕 동상 앞에 세워야 대한민국 국민뿐만 아니라 외국인들에게도 민주주의에 대한 4·19세대의 투철한 신념을 보여주는 좋은 계기가 되고 시민이나 학생에게도 민주주의를 계승하고 발전시키는데 좋은 교훈이 될 것이다. 특히 3대 째 지도자 세습을 단행하고 있는 북한에 대한 효과는 매우 클 것이다.

　또한 4월 혁명이념을 전국적 범위에서 선양한다는 의미에서 16개 시·도의 도청과 시청광장에 4월 민주혁명의 탑을 세우는 것이 바람직 할 것이다. 선양의 다른 방법으로 4월 민주혁명이 일어난 도시의 길에는 「4·19거리」라는 4월 민주혁명의 이름을 붙여 주는 것도 한 방법이 될 것이다. 4월 민주혁명 표지석이나 4월 혁명 기념탑을 아직 세우지 못한 4·19를 주도한 대학이나 고등학교에서는 4월 혁명

의 주도세력이 중심이 되어 이러한 상징물을 세우는 것도 4월 혁명 이념의 선양에 보탬이 될 것이다.15

4. 〈4월 혁명정신선양 특별연구위원회〉 구성 및 〈4월 혁명회관〉의 건립

4월 혁명정신을 선양하기 위해서는 상기와 같은 법적·행정적인 조치들을 검토·계획할 수 있는 특별연구위원회의 구성이 필요하다. 이 연구위원회를 〈4월 혁명정신선양 특별연구위원회〉으로 명명하고 그 위원을 15명가량으로 구성하되 과반수인 8명은 비 4월 혁명세대들인 60세 이하 연령의 학자, 변호사와 국회의원 등 사회명망가로 하고 나머지 7명은 4월 혁명세대로 하되 가급적 그 분야의 전문가로 구성한다.

이 위원회는 상기 국가보훈기본법의 재검토, 4월 민주혁명정신을 기리기 위한 개별법의 재정의 타당성의 검토, 3개 공법단체가 하나로 통합된 재단으로 거듭나는데 필요한 제반조건과 장애요인의 분석과 그 대안제시, 하나의 공법단체로 통합되었을 경우 그 속에 구성될 조직기구(예를 들어, 4월 혁명정책연구센터와 4월 혁명 선양 교육기관)의 신설 등을 비롯한 주요한 선양사업의 연구와 계획을 담당한다.

3개 4·19 공법단체들은 2010년 혁명 50주년을 기해 다시 태어났다는 마음으로 본 연구위원회의 객관적인 연구결과에 따라야 할 것이다. 3개 공법단체들은 지금까지 보여준 그들의 폐쇄성을 타파하고 한국사회의 여러 단체들과 4월 혁명의 선양사업에 대해 대화하고 협력할 수 있는 개방성을 보여 주어야 할 것이다. 더욱 중요한 것은 3

---

15 4·19 혁명 기념탑은 이미 서울대, 고려대, 한국외국어대, 대광고, 동성고 등에 건립되어 4월 19일 기념식을 거행하고 있다.

개 공법단체의 장은 민주적인 정책결정의 원칙을 준수하고 모든 문제를 미리 예측하고 준비하는 치밀한 행정적인 자세를 견지해야 하며 그들의 지도부의 선정도 한국사회의 모범이 될 수 있는 민주적인 선거방식을 준수해야 할 것이다. 3개 공법단체가 그들의 사업이나 지도부선거방식을 비민주적 내지 비효율적으로 운영하면서 한국사회의 선진민주화와 민주통일을 과연 주장할 수 있을까?

또한 4월 혁명의 주도세력들, 특히 4·19 혁명 국가유공자들은 4월 혁명 기념사업들 중에서도 특히 4월 혁명회관의 건립에 관심을 갖고 이를 위하여 누구보다도 먼저 스스로 기부금을 내야 할 것이다. 그들이 스스로 모범을 보일 때 정부나 기타 기업체들도 4월 혁명회관의 건립에 관심을 갖고 재정지원을 아끼지 않을 것이다.

4월 혁명의 주도세력들이 이제는 권위주의에 항거하기 위하여서가 아니라 다시 이 땅에 올바른 자유민주주의를 정착하고 민주적인 통일을 위하여 깨어 일어나 조국을 세계 속의 선진통일한국으로 만드는데 기여하기를 기대해 본다.

제6장

4월 학생민주혁명에 대한 포상제도와 개선방안

* 본 장은 저자가 2009년 12월 8일 〈4·19혁명 연구회 주비위원회〉 주최 『4·19혁명 50주년 맞이 학술세미나』에서 발표한 논문을 전면 수정·보완한 것이다.

4월 학생민주혁명
— 배경·과정·영향 —

제1절 포상제도의 의미와 필요성

우리 헌법은 전문에 "유구한 역사와 전통에 빛나는 우리 대한국민은 3·1운동으로 건립된 대한민국임시정부의 법통과 불의에 항거한 4·19민주이념을 계승하고,..."를 명시함으로써[1] 국가정체성을 명확히 하고 있다.

4월 민주혁명이념의 계승이 대한민국 헌법전문에 명시되어 있음에도 불구하고 정부나 국민이 4월 민주혁명에 대한 올바른 관심을 갖지 못하였고 정치인들은 4월 민주혁명의 주도세력의 일부를 자기들의 정치권력의 쟁취와 유지의 도구로 이용함으로서 4월 혁명이념이 초당적으로 선양되지 못하고 각 정파의 정치도구화가 되어 왔다. 정부는 '4·19혁명일'이 민주국가로서 가장 중요한 국경일이 되어야 함에도 불구하고 국경일이 되지 못하고 국가기념일로 지정되어 50여 년 동안 4·19기념일에는 형식적인 행사만을 개최하는 정도로 지내왔다.

이에 대한 책임은 국가를 대표하는 역대 정부가 져야함은 두말할 필요가 없다. 그러나 무엇보다도 이에 대한 일차적인 책임은 4월 민주혁명의 주도세력들이 져야한다. 4월의 혁명이 일어난 지 10년이 된 1970년 4월 주간조선은 4·19가 일어난 지 10년 동안 4·19와 관련된 단체가 무려 42개나 되었으며 이들은 4월 혁명정신을 계승하기보다는 오히려 4월 혁명을 빙자하여 모금횡령을 하는 등 사회에 불이익을 주는 단체들이 더 많았다는 점을 지적하였다. 4·19단체들은 그들의 혁명세대를 규합하지도 못했고, 4월 혁명정신을 계승시키고

---

[1] 한국법제연구원 편, 『법전』(법무부, 2009), 9쪽.

발전시키는데 만족할만한 업적을 내지도 못하였다. 그들 스스로가 4·19세대의 분열과 불신을 인정하고 있으면서도 그 스스로 통합할 수 있는 이념과 리더십을 갖추지 못했다고 주간조선은 비판하고 있다. 그 이유를 〈외부적 작용〉에 의해서 일어난 현상으로 보는 사람들이 있는가 하면, 4·19세대의 '역량 부족'에 기인하는 것이라고 주장하는 사람들도 있고, 또는 '그 힘의 잠재화' 때문이라고 보는 이들도 있다. 그 후에도 4월 혁명의 주도세력의 일부가 군사정권에 의해서 이용되거나 다른 일부는 여·야당에서 정치를 하였던 사람들도 있었지만 그들도 4월 혁명이념을 계승하고 발전시키는 데에는 실패하였다고 본다.[2]

주지하다시피, 이승만 독재정권 하에서 부분적으로 사회화하기 시작한 운동세력들은 4월 혁명을 전후로 응집력을 가지고 사회전면에 부상하였다. 3·15부정선거와 김주열의 비참한 죽음을 계기로 폭발한 4월 혁명은 민족 자존심과 자립경제, 고전적인 자유와 민주를 그 이념적 기조로 했다. 4·19세대의 희생은 국민의식의 고취에 자극을 주고 사회변혁의 필요성을 인지시켰으며, 민중 속으로의 확산이라는 한계에도 불구하고 '아래로부터의 혁명'이라는 가능성을 열어 놓았다.[3]

그러나 이승만정권의 붕괴와 정치권력의 空洞化 속에서 4·19주역들은 승화된 국면으로 사회변혁을 주도해 내거나 구체적인 현실문제에 대한 대안을 위해 자신들의 응집력을 창출해 내지 못했다. 감상적인 자유와 민주에 대한 합목적성을 추구하는 과정에서 보인 논리적 취약성과 과학적 실천방향의 결여는 혁명의 주체로서의 입장이

---

[2] 정도성, "4·19 열돌 최장수의 우후죽순 단체들: 그 계보와 빛바랜 기치", 주간조선, 1960년 4월 12일자 13쪽 참조.
[3] 김성주, "젊은 희생이 사회발전의 원동력인가", 『세계와 나』, 1989. 11, 43~54쪽.

객체로 전도되는 역사적 불운을 가져왔다.4 이후 많은 4·19세대들이 기성세대의 정치권력과 밀착하여 혁명의 순수성의 많은 부분을 변절·왜곡시킨 경우를 우리는 목도하였다.

비록 급변하는 정치적 환경 속에서 4월 혁명은 뚜렷한 구심점과 방향성을 통해 스스로의 완결을 실현해 내지 못한 채 역사의 소용돌이 속에서 '미완의 혁명'으로 오늘에 이르게 되었지만, 그 때의 젊은 세대들의 희생은 이후의 사회운동 세력들에게 커다란 힘이 되었으며 역사적 교훈을 남기고 있다.

2010년은 4월 혁명 50주년이었다. 그러나 4·19와 관련한 국가정책은 과거 박정희 군사정권에서 마련된 기조가 현재까지 이르고 있어 4월 혁명의 본질과 가치가 국가정책에 제대로 반영되지 않고 있다. 4·19정신을 선양하고 계승하기 위한 제도적 장치 역시 빈약하기 짝이 없다.

국가유공자 예우를 함에 있어서도 동일 국가유공자 월인인데도 독립유공자와 차별하고 있으며, 5·18 광주민주화운동 희생자에게는 국가가 과할 정도의 보상을 하고 있으나 4·19 희생자에게는 미미한 수준이다. 또한 「5·18민주화운동 기념사업회」는 국가차원에서 설립되어 그 정신을 항구적으로 선양 계승하는 제도적 장치를 두고 있으나 4월 혁명 관련 기념사업회는 전무한 실정이다.

요약하면, 4·19는 독립유공자와 비교할 때 예우 측면5에서, 5·18과 비교할 때는 제도적 지원 측면6에서 차별되고 있다. 이는 '불

---

4 위의 논문, 46쪽.
5 독립유공 건국포장자는 1962년에 국가유공자가 되었으나 4·19유공 건국포장자는 2000년 12월에 국가유공자가 되었다. 전자는 현재 보상금(연금) 대상에다 각종 보호에서 최고 예우를 하면서도 후자는 보상금 대상은 되었으나 월 15만원이라는 최하의 예우를 받고 있다.(「국가유공자등 예우 및 지원에 관한 법률」 제7조 2항 참고)

의에 항거한 민주이념 계승 취지'가 함의하는 4·19의 위상에도 걸맞지 않을 뿐만 아니라 형평성도 저해하고 있어 법리적 문제를 야기하고 있다.

이제 4월 혁명 유공자들에 대한 불합리한 예우문제에 대해 학계는 물론 각계각층은 다각적인 논의와 개선방안을 제시하고 국민적 동의 하에 이를 해소해야 한다. 특히 제50주년 이래 4월 혁명 기념 일환으로 시행하는 4월 혁명 지도유공자의 추가포상에서 공적이 있는 4·19 유공자들이 그 대상으로 선정될 수 있도록 마땅한 대책을 수립할 필요가 있다.

제2절 4월 혁명유공자 포상·보상의 근거

1. 정부 포상·보상제도

1) 정부포상 제도

상훈은 공무원으로서 업무에 정려(精勵)하거나 민간인 신분으로서 사회에 공헌한 공적이 현저한 자에게 훈장(勳章), 포장(襃章) 또는 표창(表彰: 대통령, 국무총리, 장관)을 수여하여 그 공훈을 기리는 제도이고 서훈(훈장과 포장)은 상훈법에 근거한다. 관련 조항을 살펴보면 다음과 같다:

---

6 5·18은 기념사업회(재단)를 설립하여 이념 선양 등 관련 사업을 전문성을 가진 조직에서 체계적으로 시행하고 있다. 그러나 4·19는 그런 제도가 없을 뿐만 아니라 4·19관련 민간단체가 담당하고 있어 전문성이 결여되고 그 운영도 궁색하다.

- 제2조 (서훈의 원칙) 대한민국훈장 및 포장(이하 "훈장"이라 한다. 다만, 제9조 내지 제27조에 있어서는 예외로 한다)은 대한민국 국민이나 우방국민으로서 대한민국에 뚜렷한 공적을 세운 자에게 수여한다. 〈개정 1999. 1. 29, 2001. 1. 8〉
- 제3조 (서훈기준) 서훈기준은 서훈대상자의 공적내용, 그 공적이 국가사회에 미친 효과의 정도 및 지위 기타 사항을 참작하여 결정한다.
- 제4조 (중서금지) 동일한 공적에 대하여는 훈장을 거듭 수여하지 아니한다.
- 제5조 (서훈의 추천) ①서훈의 추천은 중앙행정기관의 장(대통령 직속기관 및 국무총리직속기관의 장을 포함한다), 국회사무총장, 법원행정처장, 헌법재판소사무처장 및 중앙선거관리위원회 사무 총장이 행한다. 〈개정 1999. 1. 29, 2001. 1. 8〉 ②제1항에 규정된 추천권자의 소관에 속하지 아니하는 서훈의 추천은 행정안전부장관이 행한다. 〈개정 1999. 1. 29, 2001. 1. 8〉 ③서훈의 추천을 하고자 할 때에는 대통령령이 정하는 바에 따라 공적심사를 거쳐야 한다.

2) 보상제도 및 관련 법규

보상제도는 각 보상과 관련하여 규정한 개별법(예를 들어,「국가유공자등 예우 및 지원에 관한 법률」,「독립유공자 예우에 관한 법률」등)에 의하고, 4·19혁명유공자의 경우는「국가유공자등 예우 및 지원에 관한 법률」제4조 제1항 10호 내지 12호에 규정되어 있다.

- 10호. 4·19혁명사망자: 1960년 4월 19일을 전후한 혁명에 참가

하여 사망한 자
- 11호. 4·19혁명부상자: 1960년 4월 19일을 전후한 혁명에 참가하여 상이를 입은 자로서 그 상이정도가 국가보훈처장이 실시하는 신체검사에서 제6조의 4에 따른 상이등급에 해당하는 신체의 장애를 입은 것으로 판정된 자
- 12호. 4·19혁명공로자: 1960년 4월 19일을 전후한 혁명에 참가한 자 중 제10호와 제11호에 해당하지 아니하는 자로서 건국 포장(건국포장)을 받은 자
* 여기에서 문제시되고 있는 대상은 보상금을 2013년부터 겨우 월 15만원을 받게 되는 12호의 4·19혁명공로자이다.

2. 4·19관련 정부지원 법적 근거

4월 혁명 유공자에 대한 정부의 지원은 「국가보훈기본법」과 위의 「국가유공자등 예우 및 지원에 관한 법률」과 규정에 근거하고, 이들 회원을 구성성원으로 하는 단체의 지원은 「국가유공자등 단체지원에 관한 법률」에 근거한다.

1) 「국가보훈기본법」

- 제1조 (목적) 이 법은 국가보훈(국가보훈)에 관한 기본적인 사항 을 정함으로써 국가를 위하여 희생하거나 공헌한 사람의 숭고한 정신을 선양하고 그와 그 유족 또는 가족의 영예로운 삶을 도모 하며 나아가 국민의 나라사랑정신 함양에 이바지함을 목적으로 한다.
- 제2조 (기본이념) 대한민국의 오늘은 국가를 위하여 희생하거나

공헌한 분들의 숭고한 정신 위에 이룩된 것이므로 우리와 우리의 후손들이 그 정신을 기억하고 선양하며, 이를 정신적 토대로 삼아 국민통합과 국가발전에 기여하는 것을 국가보훈의 기본이념으로 한다.
- 제5조 (국가와 지방자치단체의 책무) ①국가와 지방자치단체는 희생·공헌자의 공훈과 나라사랑정신을 선양하고, 국가보훈대상자를 예우하는 기반을 조성하는데 노력하여야 한다. ② 국가와 지방자치단체는 제2조의 규정에 의한 기본이념을 구현하기 위하여 필요한 시책을 수립·시행하여야 한다. ③국가와 지방자치단체는 국민 또는 주민의 복지와 관련된 정책을 수립·시행하거나 법령 등을 제정 또는 개정하는 때에는 국가브훈대상자를 우선 배려하는 등 적극적 조치를 취하여야 한다. ④ 국가와 지방자치단체는 국가보훈사업에 소요되는 재원의 조성에 노력하여야 한다.
- 제6조 (국민의 책무) 모든 국민은 희생·공헌자의 공훈과 나라사랑정신을 존중하고 이를 선양하기 위한 국가와 지방자치단체의 시책에 적극 협력하여야 한다.

2) 「국가유공자등 예우 및 지원에 관한 법률」

정부의 지원은 同법 제2장부터 제7장까지에 규정되어 있다
(법령집 참조)

국가유공자간 차별을 규정한 조항
- 제7조 (보상 원칙) ① 국가유공자, 그 유족 또는 가족에게는 국가유공자의 희생과 공헌의 정도에 따라 보상하되, 그 생활 정도

를 고려하여 보상의 정도를 달리할 수 있다. ② 무공수훈자, 보국수훈자, 4·19혁명공로자 및 특별공로자와 그 유족 또는 가족에 대한 제2장부터 제7장까지의 규정에 따른 보상은 대통령령으로 정하는 기준의 생활 정도에 따라 그 내용을 달리하여 보상한다. 다만, 국가유공자가 「국가공무원법」 제2조 또는 「지방공무원법」 제2조에 규정된 공무원으로 재직 중인 경우에는 보상의 전부 또는 일부를 하지 아니한다.

* 제2항은 4·19건국 포장자(4·19혁명공로자)를 차별하는 법적근거(독립유공건국포장자는 1항에 포함되었음)가 되고 있다.

제3절 4·19유공자에 대한 포상·보상현황 및 유관단체

1. 포상·보상: 과정과 현황

1960년 4월 19일 전국적 규모로 확산된 4·19혁명은 수많은 희생자를 낳았다. 4·19혁명 사망자는 186명이고, 부상자는 정부기관 등록자가 1,820명[7]이나 이들에 대한 구호는 다음과 같이 시행되었다:

1) 제2공화국

당시는 민간인에 대한 원호의 법적 근거가 없어 4·19혁명 사망자

---
[7] 대한적십자사 공식집계.

및 부상자는 구호품을 일부 정부 보유 예산과 국민성금에 의한 금품과 물품(양곡 등)으로 지급받았다. 정권 수립 후에 당시의「군경원호법」을 원용하여 사망자 유족에게는 일정액의 보상을 하였으나 공로자의 경우는 전혀 배려가 없었다.

2) 제3공화국(5·16군사정권)

제3공화국 수립 이전인 1962년「국가유공자등 특별원호법」(62. 4. 16. 법률 제1053호)을 제정하여 사망자 186명과 부상자 중 신체검사 결과 일정 정도의 상이자 240명을 동 법률에 의한 국가유공자로 하였다. 그러나 이 때 부상자에 대한 신체검사는 지극히 폐쇄적인 방법으로 진행되어 등록된 1,820명 중 상당수는 신체검사가 있는 것도 몰라 불참하였다. 그리고 다음해인, 제3공화국 정권 출범이후 1963년 4월, 4·19에 직접 참여한 공로자 178명[8]에게 '4·19의거지도자'란 명칭으로 건국포장을 주었으나 국가유공자에는 포함시키지 않았다.[9]

우리 현대사에서 4월 혁명이 갖는 그 역사적 원대성에도 불구하고 178명이라는 제한된 된 수만이 '4·19의거지도자'로 대우를 받았을 뿐 대부분의 공로자와 희생자들은 정권의 부침 속에서 이런 저런 이유로 제외되었다. 5·16군사혁명으로 출범한 박정희 정권은 4월 혁명의 정통성을 훼손시키고 강제와 회유를 통해 4·19열사들을 타락시키는 데 일조하였다. 군부권위주의정권은 4·19의 혁명성과 인민의 저항권을 인정하지 않고 무력화시키려고 하였다.

---

[8] 2012년 현재 4·19혁명공로자의 수는 529명이다.
[9] 이때는 독립유공건국포장자는 물론 하위급인 대통령표창자도 국가유공자였다.

3) 5공화국 이후

　1984년 정부는 당시의 「국가유공자등 특별원호법」을 대신하는 「국가유공자등 예우 및 지원에 관한 법률」(1984. 8)을 제정하여 과거 부상자 신체검사 불참자에게 기회를 주었다. 그러나 이때도 제대로 된 홍보가 없어 참여자는 적었고, 비록 참여한 자도 이미 부상부위가 호전 또는 완쾌되어 법령이 정한 장애정도에 해당되지 않아 국가유공자에서 배제되었다.

　비로소 1987년 여·야 간 정치적 합의에 따라 개정헌법 전문에 4·19정신이 삽입될 수 있었다. 김영삼 문민정부에 들어서 4월 혁명에 대한 재평가가 시작되고 강북구 수유리에 4·19기념탑이 들어섰다.

　현행 법률 규정에 의한 4·19혁명 국가유공자는 희생자 유족(4·19혁명희생자 유족회 회원), 부상자(4·19민주혁명회 회원) 및 공로자(4·19혁명공로자 회원)이다.[10] 이 중 부상자는 혁명에 참여하였다가 부상을 당한 자로써 각 상이등급(1급~7급)에 따른 보상과 함께 법령이 규정하는 제 보호를 받고 있으며, 유족은 혁명당시 사망자의 유족과 부상을 당하여 국가유공자 예우를 받다가 사망한 자의 유족으로 구분되며 이들은 차별되어 예우(보상 및 보호)를 받는다.[11] 그리고 공로자는 혁명에 주도적으로 참여한 공로로 건국포장을 받은 자로써 보상은 없이 법령 규정의 일정 보호만을 받고 있다. 이들에 대한 현 제도에서의 예우가 4·19혁명이 가지는 가치에 합당하지 않으며 특히 다른 국가유공자와 비교할 때 형평성 문제조차 제기되고 있는 등 국가보훈정책으로서의 합리성을 결여하고 있어 이의 개선이 요구된다.

　현재 4월 혁명유공자 중 약 702명(4·19혁명공로자회원 347명, 부상

---

10 「국가유공자등 예우 및 지원에 관한 법률」제4조 제1항 9, 10, 10호의2.
11 「국가유공자등 예우 및 지원에 관한 법률」시행령 제20조 제1, 2항.

자회 235명 그리고 유족회 120여명) 정도가 국가유공자로서 수혜를 받고 있다. 4200여명이 넘는 사람들이 국가유공자의 혜택을 받고 있는 5.18민주화의 경우와는 비교가 되지 않는다. 이는 형평성의 문제를 야기하고 있다. 2009년 이명박 정부는 추가포상을 신청 받았다. 2009년 1082명이 신청하였으나 268명이 포상을 받고 그 후 2012년에는 730여명이 신청하였으나 겨우 40명이 포상을 받았다.

요약하면, 4월 혁명 부상자는 당국의 폐쇄적이고 소극적인 운영으로 상당수의 부상자가 보상에서 배제되었고, 이후 제도의 보완으로 기회가 있었으나 장애정도가 인정되지 않아 국가유공자에서 배제되었는데 이는 5·18 부상자(관련법 제4조 2호) 및 기타희생자(同 3호)와 비교할 때 현저히 형평성을 결여한다.

2. 유관단체: 현황과 존립 근거

1) 4월 혁명 3개 단체 현황

2009년 10월 31일 현재 4월 혁명 관련 3개 단체의 현황은 다음과 같다: 4월 혁명 사망자의 유족으로 구성된 4·19혁명희생자 유족회는 145명의 회원을 보유하고 있다. 4월 혁명 부상자로 구성된 4·19민주혁명회는 237명의 회원을 갖고 있다. 4월 혁명유공자들의 모임인 4·19혁명공로자회는 383명의 회원으로 활동을 하고 있다.

문제는 위 3개 단체들이 5.18은 기념사업회라는 재단을 갖고 있는 것과는 달리 4·19이념 선양 등 관련 사업을 전문성을 가진 조직으로서 체계적으로 시행하지 못하고 있다는 점이다. 3단체를 엮어낼 효율적이고 체계적인 단일 조직이 구축되지 못하고 단체이기주의에 머무르고 있는 실정이다. 따라서 각 단체의 자율성을 인정하면서 이를 통합해낼 효율적인 지도체제와 합리적인 조직이 필요하다. 이는 4월 혁명 관련 단체의 단일화와 재단설립, 정부출연기금에 의한 운영체제 구축으로 귀결된다.

2) 4월 혁명 관련 3개 단체 존립 근거

4월 혁명 3개 단체는「국가유공자등 단체지원에 관한 법률」에 근거하고 그 내용은 다음과 같다:

「국가유공자등 단체지원에 관한 법률」
- 제1조 (목적) 이 법은 대한민국상이군경회·대한민국전몰군경유족회·대한민국전몰군경미망인회·광복회·4·19민주혁명회·4·19혁명희생자유족회·4·19혁명공로자회·재일학도의용군동지회 및 대한민국무공수훈자회를 설립함으로써 국가유공자와 그 유족이 상부상조하여 자활능력을 배양하고 순국선열과 호국전몰장병의 유지를 이어 민족정기를 선양하고 국민의 애국정신을 함양시키며 자유민주주의의 수호 및 조국의 평화적 통일과 국제평화의 유지에 이바지함을 목적으로 한다.
- 제3조 (회원) 다음 각 호의 1에 해당하는 자는 각 단체의 회원(이하 "회원"이라 한다)이 될 수 있다.
  5. 4·19민주혁명회의 회원은 국가유공자등 예우 및 지원에 관한 법률 제4조 제1항 제11호에 해당하는 자(*4·19혁명 부상자)
  6. 4·19혁명희생자유족회의 회원은 국가유공자등 예우 및 지원에 관한 법률 제4조 제1항 제10호에 해당하는 자 또는 동법
- 제4조 제1항 제11호에 해당하는 자로서 사망한 자의 유족 중 동법에 의한 보상금을 받는 자(미성년자 제외)이다. 다만, 보상금

을 받는 유족이 없는 경우에는 동법 제 5조 제 1항 각호에 규정된 순위자로 하되, 동순위자가 2인 이상인 경우에는 나이가 많은 자가 나이가 적은 자에 우선한다.
6의2. 4·19혁명공로자회의 회원은 국가유공자등 예우 및 지원에 관한 법률 제4조 제1항 제12호에 해당하는 자

제4절 포상·보상제도의 문제점과 개선방안

1. 포상·보상제도의 문제점

1) 합리성의 문제

현재 독립유공자는 「독립유공자 예우 및 지원에 관한 법률」(보훈법령집 참조)에 의거 국가유공자로서의 수혜를 받고 있으며 5.18민주화 희생자는 「5·18민주유공자 예우 및 지원에 관한 법률」(보훈법령집 참조)에 의거 포상을 받고 있다.

그러나 4월 혁명 희생자는 객관적 증빙만을 거증자료로 인정하는 현 제도의 경직성으로 인해 충분한 포상을 받지 못하고 있다. 4월 혁명 관련 기포상자와의 공적을 비교하여 거증이 어려운 추가보상 후보자의 공적을 인정하는 조치가 필요하다.

또한 국가보훈제도의 보훈대상 및 보상체계의 문제점을 분석하고 이의 합리적 개선이 필요하다. 4월 혁명 국가유공자와 관련한 현재의 보훈제도가 타 정책대상과의 형평성 문제를 가지고 있는가 하면 국가유공자의 예우 및 조건에도 문제가 있는 등 합리성을 잃고 있어

국가보훈정책의 시행취지에 부합하지 않다는 지적이다.

　4·19관련 보훈정책을 개선하고 4·19관련 제도를 현실화하여 4월 혁명 본래의 가치를 복원하고 위상을 제고시켜야 한다. 희생자 유족, 부상자, 공로자 세 대상에 대한 방안 및 개선이 요구되며 4월 혁명 관련 개별법의 제정 필요성이 제기되고 있다. 이 문제는 보훈당국의 해묵은 과제로 이의 제도적 장치를 위해 관계법령 개정안이 국회에 제출된 상태이다.

2) 형평성의 문제

　앞에서도 여러 차례 지적했듯이, 다른 영역의 유공자와의 형평성을 고려하여 4·19혁명 희생자들의 포상을 결정해야한다. 원인이 동일하면 결과도 같아야 하는 것이 법정신이다. 독립유공자, 4·19 혁명 희생자, 5·18희생자 등에 대한 지원은 형평성의 원칙에 따라 납득할 만한 조치가 취해져야 한다.

　참고로 「5.18민주유공자예우에 관한 법률」은 2002년 1월 26일 제정 공포(법률 제6650호)되었으며 6개월 후인 2002년 7월26일부터 시행되었다. 광주 5·18민주화운동과 관련하여 희생하거나 공헌한 자와 그 유족 또는 가족에게 국가가 합당한 예우(禮遇)를 함으로써 민주주의의 숭고한 가치를 널리 알려 민주사회의 발전에 이바지함을 목적으로 한다(제1조). 이 법의 적용 대상자에 대해서는 이미 특별법[12]으로 보상을 하였고 그 보상한 대상을 다시 '민주화유공자'로 하여 국가보훈정책 대상자로 한 것으로 여타 대상자와 형평성 문제를 야기한다는 비판이 있다.[13]

---

[12] 「광주민주화운동관련자보상 등에 관한 법률」.
[13] 이 법은 선 보상 후 보훈정책대상화(국가유공자 예우) 한 케이스이다.

정부는 ▲ 4·19혁명 부상자 1,820명[14] 중 아직도 국가유공자로 선정되지 않은 자 전원을 국가유공자로 구제하고, ▲ 4·19공로자(건국포장자)를 차별한데 대한 적정한 보상이 필요하며, ▲ 아직도 보상에서 제외된 4·19혁명 지도자(4·19혁명공로자)*를 발굴하여 추가포상을 대대적으로 시행해야 한다. 또한 기포장자를 기준하여 지역, 출신학교 등의 형평성을 고려해서 추가 보상자를 선정해야 한다.

* 12. 4·19혁명공로자: 1960년 4월 19일을 전후한 혁명에 참가한 자 중 제10호와 제11호에 해당하지 아니하는 자로서 건국포장(건국포장)을 받은 자

2. 포상·보상제도의 개선안

1) 보상대상의 확대

4·19정신(자유, 민주, 통일)의 선양은 민족과 국가 발전을 위해 매우 중요한 과제이다. 3·1운동–대한민국임시정부–4·19민주정신으로 맥을 잇는 우리의 정통성을 확립하고 국가정체성을 올바로 세우기 위해서는 4월 혁명 유공자에 대한 정당한 포상이 선행되어야 한다. 건국포장자에 대한 예우차별을 철폐하고 형평성의 원칙에 따라 4월 혁명에서 희생당한 모든 사람들이 포상대상이 되어야 한다.

이러한 일들이 제대로 시행되지 않을 때 '역사 바로세우기' 작업은 무망할 뿐이다. 과거 없이 미래가 없듯이, 국가와 민족을 위해 산화한 선열들과 그 후손들에 대한 최소한의 예우는 우리의 책무이다.

---

[14] 국가공식 기록에 의한 4·19혁명 부상자.

4월 민주혁명의 주도세력의 주체적인 역할 없이 4월 혁명정신이 제대로 선양될 수 없기 때문에 4월 민주혁명세력도 5.18민주화세력처럼 4·19 민주혁명에 대한 개별법을 제정하여 추가포상을 많이 받아 4월 민주혁명의 세력을 확대하거나 그렇지 않으면 정부로부터 추가포상신청의 기회를 다시 얻어 추가포상을 받아야 이 문제를 해결할 수 있다.

2) 포상제도의 기준

포상제도의 개선안으로 공적 심사위원의 선정, 공적 심사방법, 공적 심사대상, 그리고 공적 평가와 관련하여 다음과 같은 기준을 제시한다:

(1) 공적 심사위원의 선정

심사위원은 결정의 용이성과 재정의 절약 등을 감안하여 총 9명으로 구성한다.

① 9명의 심사위원은 학계에서 5명과 4·19관련단체에서 4명으로 한다.
② 5명의 학자는 보훈학회(1명), 보훈정책학회(1명), 정치외교사학회(2명), 한국사학회(1명)에서 선정하되, 선정의 조건은 모두 4·19혁명과 관련된 논문이나 저서를 집필한 자이어야 한다.
③ 4·19관련 단체인 4·19 민주혁명회, 4·19 국가유공자회, 마산의거회, 4·19 민주혁명 바로알기 운동연합에서 각 1명씩 총 4명의 심사위원을 추천한다.

(2) 공적 심사방법

심사는 공적의 사실성 평가에 두어야 함으로 소수 의견이 있을 경우 재심을 하도록 해야 하며, 최종결정은 전원일치제가 아닌 다수결로 해야 한다.

(3) 공적 심사대상

① 4월 혁명에 주도적으로 참가한 자란 4월 혁명에 주모자나 주동자로 참가한 자를 의미한다. 주모자란 학교의 대의원이상의 자로써 혁명의 모의에 주도적으로 참여한 자이며 주동자란 학과대표 이상으로 과 학생을 이끌고 주도적으로 참여한 자를 의미한다.

② 신청자의 공적에 세 가지 기준을 두고 그 가부를 가려야 할 것이다.
- 신청자의 혁명에의 적극참여가 사진이나 영상에 나타날 경우.
- 신청자의 혁명에의 적극참여가 신문, 잡지, 학술논문, 서적 등에 기재되어 있을 경우(본 기재는 2013년 8월말까지 발행된 것이면 유효함).
- 인우보증에 의한 신청자의 공적의 인정은 다음의 세 가지 조건 중 두 가지를 충족시킬 경우 인우보증에 의한 공적으로 인정함.
  - 신청자의 해당 학교장의 공적확인서가 제출된 경우.
  - 신청자의 혁명에 주도적으로 함께 참여한 학생 3인 이상의 공적확인서가 있을 경우.
  - 신청자의 해당학교의 4·19혁명 국가유공자 3인 이상의 공적확인서가 제출된 경우.

* 당시는 사진기자의 부족으로 각 학교의 주모자나 주동자의 활동

을 사진이나 영상에 담는다는 것은 거의 불가능하였음. 사진이 찍힌 것은 요행이라고 볼 수 있음. 이러한 이유로 인우보증은 절대적으로 필요함.

(4) 공적 평가

공적 평가기준은 ① 공적의 정도는 충족되나 포상대상으로 인정되지 않는 경우 ② 공적은 인정되나 그 후의 행적이 문제되는 경우 ③ 치안 및 거리 질서 등 수습 공적이 있는 경우 등으로 구분할 수 있다. 이를 경우에 따라 구체적으로 살펴본다.

① 공적의 정도는 충족되나 포상대상으로 인정되지 않는 경우
포상기준으로 시위주모, 시위주동, 대통령하야권유, 대통령하야 후 거리질서 확립참여 등 4가지 기준에서 둘 이상의 경우를 육하원칙에 의해서 기술하고 동 내용에 대해 다음과 같은 보증을 설 경우 이를 유효한 거증으로 삼는다.
  ○ 해당학교에서 국가유공자로 선정된 자로서 이들 중 3명이상이나 혹은 추가포상신청자 포함 혁명에 가담한 자 5명이상이 추가 포상 신청자의 공적을 보증할 경우.
  ○ 해당학교나 대학의 총장이 추가 포상신청자의 공적을 인정하고 이를 보증할 경우.
  ○ 4·19공적단체(4·19공로자회, 4·19유족회와 4·19민주 혁명회)가 추가 포상신청자의 공적을 인정하고 추천한 경우.
  ○ 4·19세대로서 전·현직 장관급 이상의 신분 2인 이상이 신청자의 공적을 인정하고 보증할 경우.
  ○ 4월 혁명으로 인해 기포상자로서 전·현직 차관급 이상인 신분 2인 이상이 보증할 경우.

② 공적은 인정되나 그 후의 행적이 문제되는 경우
　4월 혁명 유공자 공적에는 하자가 없으나 그 후 신청자의 행적을 문제 삼아 포상에서 제외한 경우가 있다. 여기에도 법리적으로 세분화시켜야 할 것이다. 4월 혁명 공적이 인정된 자가 박정희 정권이나 전두환 정권에 발탁되어 활동하였더라도 그 공적 자체를 인정하여 포상을 주어야 할 것이다. 그러나 형사범이나 국사범은 제외해야 할 것이다.
③ 치안 및 거리질서 등 수습 공적이 있는 경우
　이 경우는 대통령 하야 후 거리질서 수습 등 공적이 있는 자가 해당되나 이들에게 공적을 인정한다는 것은 무리라고 본다. 왜냐하면 그 대상은 4·19혁명에 직접 참여하지 않는 자도 있기 때문이다. 그러나 4·19혁명에 참여한 사실이 인정된 자로서 거리 질서 확립에 참여한 자는 그의 공적을 인정해야 한다.[15]

제5절 정리 및 요약

　우리 현대사에 위대한 족적을 남기고 아직도 진행 중인 4월 학생민주혁명의 정신과 이념이 그 동안 역대 정권, 특히 권위주의 정권들의 무책임으로 화석화하였다. 4월 혁명 50주년이 지난 지금 4·19정신과 이념을 재조명하고 널리 선양해야 한다. 그러나 이는 주장만 가지고 해결될 문제는 아니다. 합리성과 형평성, 법적 장치의 마련, 이

---

15 임춘식, "4·19혁명 유공자 포상제도의 문제점과 개선방안", 4·19혁명연구회 주비위원회, 4·19혁명 50주년 맞이 학술세미나, 2009년, 12월 8일, 4·19혁명 기념도서관 1층 강당, 13~15쪽 참조.

에 따른 합당한 포상, 보상정책 등 구체적인 뒷받침이 필요하다.

거듭 강조하지만 원인이 동일하면 결과도 같아야 하는 것이 법정신이다. 독립유공 건국포장자와 4월 혁명 유공 건국포장자의 국가유공자의 원인은 '건국포장'임으로 국가제도에서 양 대상에 대한 예우를 동일하게 하여야 한다.

뿐만 아니라 광주 5·18민주혁명에서 겨우 20만 명이 군에 항거하였지만 김대중 대통령의 특별배려로 무려 약 4,200명이 거의 인우보증으로 국가유공자가 되었다. 이에 반하여 4·19학생혁명에서는 전국적으로 거의 100만 학도가 이승만 독재정권에 항거하여 분연히 일어났음에도 불구하고 2012년 말 현재 겨우 529명이 국가유공자가 되었다. 이는 형평성의 문제라 말하지 않을 수 없다.

따라서 정부는 1) 4·19혁명 부상자 1,820명 중 아직도 국가유공자로 선정되지 않은 자 전원을 국가유공자로 구제하고, 2) 4·19공로자(건국포장자)를 차별한데 대한 적정한 보상이 필요하며, 3) 아직도 보상에서 제외된 4·19혁명 지도자(4·19혁명공로자)를 발굴하여 추가포상을 대대적으로 시행해야 한다.

그리고 4·19혁명단체들도 5·18기념사업회와 같은 기념재단을 설립하여 이념 선양과 계승 등 관련 사업을 전문성을 가지고 체계적으로 시행할 수 있는 제도적 장치를 마련해야 한다. 구체적으로 4월 혁명기념재단을 설립하여 헌법 전문이 규정하는 4월 혁명이념 계승을 위한 민간기구로서 역할을 하도록 해야 한다. 재론의 여지없이, 여기에는 정부의 적극적인 재정지원 등이 뒷받침되어야 한다.

또한, 4월 혁명 관련 3개 단체의 유기적 협조와 체계적 운영은 4·19혁명이념을 선양하고 함양하는데 있어 매우 중요하다. 이는 투명성, 책임성, 효율성의 문제와 관련이 된다.

단체이기주의를 극복하고 3개 단체가 각각 자율성과 책임성을 유지하면서 하나의 통합체제로 운영할 때 효율성은 극대화 할 것이고 투명성 또한 확보될 것이다. 만에 하나 제한된 예산을 놓고 각 단체가 이전투구 하는 양상을 띠면 4·19의 이념은 무색해질 것이다.

그러므로 4월 민주혁명이념을 계승하고 발전시키기 위해서는 무엇보다도 4월 혁명 당시의 혁명세력의 성찰과 반성이 필요하며 이러한 성찰과 반성을 기초로 하여 우선 아직 국가유공자가 못된 수천 명의 4월 혁명의 주도세력들이 추가포상을 통해 국가유공자가 되어야 한다고 본다. 2010년 4월 혁명 50주년을 기해 1082명의 혁명주도세력이 추가포상신청을 하였으나 겨우 268명만이 포상을 받았다. 또한 2011년에 약 760명이 추가포상신청을 하였으나 겨우 40명이 포상을 받았다. 4월 민주혁명의 이념을 선양하기 위해서는 4·19 기포상자 529명으로는 그 수가 너무 초라하여 앞으로 최소한 2,500여 명이 새로이 추가포상을 받아야한다고 대부분의 4·19세대들은 주장하고 있다.

1960년도 학생 수는 대학생이 92,930명이고 고등학생이 264,108명이었으며 중학생은 543,564명으로 도합 900,602명이었다. 여기에 더하여 일반 시민과 청년실업자 20만 명을 합치다면 백십만 명이 훨씬 넘는다고 본다. 주모자나 주동자를 100명에 하나로 치고 약 백만 명이 전국적으로 4·19혁명에 가담하였다고 한다면 이론상으로는 최소한 만 명이 포상을 받아야 한다.

4월 학생민주혁명 주도세력 중 앞으로 2,500여명만이라도 정부로부터 추가포상을 받게 된다면 4월 혁명이념의 선양에 있어 인적자원이나 재정적 문제도 해결할 수 있다고 본다. 만약 4·19 국가유공자와 추가 포상자 도합 3500여 명이 1인당 백만 원 이상을 낸다면 4·19회관 건립을 위해 도합 약 35억 이상을 모금할 수 있을 것이다. 이 기금을 바탕으로 4·19회관건립을 위한 추가모금을 위해 기업체나 정부에게도 도움을 요청할 수 있을 것이다.

또한 3개 4·19공법단체가 통합되어 4월 혁명 사업을 효율적이고 민주적으로 공정하게 운영할 필요가 있다. 현재 3개 공법단체는 목적사업비는 거의 없이 일 년 예산을 주로 관리운영비로 사용하고 있다. 만약 관리운영비보다 목적사업비를 지금보다 훨씬 많이 책정할 수 있다면 통합된 재단은 앞으로 여러 가지 사업을 더 많이 할 것이며 4·19혁명회관의 건립 등 모든 기념사업들을 책임성 있게 관장해 나아갈 것이다. 3개 4·19단체가 관련 사업을 추진함에 있어 개개 단체의 이익만을 보고 숲 전체를 못 본다면 4월 혁명이념의 선양은 계속 국민의 외면과 무관심속에서 헤매게 될 것이다.

또한 헌법 전문이 규정하는 '4·19민주이념 계승'의 실질적이고 구체적인 방안을 위해 기념물 설치, 기념 공간 지정 및 기념관 설립 등의 사업 전개와 재단, 연구소 등 전문성을 갖춘 조직의 구성이 필요하다. 또한 민주지도자 양성프로그램 등의 교육시스템을 구축하여 4·19이념의 대국민 이해도를 확산시키고 국민생활 속에 민주주의를 정착시켜야 한다.

이는 4월 혁명 기념사업회(재단)의 설립, 재단을 위한 기금 조성, 이의 활성화를 통해 이루어질 수 있다. 정부출연 4·19재단은 전문성과 체계성을 통한 4월 혁명이념의 선양을 위해 꼭 필요하다. 5.18 기념사업회는 4월 혁명 기념사업의 재단화를 위한 모델이 될 수 있다.

전문성과 체계성을 보다 구체화하기 위해 재단 밑에 정책연구소 혹은 민주시민 아카데미를 두고 연구와 교육을 담당하게 하는 것도 4월 혁명이념의 확산을 위해 적극적으로 고려해야할 부분이다. 4·19정신 계승 특별연구위원회(가칭)를 구성하여 위에서 제기된 문제들을 해결하기 위한 방안들을 강구하길 바란다.

참고문헌

1. 보훈관련법
한국법제연구원 편, 『법전』(법무부, 2009)
대한민국 국가보훈기본법
대한민국 상훈법
국가유공자등 예우 및 지원에 관한 법률
광주민주화운동관련자보상 등에 관한 법률

2. 국내저서

2.1. 단체에 의한 저서

2.28민주의거 40주년 특별기념사업회/ 2000/ 2.28 民主運動史.1,2,3 資料篇/ 2.28민주의거 40주년 특별기념사업회
3.15의거 기념사업회/ 2001/ 너는 보았는가 뿌린 핏방울을: 3.15義擧 紀念詩選集/ 3.15의거 기념사업회
_____/ 2004/ 三.一五 義擧史/ 三一五義擧 紀念事業會
4.19 혁명기념 학술강연회 준비위원회/ 2006/ 4.19혁명이 한국근대사 민주화에 미친 영향: 4.19혁명 제46주년기념 학술강연회/ 4.19 민주혁명회
4월혁명연구소 편/ 1990/ 한국 사회변혁운동과 4월혁명/ 서울 : 한길사
50주년 4.19혁명 기념사업회/ 2011/ 4.19 혁명사 (상하권)/ 서울: 조광출판인쇄주식회사
국가보훈처/ 1995/ 문민정부의 4.19 재조명/ 국가보훈처
대한정책개발연구소/ 1990/ 4.19 그 후 30년/ 대한정책개발연구소
마산일보사/ 1960/ (民主 革命)勝利의 記綠: 1960 3.15-6.15/ 마산: 마산 일보사
민주화운동기념사업회/ 2008/ 한국 민주화운동사. 1 제1공화국부터 제3공화국까지/ 서울: 돌베개

바른사회·밝은정치 시민연합/ 2010/ 제 50주년 4.19 민주혁명 기념 국제학술회
　　　의: 4.19 민주혁명의 회고와 성찰/ 서울: 나라사랑
사월혁명동지회출판부/ 1965/ 四月革命/ 서울: 四月革命同志會出版部
육일회/ 1992/ 4月 民主革命 史/ 서울: 제 3세대
일월서각편집부/ 1993/ 4.19 革命 論. 2 資料編/ 서울: 일월서각
학민사편집실/ 1984/ (4월혁명 자료집)4.19의 민중사/ 서울: 학민사
＿＿＿＿＿＿＿/ 1985/ (4월혁명 자료집)혁명재판/ 서울: 학민사
한국 금융 20년사 편찬위원회/ 1967/ 한국금융 20년 사/ 대한금융단
한국민중사연구회/ 1986/ 한국민중사 1.전근대편/ 서울: 풀빛
＿＿＿＿＿＿＿/ 1998/ 한국현대사의 재인식. 4, 19: 50년대 후반기의 한국사
　　　회와 이승만정부의 붕괴= Rethinking Modern Korean History/ 서울: 오름
한국정치연구소/ 2007/ (키워드로 읽는)한국현대사. 1: 8.15해방에서 4.19 혁명
　　　까지/ 이매진
한국정치연구회/ 1990/ 한국정치사/ 서울: 백산서당
한국현대사연구소/ 1987/ 빼앗긴 들에 핀 4월의 꽃/ 서울: 동광출판사
현역일선기자동인회/ 1960/ 四月革命: 학도의 피와 승리의 기록/ 서울: 創元社

2.2. 개인에 의한 저서

강만길/ 1983/ 4월혁명론/ 서울: 한길사
강준만/ 2004/ 한국 현대사 산책: 1960년대 편. 1-3 4.19혁명에서 3선 개헌까지/
　　　인물과 사상사
고준석/ 1976/ 남조선 학생 투쟁사/ 서울
공제욱·노중기/ 1990/ 농지개혁과 원조경제-1950년대 사회경제구조/ 서울: 한
　　　길사
김경권/ 1986/ 제 2공화국 혁신세력- 민족자주운동을 중심으로/ 서울대 정치학
　　　과 석사학위 논문
김경일/ 1998/ 1950년대 후반의 사회이념: 민주주의와 민족주의/ 서울: 오름출
　　　판사
김봉현/ 1969/ 3.1運動과 4.19革命의 比較考察: 特히 知識人의 役割을 中心으로
　　　/ 延世大學校 大學院
김성태/ 1983/ 4.19학생봉기의 동인/ 서울: 일월서각
김영국/ 1991/ 民主化와 學生運動의 方向/ 서울: 大旺社
김영태/ 1975/ 한국의 농지개혁에 관한 연구/ 경북대학박사학위논문
김운태/ 1976/ 해방 30년사, 제 2권/ 서울: 서문각

김의용/ 3.15마산의거의 역사적 고찰/ 4.19유족회
김진균, 김재훈, 백승옥/ 1990/ 한국사회변혁론과 4월혁명, 사월혁명연구소 편/ 서울: 한길사
김행선/ 2005/ 4.19와 민주당/ 서울: 선인
노중석/ 1989/ 4.19와 통일논의/ 서울: 사계절
문창주/ 1965/ 한국정치론/ 서울: 일조각
박현채/ 1978/ 민중과 경제 / 서울: 정우사
변명의/ 1986/ 한국교원노동조합운동의 비판적 연구/ 연세대 교육학과 석사학위 논문
안병직/ 1980/ 변혁시대의 한국사-개항부터 4.19까지/ 서울: 동평사
양길현/ 2010/ 4·19의거와 샤프론혁명/ 한국정치외교사학회
유광호 외/ 1999/ 한국 제1·공화국의 경제정책/ 서울:한국정신문화원
윤천주/ 1961/ 한국정치체계/ 서울: 고려대출판부
이강현/ 1960/ 民主革命의 발자취: 全國 各級學校 學生代表의 手記/ 서울: 正音社
이대근/ 1988/ 한국전쟁과 1950년대의 자본축적/ 서울: 까치
_____ 외/ 2005/ 새로운 한국경제발전사 조선후기에서 20세기 고도성장까지/ 서울: 나남
이목/ 1989/ 한국교원노동조합운동사: 4.19혁명기를 중심으로/ 서울: 푸른나무
이봉재/ 2004/ 초등사회과 교과서의 4.19혁명 서술내용 분석/ 서울敎育大學校
이상노/ 1960/ 피어린 四月의 證言: 四.一九民主革命文學選/ 서을: 硏學社
이재오/ 1993/ 해방 후 한국 학생운동사/ 서울: 형성
이종오/ 1991/ 1950년대 한국사회와 4·19혁명/ 서울: 태암
이형/ 2002/ 조병욱과 이기붕: 제1공화국 정치사의 재조명/ 서울: 삼일서적
이호철/ 1971/ 四月과 영원/ 서울: 乙酉文化社
李洪培/ 1970/ 韓國的 近代化過程: 4.19以後의 변천상/ 서울: 사월공론사
이화수/ 1985/ 四月革命: 政治行態學的 硏究/ 서울: 평민서당
임영태/ 1998/ 대한민국 50년사. 1 건국에서 제3공화국까지/ 서울: 들녘
임춘식/ 2001/ 70년대의 사회상황과 학생운동/ 서울 : 나남
전득주/ 2005/ 선진한국 어떻게 만들까/ 서울: 동아일보사
전득주 외/ 2010/ 4월 민주혁명의 재조명/ 서울: 공동체
전득주 외/ 2011/ 4월 민주혁명의 재조명/ 개정증보판/ 서울: 긍동체
정국로/ 1995/ 한국학생민주운동사: 1945-1960전개과정중심/ 서울: 도서출판
_____/ 2005/ 4.19 혁명의 뿌리를 찾아서: 잊혀진 민주화 투쟁을 중심으로/ 한국현대사   연구소
_____/ 2005/ 4.19 혁명의 뿌리를 찾아서: 잊혀진 민주화 투쟁을 중심으로/ 한

국현대사연구소
정윤재/ 2003/ 정치리더십과 한국민주주의/ 서울: 나남출판
정창현/ 2002/ 민주와 통일 운동의 결합: 끝나지 않은 미완의 혁명 4 · 19/ 내일을 여는 역사
조정식/ 1960/ 4.19의 별/ 서울: 兒童文化社
中川信夫/ 韓國의 經濟와 産業發展/ 아시아경제연구소 연구참고자료 72집
학민사 편집실/ 1983/ 4.19의 민중사: 사월혁명 자료집/ 서울: 학민사
한완상/ 1993/ 4.19 革命論. 1/ 서울: 일월서각
한완상, 이우재, 심재택 외/ 1983/ 4.19혁명론/ 서울: 일월서각
한태수/ 1961/ 한국정당사/ 서울: 신 태양출판사
홍성유/ 1962/ 한국경제와 미국원조/ 서울: 박영사
홍중조/ 1992/ 三.一五 義擧/ 4.19의거상이자회 경남지부

3. 국내논문

강주성/ 2005/ 3.15 정신의 미래지향적 새 지평을 열어가자『3.15의거 정신의 역사적 변천과 계승 방안』/ 3.15의거 제45주년 기념 학술심포지엄 논문집
경북중고등학교/ 1976/ 경북중고등학교동창회 60년사
권정복/ 1997/ 2 · 28의 불씨가 3·15마산의거로 이어지고/ 2·28민주의거기념논문집
김광식/ 1987/ 4 · 19시기 혁신세력의 정치활동과 그 한계/ 역사비평
김상숙/ 1997/ 2월 마지막 날이면 생각나는 추억/ 2·28민주의거 37주년기념논문집
김성주, "젊은 희생이 사회발전의 원동력인가",『세계와 나』, 1989. 11, 43~54쪽.
김소영/ 1986/ 한국정치발전의 갈등기능논적 분석에 관한 연구: 4.19革命의 葛藤集團을 中心으로/ 연세대학교 대학원
김시윤/ 1982/ 4 · 19혁명의 원인분석/ 고려대학교
김연철/ 1982/ 四.一九의 원인에 대한 고찰: 葛藤의 權力均衡모델을 中心으로/ 고려대학교
김영수/ 2010/ 4 · 19혁명기 노동운동의 민주주의 이행전략/ 민주주의와 인권
김유원/ 1973/ 非常戒嚴令下 韓國新聞의 外信報道: 특히 4 · 19와 5 · 16을 前後한 朝鮮日報 의 外信報道量과 그 態度를 中心으로/ 서울大學校
김재홍, 마산연합뉴스, 2010년 1월 27일과 2월 11일자 참조
김태룡/ 1964/ 3 · 15 마산의거의 역사적 고찰/ 마산시사: 자료집 1집

김혁동/ 1970/ 4·19의 정의를 내린다/ 4월혁명10주년 기념 세미나 보고서 편찬
위원회
마산문학관/ 2010/ 자유, 민주, 정의 마산의 함성/ 마산문학관
박현채/ 1988/ 4.19시기의 노동운동의 전개와 양상/ 역사비평
박형신/ 1986/ 한국사회의 구조와 4월혁명: 1945-1960: 4월혁명에 대한 사회구
조사적 접근/ 고려대학교
보건사회부/ 1961/ 보건사회통계연보/ 서울:보건사회부
(사) 3.15 의거기념사업회 편/ 2004/ 3·15의거사
서중석/ 1991/ 4월혁명운동기의 반미·통일운동과 민족해방론/ 역사비평
손진홍·이대우·박대근·윤풍홍·윤중명·장주효·박순천/ 1987/ 부정에 항거
하는 젊음들/ 대고 30년사
소치형, "국가보훈기본법의 문제점과 이의 합리적 개정방안," 4·19혁명 제48주
년 기념행사준비위원회, 4·19혁명기념 학술대회, 2008년 4월 15일, 4·19
혁명 기념도서관 강당 참조.
안병수/ 1982/ 4.19학생 운동의 정치사적 고찰: 四.一九 學生 運動의 政治史的
考察 / 연세대학교
양영민/ 1983/ 4.19와 5.16혁명의 비교연구: 4·19와 5·16革命의 比較研究/ 고
려대학교
유재일/ 1988/ 4·19시기 혁신정당운동의 전개과정과 그 성격이 관한 연구/ 고
려대학교
이대우/ 1986/나의 2·28: 횃불을 밝혀라 동방의 빛들아/ 경북중고 제42회 졸업
30주년 기념 문집
이은진/ 2003/ 지역성과 사회운동: 3.15 마산의거의 재조명/ 저항, 연대, 기억의
정치 1―한국사회운동의 흐름과 지형
이철구/ 1986/ 4.19시기의 교원노동조합운동/ 석탑
임송자/ 2006/ "1950년대 후반 전국노동조합협의회 결성과 4월혁명기 노동운동
/ 한국민족운동사연구
임춘식, "4·19혁명 유공자 포상제도의 문제점과 개선방안", 4·19혁명연구회 주비
위원회, 4·19혁명 50주년 맞이 학술세미나, 2009년, 12월 8일, 4·19혁명
기념도서관 1층 강당 참조.
전철환/ 1983/ 4·19혁명의 사회경제적 배경/ 서울: 일월서각
정계정/ 1996/ 4月革命期' 學生運動의 背景과 展開: 學園民主化運動과 國民啓蒙
運動을 中心으로/ 成均館大學校
정국로/ 1978/ 四.一九學生革命에 關한 研究: 歷史的 背景을 中心으로/ 건국대
학교대학원

_____/ 2005/ 4·19 혁명의 뿌리를 찾아서: 잊혀진 민주화 투쟁을 중심으로/ 한국현대사　연구소
정도성,"4·19 열돌 최장수의 우후죽순 단체들: 그 계보와 빛바랜 기치", 주간조선, 1960년 4월 12일자 참조
진덕규/ 1980/ 4·19혁명의 갈등구조/ 신동아
_____/ 1983/ "4월혁명의 정치적 갈등구조. 63-129쪽/ 강만길 외/ 『4월혁명론』 / 서울: 한길사
차철욱/ 2005/ 마산 시민의식의 성장과 3.15의거, 『3.15의거 정신의 역사적 변천과 계　승방안』 / 3.15 의거 제45주년 기념 학술심포지엄 논문집
최단영/ 1965/한국의 정당과 정치자금 / 정경연구
최병섭/ 1996/ 4월혁명시기 노동자계층의 동향에 관한 연구: 4月 革命時期 勞動者階層의 動向에 관한 硏究/ 국민대학교
최용호/ 1991/ 2·28학생의거의 배경과 의의/ 경북중고 제42회 졸업 30주년 기념집
한태연/ 1960/ 정권교체에의 기대/ 사상계
황현옥/ 1990/ 사월 혁명 당시 노동운동의 전개과정에 관한 연구/ 이화여자대학교

4. 외국논문

Kim Eugene C.I. and Kim Ke-Soo / 1964/ "The April 1960 Korean Student Movement"/ The Western Political Quarterly.
Kim, Quee-young/ 1975/ "Social Structure and Student Revolt: A Quantative Analysis of Korean Case"/ Havard University
Rhee Young-pil / 1974/ "The Breakdown of Authority Structure in Korea in 1960: A Case Study of the Failure of Concerted Feedback"/ University of Chicago
Yang Sung-chul / 1970/ "Revolution and Change: A Comparative Study of the April Student Revolution of 1960 and the May Military Coup d'Etat of 1961 in Korea"/ University of Kentucky

5. 국내신문 (일간지 및 주간지)

동아일보/ 1993/ 4·19 革命의 새로운 인식/ 동아일보사
신동아/ 1980/ 4·19혁명의 갈등구조/ 신동아
_____/ 1990/ 4·19 30년, 아직도 풀지 못한 역사적 과제/ 신동아
월간조선/ 1980/ 20년 만에 부르는 우리들의 招魂歌: 당신들을 그리면서/ 월간조선
_____/ 1980/ 4·19스무돌…歷史의 눈: 4.19의 再評價/ 월간조선
_____/ 1984/ 4·19 그 후 24년: 4.19피고인들의 찬란한 변신/ 월간조선
_____/ 1986/ 4·19는 미완성 혁명/ 월간조선
_____/ 1986/ 4·19세대 그 후 26년/ 월간조선
_____/ 1986/ 4·19의 回顧/ 월간조선
_____/ 1987/ 3·15부정선거에서 4.19데모까지: 自由黨 최후의 국무회의 秘錄/ 월간조선
_____/ 1987/ 4·19師弟대담: 革命은 성공, 精神은 未完 玄勝鍾, 李基澤/ 월간조선
_____/ 1989/ 우리 민족의 강인한 자주정신과 기개를 시위한 영웅적 4월 인민봉기/ 월간조선
주간조선/ 1969/ 4월에 되새겨보는 4월의 함성: 4·19세대의 發言/ 주간조선
_____/ 1969/ 4월에 되새겨보는 4월의 함성: 4·19의 넋과 함께 5년 주간조선/ 주간조선
_____/ 1969/ 4월에 되새겨보는 4월의 함성: 西大門 景武臺 그 후/ 주간조선
_____/ 1969/ 4월에 되새겨보는 4월의 함성: 캠퍼스에 스민 숨결은…/ 주간조선
_____/ 1970/ 4·19 열돌 最長壽의 雨後竹筍團體들 그 肆譜와 빛바랜 旗幟/ 주간조선
_____/ 1970/ 4月 革命 10주년 기념 세미나 주저 요지 4·19 그 정신의 재평가와 당면 과제/ 주간조선
_____/ 1970/ 大學신문속의 4·19 그 10돌을 다룬 캠퍼스의 거울/ 주간조선
_____/ 1971/ 열한돌 맞는 4.19/ 주간조선
_____/ 1980/ 1960년 4월 19일 4·19학생義擧: 새 歷史 章 열려/ 주간조선
_____/ 1984/ 4·19후 自由黨원흉 48명 재판 맡아: 輿論 외면…法대로 판결/ 주간조선
_____/ 1992/ 4·19세대 모임 만들었다: 4월회 각계 중견 人士 2백70명 회원/ 주간조선

〈부록 1〉 대학별, 고등학교별 4·19혁명유공 건국포장자 명단 (2012년 말 현재)

1. 대학교

No	학교명	수	명단	비고
1	건국대	16	박영호, 배자옥, 백운호, 신동림, 오석보, 이태우, 정국영, 정원찬, 한규철 황윤경, 김종철, 유 양, 이문임, 이영철, 조동환, 이동을(부상자)	
2	경기대	3	김교근, 임기동, 정기철	
3	경북대	12	김성태, 곽병숙, 김태현, 김길식, 김일현, 류종하, 박헌열, 이준영, 장명식, 전재창, 허동진, 우후덕	
4	경희대	10	김종림, 김효영, 류기수, 안길원, 윤정우, 이홍배, 장영순, 정동성, 이연복, 이재환	
5	고려대	47	강우정, 김금석, 김낙중, 김양현, 박상원, 박찬세, 윤용섭, 이기택, 이세기, 이재환, 이정일, 이찬오, 정국노, 조석재, 하은철, 강경식 강기태, 김대수, 김성조, 김성택, 김영표, 김완식, 김원경, 김유진 김창신, 김한식, 나효성, 남인우, 독고중훈, 문정수, 박영남, 박용남 백용천, 손가명, 양영식, 윤덕진, 이상은, 이용묵, 장화수, 조남도, 조인형, 주석환, 최봉규, 황이연, 김순태, 김재우(부상자), 이균익	
6	광주사대	1	박천조	
7	국학대	3	하승용, 이영진, 오산근	
8	국제대	1	이준직	
9	단국대	8	김재수, 손말수, 안의남, 이말남, 지인교, 지정달, 최순권, 김용언	
10	대구대	5	송효익, 김정기, 신의웅, 이길우, 정만진	

<부록 1> 대학별, 고등학교별 4·19혁명유공 건국포장자 명단

No	학교명	수	명단	비고
11	동국대	45	김대건, 김칠봉, 김훈기, 노철언, 박영식, 엄태근, 유인재, 이용익, 이영수, 이우대, 조호영, 장춘준, 탁연복, 황해성, 김기권, 김남수 김덕일, 김문환, 김성저, 김재신, 김정걸, 김종서 박낙원, 박완일 박홍규, 박희부, 배시영, 심재익, 심춘섭, 안길수, 양승조, 염휴찬 오진모, 윤석제, 이상언, 이순권, 이승헌, 이철규 장근도, 전다길, 정진영, 조국형, 최경범, 허천택, 황규선	
12	동아대	3	박관용, 서석재, 정한팔	
13	부산대	3	김정수, 윤석순, 김종욱	
14	부산수산대	1	허재홍	
15	서라벌예대	1	변양창	
16	서울대	38	금유식, 김 광, 김덕창, 박 실, 안병규, 양성철, 오동휘, 유세희 이장춘, 주낙서, 강경선, 고영수, 김 명, 김수자, 김현규, 노홍권 배부성, 백영헌, 부현일, 서정복, 심재택, 유 진, 이정수, 이종상, 이청수, 정병조, 정철기, 조영헌, 최광철, 최인환, 황 건, 황활원, 김신웅(여), 김화영, 박한수, 심상석, 최영상, 한경수	
17	성균관대	11	방조영, 이승만, 이완수, 이항우, 임무웅, 최영하, 최정택, 한호상 공전조, 신재홍, 최동화	
18	숭실대	5	이성화, 조창도, 김순경, 윤혜득, 정영환	
19	연세대	11	유영철, 고원섭, 고흥우, 이동건, 전상의, 정세환, 조종구, 천진환, 최중근, 한중애, 홍창원	
20	전남대	2	김평수, 유인학	
21	전북대	6	김용화, 김호영, 이희호, 전대열, 하청민, 황춘택	
22	조선대	3	김종옥, 오차갑, 박채주	

No	학교명	수	명단	비고
23	중앙대	20	강영석, 김춘식, 김효은, 손문영, 유용태, 유정하, 이춘근, 차상숙, 홍관옥, 고재홍, 김병일, 김성일, 김영중, 김정일, 박대선, 박원필, 백승철, 유경노, 진건웅, 김성석 (부상자)	
24	청구대	15	김한수, 박승진, 배금원, 배철웅, 서종구, 송기석, 신달선, 이영교, 장용상, 정우상, 한영수, 홍승길, 류일지, 서경보, 서정덕	
25	청주대	5	김현수, 김탁영, 송진호, 신경관, 신준희	
26	충남대	1	오천균	
27	한국외대	6	김기병, 민승찬, 유인균, 이기후, 조재린, 허 칠	
28	한양대	5	남호명, 위해룡, 문효영, 변봉덕, 안경훈	
29	항공대	1	안승근	
30	해인대(마)	3	김봉세, 장덕수, 진영치	
31	홍익대	8	김재각, 김종순, 민병천, 박춘하, 이영재, 장진호, 추은석, 박홍률	
	계	299		

2. 고등학교

No	학교명	수	명단	비고
1	광주고	15	김덕만, 김동운, 김병욱, 김선담, 박상욱, 신강식, 이홍길, 정기창 조병수, 지부일, 지승수, 하성수, 홍갑기, 김충언, 김이중	
2	광주농고	1	김영갑	
3	광주상고	3	강영원, 김홍모, 전해룡	
4	경남공고	1	이을랑	
5	경북고	3	이대우, 이완식, 안효영	

〈부록 1〉 대학별, 고등학교별 4·19혁명유공 건국포장자 명단

No	학교명	수	명단	비고
6	경북사대부고	1	최용호	
7	경주고	1	천대원	
8	경희고	1	송창달	
9	군산고	1	김중석	
10	균명고	1	조지현	
11	대광고	15	고원석, 김기복, 김명진, 김재영, 김충삼, 김태웅, 박예정, 방정웅, 배극일, 백진호, 이문김, 이인행, 정기원, 조승호, 최완택	
12	대구고	2	손진홍, 장주효	
13	대전고	4	박선영, 박제구, 홍석곤, 최종일	
14	대전상고	1	채재선	
15	동래고	1	장제모	
16	동성고	5	김어상, 김정만, 박홍, 송승호, 안건혁	
17	동북고	1	홍충식	
18	동아고	1	강영구	
19	마산고	4	김무신, 박광규, 박문달, 진건정	
20	마산간호고	2	양말연, 조성은	
21	마산공고	4	박 번, 박정석, 변정석, 안시준	
22	마산상고	6	김양부, 배길수, 김정욱, 김종배, 박종학, 한만석	
23	마산성지여	4	김미령, 안명희, 김숙자, 이영자	
24	명성여고	1	이재영	
25	성남고	12	김만옥, 김순길, 김종운, 김진태, 박효성, 유무환, 임무웅, 정병용, 박병운, 이대희, 정 균, 조귀룡	
26	수도공고	5	김광순, 노만석, 박은수, 조용부, 권영길	
27	숭일고(광)	1	김귤근	
28	용문고	1	김화년(부상자)	

No	학교명	수	명단	비고
29	양정고	3	박민원, 박종환, 이상철	
30	제일여고(마)	2	노원자, 이정자	
31	제천고	1	이병길	
32	조대부고	5	김이현, 전만길, 구양술, 안익현, 이진규	
33	중동고	3	설송웅, 김성한, 박조일	
34	창신고(마)	2	김주창, 정형진	
35	청주고	2	이래필, 이강호	
36	청주공고	7	오성섭, 윤흔명, 이용희, 권오선, 박완규, 정순종, 조관형	
37	정주농고	7	강병웅, 김상현, 김익재, 박청홍, 여봉선, 이창호, 이홍원	
38	청주상고	5	신광성, 이세현, 임병준, 박준규, 황영선	
39	춘천고	1	설정일	
40	충주고	1	윤한상	
41	평택고	1	문봉섭	
42	한양공고	1	박 훈	
43	홍국고	1	주용현	
	계	140		

3. 일반

No	성명	직업	소속	No	성명	직업	소속
1	강명환			45	김천길	기자	서울메통신
2	구경서			46	박갑성	교수	서울대 미대

<부록 1> 대학별, 고등학교별 4·19혁명유공 건국포장자 명단

No	성명	직업	소속	No	성명	직업	소속
3	구범회			47	박용윤	방송인	동아일보 사진기자
4	김기일			48	박의현	교수	서울대 문리대
5	김영애			49	박희성	교수	고려대 철학과
6	김우석			50	배재식	교수	서울대 법대
7	김형직			51	변희용	교수	성균관대
8	박문현			52	손명현	교수	고려대 철학과
9	박종철			53	송병돈	교수	서울대 미대
10	안경환			54	오세린	일반	동아일보 판매원
11	우창영			55	윤영현	일반	서울 장미 라사직원
12	유주봉			56	윤인호	교수	서울대 사범대
13	이경화			57	이용한	일반	마산 철공소 직원
14	이래석			58	이응직	교수	서울 사범대
15	이철수			59	이윤근	교수	대구 청구대
16	이태선			60	이정규	교수	청주대
17	이해춘			61	이종우	교수	고려대 철학과
18	정남규			62	이희승	교수	서울대 문리대
19	정진철			63	인영환	교수	서울대 법대

No	성명	직업	소속	No	성명	직업	소속
20	제정수			64	임창순	교수	성균관대
21	조래철			65	전웅덕	방송인	부산 MBC 보도국장
22	채용국	중학교 교사		66	정범모	교수	서울 사범대
23	천기홍			67	정범태	방송인	조선일보 사진기자
24	최승욱			68	정석해	교수	연세대
25	황기원			69	정연태	교수	서울대 사범대
26	황선필			70	정재각	교수	고려대 사학과
27	황칠규			71	정희철	교수	서울대 범대
28	강주성	강사	마산 웅변학원	72	조윤제	교수	성균관대
29	곽원길	일반		73	천봉화	일반	마산 시민
30	김경탁	교수	고려대 철학과	74	천은순	일반	마산 시민
31	김계숙	교수	서울 사범대	75	최기철	교수	서울대 사범대
32	김기완	일반	서울 원진약품	76	최재희	교수	서울 사범대
33	김상호	교수	서울 사범대	77	최해종	교수	청구대
34	김성식	교수	고려대 사학과	78	한두업	일반	마산 시민
35	김용호	당원	민주당 여수 지구당	79	한태수	교수	건국대
36	김우석	방송인	부산 MBC 기자	80	홍형의	교수	청구대

⟨부록 1⟩ 대학별, 고등학교별 4·19혁명유공 건국포장자 명단

No	성명	직업	소속	No	성명	직업	소속
37	김재극	교수	서울대 자원공학과	81	황하적	일반	부산 시민
38	김종영	교수	서울디미대	82	김광풍	일반	
39	김준민	교수	서울대 사범대	83	강대인	일반	
40	김증한	교수	서울대 법대	84	김서운	일반	
41	전무근 (부상자)	일반		85	안양문	일반	
42	조명제	일반		86	이명동	일반	
43	최명준 (부상자)	일반		87	이옥자 (부상자)	일반	
44	허종	일반		88	최판개 (여)	일반	

4. 기타

NO	성명	직업	소속	NO	성명	직업	소속
1	강원호 (부상자)		경동중	2	이건작 (부상자)	고등학생	

구 분	포상자 수	비 고
대학교	299	
고등학교	140	
일반(기타)	90	신분 미확인자 포함
합 계	529	

〈부록 2〉 대학교수단 시국선언문

이번 4·19 참사는 우리 학생운동사상 최대의 비극이요, 이 나라 정치적 위기를 초래한 중대 사태이다. 이에 대한 철저한 반성과 규정이 없이는 이 민족의 불행한 운명은 도저히 만회할 길이 없다. 우리 전국대학교 교수들은 이 비상시국에 대처하여 양심의 호소로써 다음과 같이 우리의 소신을 선언한다.

1. 마산, 서울, 기타 각지의 데모는 주권을 빼앗긴 국민의 울분을 대신하여 궐기한 학생들의 순수한 정의감의 발로이며 불의에는 언제나 항거하는 민족정기의 표현이다.
2. 이 데모를 공산당의 조종이나 야당의 사주로 보는 것은 고의의 왜곡이며 학생들의 정의감의 모독이다.
3. 합법적이요 평화적인 데모 학생에게 총탄과 폭력을 기탄없이 남용하여 공전의 참극을 빚어낸 경찰은 자유와 민주를 기본으로 한 대한민국의 국립경찰이 아니라 불법과 폭력으로 권력을 유지하려는 일부 정치집단의 사병이다.
4. 누적된 부패와 부정과 횡포로써 민권을 유린하고 그 민족적 참극과 국제적 수치를 초래케 한 현 정부와 집권당은 그 책임을 지고 속히 물러가라.
5. 3·15선거는 부정선거다. 공명선거에 의하여 정·부통령을 재선거하라.
6. 3·15부정선거를 조작한 자는 중형에 처해야 한다.
7. 학생살상의 만행을 위해서 명령한 자와 직접 하수한 자는 즉시 체포 처단하라.
8. 깡패를 철저히 색출 처단하고 그 전체적 조직을 분쇄하라.

9. 모든 구금된 학생을 무조건 즉시 석방하라. 설령 파괴와 폭행이 있었더라도 이는 동족의 피살에 흥분된 비정상상태하의 행동이요, 파괴와 폭동이 그 본의가 아닌 까닭이다.
10. 공적 지위를 이용해서 관청과 결탁하여 부정축재한 자는 군·관·민을 막론하고 가차 없이 적발 처단하여 국가의 기강을 세우고 부패와 부정을 방지하라.
11. 경찰의 중립화를 확고히 하고 학원의 자유를 절대 보장하라.
12. 곡학아세의 사이비 학자를 배격한다.
13. 정치도구화한 소위 문화인 예술인을 배격한다.
14. 시국의 중대성을 인식하고 학생들은 흥분을 진정하여 이성을 지키고 속히 학업의 본분으로 돌아오라.
15. 학생 제군은 38 이북에서 호시탐탐하는 공산괴뢰들이 제군들의 의거를 백퍼센트 선전에 이용하고 있다는 사실을 경계하라. 또 이남에서도 종래의 반공명의를 도용하는 방식으로 제군들의 흘린 피의 대가를 정치적으로 악이용하려는 불순분자가 있음을 조심하라.

4293년 4월 25일
대학교수단

편저자 약력

김성주(金成柱)

미국 뉴욕주립대학교에서 정치학박사학위를 취득(1986)했으며 현재 성균관대학교 사회과학대학 정치외교학과 교수로 재직하고 있다. 성균관대학교 사회과학대학장, 국가전략대학원장, 한국정치외교사학회장, 한국국제정치학회장 등을 역임했다. 주요 저서와 논문으로는『현대한국정치론』(공저, 1996),『동남아의 정당정치』(공저, 2001),『대외정책론』(공저, 2007), "6.15정상회담이후 남북한 관계와 한반도 평화체제 구축의 전제",『국제정치논총』(2002), "동북아 지역정체성과 지역공동체: 관념과 제도",『한국정치외교사논총』(2009), "그리스도교, 국가, 그리고 아나키즘: 절대자유의 사상에 관한 고찰",『한국정치외교사논총』(2011) 등이 있다.

강석승(姜錫勝)

인하대학교에서 행정학박사학위를 취득(1992)했으며 현재 성결대학교 교양교직학부 객원교수 및 서울교육대학교 겸임교수로 재직하고 있다. 한국보훈학회 부회장, 통일부 정보분석국 보좌관, 연구개발과장, 정세분석팀장, 사이버교육과장(1985~2009), 경기대 정치전문대학원 대우교수 등을 역임했으며, 국군방송 국방FM '북한의 오늘'을 진행(2010.10~2013.3)하였고 현재 민주평화통일자문회의 운영위원 겸 운영위원회 간사를 맡고 있다. 주요 저서로는『북한학개론』(공저, 1999),『북한대사전』(공저, 2002),『국제사회와 북한』(공저, 2004),『북핵 판도라 X파일』(2008),『바이칼부대의 말치크』(2010),『탈북자 관련단체의 문제점과 바람직한 역할』(2011),『체북 내국인의 신변보호방안 연구』(2011),『북한이탈주민 개인정보 보호방안 연구』(2012) 등이 있다.

4월 학생민주혁명 —배경·과정·영향—

초판 인쇄 | 2013년 4월 5일
초판 발행 | 2013년 4월 19일

편 저 자   김성주·강석승

책임편집   윤예미

발 행 처   도서출판 지식과교양
등록번호   제 2010-19호
주   소   서울시 도봉구 창5동 262-3번지 3층
전   화   (02) 900-4520 (대표)/ 편집부 (02) 900-4521
팩   스   (02) 900-1541
전자우편   kncbook@hanmail.net

ⓒ 김성주·강석승 2013 All rights reserved. Printed in KOREA

ISBN 978-89-6764-021-7   93300   정가 5,000원

저자와 협의하여 인지는 생략합니다. 잘못된 책은 바꾸어 드립니다.
이 책의 무단 전재나 복제 행위는 저작권법 제98조에 따라 처벌받게 됩니다.

이 도서의 국립중앙도서관 출판도서목록(CIP)은 e-CIP홈페이지(http://www.nl.go.kr/ecip)에서
이용하실 수 있습니다. (CIP제어번호: CIP2013005049)